Why
Nations Fail: The Origins of Power, Prosperity and Poverty

国家为什么会失败

【美】德隆·阿西莫格鲁 【美】詹姆斯·A. 罗宾逊 著

李增刚 译　徐 彬 校

湖南科学技术出版社

对《国家为什么会失败》的评价

为什么看上去相似的国家,经济发展和政治发展却结果迥异?对这个问题,人们一直存在争论,阿西莫格鲁和罗宾逊对此做出了重要的贡献。通过大量的历史实例,他们表明,制度发展——有时候是建立在非常偶然环境的基础上——如何会产生不同的结果。社会的开放程度、允许创造性破坏的意愿和法治环境似乎都对经济发展有决定作用。

——肯尼斯·J. 阿罗(Kenneth J. Arrow),
1972年诺贝尔经济学奖得主

两位作者非常有说服力地表明,一个国家只有具备适当的经济制度时,才能够脱贫。他们认为,当国家的人民具有政治权利,能够参与政治活动,选举领导人时,它们才更可能发展出恰当的制度。政治制度和经济制度之间的密切联系是他们主要贡献的核心,这已经得出了一项关于这个经济学和政治经济学中最重要问题的富有生命力的研究成果。

——加里·S. 贝克尔(Gray S. Becker),
1992年诺贝尔经济学奖得主

这部富有洞见的重要著作,包含许多历史实例,陈述了一个事实:支持包容性经济增长的包容性政治制度是持续繁荣的关键。这部著作概述了某些好的制度最初是如何形成的，然后又是如何循环上升的，而坏的制度是如何一直保持恶性循环的。本书的分析非常重要，不容错过。

——彼得·戴蒙德（Peter Diamond），
2010 年诺贝尔经济学奖得主

对于那些认为一个国家的经济命运是由地理或文化因素决定的人来说，德隆·阿西莫格鲁和吉姆·罗宾逊带来了坏消息——他们认为，决定国家贫富的是人为的制度，而不是国土的位置或其人民的祖先的信仰。阿西莫格鲁和罗宾逊综合了从亚当·斯密到道格拉斯·诺思等理论家的成果，以及经济史学家最新的经验研究。他们的著作引人注目，非常值得一读。

——尼尔·弗格森（Niall Ferguson），
《货币的崛起》（The Ascent of Money）一书的作者

阿西莫格鲁和罗宾逊是世界上两个研究发展问题的领军人物。他们揭示了国家贫富的根源为什么不是地理、疾病或文化因素，而是制度和政治。这部浅显易懂的著作给专业人士和普通读者提供了易于接受的观点。

——弗朗西斯·福山（Francis Fukuyama），
《历史的终结及最后的人》和《政治秩序的起源》的作者

一部睿智的令人振奋的著作，同时也会搅人的美梦。阿西莫格鲁和罗宾逊提出了一个几乎与经济发展每个方面都相关的令人信服的理论。当一个国家采取了适当的支持增长的政治制度时，该国就能崛起；而当这些制度僵化或不适当时，该国就会失败——通常还失败得轰轰烈烈。权势人士为了他们自己的利益而不顾更广泛的社会进步，总是处处试图完全控制政府。要么让这些人被有效民主控制住，要么就看到你们国家的衰败。

——西蒙·约翰逊，（Simon Johnson）
《13 位银行家》的联合作者，MIT 斯隆学院的教授世界上两位最优秀的最博学的经济学家致力于最难的一个问题：国家为什么有的富裕而有的贫困？将深刻的经济学知识和政治史结合起来写，这部著作大概对证明"制度是重要的"这一命题是最有说服力的。该书引人入胜且富有启发性。

——乔·默克尔（Joel Mokyr），
西北大学罗伯特·H. 斯托茨（Robert H. Strotz）人文科学教授和经济学与历史学教授

在这部欣然可读的著作中，贯穿了400多年的历史，两位当代社会科学的巨人带给我们一个令人振奋的重要信息：是自由让世界富裕。让每个地方的暴君都滚蛋吧！

——伊恩·莫里斯（Ian Morris），
斯坦福大学，《为什么现在是西方统治世界》的作者

想象一下，围在一个桌子周围聆听贾雷德·戴蒙德（Jared Diamond）、约瑟夫·熊彼特（Joseph Schumpeter）和詹姆斯·麦迪逊（James Madison）对两千多年政治和经济史所进行的反思。想象一下，他们将其思想融合进一个连贯一致的理论框架，这个理论框架建立在限制攫取、鼓励创造性破坏和创立分权的强大政治制度的基础上，你就会看到这部睿智动人的著作的贡献。

——斯科特·E. 裴琦（Scott E. Page），
密西根大学和圣达菲研究所

在这部吸引人的内容丰富的著作中，阿西莫格鲁和罗宾逊问了一个简单但重要的问题：为什么有些国家致富了，而有些国家仍然贫困？他们的回答也是简单的——因为有些政体发展出了更加包容的政治制度。这部著作给人印象最深刻的是，文风清新，语言清晰，观点优雅，历史细节相当丰富。如果西方国家政府必须具有处理大规模债务危机的政治意愿的话，就应该马上阅读此书。

——斯蒂芬·平克斯（Steven Pincus），
耶鲁大学布拉德福德·多芬（Bradford Durfee）历史学和国际与地区研究教授

傻瓜，是政治——这是阿西莫格鲁和罗宾逊对为什么如此多国家不发展原因的简单而深刻的解释。从斯图亚特王朝的专制到美国南北战争前的南部，从塞拉利昂到哥伦比亚，这部权威著作表明，有权势的精英人士是如何通过规则牺牲大多数人的利益而使自己获益的。通过梳理从悲观主义者到乐观主义者的理论，作者表明，历史和地理未必是决定性的因素。但是，他们也表明，如果没有基本的政治变迁，明智的经济思想和政策通常作用甚微。

——丹尼·罗德里克（Dani Rodrik），
哈佛大学，肯尼迪政府学院

这部著作不仅引人入胜，而且具有重大意义。阿西莫格鲁和罗宾逊教授完成的这项高度基础性的研究还在继续，他们研究了经济力量、政治和政策选择如何共同演进、相互约束以及制度又如何影响这种演进，这对解释一个社会和国家的成败至关重要。在这部著作中，这些洞见以一种浅显易懂且十分吸引人的形式呈现出来。一旦拿起这本书，你就很难再放下。

——迈克尔·斯彭塞（Michael Spence）
2001年诺贝尔经济学奖得主

这部吸引人的浅显易读著作的核心是政治制度和经济制度的复杂联合演进，可能朝着好的方向，也可能朝着不好的方向。在政治和经济行为逻辑与偶然历史事件——或大或小——造成的演进方向改变之间，在"关键点"上存在一种微妙的平衡。阿西莫格鲁和罗宾逊提供的大量历史实例表明，这种转变是如何转向优良的制度、进步的革新和经济成功，或转向压制人的制度、彻底的腐败或经济停滞。在一定意义上，这些描述既激动人心，又发人深省。

——罗伯特·索罗（Robert Solow）
1987年诺贝尔经济学奖得主

包容性制度与长期经济增长
——《国家为什么会失败》译序

李增刚

(山东大学经济研究院,250100)

引　言

为什么有的国家(或地区)富裕,有的国家(或地区)贫困?为什么当前世界上最富国家的人均国民收入是最穷国家人均国民收入的几十倍?为什么世界上最富国家的人民能够获得良好的教育、医疗卫生保健及各种公共服务,而最穷国家的人民却几乎什么都没有?为什么有些国家的经济增长并且是高速增长保持了很多年而有些国家虽然实现了高速增长却持续时间很短?为什么有些国家的贫富差距较小而有些国家的贫富差距越拉越大?对这些问题,经济学家、政治学家、社会学家甚至文化人类学家等进行了长期广泛的探讨,得出了许多令人振奋的结论或观点。但是,这些研究并没有形成统一的结论,特别地,大多数解释能够回答其中的一部分问题甚至只是个别问题。那么,是什么原因导致了这些问题的产生?是否存在一个共同的因素呢?

对这些问题,美国麻省理工学院的德隆·阿西莫格鲁(Daron Acemoglu)教授和哈佛大学的詹姆斯·A. 罗宾逊(James A. Robinson)教授在2012年共同出版的《国家为什么会失败》(*Why Nations Fail: The Origins of Power, Prosperity and Poverty*)一书中给出了肯定的回答。这个因素就是制度,是一个国家所采取的政治制度和经济制度决定了这个国家的经济绩效进而决定了与其他国家在经济绩效上的差异,他们将不同国家的政治制度和经济制度用包容性(inclusive)和汲取性(extractive)来刻画,认为包容性政治制度和包容性经济制度是实现长期经济增长的关键，汲取性政治制度和汲取性经济制度虽然能够在一定时期内实现经济增长，但是不能够持续。有的国家（或地区）建成了包容性政治制度和包容性经济制度，而有的国家（或地区）建成的是汲取性政治制度和汲取性经济制度，结果就造成了不同国家（或地区）之间经济增长和经济发展水平的差异，造成了世界性的不平等。那么，又是什么原因导致了有些国家建立的是包容性制度，有些国家建立的是汲取性制度呢？阿西莫格鲁和罗宾逊对微小差别、制度漂移、偶然事件、政治失势者、创造性破坏、良性循环、恶性循环、寡头铁律等概念进行了分析。

本文以阿西莫格鲁和罗宾逊对制度所做的包容性制度和汲取性制度"二分法"为基础，阐释他们对国家兴衰根源的理论，并将他们的理论与已有的关于国家兴衰问题的讨论进行比较，最后提出他们的理论对中国未来长期经济增长的几点启示。

一、阿西莫格鲁和罗宾逊：其人、其文

阿西莫格鲁现为美国麻省理工学院伊丽莎白和詹姆士·克利安经济学教授（Elizabeth and James Killian Professor of Economics）。他1967年出生于土耳其，现在拥有美国和土耳其两个国家的国籍。他于1989年在约克大学获得学士学位，于1990年和1992年分别在伦敦经济学院获得硕士和博士学位。他获得博士学位后，先是在伦敦经济学院做了1年的讲师，接着从1993年开始在麻省理工学院任职，先后担任助理教授（1993—1997）、副教授（1997—2000）、教授（2000—2004）、查尔斯·金德尔伯格应用经济学教授（Charles P. Kindleberger Professor of Applied Economics，2004—2010），从2010年开始担任伊丽莎白和詹姆士·克利安经济学教授。他的研究兴趣和研究领域颇为广泛，几乎涉及经济学的各个领域：政治经济学、经济发展、经济增长、经济理论、技术、收入和工资不平等、人力资本和训练、劳动经济学、网络经济学。阿西莫格鲁从1993年开始发表论文，截止到2012年，已经在《美国经济

评论》《政治经济学杂志》和《经济学季刊》等国际顶级期刊和论文集中发表论文 100 多篇，出版著作 3 部。其中，在《美国经济评论》（American Economic Review）发表论文 13 篇，《政治经济学杂志》（Journal of Political Economy）发表论文 10 篇，《经济学季刊》（Quarterly Journal of Economics）发表论文 12 篇，《计量经济学杂志》（Economitrica）发表论文 4 篇。他于 2005 年获得了约翰·贝茨·克拉克奖（John Bates Clark Medal）。他在 2006 年出版的著作《独裁和民主的经济起源》（Economic Origins of Dictatorship and Democracy）先后获得了美国出版协会最佳专业著作奖（Association of American Publishers Award for Excellence in Professional Scholarly Publishing）、美国政治学会颁发的威廉·赖克政治经济学最佳著作奖（William Riker Prize for Best Book Published in Political Economy）、美国政治学会颁发的伍德罗·威尔逊政府、政治或国际事务最佳著作奖（Woodrow Wilson Foundation Award for Best Book Published on Government, Politics or International Affairs）。

罗宾逊现为哈佛大学政府系大卫·弗洛伦斯政府学教授（David Florence Professor of Government）。他 1982 年在伦敦政治经济学院获得学士学位，1986 年在英国华威大学获得硕士学位，1993 年在耶鲁大学获得博士学位。他先后在墨尔本大学担任讲师（1992 年 9 月 1 日至 1995 年 8 月 30 日），在南加州大学担任助理教授（1995 年 9 月 1 日至 1999 年 6 月 30 日），在加州大学伯克利分校担任助理教授（1999 年 7 月 1 日至 2001 年 7 月 1 日）和副教授（2001 年 7 月 1 日至 2004 年 6 月 30 日），哈佛大学担任政府学教授（2004 年 7 月 1 日至 2009 年 6 月 30 日），从 2009 年 7 月 1 日开始在哈佛大学担任大卫·弗洛伦斯政府学教授至今。罗宾逊教授的研究领域主要是政治经济学和比较政治学、经济和政治发展。他先后在《美国经济评论》《政治经济学杂志》等国际顶级期刊和重要论文集中发表论文 60 多篇，出版专著 5 部。其中，他在《美国经济评论》发表论文 11 篇，在《经济学季刊》发表论文 3 篇，在《政治经济学杂志》发表论文 1 篇，在《美国政治科学评论》发表论文 2 篇。罗宾逊与阿西莫格鲁以及另一个共同的合作者西蒙·约翰逊（Simon Johnson）共同发表了近三十篇对经济学、政治经济学和制度经济学产生了重要影响的论文，罗宾逊和阿西莫格鲁共同出版了《独裁和民主的经济起源》《国家为什么会失败》等重要著作。

二、包容性制度和汲取性制度：制度二分

为了回答国家兴衰、国富国穷、国家间不平等和经济发展差距等根源性问题，阿西莫格鲁和罗宾逊在对不同国家（或地区）进行比较研究的基础上，提出了制度是根本原因的观点。这种观点与新制度经济学家诺思（Douglass North）等在《西方世界的兴起》、《经济史中的结构与变迁》等著作中提出的"制度是重要的"观点一致。但是，他们没有局限于"制度是重要的"这个一般性的说法，而是进一步分析制度为什么是重要的、制度影响经济发展和经济增长的机理是什么、不同国家（或地区）的制度差异是由什么原因造成的等基本问题，特别是他们结合大量的历史事实对这些问题的回答提供佐证和解释。

（一）包容性制度和汲取性制度

阿西莫格鲁和罗宾逊用包容性（inclusive）和汲取性（extractive）、政治和经济两个维度对制度进行刻画，从而提出了包容性政治制度、包容性经济制度、汲取性政治制度和汲取性经济制度等概念。他们没有对这些概念进行界定，而是借用历史上不同国家或地区的政治经济制度进行了描述性说明。

首先是汲取性政治制度和汲取性经济制度。历史上大部分国家在大部分时期内采取的是汲取性政治制度和汲取性经济制度。比如，光荣革命前的英国、大革命前的法国、殖民地时期的北美、南美及拉美、非洲以及亚洲。所谓汲取性，从政治上说，人民或者说广大公众没有决策权或表决权，既没有选择当权者或统治者的权利，也没有选择政治制度或经济制度的权利，当权者或者统治者要么是世袭的，要么是通过革命由军阀或军人担任的，精英人物或者既得利益者在制度的选择或政策制定中起着重要作用，结果所选择的制度或者制定出

来的政策成为一部分人攫取另一部分人利益的工具；从经济上说，所有的经济制度或者经济政策都是由当权者、统治者或者精英人物制定出来的，他们通过各种垄断权、专卖权、市场控制等掠夺生产者，使得生产者只能够得到所生产产品的一少部分甚至得不到所生产的产品，结果就是生产性激励的不足。比如，历史上欧洲殖民者对南美洲秘鲁、巴西和北美洲墨西哥等的殖民，欧洲殖民者从非洲大量贩运奴隶到美洲、亚洲等国家或地区进行奴役等，殖民地的土著居民被剥夺了所有的政治权利和经济权利，被迫为殖民者工作，他们建立起来的是典型的汲取性政治制度和汲取性经济制度。汲取性政治制度和汲取性经济制度是对应的，如果一个国家或地区采取汲取性政治制度，那么其很有可能建立起来的是汲取性经济制度。

其次是包容性政治制度和包容性经济制度。历史上，许多国家通过革命建立起了包容性政治制度和包容性经济制度，现在大多数发达的国家采取的就是包容性政治制度和包容性经济制度，如美国、英国、法国、日本、韩国、澳大利亚等。所谓包容性，从政治上讲，强调人民或者说广大群众具有政治权利，能够参与政治活动，选举领导人或当权者，选举政策制定者，领导人或当权者是人民或者选民的代理人而不是统治者，任何人都有成为领导人、当权者或政策制定者的机会或可能性；从经济上讲，强调自由进入和竞争，任何人都没有通过垄断、专卖或者市场控制获得超额利润的机会，人们都可以获得生产性收益的绝大部分或者全部，人们具有很高的生产性激励。比如，在美国，任何人都可以参加竞选总统或者议员，人民具有投票的权利，众议院和参议院是重要的决策机构，任何人都有成为众议员或者参议员的机会；在经济上，不论是谁都没有垄断权，甚至像世界首富比尔·盖茨（Bill Gates）也会受到联邦法院的反垄断调查；光荣革命之后的英国、明治维新之后的日本、大革命之后的法国等也都如此。

再次是汲取性政治制度和包容性经济制度。阿西莫格鲁和罗宾逊认为，采取汲取性政治制度和包容性经济制度的国家是存在的，比如只进行了经济改革而没有进行政治改革的国家，但是这种国家的包容性经济制度难以长期存在，很快就会由于汲取性政治制度而发展成为汲取性经济制度。这种国家往往是为了刺激人们的生产性激励而制定的包容性经济制度，但是不会从根本上触动既得利益者或者当权者的利益，而他们刺激生产是为了能够有更多可以攫取的资源。

最后是包容性政治制度和汲取性经济制度。如果一个国家采取的是包容性的政治制度，那么它就不会采取汲取性经济制度了，所以这样的国家不可能存在。

（二）包容性制度是如何形成的？

为什么有些国家建立起了包容性制度而有些国家建立起了汲取性制度呢？阿西莫格鲁和罗宾逊对建立包容性制度和汲取性制度的国家或地区进行历史分析给出了答案。他们认为，在现代有些国家建立包容性制度之前，几乎所有国家采用的都是汲取性制度，比如光荣革命之前的英国、大革命之前的法国、独立之前的美国以及明治维新之前的日本等。那么，这些国家为什么能够建立起包容性政治制度和包容性经济制度而其他国家没有呢？他们认为，这些国家建立起包容性制度并非必然，而是偶然的。阿西莫格鲁和罗宾逊强调偶然因素、偶然事件的作用。他们采用了"制度漂移（institutions drift）"这个术语。制度的发展变化就像浮在水面上冰块的漂移，两块本来在一起的冰块，两者之间的距离可能会越漂越远，原因就在于它们在许多偶然因素的影响下渐行渐远。两个国家或地区的制度本来可能一样，但是它们的发展变化可能会在各种偶然因素的影响下渐行渐远，并最终导致了本质的差别。比如，北美洲和南美洲都同为欧洲人的殖民地，在欧洲殖民之前，这些地区并没有本质的差别。但是，西班牙人最先到达了南美洲，并且开始了掠夺性殖民地的建立过程，到处搜刮黄金、白银以及其他各种贵重物品，西班牙人迅速致富；当英国殖民者到达北美洲的时候，试图学习西班牙人在南美的殖民做法，但是由于资源分布和人口分布的差别，英国人没能够学到西班牙人的殖民模式。结果，北美洲和南美洲走向了不同的发展道路。在当时的条件下，西班牙发现南美洲是偶然的，在南美洲的登陆地点是偶然的，在南美洲登陆后的所作所为也是偶然的。西班牙人能够从南美洲获得大量的黄金、白银等，英国人不能够，结果西班牙人在南美洲的殖民方式就是掠夺性的，而英国人却不得不在北美洲发展生产，通过生产获得可以攫取的资源。这导致了北美洲能够发展起生产活动、先进的技术等，而南美洲却在资源受到严重掠夺的情况下越变越穷。这还导致了欧洲不同地区之间制度的差异，光荣革命发生在英国而没有发生在西班牙，这是因为面对奢侈的王室生活和战争等威胁，英国王室相对于西班牙面临着更大的财政压力，而不得不跟议会妥协以获得更多的征税许可，但是西班牙王室不需要，因为它从南美洲获得的大量金银使其国库充足。由于光荣革命首先发生在英国，使其最早建起了包容性政治制度，进而建立起了包容性经济制度，结果工业革命最早发生在了英国而不是欧洲其他国家。所以，按照阿西莫格鲁和罗宾逊的观点，包容性制度的建立具有偶然性。

三、包容性制度与长期经济增长

阿西莫格鲁和罗宾逊认为，无论是包容性制度还是汲取性制度，都能够产生经济增长，关键是经济增长能否持续，能否实现长期经济增长，只有包容性制度才能够实现长期经济增长。

（一）汲取性制度也能够实现经济增长，但是不能够持续

汲取性制度也能够实现经济增长，攫取者也有实现经济增长的强烈动机，因为他们需要攫取的资源。无论攫取者要攫取什么，首先必须要有可以供攫取的资源，无论是生产者生产出来的产品还是劳动者本身。这样，在汲取性制度下，统治者或者当权者也有发展生产、促进增长的动力，只不过他们发展生产、促进增长的动力可能不是基于劳动者的自愿而是通过对劳动者的强制进行。比如，农奴制度下的西欧和东欧社会，统治者通过农奴来发展生产；美国南北战争时期的美国南方通过黑奴来发展生产；殖民地时期的美洲、非洲等，殖民者都是通过对殖民地劳动力的强制劳动生产产品然后占有。当生产的物质产品越多越丰富的时候，攫取者能够攫取到的资源越多，能够攫取到的产品越

多,所以攫取者有实现或者促进增长的强烈激励或动机。

在汲取性制度下,当局或者统治者能够利用权力在短时间内实现资源的最优配置,实现最大限度的经济增长。比如苏联在早期的经济增长,当局通过集体农场强制劳动、降低农产品价格并提高工业品价格等强制收购政策,集中资源发展工业,实现了工业的迅速增长。苏联的经济增长到20世纪60、70年代之后逐渐下降,但是至少实现了50多年的增长,并且曾经一度成为世界上仅次于美国并且唯一能够与西方对抗的国家。所以,在汲取性制度下,不仅当局、当权者(即攫取者)有强烈的推进经济增长的动机,而且还具有推进经济增长的能力,只不过汲取性制度下攫取者推进经济增长的能力不能够持续而已。

汲取性制度下的增长不可持续有几个方面的原因:

一是攫取者的任职期限。统治者或者当权者都有生命期限和任职期限,而不可能无限期任职,这会导致其短期行为,也就是在其任职期限内尽可能攫取,而不会有长远打算。

二是生产者的激励不足。生产者或者劳动者虽然被强迫努力劳动或者工作,但不是自愿的劳动激励,结果就是劳动所创造出来的产品越来越少。即便是表面上努力劳动,也会在实际上努力不足。比如苏联的确在一定时间内实现了高速经济增长,但是工人们的激励越来越小,因为工人们会想出越来越多的办法对付强制他们劳动的当权者,消极怠工等。

三是攫取者之间的竞争或者冲突。攫取者之间会为获得有利的攫取条件展开竞争,使得既得利益者为维护既得利益、非既得利益者为获得攫取机会展开竞争,既得利益者之间的竞争、既得利益者与非既得利益者之间的竞争,其结果是降低了生产的激励,阻碍长期经济增长的实现。比如垄断者为保持垄断地位、竞争者为获得垄断地位而相互竞争或斗争,必然不利于生产的发展。

(二)只有在包容性制度下才能够实现长期经济增长

包容性制度是实现长期经济增长的条件。一个国家或地区要实现长期经济增长,需要包容性政治制度和包容性经济制度并存。这是因为包容性政治制度

和包容性经济制度能够克服汲取性制度下阻碍经济增长的条件或因素,并且能够为长期经济增长创造条件。这也有几个方面的原因:

一是生产者之间的激励。在包容性制度下,生产者有充分的激励从事生产活动,因为生产者能够占有所生产产品的大部分或者绝大部分,并且对此有稳定的预期,生产者从事生产活动的激励完全是内生的,不需要强制,这种生产具有稳定性和持续性,能够长久进行下去。

二是避免攫取者任职期限内的掠夺性攫取。在包容性制度下,没有攫取者,总统或首相等所谓的当权者或统治者不是攫取者,而更大程度上是议会等机构的代理人或议会等机构决策的执行者,这就避免了汲取性制度下统治者、当权者或任职者通过个人权力或权威进行攫取的行为。如果首相或总统等当权者不按照选民的意志行事或者做了违背选民意志的事情,就会受到选民的抵制,或者不能够再次当选。正是通过这种包容性制度,避免了汲取性行为,提高了生产者的激励性。

三是避免了攫取者之间的非生产性活动,并促进了生产性活动的发展。在包容性制度下,人们更多的是从事生产性活动,通过发明、新技术等的采用获得有利的生产条件,而不是通过从别人那里攫取维护既得利益或者获得额外收益,这样能够鼓励创新、发明和新技术、新的生产条件的采用,进而促进生产。比如,美国的比尔·盖茨(Bill Gates)是世界首富,他主要是通过技术创新或发明创造来获得超额利润成为世界首富的,在他成为世界首富后还经常受到美国联邦法院等的反垄断调查或诉讼并且时刻面临着微软被分拆的危险,而墨西哥的电信巨子、世界首富卡洛斯·斯利姆(Carlos Slim)则主要是依靠与总统等当权者的关系垄断了墨西哥的电信产业并将整个电信产业收购为私有财产而致富的。盖茨和斯利姆创造财富或者使个人致富的方式有本质的差别。盖茨是在包容性制度下创造财富并致富的,而斯利姆则是在汲取性制度下通过垄断定价等进行攫取而致富的。

(三)汲取性制度下和包容性制度下经济增长的比较

根据前面的分析,在汲取性制度下,增长虽然能够实现,高速增长也可能实现，但是不能够持续增长或者说不能够实现长期稳定增长。只有在包容性制度下，长期经济增长才能够实现。汲取性制度和包容性制度下的经济增长可以用图1来表示。

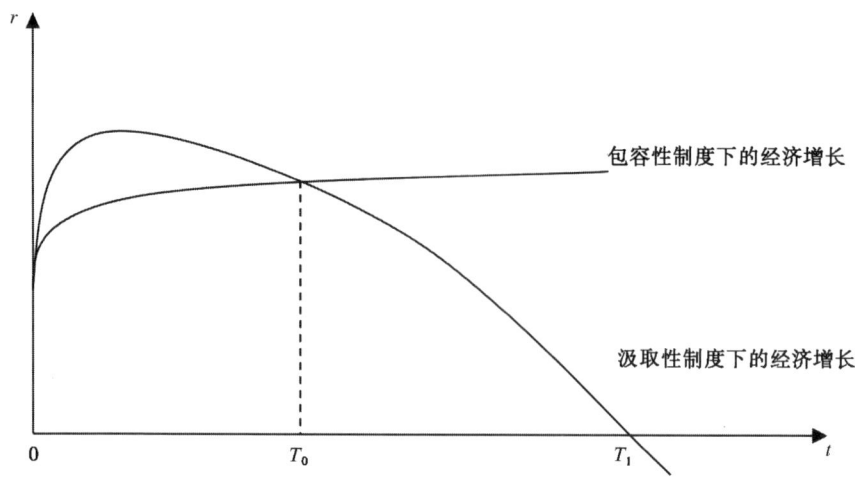

图1　汲取性制度下和包容性制度下的经济增长

通过图1来比较汲取性制度下和包容性制度下的经济增长。假定有两个国家，初始条件相同（经济发展水平、资本和劳动等要素相同），一个采用了汲取性的政治制度和经济制度，另一个采用了包容性的政治制度和经济制度。采用汲取性制度和包容性制度的国家都可以实现经济增长，并且采取汲取性制度的国家的经济增长很可能快于采取包容性制度的国家，因为在汲取性制度下国家动员资源的能力非常强，比如第一次世界大战之后的苏联，其经济增长的速度非常快。然而，经过一段时间的增长之后，汲取性制度的弊端开始显现，经济增长率开始下降，并且会逐渐下降到低于包容性制度下的经济增长。在包容性制度下，经济增长的速度可能不是非常快，但是增长平稳，以一个相对比较稳定的速度持续增长。在汲取性制度下，经济增长的速度可能会越来越慢，最终不再增长，即负增长。它不仅慢于包容性制度下的增长，还没有了增长，甚至出现经济的停滞或倒退。

四、分利集团、寻租与汲取性制度

阿西莫格鲁和罗宾逊对于制度所做的包容性和汲取性的划分特别是汲取性制度虽然能够实现经济增长但是不能够持续的分析,跟戈登·塔洛克(Gordon Tullock)的寻租理论、奥尔森(Mancur Olson)的分利集团理论有异曲同工之妙。我们将阐明这些不同理论之间的联系。

戈登·塔洛克于1967年提出的寻租理论,讨论了像垄断、关税等寻租活动所造成的社会成本。他认为,像垄断或关税这样的寻租活动造成的社会成本不仅仅是无谓损失(deadweight loss),还包括更大的社会成本,垄断者能够获得的垄断收益和政府获得的关税等,实际上都是社会成本。这本来跟经济增长没有关系,但是寻租活动所造成的社会成本却是对生产活动的负面影响,或者说就是阻碍了经济增长。塔洛克的寻租理论引起了广泛的影响,安妮·克鲁格(Anne Krueger)对寻租活动造成的社会成本进行了计算,贾格迪什·巴格瓦蒂(Jagdish N. Bhagwati)提出了"直接非生产性寻利活动(Direct Unproductive Profit-Seeking)"的概念,表明像垄断或关税等活动虽然能够给追逐者带来货币利益或者利润,但是不能够创造可供人们直接消费的物品或者生产能够供人们消费的物品,所以这些活动的存在不利于经济的增长,而且人们竞相追逐这种货币利益或者利润的结果会耗费大量本来可以用于生产性活动的资源。

奥尔森在一系列讨论利益集团、国家兴衰的著作中,提出了利益集团(也称为"分利集团")理论,认为分利集团的存在是国家衰落的根源(奥尔森,2007),一个国家或地区要兴盛发达必须具备两个条件:一是清晰界定的产权;二是产权要受到良好的保护,不存在任何形式的掠夺(奥尔森,2005)。人们经常用"分蛋糕"的例子来说明奥尔森的分利集团是如何造成国家衰落的。每个分利集团都试图分得一块蛋糕中更大的份额,并且要让别人分得一块更小的份额,大家都想多分,而没有人做蛋糕,结果就是蛋糕越做越小。如果一个社会中的分利集团数量非常多,力量非常强大,那么很可能导致国家的衰退。奥尔森采用了德国合并前东德（民主德国）和西德（联邦德国）经济增长情况的比较、"英国病"、印度等国家的例子对此进行了说明。他得出的结论表明，一个国家越稳定，受到的外部冲击越少，国内各种利益集团（分利集团）形成的可能就越大、数量就会越多，经济增长受到的消极影响就越明显，经济就越可能停滞。

阿西莫格鲁和罗宾逊的分析也采用了像寻租、利益集团等概念，但是他们在塔洛克、奥尔森等人的基础上提出了汲取性制度和包容性制度的概念，从理论上推进了一步。从本质上讲，汲取性制度就是寻租社会的制度，是充满了各种各样利益集团的分利社会。

汲取性制度之所以分为汲取性政治制度和汲取性经济制度，是因为攫取者通过政治手段或者经济手段进行攫取。通过政治手段的攫取，比如统治者或当权者征收高昂的赋税，通过法律等手段对劳动者劳动力的剥夺，是一种通过武力、暴力机器或其他强制手段的直接攫取；通过经济手段的攫取，比如通过垄断、关税等途径控制市场价格以获得高昂的垄断利润。无论是通过政治手段的攫取还是通过经济手段的攫取，其实都是寻租活动或者直接非生产性寻利活动。寻租者可能是既得利益者，他们形成或者很可能形成了保护既得利益的有组织的利益集团，也可能是试图成为既得利益者，他们通过各种途径获得寻租的机会，参与到寻租中，也可能会形成有组织的利益集团。在汲取性制度下，既得利益者害怕自己的既得利益受损，一方面阻止创新等活动，避免创造性破坏的过程，尽力不成为政治或经济失利者；另一方面未成为既得利益者的那些人通过各种途径要成为既得利益者，比如通过革命，成为政治或经济的得利者。所以，汲取性制度和包容性制度跟寻租理论和分利集团理论是一脉相承的。

但是，汲取性制度和包容性制度理论又比寻租理论和分利集团理论有所发展。寻租是一种活动，分利集团是一个主体，而汲取性制度是对一个国家或地区政治经济社会体制的高度概括。一个社会存在寻租活动或者利益集团都是可能的，但是寻租活动或者利益集团是否会对一个国家或地区的经济增长造成重大影响是不确定的，因为偶尔的寻租活动可能不会对经济增长产生重大影响。在汲取性制度下，寻租活动、利益集团成为常态，对长期经济增长具有明显的负面影响。所以，汲取性制度相对于寻租或分利集团能够更加准确地刻画一个国家或地区政治制度和经济制度的关键特征。

不过，阿西莫格鲁和罗宾逊在国家兴衰历史研究中选取的案例与奥尔森有所不同。最为典型的是英国。奥尔森将英国作为经济长期不发展的典型，英国是发达国家，但是从20世纪60、70年代之后发展缓慢，但是美国、日本、原西德（联邦德国）等国家或地区经济迅速增长，奥尔森的解释是英国在长期的社会稳定中形成了强大而牢固的分利集团，而美国经过南北战争、日本和原西德经过第二次世界大战和对外开放打破了国内的利益集团。在阿西莫格鲁和罗宾逊的著作中，英国却是采取包容性制度的典型国家，并且是世界上第一个建立议会、对君主或国王权力进行限制的国家，是世界上最早发生工业革命的国家。英国虽然现在增长缓慢，但是一直在增长而且已经持续了数百年。

五、几点评论与启示

通过对阿西莫格鲁和罗宾逊的汲取性制度和包容性制度理论及其与寻租理论和分利集团理论的比较，我们可以得到几点启示：

第一，关于国家兴衰的条件。阿西莫格鲁和罗宾逊虽然讨论了包容性制度和汲取性制度与长期经济增长之间的关系，但是只是给出了长期经济增长的必要条件，而没有给出充分条件，包容性制度是长期经济增长的必要条件，但是不是充分条件，他们没有给出进一步的讨论。不过，他们倒是给出了经济落后或国家失败的充分条件，即汲取性制度，一个国家只要采取了汲取性政治制度和汲取性经济制度，那么注定会失败。其实，之前研究国家兴衰的文献，大多数也都是强调国家兴起的必要条件，而很难找到国家兴起的充分条件，例如奥尔森在《国家的兴衰》和《权力与繁荣》中的讨论，给出来的也只是国家衰落的条件和国家兴起的必要条件。真可谓"失败的国家都是相似的，而成功的国家各有各的条件"①。

第二,汲取性制度如何转向包容性制度?既然发展中国家或不发达国家经济落后的根源在于汲取性制度,那么它们能否转向采用包容性制度呢?阿西莫格鲁和罗宾逊认为,有可能,但是主要是受到偶然因素的影响。有可能是因为有些国家已经或者正在从汲取性制度转向包容性制度,例如非洲的博茨瓦纳。主要受偶然因素的影响,有两个方面的原因。一是所谓的"寡头铁律(iron law of oligarchy)",其含义是指在许多采取汲取性制度的国家,在暂时转向包容性制度之后又退回到汲取性制度,原因在于既得利益者阻碍新制度的建立或者新的既得利益者也有维护既得利益的要求。二是包容性制度的建立可能受到像灾害、战争这样的偶然性历史事件或者某个偶然的历史人物出现的影响。所以,阿西莫格鲁和罗宾逊虽然找到了造成许多发展中国家或落后国家不发达的根源,但是没有能够找到摆脱困境的途径。奥尔森倒是强调几十年发生一次革命、外敌入侵、对外开放等可能会打破国内利益集团。然而,这正如前面所强调的,分析国家失败的根源容易,但是如何保证国家的兴起却是困难重重。因此,阿西莫格鲁和罗宾逊的分析只能是关于国家失败的政治经济学理论。

第三,长期经济增长多少年才算长?阿西莫格鲁和罗宾逊讨论的重点是长期经济增长,因为无论是包容性制度还是汲取性制度都可能实现短期经济增长,而长期经济增长特别是持续的经济增长却难以实现。那么,持续增长多少年才算长呢?根据阿西莫格鲁和罗宾逊的讨论,他们并未对此做出说明,而是重点强调当前的发达国家都是采取了包容性经济制度的国家,而这些国家都经历了较长时期的经济增长,比如英国已经持续了三四百年,美国持续了二三百年,日本持续了一百多年。正如前面所讨论的,英国虽然已经是发达国家,但是主要是在18世纪、19世纪取得的经济成就,到20世纪之后英国已经被美国、德国、日本等国家超越,无论是经济总量还是人均国民收入水平,英国长期增长缓慢甚至负增长,按照奥尔森的观点,英国是经济衰落国家的典型,因为其国内充满了大量的分利集团。

---

① 根据托尔斯泰的名言"幸福的家庭都是相似的,不幸的家庭却各有各的不幸"修改。

第四，决定一个国家或地区经济成败的是唯一因素还是多种因素？阿西莫格鲁和罗宾逊试图将制度作为决定一个国家或地区经济成败的唯一因素，他们特别分析"文化决定论""地理决定论""当局无知论"等对国家或地区之间经济差距的解释，并且认为所有这些理论只能够解释特定国家或地区的成败问题，都存在无法解释的现象或问题。还有许多理论是综合所有这些方面进行解释，他们认为多方面或多因素的解释难以把握问题的核心，无法进行改变。但是，阿西莫格鲁和罗宾逊的解释是从15世纪开始的，因为他们认为在此之前各国家或地区的差距不太大，而从15世纪之后各国家出现的"分流"才需要解释。但是，问题在于15世纪之前各国家的微小差别是如何形成的，他们没有进行解释。比如，南美和北美的矿产资源的差别，在西班牙到达南美之后，能够劫掠或抢夺金银等贵金属和其他贵重物品，原因是这个地区存在这些资源，在英国殖民者到达北美后，也曾经想学习西班牙在南美的殖民模式，但是由于人口分布、资源禀赋等原因没能够采用西班牙殖民南美的模式，后来不得不采用以发展生产进行殖民或者说就是移民的形式。这种初始条件上的微小差别是如何形成的，阿西莫格鲁和罗宾逊没有解释。他们强调了微小差别的重要性，但是没有解释其形成的根源。如果要追根溯源的话，可能有制度的作用，但是初始制度是如何形成的，他们没有分析。初始制度的形成可能与多种因素有关，特别是物理层面的因素，如地理环境。

第五，中国的包容性增长。2010年9月，时任国家主席胡锦涛在亚太经合组织人力资源开发部长级会议上发表了题为《深化交流合作 实现包容性增长》的致辞，阐述了中国对"包容性增长"的态度和理解。他提到"让更多的人享受全球化成果、让弱势群体得到保护、在经济增长过程中保持平衡"等内涵，他说："实现包容性增长，根本目的是让经济全球化和经济发展成果惠及所有国家和地区、惠及所有人群，在可持续发展中实现经济社会协调发展……我们应该坚持社会公平正义，着力促进人人平等获得发展机会，逐步建立以权利公平、机会公平、规则公平、分配公平为主要内容的社会公平保障体系，不断消除人民参与经济发展、分享经济发展成果方面的障碍。我们应该坚持以人为本,着力保障和改善民生,建立覆盖全民的社会保障体系,注重解决教育、劳动就业、医疗卫生、养老、住房等民生问题,努力做到发展为了人民、发展依靠人民、发展成果由人民共享。"①这段话至少表明了以下含义:一是全球层次各国家之间的包容,即各国家都应该从全球化中得到好处;二是国家层次内不同地区、不同阶层人民之间的包容,各地区需要协调发展,各阶层都可以从增长中获益;三是不同领域之间的包容,一个国家或地区不能够只注重经济增长,而且还必须是经济、社会、文化等协调发展;四是全民包容,即经济增长是为了惠及全民,人民共享增长的收益。这与阿西莫格鲁和罗宾逊所提到的包容性制度是相通的。在包容性制度下,增长依靠全民实现、增长的收益归全民所享、全民都有机会参与到增长的实现中。这与中共"十七大"所提出的"全面建设社会主义小康社会"的目标是一致的,中国需要实现全民富裕的目标,需要把增长实现的收益在全社会分享,需要让全民参与到全面建设社会主义小康社会的目标中去,不但要求全民参与,而且要保证全民有平等、公平的机会参与。

参考文献

[1] Bhagwati, Jagdish N., "Directly Unproductive, Profit-Seeking (DUP) Activity", *Journal of Political Economy*, 90 (5), Oct. 1982, pp. 988 – 1002.

[2] Daron Acemoglu and James A. Robinson, 2012, *Why Nations Fail: The Origins of Power, Prosperity and Poverty*, Crown Publishers (Randon House).

[3] Krueger, Anne O., 1974, "The Political Economy of Rent — seeking Society", *American Economic Review*, LXIV (3), June, pp. 291 – 303.

[4] Tullock, Gordon, 1967, "The Welfare Costs of Tariffs, Monopolies, and Theft", *Western Economic Journal*, V (3), pp. 224 – 232.

[5] 奥尔森. 国家的兴衰. 上海:上海人民出版社,2007 (Olson, Mancur, *the Rise and*

---

① 胡锦涛:《深化交流合作 实现包容性增长》,http://news.sina.com.cn/o/2010 – 09 – 17/071818125792s.shtml.

Decline of Nations,Yale University Press,1982)

[6] 奥尔森. 权力与繁荣. 上海：上海人民出版社，2005（Olson, Mancur, *Power and Prosperity*: *Outgrowing Communist and Capitalist Dictatorships*，Basic Books，2000)

[7] 保罗·肯尼迪. 大国的兴衰. 北京：中国经济出版社，1989

[8] 戴维·兰德斯. 国富国穷. 北京：新华出版社，2010

[9] 道格拉斯·诺思，罗伯特·托马斯. 西方世界的兴起. 北京：华夏出版社，2009

[10] 道格拉斯·诺思. 经济史中的结构与变迁. 上海：上海三联书店、上海人民出版社，1994

[11] 贾雷德·戴蒙德. 枪炮、病菌与钢铁：人类社会的命运. 上海：上海译文出版社，2000

[12] 马克斯·韦伯. 新教伦理与资本主义精神. 上海：上海人民出版社，2010

栅栏以北：亚利桑那的诺加利斯

jim West/imagebroker. net/Photolibrary

栅栏以南：索诺拉的诺加利斯

jim West/age fotostock/Photolibrary

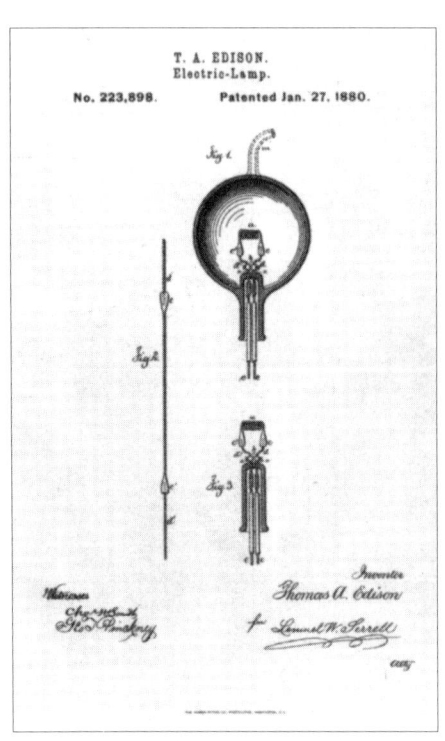

公平竞争的结果：托马斯·爱迪生 1880 年的电灯泡专利

Records of the Patent and Trademark Office；Record Group 241；National Archives

创造性破坏的经济失利者：19 世纪早期英国破坏机器的勒德派

Mary Evans Picture Library/Tom Morgan

索马里完全不存在政治集权的后果

REUTERS/Mohamed Guled/Landow

刚果汲取性制度的相继得益者

King of Kongo
© CORBIS

利奥波德国王二世
The Granger Collection, NY

约瑟夫-德西雷·蒙博托

© Richard Melloul/Sygma/CORBIS

洛朗·卡比拉

© Reuters/CORBIS

光荣革命：议会在授予奥兰治的威廉三世英格兰王冠之前宣读《权利法案》

After Edgar Melville Ward/The Bridgeman Art Library/Getty Images

14 世纪的腺鼠疫创造了一个关键节点（《死亡的胜利》——老勃鲁盖尔关于黑死病的画作）

The Granger Collection，NY

制度创新的受益者：库巴王

Eliot Elisofon/Time & Life Pictures/Getty

农耕之前阶层和不平等的出现：纳图夫精英们的墓葬品

http://en.wikipedia.org/wiki/File:Natufian-Burial-ElWad.jpg

汲取性增长：苏联古拉格的劳动者建造了白海运河

大不列颠远远落后了：罗马帝国在文德兰达的遗迹
Courtesy of the Vindolanda Trust and Adam Stanford

创新，包容性经济增长的核心：詹姆斯·瓦特的蒸汽机
The Granger Collection, NY

阿克赖特在克劳福德的第一家棉花工厂

有组织的改变,包容性制度的结果:理查德·阿克赖特在克劳福德的工厂

The Granger Collection,NY

不可持续的汲取性增长的后果:郑和的船与哥伦布"圣玛利亚号"之对比

Gregory A. Harlin/National Geographic Stock

南非二元经济的鸟瞰图:特兰斯凯的贫困,纳塔尔的繁荣

Roger de la Harpe/Africa Imagery

工业革命的后果：巴士底狱暴动

Bridgeman-Giraudon/Art Resource, NY

包容性制度的挑战：标准石油公司

Library of Congress Prints and Photographs Division Washington, D. C.

非创造性破坏:塞拉利昂通往博城的公路旁被废弃的哈斯汀火车站

© Matt Stephenson: www.itsayshere.org

当今的汲取性制度：孩童们在乌兹别克棉田上摘棉花

Environmental Justice Foundation，www.ejfoundation.org

打破僵局：三位博茨瓦纳首领在去伦敦的路上

Photograph by Willoughby, courtesy of Botswana National Archives & Records Services

打破另一种僵局：罗莎·帕克挑战美国南方的汲取性制度

The Granger Collection, NY

目录 WHY NATIONS FAIL

序言 / i

第1章 如此近邻却如此不同 / 001
第2章 不起作用的理论 / 031
第3章 贫富的形成 / 049
第4章 微小差别和关键节点：历史的重要性 / 068
第5章 "我已经看到未来，会很美好"：汲取性制度下的增长 / 089
第6章 渐行渐远 / 109
第7章 转折点 / 132
第8章 我们力所不及：发展的障碍 / 155
第9章 逆转发展 / 180
第10章 繁荣的扩散 / 203
第11章 良性循环 / 225

第12章 **恶性循环** / 250

第13章 **现在为什么有些国家失败了？** / 275

第14章 **打破僵局** / 300

第15章 **理解繁荣与贫困** / 314

致谢 / 332

引文资料来源 / 334

地图的来源 / 346

参考文献 / 348

索引 / 370

序言

本书探讨了世界上像美国、英国和德国这样的富国以及像撒哈拉以南非洲、中美和南亚这样的穷国之间收入和生活水平之巨大差距的原因。

就在我们写这篇序言时,北非和中东正遭受着动荡。突尼斯要求总统本·阿里(Zine El Abidine Ben Ali)下台的抗议活动,最初是从2010年12月17日街头小贩穆罕默德·布瓦吉吉(Mohamed Bouazizi)自焚抗议所引起的公众不满开始的。2011年1月14日,从1987年就统治突尼斯的总统本·阿里下台,但抗议活动还远没有结束,突尼斯反对特权精英统治的革命热情日渐强烈,并且蔓延到了中东其他国家。胡斯尼·穆巴拉克(Hosni Mubarak)铁腕统治埃及近30年,在2011年2月11日被迫下台。巴林、利比亚、叙利亚和也门等国家的命运在我们完成这篇序言的时候还未见分晓。

这些国家公众不满的根源在于贫困。埃及的人均收入水平大约为美国城市人均水平的12%,预期寿命比美国低10年。埃及20%的人口处于赤贫。尽管差别巨大,但是如果比起美国与世界上最穷的国家——像朝鲜、塞拉利昂和津巴布韦等多半人口生活贫困——之间的差距来还是小得多。

为什么埃及比美国穷得多呢?阻碍埃及致富的限制何在呢?埃及的贫困是不可改变或是不可消除的吗?开始思考这个问题的自然方式是看看埃及人自己对这个问题怎么看,他们为什么不起来推翻穆巴拉克政权?诺哈·汉米德,24岁,开罗一家广告公司的工人——就像她在解放广场上表明的——非常清晰地阐明了其观点:"我们正在遭受腐败、压迫和不良教育。我们生活在必须要变革的腐败体系中。"在广场上,另一个人,摩萨比·艾尔·莎米,20岁,药学院学生,同时阐明:"我希望,今年年底我们能有一个选举出的政府,享受普遍自由,并且能够彻底根除发生在这个国家的腐败。"解放广场上的反对者对这个国家的政府腐败、无力提供公共服务和缺乏机会平等发出了同样的声音,他们特别抱怨了压迫和缺乏政治权利。就像国际原子能机构前总干事穆罕默德·巴拉迪在2011年1月13日的Twitter上写的:"突尼斯:压迫+缺乏社会公正+否定和平变革渠道=隐性炸弹。"埃及人和突尼斯人都认为,经济问题主要是由缺乏政治权利造成的。当反对者开始更系统地表达他们的需求时,维尔·哈利——软件工程师,作为埃及反抗运动领导人的博主——提出的前12个当前要求,全部聚焦于政治变革,像提高最低工资等问题只是作为以后实施的转型需求。

对埃及人来说,拖他们后腿的问题包括:无效而腐败的国家,不能利用他们的才能、抱负和创造性的社会,以及他们能够得到的教育。但是,他们也认识到,这些问题的根源是政治性的。他们面对的所有经济障碍都源于埃及少数精英实施并垄断政治权力的方式。他们认为,这是首先必须要变革的问题。

然而,解放广场的反对者虽然认识到这个问题,但与该问题的传统观点存在极大的分歧。当他们解释像埃及这些国家为什么贫困时,大多数学者和评论家强调完全不同的因素。有人强调,埃及的贫困主要是由地理决定的,这是基于这样的事实:这个国家主要是沙漠,缺乏充足的降雨,其土地和气候不适合生产型农业。另一种观点认为,根据推测,埃及的文化特征是敌视经济发展和繁荣的。他们认为,埃及人缺乏适合其他国家繁荣的那类工作伦理和文化特征,相反他们接受与经济成功不一致的伊斯兰信仰。第三种观点,在经济学家和政策批评家中占主导,即认为埃及的统治者不知道什么是他们国家繁荣所必需的,从而在过去采取了错误的政策和战略。如果这些统治者从正确的建议者那里得到了正确的建议,并付诸实施,繁荣就会随之而来。这些学术观点和评论家认为,埃及主要是因为追求私利而不惜牺牲社会的狭隘精英统治的事实与这个国家经济问题的理解好像不一致。

序言

在这本书中,我们认为,解放广场上的埃及人,既不是学者也不是评论家,但却有正确的观点。事实上,埃及贫困主要是因为狭隘精英进行统治,他们为了自己的利益组织社会而不惜牺牲广大人民的利益。政治权力非常集中,并且通常是拥有政治权力的人为自己创造财富,比如700亿美元的财富集中在前总统穆巴拉克手中,受害者是埃及人民。对此,他们理解得非常好。

我们将表明,埃及贫困的这种解释、人民的理解,为穷国贫困提供了一个一般的解释。朝鲜、塞拉利昂或津巴布韦等国家的贫困是否也跟埃及贫困有同样原因呢?像英国、美国这些国家之所以富裕是因为他们的人民推翻了控制权力的精英,并创造出了政治权力广泛分散的社会,在这些国家中,政府需要向其人民负责,大多数人民都可以利用经济机会。我们将表明,为了理解今天世界上之所以存在这种不平等,我们将深入研究过去并研究社会的历史变化。我们将看到,英国之所以比埃及富,是因为1688年,英国(或者确切说是英格兰)发生了转变政治进而转变经济的革命。人民为政治权力而战,并且赢得了更多的政治权力,他们运用这些政治权力扩展了他们的经济机会。结果就是完全不同的政治和经济轨迹,并最终发生了产业革命。

产业革命及其释放出来的技术没有扩展到埃及,当时埃及在奥斯曼帝国的统治下,他们统治埃及的方式跟后来穆巴拉克家族统治的方式基本一致。奥斯曼帝国在埃及的统治在1798年被拿破仑·波拿巴(Napoleon Bonaparte)推翻,但是在英国殖民主义的统治下,这个国家逐渐衰落了,英国殖民者跟奥斯曼帝国一样,对推动埃及的繁荣都没有兴趣。尽管埃及人推翻了奥斯曼帝国和英国的殖民者,并且在1952年废除了君主制度,然而这些都不像英国1688年的革命,远没有从根本上转变为英国的那种政治制度,权力落在了另一些精英手中,而这些人对推动埃及普通民众的繁荣跟奥斯曼帝国和英国一样不感兴趣。结果,社会的基本结构没有变化,埃及依然贫困。

在这本书中,我们将会研究这些模式是如何不断再生的,以及他们为什么有时候会改变,就像英国在1688年发生的光荣革命和法国在1789年发生的大革命一样。这将有助于我们理解埃及今天的状况是否已经改变,推翻穆巴拉克的革命是否会给埃及普通民众带来能够致富的一系列新制度。埃及在过去没有发生改变这些的革命，因为领导革命者从被推翻者那里接管政权，然后又创造了同样的体制。事实上，对普通民众来说，真正困难的是获得真正的政治权利，并改革社会运行的方式。但是，这是可能的，我们将会看到在英国、法国、美国以及日本、博茨瓦纳和巴西这是如何发生的。重要的是，这些政治转换对穷国致富是必需的。存在证据表明，这可能会在埃及发生。解放广场上的另一个反对者里德·麦特维认为："现在你同时可以看到穆斯林和基督教徒，也可以同时看到老年人和年轻人，以及所有具有相同想法的人。"我们将看到，社会上的这种广泛运动是其他政治转型中将会发生的主要部分。如果我们理解了这种转型什么时候发生、为什么会发生，我们就可以更好地评价过去发生但失败了的运动，以及我们希望它们什么时候成功并改变数百万人的生活水平。

第1章
如此近邻却如此不同

格兰德河的经济

诺加利斯城由一道栅栏分割成了两部分。如果你站在南边,向北望去,你就看到亚利桑那州圣克鲁兹县的诺加利斯。那个地方一般家庭的年收入在 30000 美元左右。绝大多数十多岁的孩子在学校读书,大多数成年人受教育水平至少是中学毕业。尽管所有人都认为美国的医疗体系非常不完善,但是这里的人们都很健康,按全球标准来衡量预期寿命很高。许多居民的年龄都在 65 岁以上,都可以得到医疗服务。这只是绝大多数想当然地认为政府应该提供的公共服务之一,这些公共服务还包括:供电、电话、供排水、公共卫生,以及把该地区和全国其他城市联系起来的公路网,此外,还有法律和秩序。亚利桑那州诺加利斯居民在日常生活中,无须担心生命或安全问题,也不必害怕被偷、被征用或者其他可能对他们在商业或住房的投资造成危害的行为。同样重要的是,尽管政府低效率,也存在偶尔的腐败,但亚利桑那州诺加利斯的居民仍想当然地认为当地政府是他们的代言人。他们可以投票选举他们的市长、众议员和参议员;他们还参与投票选举总统以决定谁将领导他们的国家。民主是他们的第二本性。

栅栏南边,仅仅几英尺之遥,情况却完全不同。索诺拉州诺加利斯的居民生活在墨西哥一个相对繁荣的地区,但是户均年收入却大约仅为亚利桑那诺加利斯的 1/3。索诺拉州诺加利斯的大多数成年人未受过中学教育,很多十多岁的孩子辍学在家。母亲们为非常高的婴儿死亡率担心。落后的公共卫生条件意味着,索诺拉州诺加利斯居民的平均寿命毫不奇怪地低于他们北面的邻居。他们也没有公共娱乐设施，道路条件很差，法律状况也很差，犯罪率很高；开公司属于高危活动，不但要冒被抢劫的风险，而且为开业获得所有的许可盖章也要历尽艰辛。索诺拉州诺加利斯的居民每天都要忍受政客的腐败和无能。

与他们北面的邻居相比，对他们来说，民主只是最近的事。在2000年的政治改革之前，索诺拉州诺加利斯就像墨西哥其他地区一样，一直都在制度革命党（PRI）的腐败统治下。

从根本上说，这两个地方本来是同一个城市的两个部分，可是它们之间为什么会有如此大的差距呢？它们在地理、气候上毫无差异，而且病菌在美国和墨西哥之间来回传播不受任何阻碍，所以两个地区的流行疾病都没有差别。当然，两地的居民健康状况差距很大，但是这与疾病环境无关；而是因为边境线以南的人民生活条件较差，缺乏足够的医疗保障。

要不就是两地居民存在很大差别。难道亚利桑那诺加利斯的居民是欧洲移民的后代，而南边的居民是阿兹特克人的后代？非也。边境线两边的人的背景非常相似。墨西哥于1821年从西班牙独立之后，诺加利斯周围地区就是墨西哥的"上加利福尼亚"（Vieja Califonia）的一部分，甚至在1846—1848年的美墨战争之后，仍旧如此。在1853年加兹登购买协议之后，美国的国境线才扩展到这个地区。当年N. 米奇勒上尉（Lieutenant N.Michler）在边境线驻守时，曾记录下这里有"诺加利斯美丽的小山谷"。就在这里，在国境线两边，建起了两个城市。亚利桑那州诺加利斯和索诺拉州诺加利斯的居民具有共同的祖先、相同的饮食结构以及相同的音乐，我们可以大胆断言，他们具有相同的"文化"。

当然，对诺加利斯两个部分的差距，有一个非常简单而明显的解释，而且大家可能早就猜到了，这就是：把它们分成两部分的国境线。亚利桑那州的诺加利斯在美国，其居民拥有的是美国的经济制度，他们可以自由地选择职业，获得教育和技能，并且鼓励他们的老板投资于最好的技术，从而给他们带来更高的工资。他们拥有的政治制度，也能让他们参与民主过程，选举自己的代表，并且在代表不尽职的时候再通过选举替换之。因此，政治人物就会提供居民需要的基本服务（从公共卫生到道路和法律秩序）。索诺拉州诺加利斯的居民就不这么幸运了。他们生活在一个具有不同制度的完全不同的世界中。这两种不同的制度给两个诺加利斯的居民带来了完全不同的激励,也给打算在那里投资的企业家和商人带来了不同的激励。两个诺加利斯以及它们所在国家的不同制度带来的这些激励就是国境线两边经济繁荣程度存在巨大差异的主要原因。

为什么美国的制度比墨西哥以及拉美其他国家的制度更有利于经济成功呢?这个问题的答案就在于殖民早期不同社会形成的方式。制度分化就发生在那时,影响一直持续到今天。为了理解这种分化,我们必须从北美和拉美殖民地的形成开始进行讨论。

布宜诺斯艾利斯的建立

早在1516年,西班牙航海家索里斯(Juan Díaz de Solís)就航行到了南美洲东海岸的一条宽广的河口。登岸之后,索里斯宣布这片土地为西班牙所有,把这条河命名为"普拉特河"——即白银之河,因为当地居民都拥有白银。河口两边的原住民——地处现在乌拉圭的查鲁亚人和现在阿根廷彭巴斯草原的克兰迪人——非常热情地欢迎了这些新来者。这些原住民主要靠狩猎、采摘果实生活,小规模群居在一起,没有强有力的政治权威。实际上,就是查鲁亚人用木棒打死了索里斯,因为索里斯探险并试图占领新的区域归西班牙所有。

1534年,西班牙人仍然非常乐观地派出了由门多萨(Pedro de Mendoza)带领的第一批移民者。同一年他们在现在布宜诺斯艾利斯的位置上建立了一座城镇。它应该是欧洲人的理想地。布宜诺斯艾利斯,字面意思是"好空气",拥有舒适的气候。然而,西班牙人这个最早的定居点只存在了很短时间。他们并非寻找好空气,而是找到了可攫取的资源和可奴役的劳动力。然而,查鲁亚人和克兰迪人不友好,他们拒绝为西班牙人提供食物,拒绝为他们工作。他们用弓箭袭击了这群新的移民。西班牙人饥饿难耐,因为他们没有想到要为自己供应食物。布宜诺斯艾利斯不是他们梦想的地方,也不能够强迫当地原住民为他们劳动。这个地区没有可供开采的金或银。索里斯发现的白银实际上来自遥远西部的安第斯山脉的印加帝国。

西班牙人想要生存下来,开始派出远征队去寻找能够为他们提供巨大财富和大量容易奴役人口的新地方。1537年，其中一支远征队，在阿约拉斯（Juan de Ayolas）的带领下，深入到了巴拉那河，找到了进入印加的一条道路。在路上，他们接触到了瓜拉尼人（Guaraní），这是一个以种植玉米和木薯为基础的农业经济社会的土著民族。阿约拉斯很快意识到，瓜拉尼人与查鲁亚人和克兰迪人完全不同。在短暂的冲突之后，西班牙人战胜了瓜拉尼人的抵抗，并且建立了一个城镇——亚松森，现在仍然是巴拉圭的首都。西班牙征服者与瓜拉尼人的公主通婚，很快把自己变成了新贵族。他们采用瓜拉尼人已经存在的强迫劳动制度和贡品制度，并且自己掌握了权力。这就是他们希望建立起来的殖民类型，四年后放弃了布宜诺斯艾利斯，所有的西班牙移民搬到了新建立的城镇。

布宜诺斯艾利斯，"南美的巴黎"，一座拥有欧洲风格的宽阔林荫大道的城市，建立在彭巴斯草原大量的农业财富基础之上，直到1580年才又重新启用。布宜诺斯艾利斯的弃用以及对瓜拉尼人的征服揭示了欧洲在美洲殖民的逻辑。早期的西班牙人和我们将要看到的英国人，自己没有兴趣耕种土地，只想让别人为他们耕种，他们想掠夺财富——金和银。

从卡哈马卡

索里斯、门多萨和阿约拉斯的远征都是在著名的克里斯托弗·哥伦布（Christopher Columbus）在1492年10月12日发现巴哈马群岛后。西班牙对美洲的扩展和殖民是从1519年埃尔南·科尔蒂斯（Hernán Cortés）入侵墨西哥开始的；15年之后，弗朗西斯科·皮萨罗（Francisco Pizarro）远征到了秘鲁；又过了两年，门多萨远征到了普拉特河。在接下来的一个世纪里，西班牙征服并殖民了南美洲中部、西部和南部的大部分地区；葡萄牙则宣称占领南美洲东部的巴西。

西班牙殖民的战略非常有效率。先是科尔蒂斯在墨西哥站稳脚跟，他意识到对付原住民对抗的最好方式是俘获他们的首领，让西班牙人占有土著首领积累起来的财富，强迫原住民进献贡品和食物，然后把自己打造成土著社会新的精英，掌控现有的征税、进献贡赋，特别是还有强迫劳动的方式。

当科尔蒂斯及随从在1519年11月8日到达伟大的阿兹特克帝国的首都特诺奇

蒂特兰城的时候,他们受到了阿兹特克皇帝蒙特苏玛(Moctezuma)的欢迎,因为他听信了其顾问们所提出的大多数建议,和平地欢迎西班牙人。接下来发生的故事在1545年后编纂的记录中有很好的记述,这是由圣方济各会神父伯纳迪诺·德·萨哈冈(Bernardino de Sahagún)在其著名的《佛罗伦萨法典》中记述的。

> 他们(西班牙人)立刻严密控制住了蒙特苏玛……接着枪炮到处射击……恐惧蔓延开来。好像每个人都把心脏提到了嗓子眼。天还没黑,四周已经弥漫着恐惧、惊奇和忧虑,人们惊惧不已。
>
> 在拂晓的时候,西班牙人正式宣布了他们需要的东西:白色的玉米粉圆饼、烤好的火鸡肉、鸡蛋、饮用水、木材、柴火、木炭……这些东西以往蒙特苏玛都征用过。
>
> 当西班牙人定居下来之后,他们要求蒙特苏玛拿出城里所有的金银财宝……他们还带着极高的热情寻找黄金。于是,蒙特苏玛领着西班牙人。他们包围着他……控制着他,抓着他。
>
> 当他们到达 Teocalco 的藏宝室的时候,他们拿走了所有金闪闪的东西:克沙尔鸟羽毛头扇、器皿、盔甲、金盘……黄金鼻月牙、黄金腿饰、黄金臂饰、黄金头饰等。
>
> 随后他们挑拣出黄金……接着就开始点火……其他所有珍贵的物品都被付之一炬。西班牙人把黄金都锻造成了金条……西班牙人无处不去……他们将看到的所有好东西都劫掠一空。
>
> 随后,他们去了蒙特苏玛的藏宝室,在那个叫作 Totocalco 的地方……他们拿走了蒙特苏玛所有的财产……所有值钱的东西;带坠的项链;镶嵌有多簇克沙尔鸟羽毛的臂饰;黄金臂饰,手镯,镶嵌贝壳的黄金饰品……镶嵌绿宝石的皇冠,以及统治者其他所有的物品。他们拿走了一切。

对阿兹特克的军事征服到1521年就完成了。科尔蒂斯成了新西班牙的总督,然后就开始通过赐封制度分割最有价值的资源和土著人口。赐封制度最早出现在15世纪的西班牙,是从摩尔人那里重新夺回国家南部采取的一种分封形式(摩尔人是8世纪后就定居在西班牙南部地区的阿拉伯人)。在新大陆,它是以一种更加有害的形式加以推行的:赐封成了原住民对西班牙人的一种承诺,后者称为委托监护人。原住民必须向监护人缴纳贡赋和提供劳役,作为交换,监护人负责使他们皈依为基督徒。

对被监护者劳动最早最生动的记录来自一位多明我会的神父卡萨斯,他曾写下对西班牙殖民体系最早也是最严厉的批评。卡萨斯于1502年随新总督奥万多(Nicolás de Ovando)的船队来到西班牙的伊斯帕尼奥拉岛。由于每天都看到当地原住民受到残酷剥削,他的理想逐渐破灭,内心深感不安。1513年,他作为随行牧师参加了西班牙对古巴的征服,也获得了监护者身份,有人为他提供贡赋和劳役服务。然而,他宣布放弃贡赋,并发动了一场改革西班牙殖民制度的长期斗争。他的这一努力,因其1542年写成的著作《印第安人毁灭简史》而达到了顶峰,该书对西班牙人的残暴统治进行了猛烈抨击。关于委托监护人制度,他在谈到尼加拉瓜时这样写道:

> 每个殖民者占有分配给他的(用法律的术语来说,就是"委托"给他的)城镇居民区,让居民们为他工作,为他自己攫取人们本来就非常稀缺的食物,接管当地人所有的、用以劳动并种植他们传统作物的土地。殖民者把所有的当地人——包括贵族、老人、妇女和儿童——看作其家族的成员,这样就可以让他们日夜为其劳动,而无论如何不会有任何剩余归自己所有。

卡萨斯记录了西班牙征服新格兰纳达(现在的哥伦比亚)所采取的完整战略:

> 为了实现他们长期获得所有可得到黄金的目的,西班牙人采用了他们一贯采用的策略,就是在他们自己人之间分封城镇和居民(或者他们自己所谓的"委托")……然后就将他们视作共同的奴隶。远征军的总头目抓住了整个地区的君主,并把他关了六七个月,非法地从他那里索要越来越多的黄金和绿宝石。这位君主——一个波哥大人——非常害怕,急于脱离牢房,获得自由,他同意了西班牙人的要求,将装满一屋子的黄金交给他们。结果,他派所有人都

出去寻找黄金,他们一点一点地带回来许多黄金还有宝石。但是,屋子还是没有填满,西班牙人最终宣判处死他,因为他没有实现自己的诺言。指挥官建议他们应该把案子带到他面前,作为典型的执法案例;当他们开始这样做,即开始对这位君主的正式控告后,就开始借口他没有实现讲好的条件而严刑折磨他。他们将他吊起来,烧他肚子上的脂肪,把他的双腿用铁钩挂在柱子上,脖子用另一个铁钩挂住,两个人抓住他的手,开始烧他的指尖。指挥官不时看一下并且反复说,他们将慢慢折磨死他,除非他能够交出更多的黄金。他们确实这么做了,该君主最终死于非人的折磨。

在墨西哥完善的征服战略和制度被热切地用于西班牙帝国的其他殖民地,尤其是在皮萨罗征服秘鲁的过程中得到了最充分的利用。正如卡萨斯记述的:

1531年,另一个著名的暴徒带领一队人到了秘鲁王国。他的所作所为,完完全全要模仿其前辈在这个新世界其他地方所采取的战略和战术。

皮萨罗在靠近秘鲁通贝斯城的海岸登陆,向南行进。在1532年11月15日,他到达了卡哈马卡(Cajamarca)山城,那是印加帝国国王阿塔瓦尔帕(Atahualpa)驻扎军队的地方。第二天,阿塔瓦尔帕——他在继承已故父亲怀那·卡帕(Huayna Capac)王位的斗争中刚打败了其兄弟胡斯卡(Huáscar)——带着随从来到了西班牙人营地。阿塔瓦尔帕非常生气,因为关于西班牙人实施暴行——比如对太阳神印蒂神庙的冒犯——的消息已经传到了他耳朵里。接下来发生的就众所周知了。西班牙人挖了个陷阱,灌满了水。他们杀死了阿塔瓦尔帕的警卫和随从人员,差不多有两千人,并抓获了国王。为了获得自由,阿塔瓦尔帕许诺奉献一屋子黄金和两屋子白银。他做到了这些,但是西班牙人违背诺言,在1533年7月的一天处死了他。那年11月,西班牙人占领了印加帝国首都库斯科(Cusco),在那里,印加帝国的贵族们遭受到了跟阿塔瓦尔帕同样的遭遇,被关押直到交出黄金和白银。如果他们不满足西班牙人的要求,他们就被活活烧死。库斯科所有伟大的艺术杰作——比如太阳神庙——上面的黄金都被剥离下来,被熔化成了金锭。

这时，西班牙人的目光转向了印加帝国的人民。就像在墨西哥，居民被分给了委托监护人，每个监护人听命于一个跟随皮萨罗的征服者。在殖民早期，赐封是用于控制和组织劳动力的主要制度，但是这种制度很快就面对强有力的竞争。1545年，一个名叫瓜尔巴（Diego Gualpa）的当地人在安第斯山脉的山顶上找到了一座土著神庙，这就是今天的玻利维亚。他被一阵狂风吹倒在地上，在他面前出现了一处白银矿。这是一座巨大银山的一部分，西班牙人把这个地方命名为"银山"。围绕着银山，建起了波托西城，它在1650年顶峰时期，人口达到16万，比当时的里斯本或威尼斯都要大。

为了开采白银，西班牙人需要大量的矿工。他们派出了一个新总督，即西班牙殖民地的首席长官，此人名为托拉多（Francisco de Toledo），他主要的任务就是解决劳动力问题。托拉多于1659年到达秘鲁，先是用了5年时间到处旅行，考察他新管辖的地区。他还命令对所有的成年人进行大规模普查。为了找到他需要的劳动力，托拉多首先迁移了所有当地人口，把他们集中在一些称作"缩编（reducciones，书面语为reductions）"的新城中，这可以使西班牙统治者便于使用这些劳动力。接下来，他们重新采用了印加帝国一种称为"米塔"的劳动制度，米塔是印加帝国盖丘亚族语，意思是"轮班制"。在米塔体系下，印加人使用劳役耕种了大量的土地，为庙宇、贵族和军队提供食物。作为回报，印加精英提供赈灾和安全。在托拉多手中，米塔，特别是波托西的米塔，就成了西班牙殖民时期最大、最繁重的劳动剥削制度。托拉多划定了一片非常大的集水区，从现在的秘鲁中部开始，包括现在玻利维亚的大部分地区。它覆盖了20万平方英里。在这个地区，1/7的男性居民被集中到"缩编区"，他们都必须在波托西的矿井工作。波托西的米塔制度持续了整个殖民时期，直到1825年才被废除。地图1显示，在西班牙征服时期，米塔的集水区域分布到整个印加帝国。它显示米塔与整个帝国的中心是如何交叠在一起的，将首都卡斯库包含在内。

非常引人注目的是，现在你在秘鲁仍然可以看到米塔的遗迹。卡尔卡省和邻近的阿科马约省的差异很小，都在山顶上，都住着讲盖丘亚语的印加帝国后裔。然而，阿科马约省更穷，其居民的消费比卡尔卡省低大约1/3。那里的人都知道这一点。在阿科马约，他们问勇敢的外来者："难道你不知道这里的人比卡尔卡省的人

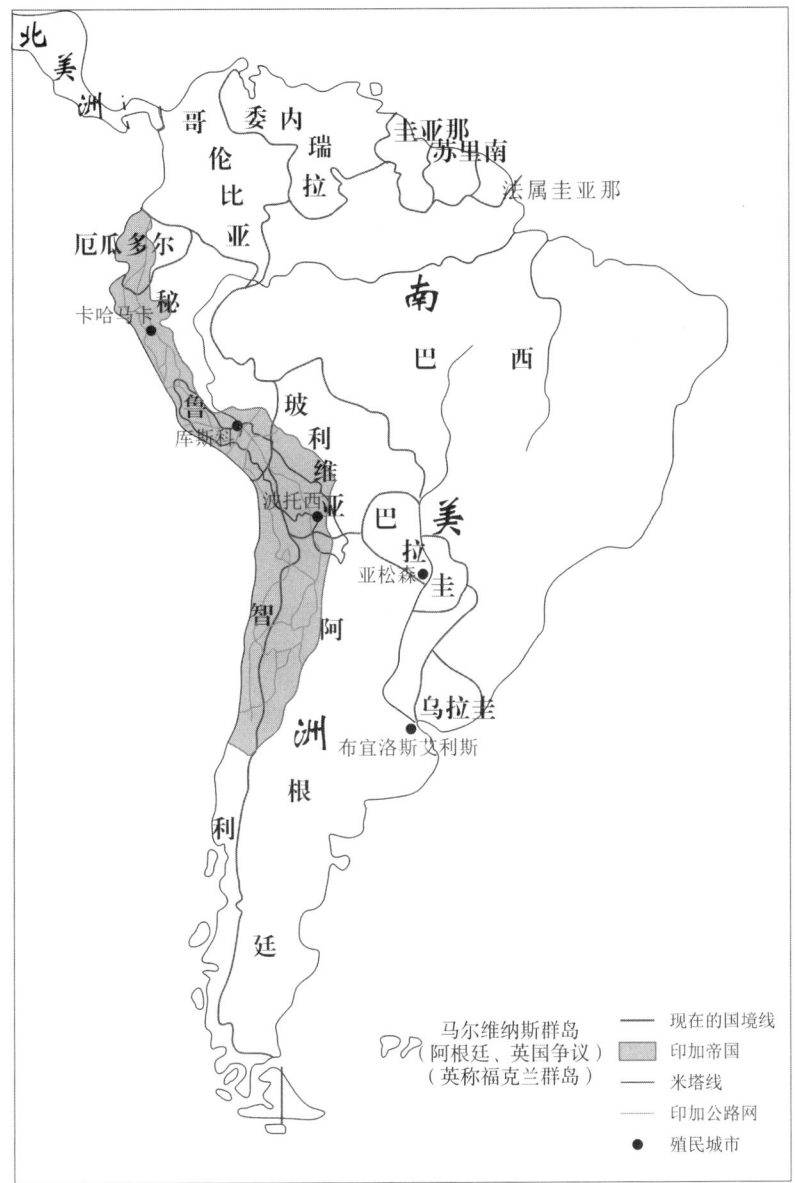

地图1　印加帝国，印加的公路网和采矿米塔的集水区

穷？为什么还想来这里？"之所以说"勇敢"是因为从印加帝国的古代中心——即现在的地区首府库斯科——到阿科马约要比到卡尔卡难得多。通往卡尔卡的公路路

面平整,而通往阿科马约的道路年久失修。要到阿科马约,你必须骑马或骑骡子。在卡尔卡和阿科马约,人们种植同样的作物。但是,在卡尔卡他们在集市上销售作物换钱。在阿科马约,他们种植作物主要是自给自足。这种不平等非常明显,住在那里的人都很清楚,可以用两个地区制度的差异来解释,这种制度差异可以追溯到托拉多及其对当地原住民高度剥削的计划。阿科马约和卡尔卡的主要历史差异在于阿科马约处于波托西的米塔集水区,而卡尔卡不是。

除了劳动集中和米塔制度外,托拉多对委托监护人征收人头税,每个成年男子每年按照固定的数量用白银缴纳。这是设计出来强迫人们进入劳动力市场的另一个计划,降低了西班牙人土地所有者支付的工资。另一项制度,产品赐封在托拉多时期也广泛流行起来。它来自西班牙语的动词 repartir,即"分配",这里的"repartimiento"字面意思是"产品分配",即以西班牙人确定的价格向当地人强制销售产品。最后,托拉多引入了 Trajin——字面意思就是"重负",用原住民代替驮物牲口运输很重的货物,比如酒、可可叶或丝绸,为西班牙精英们的商业探险服务。

在西班牙统治美洲的整个殖民世界,都出现了类似的制度和社会结构。在最初的抢劫和金银的贪求之后,西班牙人设计出一个制度网来剥削当地人。委托监护人制度、米塔制度、赐封制度和重负制度的全面推行就是为了使当地人的生活水平下降到温饱线以下,从而可以为西班牙人攫取超额收入。这是通过征用他们的土地、强迫他们劳动、给劳动者提供低工资、征收重税以及以高价强制售卖他们不想买的商品来实现的。尽管所有这些制度为西班牙王室带来了大量的财富,并使征服者及其后代非常富有,然而他们也把拉丁美洲变成了世界上最不平等的洲,大大削弱了这里经济发展的潜力。

前往詹姆斯敦

当西班牙于 15 世纪 90 年代开始在美洲的征服时,英格兰还是欧洲的小国,正在从玫瑰战争这场内战的巨大破坏中恢复,还无力到海外掠夺金银财宝,也没有考虑利用剥削美洲原住民的机会。在近 100 年后的 1588 年,西班牙舰队开始远征,西班牙国王菲利普二世企图入侵英格兰,在欧洲引发了政治海啸。英格兰侥幸获胜，这场海战却也成为英国海上实力成长起来的标志，并使它最终能参与到殖民掠夺中。

因此，英国几乎与此同时开始了在北美的殖民，这一点并非历史的巧合。但是，他们已经迟到了。他们选择北美，不是因为北美更具吸引力，而是因为北美是唯一还可以殖民的地方。美洲那些殖民者趋之若鹜、有着充足的可以利用的原住民且金银矿藏大量存在的地方，都已经被占领了。英国人只能捡剩下的地方。英国18世纪作家和农学家阿瑟·杨（Arthur Young）在讨论哪里可以生产有利可图的"主要产品"（他用这个词来表示可以输出的农产品）时，他写道：

> 总体上看，我们殖民地主要产品的价值随着离太阳距离的远近而迅速下降。在最热的西印度群岛，每人可以收到8英镑12先令1便士；在南大陆，收入为5英镑10先令；在中部，收入为9先令6.5便士；在北部殖民区，仅为2先令6便士。这一量级的变化无疑地教给我们一个最重要的教训——避免在北部大陆殖民。

英国人最初是在1585年到1587年尝试建立殖民地，位置选在北卡罗来纳的罗阿诺克，但是却彻底失败了。1607年，他们又再次尝试。在1606年年底，三艘舰船——苏珊·康斯坦特号、神速号和发现号——在船长克里斯托弗·纽波特（Christopher Newport）的指挥下起航前往弗吉尼亚。在弗吉尼亚公司的资助下，殖民者航行进入了切萨皮克海湾，并沿着他们命名为詹姆斯（James）——这是用英国国王詹姆斯一世（James Ⅰ）的名字来命名的——的河流上行。1607年5月14日，他们建立了定居点詹姆斯敦（Jamestorvn）。

尽管乘坐弗吉尼亚公司船只的殖民者都是英国人，但是他们的殖民模式深受科尔蒂斯、皮萨罗和托拉多所创立的殖民模式的影响。他们初步的计划是抓住当地的首领，并利用他们，获得给养，强迫当地人为他们生产食物和提供财富。

当英国殖民者最初在詹姆斯敦登陆的时候，他们不知道自己进入了波瓦坦部落联盟占领的区域。这个部落联盟由大约30个小部落组成，他们都拥护共同的酋长瓦汗森纳卡克（Wahunsonacock）。瓦汗森纳卡克的首府在威尔沃科莫科村，离詹姆斯敦不到 20 英里。殖民者的计划是更多地了解土地的地理位置。如果当地人不能被诱导提供食物和劳动的话,殖民者至少还可以同他们进行贸易。殖民者似乎没有自己工作、种植粮食的打算,那不是新世界的征服者们要干的事。

瓦汗森纳卡克很快就知道了殖民者的到来,并对他们的意图深感疑虑。他管理着当时对北美人来说相当大的一个帝国。但是,他有很多敌人,并缺乏像印加帝国那样强有力集权的政治控制。瓦汗森纳卡克决定看看英国人的意图到底是什么,就派出了使者,希望能同他们建立友好关系。

到 1607 年冬天临近的时候,詹姆斯敦的殖民者开始缺乏食物,殖民统治议事会指定的领导人温菲尔德(Edward Marie Wingfield)犹豫不决,军官约翰·斯密(John Smith)挽救了局面。斯密是一个具有英雄色彩的人物,他的记述为我们提供了有关殖民地早期发展的主要信息。他出生在英格兰林肯郡的农村,不顾父亲想让他经商的打算,成了一名军事冒险家。他最早在荷兰同英国军队作战,后来加入奥地利军队,在匈牙利服役,参与对奥斯曼帝国军队的战争;后在罗马尼亚被俘虏,被卖作奴隶,在田间劳作。有一天他设法制服了其主人,盗取了他的衣服和马匹,返回到了奥地利境内。斯密在去弗吉尼亚的途中,由于违背了温菲尔德的命令,以违抗军令的罪名被关押在苏珊·康斯坦特号上。船上的人计划当船只到达新世界时,审判他。然而,令温菲尔德、纽波特和其他精英殖民者惊奇的是,当打开赐封的命令时,他们发现弗吉尼亚公司任命斯密作为管理詹姆斯敦议事会的一名成员。

纽波特苦于寻求补给以及带来的许多殖民者回国了,温菲尔德又举棋不定,最终是斯密挽救了殖民地。他着手建立了一系列确保重要食物供给的贸易使团。在一个使团中,他被奥普查纳坎奴(Opchanacanough)——瓦汗森纳卡克的一个弟弟——俘获,被带到了威尔沃科莫科村的酋长面前。他是第一个见到瓦汗森纳卡克的英国人。根据一些记载,就是这次最初的见面挽救了斯密的生命,原因是瓦汗森纳卡克的小女儿宝嘉康蒂(Pocahontas)的干预,他在 1608 年 1 月 2 日被释放了。斯密回到了詹姆斯敦,那里依然缺乏食物,可是好在同一天晚些时候纽波特及时返回了。

詹姆斯敦的殖民者几乎没有从这次最初的经历中吸取教训。在 1608 年,他们继续寻找黄金和贵金属。他们好像仍然不明白,要生存,他们就无法通过暴力或贸易，而必须依赖当地人给他们供给食物。斯密首先意识到，基本的环境大不相同，在科尔蒂斯和皮萨罗那里运行得很好的殖民模式不适合北美。斯密注意到，不像阿兹特克和印加帝国，弗吉尼亚人没有黄金。他确实曾在日记中写道："你必须知道食物是他们所有的财富。"早期殖民者阿纳斯·陶德吉尔（Anas Todkill）曾留下了大量日记，也表达了跟斯密相同的沮丧之情，其他一些人对这一点的认识也逐渐形成：

"除了挖黄金、锻造黄金、运输黄金之外，没有其他的话题、希望、工作。"

纽波特在1608年4月回英格兰时，带了一船的黄铁矿——金矿石。他在9月底返回，带回了东印度公司的命令：要更加严厉地控制当地原住民。他们的计划是支持瓦汗森纳卡克为王，作为效忠英王詹姆斯一世的补偿。他们邀请他到詹姆斯敦，但是瓦汗森纳卡克仍然深深怀疑这些殖民者，不想冒被他们俘虏的危险。约翰·斯密记录了瓦汗森纳卡克的答复："如果贵国家的国王送我礼物，我也是国王，这是我的国家……是你们来我这里，不是我去你们那里，也不会去你们的营地，我也不会被引诱上钩。"

如果瓦汗森纳卡克"不上钩"，纽波特和斯密不得不去威尔沃科莫科参加加冕礼。整个事件弄得就完全像是一出闹剧，由此坚定了瓦汗森纳卡克除掉殖民者的决心。他实施了贸易禁运，詹姆斯敦再也不能交换到给养了。瓦汗森纳卡克想把他们饿走。

1608年11月，纽波特再一次航行回英格兰。他带了斯密写的一封信，这封信请求东印度公司的董事们改变他们殖民的思维方式。按照墨西哥和秘鲁的方式对弗吉尼亚进行快速致富式的剥削根本不可能。那里没有黄金和贵金属，也不能强迫当地原住民劳动或提供食物。斯密意识到，如果要进行有效殖民，移民必须要工作。因此，他请求董事们派一些适当的人来：如果你要再派人的话，我请求你派30个木匠、农夫、园丁、渔夫、铁匠、泥瓦匠和伐木工。根基稳定了，我们才能够有大量的财富。

斯密不想再要无用的金匠。由于他的智慧，詹姆斯敦再一次度过了危机。他尽力通过威逼利诱等手段让当地人同他进行贸易。如果他们不同他进行贸易，他就想办法去抢。而在定居点，他制定并实施了一条规则："不劳动者不得食"。詹姆斯敦又熬过了一个冬天。

弗吉尼亚公司是一个以盈利为目的的企业，在经过损失惨重的两年之后，已经没有多少利润。公司董事决定他们需要一种新的治理模式，采用只有一个长官的统治议事会。第一个被任命到这个职位上的是托马斯·盖茨爵士（Sir Thomas Gates）。弗吉尼亚公司听从了斯密的一些警告，意识到他们必须尝试一些新办法。这一点深受1609—1610年冬天所谓的"饥饿时光"事件的影响。新的治理模式没有给斯密留下任何职位，他非常不满地在1609年回到了英格兰。没有斯密出谋划策，加上瓦汗森纳卡克切断了食物供应，詹姆斯敦的移民吃不消了。刚入冬的时候还有500多人，到了第二年3月就只剩下60个人还活着了。境况极度危机，他们甚至开始吃人肉。

盖茨及其副手托马斯·戴尔爵士（Sir Thomas Dale）在殖民地实行的"新东西"就是对英国移民非常苛刻的工作制度——当然不是针对管理殖民地的精英人物的。就是此人，极力推行所谓的"法律神圣，道德严格，军事管理"。

> 任何男人和女人都严禁从殖民地逃到印第安人那里，否则处死。
>
> 任何抢劫花园、公共或私人物品，或者葡萄园，或者盗窃任何一穗谷物者，处死。
>
> 任何人都不得为了私用而把这个国家的任何物品卖给或送给船长、船员、工匠或水手运出殖民地，否则处死。

弗吉尼亚公司打算，如果不能剥削当地原住民，那么也许可以剥削移民。新的殖民开发模式让弗吉尼亚公司拥有了所有土地。男子住在军营，按照公司规定得到配给。公司挑选出工作队，每个工作队由一个代表监管。管理制度接近军事法律，首先诉诸的惩罚就是处死。作为殖民地新制度的一部分，制定的第一条款非常重要。弗吉尼亚公司判处逃跑者死刑。可是考虑到新的工作制度，对于被迫劳作的移民来说，逃跑后跟原住民一起生活，就成为越来越有吸引力的选择。由于那时弗吉尼亚包括原住民在内的人口密度很低，摆脱弗吉尼亚公司的控制同样可以独自生活。对此，弗吉尼亚公司难以招架，根本无法在仅仅给予满足温饱的配给条件下强迫英国移民努力工作。

地图 2 显示在西班牙征服的那个时代美洲不同地区人口密度的估计。除了少数几个地方，美国的人口密度大约为每平方英里 0.75 个人。在墨西哥中部或秘鲁安第斯地区，人口密度最高每平方英里 400 人，比弗吉尼亚高 500 多倍。所以，在墨西哥或秘鲁可行的做法在弗吉尼亚不可行。

弗吉尼亚公司花了很长时间才意识到最初的殖民模式在弗吉尼亚不可行，同时，又花了一段时间才接受"法律神圣，道德严格，军事管理"这一规定的失败。1618 年开春，它采用了一种全新的战略。既然强迫当地原住民和移民都不可行，唯一的选择就是给予移民激励。1618 年，弗吉尼亚公司开始"人头权利制度"，给每个男性移民 50 英亩土地，每增加一个家庭成员增加 50 英亩土地，家庭的佣人带到弗吉尼亚也可以得到 50 英亩土地。给移民提供住房，免除契约。1619 年引入了大众议会制度，按照管理殖民地的法律和制度，每个成年男子都有发言权。这就是美国民主的开始。

弗吉尼亚公司用了 12 年时间才得到第一个教训：西班牙在墨西哥、中美洲和南美洲采用的制度在北美洲没法采用。17 世纪剩下的时间则是围绕第二个教训的一系列漫长而反复的争斗：要想在经济上有效殖民，唯一可行的选择就是提供一套机制激励移民投资和努力工作。

在北美的发展过程中，英国的精英人士一次又一次地试图建立一种除少数特权人物之外严格约束所有移民的经济和政治权利的制度，就像西班牙所采用的制度那样。然而，这种模式的每一次尝试都失败了，就像弗吉尼亚所发生的一样。

就在弗吉尼亚的殖民战略改变后不久，最具雄心的尝试就开始了。1632 年，英王查理一世将切萨皮克海湾上游的 1000 万英亩土地赐封给巴尔的摩领主卡尔弗特（Cecilius Clavert）。马里兰宪章赋予巴尔的摩领主按照他希望的界限建立政府的完全自由，宪章第Ⅶ条写道：巴尔的摩"对于前所提及的善意且幸运的省的政府，拥有自由、全面且绝对的权力，根据现有的规定，拥有任命职位权力、制定和实行

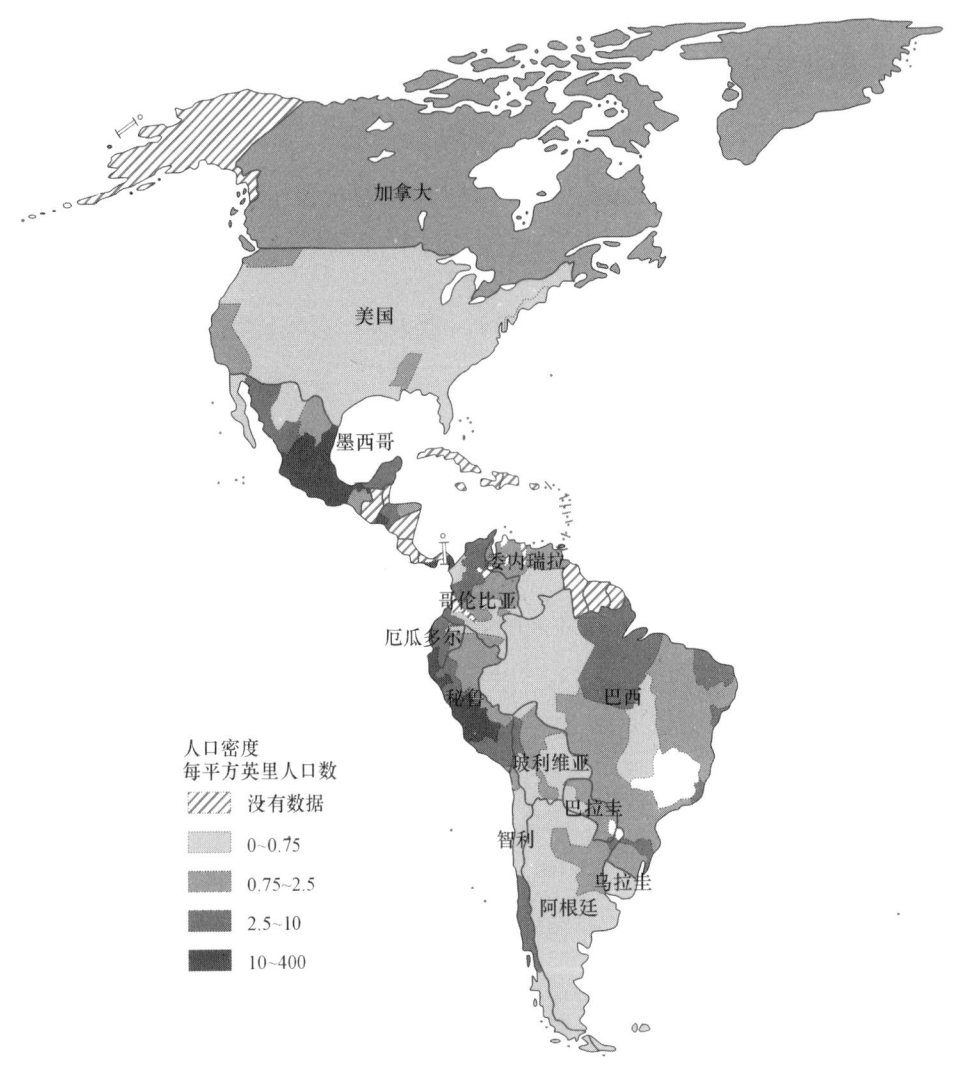

地图 2 1500 年美洲的人口密度

法律的权力以及类似的其他权力"。

巴尔的摩为创建庄园社会制订了详细的计划,这是 17 世纪英国农村理想版本的北美变体。它把土地划分成几块,每块几千英亩,由领主来经营。领主招收承租人,承租人耕作土地并向控制土地的特权精英缴纳租金。另一个类似的努力是 1663 年 8 个所有者建立了卡罗来纳,其中包括安东尼·阿西里-库珀爵士(Sir Anthony Ashley-Cooper）。阿西里-库珀和他的秘书——英国伟大的哲学家约翰·洛克（John Locke）——一起制定了卡罗来纳的基本宪法。这部宪法跟之前的马里兰宪章一样，为精英们提供了建立一个由拥有土地的精英们控制的等级社会的蓝图。序言写道："这个省的政府会建立得与统治我们的君主国家完全一致，要尽量避免广泛的民主。"

基本宪法的条款勾画出了严格的社会结构。最底层是"下民"，第23条写道"所有下民的子女仍然是下民，世世代代都如此"，下民没有任何的政治权利。下民之上是领主和酋长，他们形成贵族。每个领主有48000英亩土地，每个酋长有24000英亩土地。还有一个议会，领主和酋长参加，但是议会只能讨论8个所有者在会议前所提出来的措施。

就像弗吉尼亚实施严厉规则的努力失败了一样，马里兰和卡罗来纳的这类制度计划都失败了。原因是相同的。所有这些都证明，强迫移民进入严格的等级社会是不可能的，因为他们在新世界有太多的选择。相反，必须给他们提供想工作的激励。很快，他们就需要更多的经济自由和进一步的政治权利。在马里兰，移民坚持得到他们自己的土地，他们迫使巴尔的摩君主建立了议会。1691年，议会让英王宣布马里兰是皇家的殖民地，这样就清除了巴尔的摩及其主要领主的政治特权。同样的长期斗争也发生在南北卡罗来纳，所有者们也失败了。南卡罗来纳在1729年成为皇家殖民地。

到18世纪20年代，后来成为美国的所有13块殖民地都具有相同的政府结构。在每个殖民地，有一个总督，以及一个建立在男性财产所有权基础上的议会。他们不是民主制度，妇女、奴隶和没有财产者没有选举权。但是，与同时期其他地方的社会相比，政治权利非常广泛。就是这些议会及其领袖们在1774年聚在一起召开了第一次大陆议会，揭开了美国独立的序幕。议会相信，他们有权利决定他们自己的成员和征税权。众所周知，这给英国殖民政府带来了问题。

两个宪法的故事

现在应该很明显了，是美国而不是墨西哥采用并实施支持民主原则的宪法，建立对政治权力运用的限制，在社会中广泛分配权力，并不是巧合。1787年5月在费城，代表们坐下来达成的宪法是一个长期过程的结果，这个过程从1619年詹姆斯敦大众议会的形成就开始了。

比较美国独立时发生的立宪过程和不久后在墨西哥发生的立宪过程是非常明显的。1808年2月，拿破仑·波拿巴率领的法国军队入侵了西班牙。到5月，他们占领了西班牙首都马德里。到9月，西班牙国王费迪南德（Ferdinand）被俘虏并退位。一个执政委员会（Junta Central）接替了他的位置，接过了抗击法国的旗帜。执政委员会在阿兰胡埃斯碰头，但是面对法国的军队，他们退到了南部。最后，退到了加的斯港，在那里尽管受到拿破仑军队的包围，但是他们顽强抵抗。在这里，执政委员会建成了议会，称作"Cortes"（议会）。1812年西班牙议会通过了所谓的"加的斯宪法"，要求在人民主权观念的基础上引入立宪君主制。还要求结束特权，引入法律面前人人平等的观念。对南美的精英们来讲，这些要求都非常令人讨厌，他们仍然控制着由赐封制度、劳役制度以及他们既得的绝对权力和殖民政府等所塑造形成的制度环境。

在拿破仑入侵下，西班牙的崩溃在整个拉美殖民地造成了宪法危机。对于是否承认执政委员会的权威存在大量的争论，作为回应，许多拉美国家开始形成他们自己的执政委员会。而是否意识到他们可以从西班牙真正独立出来，只是一个时间问题。宣布独立的事件最早于1809年发生在玻利维亚的拉巴斯，不过这很快就被从秘鲁派出的西班牙军队镇压了。在墨西哥，精英们的政治态度到1810年的"大公起义"时就已经形成了，这是由米格尔·伊达尔神父（Father Miguel Hidalgo）领导的起义。当米格尔·伊达尔神父的军队在9月23日包围瓜纳华托时，他们杀死了殖民地最高官员总督，然后开始不加区别地屠杀白人。这更像是阶级甚或种族战争，而不像独立运动。这场起义联合了所有反对派精英。如果独立允许大众普遍参与政治的话，那么当地的精英，而不仅仅是西班牙精英都将反对。结果，墨西哥精英带着极端怀疑的态度审查了允许公众普遍参与的《加的斯宪法》；他们绝不会承认其合法性。

1815年，随着拿破仑欧洲帝国的崩溃，国王费迪南德七世（Ferdinand Ⅶ）重新掌权，《加的斯宪法》被废止了。当西班牙王室开始尝试收回其北美的殖民地时，面对忠于王室的墨西哥它没有面临任何问题。然而，1820 年，在加的斯集结起来驶向美洲帮助恢复西班牙政权的一支西班牙军队倒戈反对费迪南德七世。全国的军队都很快加入到这支军队中，费迪南德被迫恢复《加的斯宪法》，重新召开议会。这次议会甚至比制定《加的斯宪法》的那次议会更激进，它主张要废除所有形式的劳役。它还攻击特权，比如，军队在自己的法庭处理犯罪的权利。这个宪法最终在墨西哥被强制接受，对此精英们决定最好是随便它去并宣布独立。

这次独立运动是由奥古斯丁·德·伊图尔维德（Augustín de Iturbide）领导的，他曾经是西班牙军队的一名军官。1821 年 2 月 24 日，他发表了"伊瓜拉计划"（Plan de Iguala），即关于墨西哥独立的见解。这个计划的特点是君主立宪制，设一位墨西哥国王，废除《加的斯宪法》的规定，因为墨西哥的精英们发现这个宪法对他们的地位和特权存在巨大的威胁。这立刻得到支持，西班牙很快就意识到它无法阻止不可避免。虽然伊图尔维德没有立刻组织墨西哥脱离西班牙，但他意识到了这个权力真空，很快就利用其军队的支持，宣布自己为国王，南美独立的伟大领袖西蒙·玻利瓦尔（Simón Bolivar）将国王的职位描述为"既有上帝的优雅，又很残暴"。伊图尔维德不受美国总统那样的政治制度的约束；他很快就把自己变成了一个独裁者；到 1822 年 10 月，他解散了宪法批准成立的议会，并且用他选择的执政委员会替代了议会。尽管伊图尔维德在位时间不长，但是这种模式在 19 世纪的墨西哥不断重复上演。

美国宪法并没有建立现代意义上的民主。哪些人在选举中有投票权是由各州自己决定的。北部各州很快就承认，所有白人男子都拥有投票权，不管他们的收入或拥有多少财产，南部各州是渐次这样做的。没有一个州赋予妇女和奴隶选举权，尽管取消了对白人男子的财产和财富限制，但各州还是采用了明显剥夺黑人男子权利的这种种族特权制度。当然，当美国宪法在费城制定的时候，奴隶制是合法的。最肮脏的谈判集中于各州在议会中分得的席位数。以各州的人口数为基础来分配，但是南部各州的议会代表要求将奴隶计算在内。北部各州反对。妥协的办法就是议会席位的分配中，一个奴隶算作 3/5 个自由人。通过像 3/5 规则和其他妥协的办法等，美国南部和北部的矛盾在立宪过程中得到了控制。对宪法新的修订会逐渐产生，比如，"密苏里妥协"就是一种制度安排，要求每次必须同时有一个支持奴隶制的州和一个反对奴隶制的州同时加入联邦，以平衡议会中支持奴隶制和反对奴隶制的州的数目。这些看似荒诞的做法确保了美国政治制度的平稳运行，一直到美国内战。这场战争照顾了北方的利益，彻底解决了冲突。

内战非常血腥、极具破坏性。但是，在内战前后，美国社会都为大量人口提供了充足的经济机会，特别是在美国北部和西部地区。墨西哥的境况就完全不同了。如果说，美国在1860年到1865年之间经历了5年的政治不稳定，那么墨西哥在独立的最初50年中，几乎一直处于不稳定状态。这最好通过安东尼奥·洛佩斯·德·桑塔·安纳（Antonio López de Santa Ana）的职业发展来阐述。

安东尼奥·洛佩斯是维拉克鲁斯一个殖民官员的儿子，在独立战争中，作为一名士兵为西班牙服役并崭露头角。1821年，他转向伊图尔维德一方，再也没有回头。1833年5月，他第一次成为墨西哥总统，尽管他在台上不足一个月，就被迫让位给了瓦伦丁·戈麦斯·法里亚斯（Valentín Gómez Farías）。戈麦斯·法里亚斯做了15天总统，之后安东尼奥·洛佩斯又取得了权力。然而，这就跟第一轮的权力交替一样简单，在7月早期，他又被戈麦斯·法里亚斯接替。安东尼奥·洛佩斯和戈麦斯·法里亚斯的这种相互权力交替一直持续到1835年年中，之后安东尼奥·洛佩斯被米格尔·巴拉冈（Miguel Barragán）取代。但是，安东尼奥·洛佩斯并不是个懦夫。他在1839年、1841年、1844年、1847年以及最后在1853年到1855年间又当上了总统。他总共11次任总统，在任期间，他丢掉了阿拉莫和得克萨斯，还经历了美墨战争的惨败，这场战争直接导致了墨西哥丢掉了新墨西哥州和亚利桑那州。在1824年到1867年间，墨西哥共有52位总统，没有几个是根据宪法认可的程序获得权力的。

这一系列空前的政治不稳定对经济制度和人员激励造成的后果应该是非常明显的。这种不稳定造成了产权的极不安全。它也带来了墨西哥国家政权的严重弱化，直到现在政府对征税和提供公共服务仍然缺乏权威和能力。事实上，尽管当时安东尼奥·洛佩斯是墨西哥总统，但是整个国家的大部分不在其控制下，这使得得克萨斯州能够并入美国。另外，正如我们刚刚看到的，墨西哥宣布独立背后的动机是保护殖民时期发展起来的经济制度，就是这种制度使得墨西哥——根据德国伟大的拉美探险家和地理学家亚历山大·冯·洪堡（Alexander von Humbolt）的话说——成为"不平等的国家"。这些制度,让整个社会建立在对本土居民的剥削和垄断的基础上,阻碍了大多数人口的经济激励和创造性。就在美国于 19 世纪前半期开始工业革命的时候,墨西哥越来越穷了。

有思想,创办企业并获得贷款

工业革命开始于英国。其最初的成功是通过水力并在后来采用蒸汽机驱动新机器来生产棉布。棉纺织业生产的机器化大大提高了工人的生产效率,后来效率的提升又扩展到其他产业。整个经济中技术突破的发动机是创新,充当先锋的是新企业家,以及热心采用它们的新思想的商人。这种创造性的做法很快就跨越大西洋传到了美国。人们看到了应用在英国发展起来的新技术可以带来巨大的经济机会。他们也受到激励,开始动手发明。

通过看看谁被授予专利,我们就能够理解这些创新的性质。保护思想产权的专利系统在 1623 年英国议会制定的垄断法中就系统化了,特别是阻止了国王随意给他想给的人发"专利证书"——这样就能有效地把排他性权利授予特定活动或商业。在美国关于专利授权最惊人的特征在于被授予专利的人来自各种背景、各个生活阶层,而不仅仅是富人和精英。许多人就是由于自己的发明专利致富的。就拿托马斯·爱迪生(Thomas Edison)来说,他是留声机和灯泡的发明者,通用电气公司的创始人,该公司至今仍然是世界上最大的公司之一。爱迪生是七个孩子中最小的一个。他的父亲萨缪尔·爱迪生(Samuel Edison)从事过很多种职业,从劈面板做屋顶到裁缝到开旅馆。托马斯几乎没有受过正规教育,而是在家里接受他母亲的教育。

在 1820 年到 1845 年间,美国只有 19% 的专利权人的父母亲是专业人士或者来自大地主家庭。同一时期,40% 的专利权人只受过初级或更少的教育,就像爱迪生一样。而且,他们通常利用他们的专利开办企业,这一点也跟爱迪生一样。正像 19 世纪的美国在政治上比其他同时期的国家民主一样,在鼓励创新上也比其他国家民主。这对它成为世界上最具有经济创新性的国家至关重要。

如果你很穷但是有一个好的想法,拿到专利是完全可能的,因为申请专利毕竟花不了太多钱。但是,要用专利赚钱就完全是另一个问题了。当然,一种方式是把专利卖给其他人。爱迪生早年的时候就是这么做的,为的是积累资本,比如他把其四路多工电报的专利以 10000 美元卖给了西联公司。但是出售专利只有对像爱迪生这样的人才是一个好的想法,他形成想法比他付诸实践快得多。(他在美国就获得了 1093 项专利,在全世界范围内获得了 1500 项专利,这在全世界都遥遥领先。)从专利中赚钱比较实际的方式是自己开公司。但是,开公司需要资本,需要银行借钱给你。

美国的发明者又一次很幸运。在 19 世纪,金融中介和银行业的迅速扩展成为美国经济迅速增长和工业化的重要推动力。1818 年,美国开了 338 家银行,总资本达到了 1.6 亿美元。到 1914 年,美国有 27864 家银行,总资本达到 273 亿美元。美国有潜力的发明家都可以立即获得资本开办企业。而且,银行之间的竞争和美国的金融制度意味着资本以相当低的利息就可以获得。

在墨西哥,情况就不是这样。1910 年,就是墨西哥革命发生的那一年,墨西哥只有 42 家银行,并且其中的两家银行控制了整个银行资本的 60%。墨西哥不像在美国那样,银行业的竞争那么残酷,在这里银行之间基本上不存在竞争。这种缺乏竞争意味着银行能够向客户收取非常高的利息,这就只能够把钱贷给特权阶层和已经非常富有的人,他们利用能够得到的信贷加强对不同经济部门的控制。

墨西哥银行产业在 19 世纪、20 世纪表现出来的形式是这个国家后殖民时期政治制度的直接结果。桑塔·安纳(安东尼奥·洛佩斯)时代的混乱之后,1864 年到 1867 年间,拿破仑三世(Napoleon III)的法兰西政府试图在马克西米连(Maximilian)国王统治下的墨西哥建立殖民制度。法兰西人被赶走了,新宪法制定了。但是,先是华雷斯(Benito Juárez)后是塞巴斯蒂安·特哈达·科拉尔(Sebastián Lerdo de Tejada)建立的政府很快就受到一个名叫波菲里奥·迪亚斯(Porfirio Diaz)的年轻军人的挑战。迪亚斯在抗击法兰西的战争中是一个常胜将军,他滋生起对权力的强烈渴望。他建成了起义军,并在 1876 年 11 月的特考克战役中击败了政府军。第二年 5 月,他当选为总统。他继续采用多少有些顽固并且日益独裁的方式统治墨西哥,直到 34 年后爆发革命才被赶下台。

跟他之前的伊图尔维德和安东尼奥·洛佩斯一样,迪亚斯也是从军队指挥官开始其政治生涯的。这种进入政治的职业路径在美国当然众所周知。美国第一任总统，乔治·华盛顿（George Washington），也是独立战争中的常胜将军。尤利塞斯·S.格兰特（Ulysses S.Grant），美国内战中获胜联盟的将军之一，在1869年当选总统；艾森豪威尔（Dwight D.Eisenhower），第二次世界大战期间欧洲盟军最高司令，在1953年到1961年间任美国总统。然而，与伊图尔维德、安东尼奥·洛佩斯和迪亚斯不同的是，他们没有一个是运用武力获得政权的；他们也没有一个运用武力来避免不得不放弃政权的可能。他们遵守宪法。尽管墨西哥在19世纪也有宪法，但是他们对伊图尔维德、安东尼奥·洛佩斯和迪亚斯的所作所为几乎没有限制。这些人的权力被剥夺的方式跟他们获得权力的方式相同：运用武力。

迪亚斯侵犯了人民的产权，方便了大量土地的征用，授予各商业领域的支持者以垄断权和支持，包括银行业。这些做法并没有新东西。这些恰好就是西班牙征服者曾经的所作所为，之前的安东尼奥·洛佩斯也是这样做的。

美国拥有对其经济繁荣尤其重要的银行业的原因，跟拥有银行者的动机毫无关系。实际上，强化墨西哥银行垄断性质的利润动机，在美国同样存在。但是这种利润动机实现的方式完全不同，这是因为美国有完全不同的制度。银行家面对不同的经济制度，面对的是让他们参与更激烈竞争的制度。这在很大程度上是因为，为银行家制定规则的政治家自己所面对的是完全不同的激励因素，这些因素也是由不同的政治制度造成的。事实上，在18世纪后期，也即美国宪法实施之后不久，看上去跟墨西哥占主导地位的银行系统相似的银行系统开始出现。政治家尽力建立起国家银行垄断，这样他们就可以让他们的朋友和合伙人获得部分垄断利润。银行不久也参与到贷款给管制他们的政治家的业务中，就像墨西哥一样。但是，这种状况在美国持续的时间不长，因为试图建立这种银行垄断的政治家们，跟墨西哥的政治家们不同，他们要面对选举的制约。建立银行垄断并放款给政治家，对政治家来讲是种如意的生意，前提是如果他们能够逃避处罚的话。然而，对市民来讲不是特别好。跟在墨西哥不同，在美国，人们可以约束政治家，并且把那些运用权力谋取私利或者帮助同伙获得垄断者赶下台。结果，银行垄断没有了。在美国政治权力的广泛分配，特别是与墨西哥相比，保证了人们都可以同等地获得融资和贷款。结果，这确保了有想法和创新的人可以从中获得收益。

路径依赖的变迁

19世纪的70—80年代,世界正处于巨变之中。拉丁美洲也不例外。迪亚斯建立的制度与安东尼奥·洛佩斯建立的或者西班牙殖民政府的制度不同。世界经济在19世纪的后半叶迅速发展,像蒸汽船和铁路这些运输业的创新,大大扩展了国际贸易。全球化的浪潮意味着像墨西哥这样的资源丰富的国家——或者更恰当的是这些国家的精英——能够通过出口原材料和自然资源给工业化的北美或西欧国家而致富。这样,迪亚斯及其同伙发现他们自己处在一个完全不同的、迅速变化的世界之中。他们意识到墨西哥也必须要变。但是,这不意味着彻底废除殖民制度,用跟美国相似的制度来代替这些制度。相反,他们的制度是一种"路径依赖"的变化,只是把原本就使拉丁美洲贫穷不平等的制度带到了下一个时期。

全球化使美洲的广大地区即待开发的边疆更有价值了。通常,这些边疆地区只是虚假地呈现出待开发的状态,因为这些地区早先居住的都是被残酷剥夺了一切的原住民。同样,抢夺攫取这些新发现的有价值的资源,成为19世纪后半叶美洲多个国家的一种主流的行为。这种具有极大价值的边疆的突然开发不仅没有让美国和拉丁美洲国家出现同步发展,甚至还造成了更大的不同,这是由已经存在的制度差异形成的,特别是那些关系到土地所有权的条款。在美国,一系列立法行动——从1785年的《土地条例》到1862年的《宅地法》,赋予了人民更广泛地获取边疆土地的机会。尽管原住民被排挤走了,但是这在一定程度上创造了一个平等的、更具经济活力的边疆地区。然而,在大多数拉美国家,政治制度造成了完全不同的结果。边疆地区的土地分配给了权贵阶层和富人,以及和他们有关系的人,并使这些人变得更有权势。

迪亚斯也开始废除阻碍国际贸易的殖民时代遗留下的制度,他期望这样做能够让他及其支持者致富。然而,他所采用的模式并不是他所看到的格兰德河北边的经济发展模式,而是科尔蒂斯、皮萨罗和托拉多的模式——精英们可以攫取大量财富,而其他人被排除在外。当精英们投资的时候,经济就增长一点,但是这种经济增长通常总是令人失望。在这种新秩序下,经济增长也是以牺牲没有权利者的利益为代价的，比如说索诺拉诺加利斯的雅基族人。在 1900 年到 1910 年之间，大约 3 万雅基族人被驱离家乡，实际上变成了奴隶，被赶到尤卡坦半岛的剑麻种植园工作（剑麻纤维是非常有价值的出口品，因为它们能用于制作绳索和麻线）。

这种对增长有害的特定制度模式在墨西哥和拉丁美洲一直顽固持续到 20 世纪，其影响通过下面的事实淋漓尽致地表现了出来：就像 19 世纪一样，各种集团为争夺权力而斗争，这种模式造成了经济停滞和政治动荡以及持续不断的内战和政治运动。迪亚斯最终在 1910 年失去了权力。墨西哥革命之后，玻利维亚在 1952 年、古巴在 1959 年、尼加拉瓜在 1979 年也发生了革命。同时，内战先后在哥伦比亚、萨尔瓦多、危地马拉和秘鲁发生。资产征用和被征用的威胁仍在继续，同时在玻利维亚、巴西、智利、哥伦比亚、危地马拉、秘鲁和委内瑞拉发生了大规模农业改革（或者试图进行改革）。革命、征用、政治不稳定伴随着军政府和各种不同形式的独裁而来。尽管也存在着渐进的变化，给予民众更多政治权利，可是直到 20 世纪 90 年代大多数拉美国家才开始民主化，而且即使那时，它们还深处动荡的泥潭。

这种并不稳定伴随着大规模的镇压和谋杀。1991 年智利国家真理与和解委员会报告确定，在 1973 年到 1990 年皮诺切特（Pinochet）独裁统治期间，有 2279 人由于政治原因被杀害，大约 50000 人被投入监狱遭受折磨，数十万人被解雇。1999 年的《危地马拉历史澄清委员会报告》确定，总共有 42275 人被谋杀。也有其他报告宣称在危地马拉 1962 年到 1996 年间有 20 多万人被谋杀；在弗拉因·里奥斯·蒙特（Efrain Ríos Montt）将军统治期间就有 7 万人被害，他犯下了这些谋杀罪行却不受惩罚，甚至还在 2003 年竞选总统，幸好他没有当选。阿根廷全国失踪人口委员会认为在 1976 年到 1983 年间被军队杀害的人口达 9000 人，尽管它注意到实际的数字可能要高得多（人权组织估计的数字通常是 30000 人）。

赚个一二十亿

殖民社会组织的持续影响以及这些社会的制度遗产形成了美国和墨西哥现代的差别，亦即诺加利斯两部分的差别。比较一下比尔·盖茨（Bill Gates）和卡洛斯·斯利姆（Carlos Slim），也可以拿后者跟沃伦·巴菲特（Warren Buffett）比，他们是如何成为世界上最富的两个人的，就可以看出起作用的力量不同。盖茨和微软的崛起众所周知，但是盖茨作为世界首富以及一个最具技术创新公司创始人的地位并无法阻止美国司法部在1998年5月8日针对微软公司的民事诉讼，宣称微软公司滥用垄断权力。特别引起关注的是微软将网络浏览器、Internet Explorer 与其操作系统捆绑在一起。政府已经盯着盖茨很久了，早在1991年，联邦贸易委员会就开始着手调查微软是否滥用其对个人计算机操作系统的垄断。2001年11月，微软与司法部达成交易。它放弃了在操作系统捆绑浏览器等做法，不过被判罚的数额低于许多人的要求。

在墨西哥，卡洛斯·斯利姆赚取钱财没有通过任何创新。最初，他擅长股市交易，也善于不良资产管理——购买亏损企业并重新打包出售。他最主要的行动就是购买了 Telmex，这是1990年时任总统卡洛斯·萨利纳斯（Carlos Salinas）私有化的墨西哥电信垄断企业。政府在1989年9月宣称打算卖出公司51%的投票权（约为全部股票的20.4%），并且在1990年11月接受竞价投标。尽管斯利姆不是出价最高者，但是其同伙领导的一家财团赢得了投标。斯利姆没有立刻就出钱购买这些股份，而是尽力拖延支付，用 Telmex 自己的红利来支付股票价格。当时是公共垄断的企业现在成了斯利姆自己的垄断企业，其利润非常丰厚。

造就卡洛斯·斯利姆这样的人的经济制度与美国的经济制度截然不同。如果你是一个墨西哥企业家，准入的壁垒在你职业中的每一步都起着非常重要的作用。这些壁垒包括你必须得到的高价许可证、你必须拿到官样文件、给你挡道的政客和当权者以及从金融部门获得融资的困难，因为这些金融部门通常是跟你要与之竞争的当权者勾结在一起的。这些壁垒要么不可逾越，将你排除在盈利部门之外；要么就成为你的强大朋友，把你的竞争者排挤在外。两种境况的差异当然取决于你认识谁以及能够影响谁——说白了，就是你能够向谁行贿。卡洛斯·斯利姆是一个能力非凡、充满雄心的人，来自黎巴嫩一个比较温和的移民家庭。他就特别善于获取排他性的合同；他设法垄断了墨西哥利润丰厚的电信市场，然后将业务扩展到拉丁美洲的其他国家。

当然墨西哥也存在对斯利姆 Telmex 垄断的挑战。但是，他们都没有成功。1996年，长途电话运营商 Avantel 向墨西哥竞争委员会申请对 Telmex 在电信市场的操控地位进行调查。1997年，委员会宣布Telmex在市话、国内长途电话和国际长途电话及其他业务上具有实质性的垄断权力。但是墨西哥监管部门试图限制这些垄断权力的努力没有奏效。一个原因就在于斯利姆和Telmex能够运用所谓的"豁免权"，字面意思就是"保护请求"。一个"豁免权"实际上就是一份认为特定法律不适用于你的批准书。豁免权的想法可以追溯到墨西哥1857年宪法，最初的目的是为了保护个人权利和自由。然而，在Telmex和墨西哥其他垄断公司的操纵下，它成了保护垄断权力的坚固屏障。豁免权不但没有保护人民的权利，反而给法律面前人人平等留下了一个漏洞。

斯利姆在墨西哥经济中赚钱很大程度上要归因于其政治联系。他进军美国市场就没能成功。1999年，他的GrupoCurso购买了一家美国计算机零售商CompUSA。当时，CompUSA给了一家名为COC Services的企业在墨西哥销售其产品的专卖权。斯利姆很快就违反了这个合同，目的是建立他自己的销售链，摆脱来自COC的竞争。但是，COC公司将CompUSA告到了达拉斯法院。在达拉斯，没有什么豁免权，因此斯利姆败诉了，被罚款4.54亿美元。COC的律师马克·温尼（Mark Werner）后来注意到："这个裁定的信息是，在全球经济中想进入到美国的企业必须遵守美国的规则。"当斯利姆受制于美国的制度时，他常用的赚钱策略行不通了。

一个关于世界不平等的理论

我们生活在一个不平等的世界。国家间的差别跟两个诺加利斯间的差别差不多，只不过范围更大一些。在富国，人们更加健康、更长寿，受到更好的教育。他们在日常生活中也能够获得更多的福利设施，并且拥有更多的选择，比如从休假期到职业规划等，而这些都是穷国的人们梦寐以求却难以得到的。富国的人们可以在没有坑洼的道路上驾车，可以在家里使用卫生间、电器和自来水。同样重要的是，他们的政府不会随意拘捕或骚扰他们；相反，政府提供公共服务，包括教育、卫生保健、道路和法律秩序等。同样值得注意的是，人们在选举中有投票权，在国家所采取的政治方向上有话语权。

世界不平等的巨大差距对每个人都很明显，甚至对那些穷国的人也如此，尽管他们没有接触到电视或互联网。就是对这些差距的认识和现实驱使人们非法穿越格兰德河或者地中海，以便有可能享受富国生活水平和机遇。这种不平等不仅仅对穷国每个人的个体生活具有影响，它还引起了怨恨与不满，在美国和其他地方产生了重大的政治后果。我们这本书的核心，就是要认识到这些差距为什么存在以及它们由什么引起。建立这种认识本身不是最终的目标；对于如何改进仍旧生活在贫困中的数十亿人的生活，这么做是获得相应的新想法的第一步。

诺加利斯栅栏两边的差距仅仅是冰山一角。这里跟墨西哥北部其他地区一样，都从与美国的贸易中得益，尽管不是所有的贸易都合法，诺加利斯的居民比墨西哥其他地区的人要富裕，户均年收入大约5000美元。索诺拉州诺加利斯的相对富裕源于集中在产业园的组装工厂，其中最早的一家工厂是由来自加利福尼亚的篮子生产商理查德·坎贝尔（Richard Campbell, Jr.）创办的。最早的承接商是Coin-Art，这是理查德·铂斯（Richard Bosse）所有的一家乐器公司，铂斯还是亚利桑那州诺加利斯生产长笛和萨克斯的Artley的所有人。Artley之后又有了梅莫雷克斯（Memorex，生产计算机配线）、艾文特（Avent，加工医院服装）、格兰特（Grant，生产太阳镜）、张伯伦〔Chamberlain，为西斯（Sears）公司生产车库门开关〕和新秀丽（Samsonite，生产箱包）。重要的是，所有这些公司的总部都位于美国，老板也是美国人，使用美国的资本和技术。相比于墨西哥其他地区，索诺拉州诺加利斯更显繁荣，但其根源是来自外部。

跟美国与全球许多国家之间的差距相比，美国和墨西哥的差距要小。美国普通公众的富裕程度是墨西哥普通公众的7倍；是秘鲁和中美洲国家居民的十多倍，是撒哈拉以南非洲普通居民的大约20倍，是马里、埃塞俄比亚、塞拉利昂这些最穷非洲国家的几乎40倍。并且，世界上不仅仅是美国一个富国，还有其他富国，这些富国的数量虽少，但在不断增加，大部分在欧洲和北美洲，外加澳大利亚、日本、新西兰、新加坡、韩国，这里的居民过着与世界上其他国家居民完全不同的生活。

亚利桑那州诺加利斯比索诺拉州诺加利斯富得多的原因非常简单：这是因为国境线两边采取的是完全不同的制度，这给亚利桑那州诺加利斯和索诺拉州诺加利斯的居民创造了完全不同的激励。美国现在远比墨西哥或者秘鲁富得多，是由于其制度——无论是经济制度还是政治制度——所形成的产业、个人或政治家们的激励方式。每个社会都是由国家和公民共同形成和实施的一系列经济和政治制度推动的。经济制度形成经济激励：受教育的激励、储蓄和投资的激励、创新并采用新技术的激励，等等。政治过程决定了人们生活在什么样的经济制度下，政治制度决定了这个过程如何运行。例如，一个国家的政治制度决定了公民限制和影响政治家如何行事的能力。这又决定了政治家是不是公民的代理人，尽管这种做法并不完美，或者政治家能够滥用委托给他们或者由他们篡夺的权力来积累他们自己的财富，并从事可能对公民有害的事务。政治制度包括但不限于成文的宪法，也不限于社会是否是民主社会。它们包括国家管理和治理社会的权力与能力。广泛考虑决定政治权力如何分配的因素也是必要的，特别是不同集团集体行动追求自己的目标，或阻止其他人追求其目标的能力。

就像制度影响现实生活中的行为和激励因素一样，他们会决定国家的成败。个人才能在社会的每个阶层都很重要，但是需要一个制度框架把它转化成积极的力量。比尔·盖茨，就像信息技术产业的其他优秀人物〔比如保罗·艾伦（Paul Allen）、史蒂夫·鲍尔默（Steve Ballmer）、史蒂夫·乔布斯（Steve Jobs）、拉里·佩奇（Larry Page）、谢尔盖·布林（Sergey Brin）、杰夫·贝佐斯（Jeff Bezos）〕一样，具有很高的才能和抱负。但是，他最终是要对激励做出反应。美国的教育体系能够让盖茨和其他像他一样的人，获得一系列独特的技能，实现他们的才能。美国的经济制度能够让这些人非常容易地开办公司，不会面对不可逾越的障碍。那些制度也使他们为自己的计划融资成为可能。美国的劳动力市场让他们能够雇用有资格的人才，相对而言更富竞争性的市场环境能够让他们扩大公司和产品市场。这些企业家从开始就对自己梦想的计划能够实现满怀信心：他们相信这些国家的制度和法制，无须担心财产安全。最终，政治制度确保了稳定性和持续性。一方面，他们确信不存在独裁者篡夺权力、改变游戏规则、征用财产、监禁他们或者威胁他们的生命或生活。另一方面，他们也确信，社会中没有特殊利益集团能够扭曲政府的做事方式，做出有害经济的行为，因为政治权力是既有限又足够广泛地分散，这使得创造出繁荣的激励因素的一系列经济制度能够出现。

这本书将表明，尽管经济制度对决定一个国家的贫富非常重要，但是政治和政治制度决定了一个国家有什么样的经济制度。美国良好的经济制度源于 1619 年之后逐渐形成的政治制度。我们关于世界不平等的理论，表明了政治制度和经济制度如何相互影响，导致贫富的差距，以及世界的不同地区是如何最终形成了这些不同的制度。我们对美洲国家历史的简要回顾，让我们开始意识到政治和经济制度的力量。当前不同的制度模式深深植根于历史，因为一旦社会以一种特殊的方式组织起来，它倾向于一直持续下去。我们在本书中还将表明，这一事实来自政治和经济制度相互作用的方式。

这种持久性及形成它的力量也解释了，为什么消除世界不平等、让穷国致富是如此困难。尽管制度对两个诺加利斯之间、美墨之间的差异至关重要，但是那并不意味着墨西哥就一致同意要改变制度。只要有一种制度对控制着政治和政治制度的人来说可能更好，这个国家就不觉得有必要采用对经济增长和公民福利最好的制度。一个社会的权力阶层和其他阶层经常在保留哪些制度、改变哪些制度上无法达成一致。尽管新产业的进入能够造福数以百万计的墨西哥人，但卡洛斯·斯利姆不愿看到其政治上的关系和保护其产业垄断的准入壁垒消失。由于无法达成这种一致，社会最终采取哪些规则是由政治决定的：谁拥有权力以及这种权力如何运作。卡洛斯·斯利姆有权力得到他想要的一切。比尔·盖茨的权力就有限得多。因此，我们的理论不仅关乎经济学，还关乎政治学。它关乎制度对国家成败的影响——因此是关于贫困和繁荣的经济学；它也是关乎制度如何被决定，如何因时而变化，以及即使它们造成了数百万人的贫困和痛苦，却仍然无法改变——因此也是关于贫困和繁荣的政治学。

第2章
不起作用的理论

实际情况

  我们这本书的核心是解释世界不平等以及这种不平等中所蕴含的几种较为明显且广泛的模式。第一个曾经经历持续经济增长的国家是英国——或称大不列颠,全名是大不列颠及北爱尔兰联合王国,就是1707年之后英格兰、威尔士、苏格兰、北爱尔兰联合形成的国家。从18世纪后半期,由于出现了重大技术突破并在工业上得到广泛应用,英国开始出现缓慢的增长。英国之后,紧接着西欧大多数国家和美国也开始工业化。英国的繁荣很快蔓延到大不列颠在加拿大、澳大利亚和新西兰的殖民地。现今世界上30个最富国家的名单中就包括它们,另外加上日本、新加坡和韩国。后面这三个国家的繁荣则代表了许多东亚国家和地区,包括中国台湾和中国内地等,近年来经济迅速增长所遵循的一种较为普遍的模式。

  世界收入分配底层的国家,跟处于顶层国家形成了鲜明的对比。如果列出当今世界上最穷的30个国家的名单,你会发现几乎所有这些国家都在非洲撒哈拉以南。除此之外,还有阿富汗、海地、尼泊尔等,这些国家虽然不在非洲,但在许多关键特征上跟非洲国家相同,对此我们将在下文进行解释。退回50年,最顶端的30个和最底层的30个国家没有太大的变化,差别只是那时最富国家行列里没有新加坡和韩国,而最底层的30个国家中也有几个不同的国家,但是总的来说与我们今天看到的高度一致。退回到100年或者150年前,在相同的集团中大家还是能找到基本相同的国家。

地图3显示了2008年全世界的穷富国家分布。颜色最黑的国家是世界上最穷的国家，它们的人均年收入（经济学家称为GDP，即国内总产值）不到2000美元。大部分非洲国家属于此列，外加阿富汗、海地和部分南亚国家（如柬埔寨和老挝）。朝鲜也在此列。颜色为白色的国家是最富的国家，它们的人均年收入超过20000美元。不出意料，这包括北美和西欧多国、澳大利亚和日本。

在美洲也有类似有趣的分布模式。把美洲国家从最富到最穷列一个清单，你就会发现，最顶端的国家是美国和加拿大，接着是智利、阿根廷、巴西、墨西哥和乌拉圭，也许还有委内瑞拉（这取决于石油的价格）；此后是哥伦比亚、多米尼加共和国、厄瓜多尔和秘鲁；最底层是另一组特别的，而且明显更穷的国家，有玻利维亚、危地马拉和巴拉圭。退回50年，你会看到相同的排列；退回100年，相同；退回150年，仍然相同。因此，并不只是美国和加拿大比拉美国家富；在拉美国家内部，富国和穷国之间也存在明确且历久不变的分布。

最后，在中东还有一幅极其有趣的分布图。那里有像沙特阿拉伯和科威特这些盛产石油的国家，其收入水平接近最顶层的30个国家。然而，如果石油价格下降，它们很快就跌出这个序列。像埃及、约旦和叙利亚这些几乎没有石油的国家，它们的收入水平跟危地马拉或秘鲁的收入水平差不多。如果没有石油，中东国家也全部都是穷国，只不过它们的收入水平更像中美洲和安第斯山脉地区的国家，而不是像非洲撒哈拉以南的国家那么穷。

尽管我们今天看到的世界穷富分布存在很大的延续性，但是这些分布特征并非一成不变或不可改变。首先，就像我们已经强调的，当前世界不平等的绝大部分是从18世纪后期之后才出现的，是伴随工业革命而出现的。在18世纪中期，不仅贫富差距小得多，而且当我们追溯历史时发现，后来如此稳定的排名在更久以前也不相同。例如，在美洲，我们看到150年前的排名跟500年前的排名完全不同。其次，许多国家已经经历了几次迅速增长，比如第二次世界大战之后的许多东亚国家，最近的例子就是中国。此后，这其中许多国家经历了增长趋势的逆转。例如阿根廷，一直到1920年快速增长了50年，成为世界上最富的国家之一，但是之后就开始了持续下降。苏联是更值得关注的例子，在1930年到1970年间迅速增长，但是此后不久就经历了迅速的崩溃。

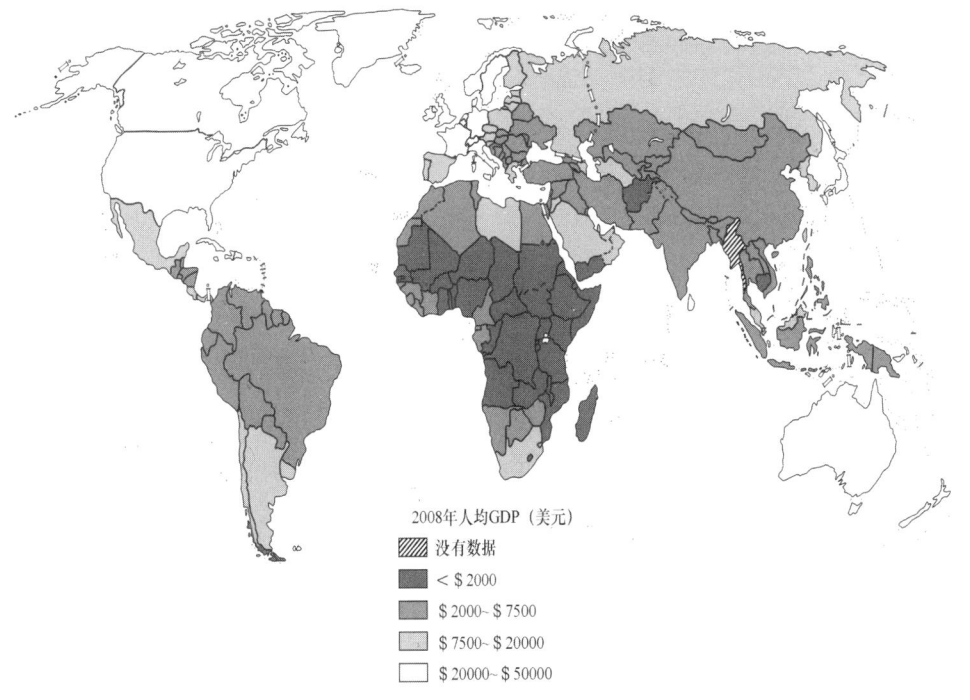

地图 3　2008 年全世界的穷富国家分布

到底用什么来解释穷富的巨大差距和不同的增长模式呢？为什么西欧国家及其住满了欧洲移民的殖民地在 19 世纪开始增长？很少有追溯研究。有什么能够解释美洲内部不平等的一贯排序？为什么撒哈拉以南非洲和中东国家没能实现西欧国家的经济增长，而许多东亚国家却实现了超乎寻常的高速经济增长呢？

大家可能会认为，世界不平等是如此严重，后果如此明显，而且模式如此不同，那么应该存在一种广为接受的解释。然而不是这样。社会科学家为解释贫富根源提出来的大多数假说不起作用，无法令人信服地解释穷富分布的实际情况。

地理假说

关于世界不平等根源的一种广为接受的理论是地理假说，认为贫困国家和富裕国家的巨大差距是由地理差异造成的。许多穷国，比如非洲、中美洲和南亚的那些穷国,都在南北回归线之间。相反,富国都在温带。穷国和富国在地理位置上的集中在表面上让地理假说显得比较有吸引力,成为许多社会科学家和专家们理论观点的出发点。但是,这种做法只能使这一观点更加错误。

早在18世纪后期,伟大的法国政治哲学家孟德斯鸠(Montesquieu)就注意到了贫富国家的地理集中,并对此作出了解释。他认为,热带气候的人倾向于懒散、缺乏求知欲。结果,他们不努力工作,没有创新精神,这就是他们贫困的原因。孟德斯鸠还推测,懒散的人可能要被暴君所统治,认为国家位于热带地区这一事实不仅能够解释贫困,还能够解释与经济失败相关的某些政治现象,比如独裁。

热国固穷的理论,尽管与新加坡、马来西亚和博茨瓦纳(Botswana)这些国家近些年的快速经济增长相矛盾,但是仍然被许多人极力倡导,比如经济学家杰弗里·萨克斯(Jeffrey Sachs)。这一观点的现代版本不仅强调气候对工作努力程度或思想过程的直接影响,而且还有另外两个观点:首先,热带疾病,特别是疟疾,对人的健康进而对劳动生产率具有极大的负面影响;其次,热带土壤不适合高产农业。所以,结论相同:温带气候比热带和亚热带地区有相对优势。

然而,世界不平等无法用气候或疾病或任何版本的地理假说来解释。仅仅看看两个诺加利斯的例子就知道了。把诺加利斯分成两部分的不是气候、区位或者疾病环境,而是美墨边境。

如果地理假说无法解释南、北诺加利斯的差距,或者韩国和朝鲜的差距,或者柏林墙倒塌之前东德和西德的差距,那么它还能否成为解释南、北美洲,欧洲和非洲之间的差距的有效理论呢?显然不能。

历史表明,气候或地理与经济成败不存在简单的或持久的联系。例如,热带通常比温带更穷就不准确。就像我们在上一章中看到的,在哥伦布到达美洲那个年代,北回归线以南和南回归线以北地区,包括今天的墨西哥、中美洲、秘鲁和玻利维亚,拥有伟大的阿兹特克和印加文明。这些帝国政治上实行集权统治,国家结构复杂,他们修建道路、提供赈灾。阿兹特克有货币和文字,印加帝国虽然没有这两项关键技术,但是记录了大量称作"quipus"的结绳信息。与此鲜明对照,在阿兹特克和印加帝国时代,在阿兹特克人和印加人居住地区的北边和南边,包括现在的美国、加拿大、阿根廷和智利,主要是处于石器时代的文明,根本没有这些技术。

因此，美洲的热带地区比温带地区富得多，这表明：热带固穷的"显然事实"既不明显也不是事实。然而，美国和加拿大的巨额财富相对于欧洲人刚到时的情况代表了一个巨大的财富逆转。

这种逆转与地理明显无关，并且就像我们已经看到的，与这些地区被殖民的方式有些相关。这种逆转不仅仅局限于美洲。历史上，住在南亚——特别是印度次大陆以及中国内地的人比亚洲其他地区的人富得多，当然也比澳大利亚和新西兰的人富得多。这也发生了逆转，韩国、新加坡和日本成为亚洲最富的国家，澳大利亚和新西兰在繁荣程度上超过亚洲几乎所有国家。甚至在撒哈拉以南非洲，也出现了类似的逆转。更为晚近一些，在欧洲与非洲建立紧密联系之前，南非地区人口居住最为稀少，发达国家对这一地区也最缺乏任何形式的控制。然而，南非现在是非洲撒哈拉以南最富裕的国家之一。回溯历史，我们再次看到了热带的繁荣；前现代的许多文明，比如位于现在的柬埔寨的吴哥文明、印度南部的维查耶纳加尔文明、埃塞俄比亚的亚克苏木文明，都繁荣于热带，现在巴基斯坦摩亨佐·达罗（Mohenjo Daro）和哈拉巴（Harappa）的印第安山谷文明（即哈拉巴文明）也是如此。因此，历史几乎毫无悬念地说明，地理区位和经济成败之间不存在简单的联系。

很明显，热带疾病引起了非洲许多痛苦和非常高的婴儿死亡率，但这些并不是非洲贫困的原因。疾病很大程度上是贫困的结果，是政府无法或不愿意采取消除它们所必需的公共卫生政策的结果。19世纪的英国也是一个非常不健康的地方，但是政府逐渐投资用于提供干净的水源、对废水垃圾进行适当处理以及提供高效的卫生服务。健康改善和平均寿命提高不是英国经济成功的原因，而是此前政治和经济变化所导致的结果。亚利桑那的诺加利斯也是如此。

另一部分地理假说是，热带之所以贫困是因为热带农业从根本上说就产量极低。这个观点认为，热带土壤贫瘠，无法保持营养，并强调这些土壤会被强降雨迅速侵蚀。这个观点当然有一些优点，但是正如我们将要阐明的，在许多贫困国家，特别是撒哈拉以南非洲国家，农业生产率——每英亩产量——非常低的主要决定因素与土质只具有非常小的关系。然而，土地的所有权结构，及其管理农民的政府，还有为农民创造激励因素的制度才是决定性因素。我们还将表明，世界不平等无法用农业生产率的差别来解释。肇始于19世纪的当前世界的不平等是由工业生产技术和制造业的不平衡扩散造成的。它不是由农业的差别引起的。

地理假说另一个非常有影响的版本是由生态学家和进化生物学家贾雷德·戴蒙德（Jared Diamond）提出来的。他认为，从500年前开始的近现代社会，各大洲之间出现了不平等，根源在于植物和动物物种的不同历史禀赋，这些因素接下来又影响了农业生产率。在有些地方，比如现代中东的新月沃土地区，有大量的物种可被人类驯化。其他地方，比如美洲，就没有。有大量可被驯化的物种使得从狩猎-采摘转向农业家庭生产更有吸引力。结果，新月沃土地区比美洲国家的农业生产发展要早得多。人口密度迅速增长，适合劳动分工、贸易、城市化和政治发展。重要的是，在农业生产占主导的地区，技术革新比世界其他地区快得多。因此，根据戴蒙德的观点，当地具有的动植物物种的差别造成了农业生产强度的差别，这又造成了不同大洲之间技术变迁的不同路径和贫富差距。

尽管戴蒙德的观点对他集中讨论的问题是一种非常有说服力的方法，然而无法扩展到解释现代世界的不平等。例如，戴蒙德认为，西班牙能够控制美洲文明是因为他们农业的历史更长、技术更优。但是我们现在需要解释为什么居住在原来阿兹特克帝国和印加帝国土地上的墨西哥人和秘鲁人仍然很穷。尽管可以获得小麦、大麦和马匹使得西班牙人比印加人更富，但是两者的收入差距不是太大。后来的西班牙的人均收入大概比此前印加帝国的人均收入的两倍稍低。戴蒙德的理论隐含着这么一层意思：一旦印加帝国获得了他们自己未能培育出来的那些植物物种及由此带来的技术时，他们应该很快就可以达到西班牙人的生活水平。然而，事实上此类情形并未发生。相反，19世纪和20世纪，西班牙和秘鲁之间的收入差距越来越大。今天，西班牙的人均收入是秘鲁人的6倍。这个收入差距与现代产业技术的不平衡扩散联系更紧密，而与西班牙和秘鲁之间动植物驯化的可能性或者农业生产率的固有差距关系不大。

尽管西班牙采用蒸汽动力、铁路、电力、机械和工厂生产上与其他西欧国家相比存在滞后，但是还是采用了；而秘鲁却没有采用，即使最终采用了，最多也是非常缓慢、非常不完全地采用。这种技术差距一直持续到现在，并且在以更大的规模扩大，尤其是在新技术，特别是与信息技术相联系的新技术，助推许多发达国家和快速增长的发展中国家进一步增长的时候。戴蒙德的理论没有告诉我们，为什么这些重要的技术没有在世界范围内扩散并均等化收入，也没有解释诺加利斯的北半部分为什么比南半部分富得多——500年前，它们可是同一文明的两个部分。

两个诺加利斯的故事突出反映了采用戴蒙德理论的另一个主要问题：正如我们已经看到的，印加帝国和阿兹特克帝国在1532年无论有多么落后，秘鲁和墨西哥当时无疑比后来成为美国和加拿大的那些美洲地区更繁荣。北美后来更加富裕就是因为狂热地采用了工业革命的技术。人们普遍接受教育，铁路迅速在广大的平原上铺开，而南美与此形成了鲜明的对比。这不能够通过指出南美和北美地理禀赋的差异来解释，因为即使有这种天然的优势，也是更青睐南美洲。

现代世界的不平等很大程度上是源于技术的不平等传播和应用，戴蒙德的论文倒是确实包含关于这一点的重要论点。例如，他认为，按照历史学家威廉·麦克内尔（William McNeill）的观点，欧亚大陆的东西走向能够让谷物、家畜和创新从新月沃土传播到西欧，而美洲大陆的南北走向，则能够解释现在墨西哥所发展出的书写系统没有传到安第斯山脉地区或者北美。然而，大陆的走向并不能够为今天世界的不平等提供解释。以非洲为例，尽管撒哈拉沙漠的确是货物和思想从北非运到或传到撒哈拉以南非洲的主要障碍，但它并非无法克服。葡萄牙人还有其他欧洲人，在收入差距远没有今天这么大的时候就围绕海岸线航行，消除了知识的差距。从那时起，非洲就没有赶上欧洲；现在非洲和欧洲国家之间的收入差距反而是加大了。

戴蒙德关于大洲之间不平等的理论无法用来解释大洲内部的不平等——而这正是现代世界不平等的重要部分，这一点也应该很明显。例如，尽管欧亚大陆的走向可以解释英国如何不需要重新发明就可以从中东的发明创新中得益，但是不能够解释工业革命为什么发生在英国而不是——比如说——摩尔多瓦（Moldova）。另外，就像戴蒙德自己指出的，中国和印度从非常丰富的动植物物种和欧亚大陆的走向中获益极大，但是当今世界上大多数的贫困人口在这两个国家。

事实上，弄清楚戴蒙德理论适用范围最好的方法是采用他自己的解释变量。地图4表明了野猪（Sus scrofa，现代家猪的祖先）和野牛（现代家牛的祖先）分布的数据。这两种动物都广泛分布在欧亚大陆和北非大陆。地图5则表明了某些现代农作物野生祖先的分布情况，比如亚洲耕作水稻的祖先粳稻和现代小麦与大麦的祖先。它表明，稻米的野生祖先广泛分布在南亚和东南亚国家，而小麦和大麦的祖先分布在从累范特（Levant）穿过伊朗一直到阿富汗和多个"斯坦"国（土库曼斯坦、塔吉克斯坦和吉尔吉斯斯坦）集聚区域。这些祖先物种存在于欧亚大陆的大部分地区。但是它们的广泛分布表明，欧亚大陆内部的不平等无法用立基于物种影响范围的理论来解释。

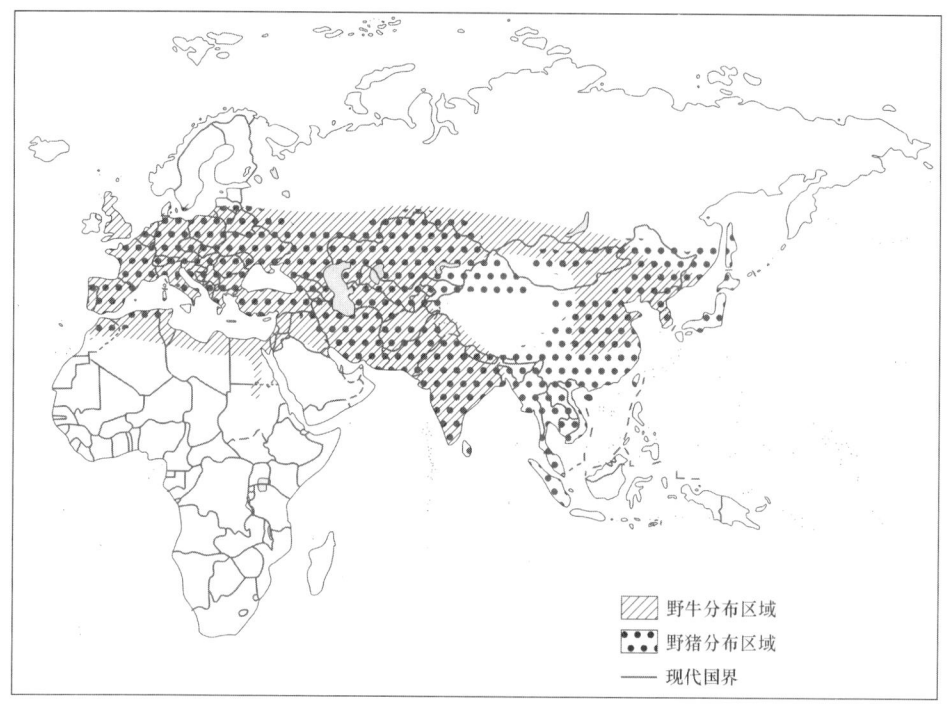

地图4　野牛和野猪的历史分布

地理假说不仅对解释历史上繁荣的根源没有用，其重点大部分是错误的，而且无法说明我们在这一章开始所说的实际情况。有人可能会认为，美洲内部的收入分层或者欧洲和中东地区巨大的差距这些长期持续的状况能够用不变的地理来解释。但是这不是事实。我们已经看到，美洲内部的贫富分布状况，不大可能是地理因素导致的。1492年之前，墨西哥中部山谷、中美和安第斯山脉地区的文明拥有比北美或者阿根廷、智利等地区更优越的技术和生活水平。然而，地理没有变化，欧洲殖民者实行的制度造成了"财富逆转"。由于同样的原因，地理也不可能解释中东的贫困。毕竟，在新石器革命时期，中东领导着世界，第一批城镇形成于现在的伊拉克。铁最早是在现在的土耳其所在地区炼制出来的，最近到中世纪，中东在技术上还是非常有活力的。就像我们在第 5 章将会看到的，使得新石器革命最早在那个地方绽放，以及后来造成其贫困的，不是中东的地理位置；相反，是奥斯曼帝国的扩张和联合，是该帝国的制度遗产导致中东至今仍然贫困。

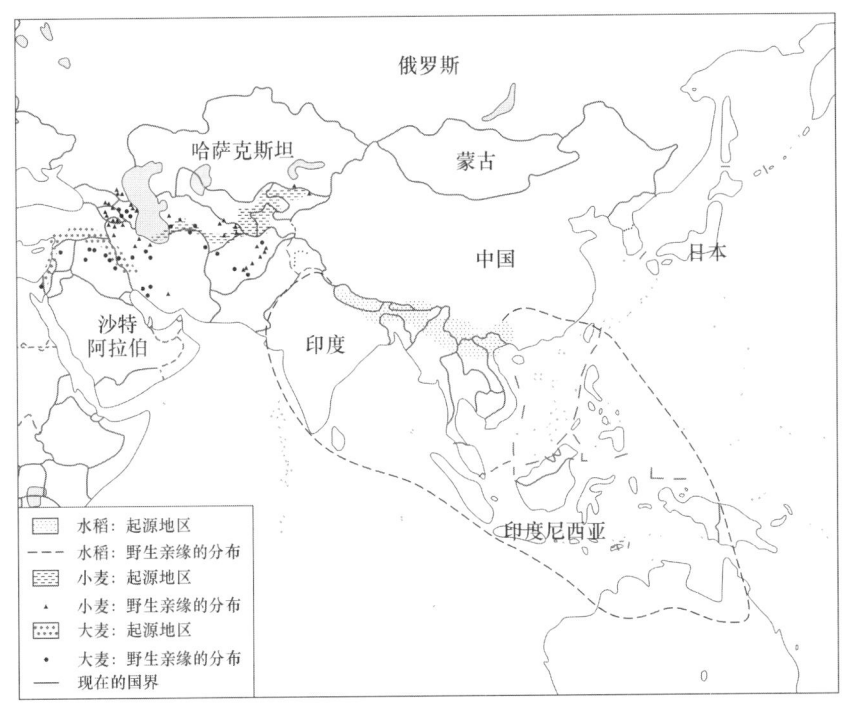

地图 5　水稻、小麦和大麦的历史分布

最后，地理因素不仅对解释我们今天看到的世界不同区域的差距没有用，而且对解释像日本或中国这些国家在经历了长时间的停滞之后又开始迅速增长也没有用。我们需要另外一个更好的理论。

文化假说

第二个被广为接受的理论是文化假说，它将贫富与文化联系起来。就像地理假说，文化假说有一个著名的学术传统，至少可以追溯到德国伟大的社会学家马克斯·韦伯（Max Weber），他认为新教改革及新教伦理在助推西欧现代工业社会的崛起中起了重要作用。文化假说不再仅仅是依赖宗教，而且还强调其他的信仰、价值观和伦理等。

尽管在公开场合这样说属于"政治不正确"，但是许多人仍然认为非洲之所以贫困，是因为他们缺乏良好的工作伦理、仍然相信巫术和魔法，或者是抵制西方的新技术。许多人也相信，拉丁美洲永远都不会富起来是因为其人民在本质上是放荡的、不名一文的，还因为他们仍然受害于某些"伊比利亚（Iberian）"或"马约卡（mañana）"文化。当然，许多人一度相信中华文化或儒家价值观对经济增长有害，可现在呢，人们又开始大肆宣扬中国人的劳动伦理观对中国、中国香港和新加坡的增长起到了发动机的作用。

文化假说对了解世界不平等有用吗？既有，也没有。"有"，是因为与文化相关的社会规范有自身的重要性且难以变化，而且它们有时候支持制度差异，这正是本书对世界不平等根源的解释。但是大多数时候应该是"没有"，因为经常被强调的文化的一些方面，如宗教、国家伦理、非洲或拉美的价值观等，对了解世界目前的贫困分布现状，以及世界不平等为什么持续存在，不具重大影响力。文化的其他方面，比如人们相互信任、合作的程度，很重要，但这些主要是制度的结果，而不是独立起作用的因素。

让我们回到诺加利斯的情况。正如我们前面注意到的，文化的许多方面在栅栏的南北两边是相同的。然而，两地在实践、规范和价值观方面存在显著差异，但是这不是两个地方走了不同发展路径的原因，而是结果。例如，在调查中，相信其他人的墨西哥人要少于相信其他人的美国人。但是，墨西哥人缺乏信任一点也不奇怪，他们的政府没能消除药品卡特尔，也没能提供有用的公众司法体系。我们在下一章将要讨论到，韩国和朝鲜的情形也同样如此。韩国是世界上最富的国家之一，而朝鲜却要不断竭力应对周期性的饥荒和赤贫。尽管现在韩国和朝鲜的"文化"完全不同，但是文化在造成这两个国家的经济贫富差距上并没有什么影响。朝鲜半岛长期以来具有相同的历史。在朝鲜战争和划分三八线将南北分开之前，他们在语言、种族和文化方面完全一致。就像在诺加利斯一样，重要的是边境线。南北两边是不同的政府，实行完全不同的制度，这造成了完全不同的激励因素。两个诺加利斯或者朝鲜半岛南北的任何文化差异都不是经济差距的原因，而是其结果。

非洲和非洲文化的关系又怎么样呢？历史地看，撒哈拉以南非洲比世界上其他大部分地方都穷，他们的古代文明没有发明出轮子、文字（埃塞俄比亚和索马里除外）或者犁铧。尽管这些技术直到19世纪后期20世纪早期，欧洲正式开始在此殖民才开始广泛使用，但是非洲人知道这些技术却早得多。欧洲人早在15世纪末就开始沿非洲西海岸航行，而在更早的时候，亚洲人就曾多次航行到东非。

看看刚果河口刚果王国——即现在的刚果民主共和国——的历史，我们就能够理解这些技术为什么没有被采用。地图6表明刚果跟另一个重要的中非国家——本书后面要讨论的库巴王国（the Kuba Kingdom）——并列在一起。

在葡萄牙水手迪戈·卡奥（Diogo Cão）于1483年首次到访之后，刚果就开始了与葡萄牙人的密切联系。当时，根据非洲的标准，刚果是一个高度集权的政体，其首都姆班扎（Mbanza）有6万人口，其规模跟葡萄牙首都里斯本相当，比伦敦大——1500年伦敦的人口大约为5万人。刚果国王恩济加·恩库武（Nzinga a Nkuwu）皈依了天主教，并更名为阿方索一世（João I）。后来，姆班扎被更名为圣萨尔瓦多（São Salvador）。由于葡萄牙人让刚果人知道了轮子和犁铧，葡萄牙人甚至在1491年和1512年派出农业使团鼓励刚果人采用这些技术。但是，所有的努力都失败了。然而，总体来说，刚果人并不反对现代技术。他们很快就采用了一种西方古老的发明：枪炮。他们利用这种新式的强大武器对市场激励做出了反应：抓捕并出口奴隶。没有迹象表明非洲人的价值观或文化阻碍新技术的采用和实践。随着他们与欧洲关系的加深，刚果人采用了其他西方的实践活动：书写能力、衣着风格和房屋设计。在19世纪，许多非洲社会开始利用工业革命创造的经济崛起的机会来改变他们的生产方式。西非，通过出口棕榈油和碎干果，实现了经济的迅速发展。而在整个南部非洲，非洲人把出口发展到了南非兰德公司的工业和采矿区。然而，让这些颇有前途的经济实验受到压制并最终失败的，不是非洲的文化，也不是因为普通非洲人不能够根据自身利益采取行动，而是因为欧洲的殖民制度，以及独立之后的非洲政府。

刚果人没有采用先进技术的真正原因是他们缺乏这样做的激励因素。当时，他们所有产出的东西都会被权力无所不在的国王征用，或通过税收掠夺走，即便国王

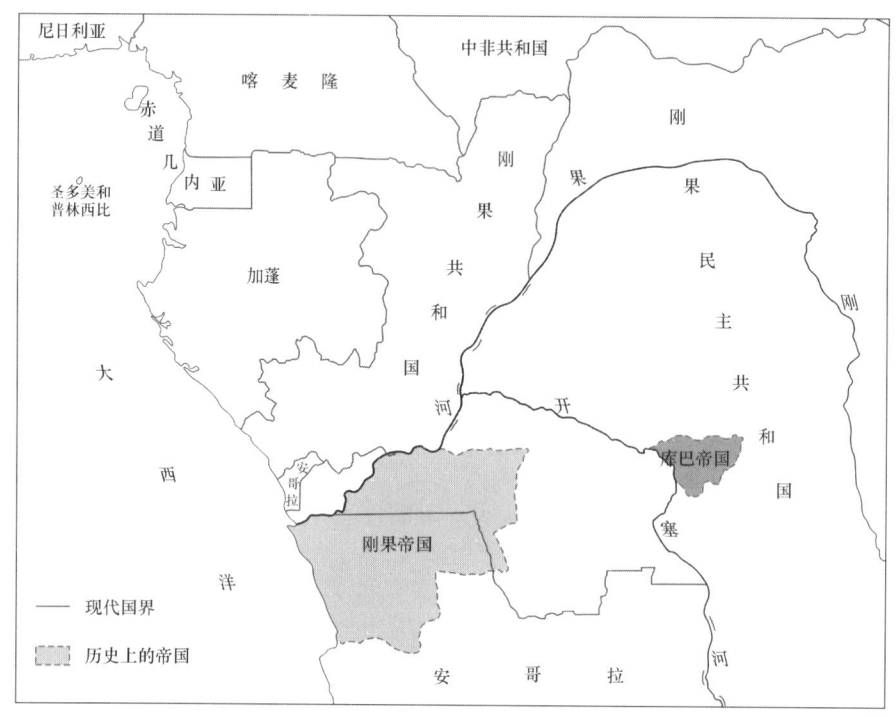

地图6　刚果帝国、库巴帝国、布松（the Bushong）和乐乐（the Lele）

皈依天主教后也仍然如此。事实上，不仅仅是他们的财产不安全，他们的生存也时时刻刻受到威胁。许多人作为奴隶被贩卖——这根本就不是鼓励投资提高长期生产力的环境。国王自己也没有大规模采用犁铧，或是提高农业生产率的意愿，因为出口奴隶的获利要高得多。

如今，非洲人彼此的信任度远低于世界其他地区。但是，这是非洲长期破坏人权和产权的制度的结果。从历史上讲，被抓住并卖作奴隶的可能性，无疑影响了非洲人彼此信任的程度。

马克斯·韦伯的新教伦理怎么样呢？尽管新教占统治地位的国家，像荷兰和英国，是近代最早取得经济成功的国家，但是宗教和经济成功之间的联系非常小。法国的主要人口信奉天主教，在19世纪很快就效法荷兰和英国，取得了经济成功，意大利现在也跟这些国家同样富裕。而放眼东方，则会看到，东亚取得经济成功的国家没有一个与任何形式的基督教有关，因此在新教和经济成功之间存在特殊联系的观点也无法找到足够的支持。

让我们转到文化假说鼓吹者最热爱的地区：中东。中东国家主要是伊斯兰教国家，而我们已经注意到，这些国家中的非石油生产国都很穷。石油生产国很富，但是这一横财并没有为沙特阿拉伯或科威特创造出多样化的现代经济。难道这些事实不是强有力地表明宗教重要吗？尽管看上去好像有道理，但是这种观点也不正确。是的，像叙利亚和埃及这些国家很穷，它们的人口也主要是穆斯林。但是，这些国家在对经济繁荣更重要的其他方面完全不同。其一，它们都是奥斯曼帝国的省，这很大程度上对它们发展的方式形成了负面的影响。在奥斯曼帝国的统治崩溃之后，中东又被分别吸纳进入英国和法国的殖民地，这又限制了它们成长的机会。在独立之后，它们采用前殖民世界的许多做法，发展起了等级制度、独裁政治制度，我们会证明，这些制度极少能带来经济成功。这一发展道路主要是由奥斯曼帝国和欧洲统治的历史形成的。说伊斯兰宗教与中东贫困存在关系很大程度上都是臆造。

这些历史事件而不是文化因素在形成中东经济发展轨迹中的作用也可以在下面的事实中看到，即暂时摆脱奥斯曼帝国和欧洲强权束缚的中东国家，比如1805年至1848年间在穆罕默德·阿里（Muhammad Ali）统治下的埃及，可以立即走上快速经济改革的道路。穆罕默德·阿里在拿破仑·波拿巴（Napoleon Bonaparte）统治下占领埃及的法国军队撤走之后，篡夺了政权。利用奥斯曼帝国当时对埃及的控制减弱，他建立起自己的王朝，这个王朝的统治形式曾有多种变化，一直持续到1952年纳赛尔（Nasser）领导埃及革命。穆罕默德·阿里的改革，虽然是强制性的，但是给埃及带来增长，同时国家的官僚制度、军队和税收体制也实现了现代化，农业和工业领域也实现了增长。然而，在阿里去世之后，埃及又深陷欧洲的影响之下，这个现代化和增长的过程就结束了。

也许以这种方式来思考文化是错误的。也许真正起作用的文化因素不是与宗教而是与特定的"国家文化"相联系。也许英国文化的影响才是重要的，才能够解释美国、加拿大和澳大利亚这些国家的繁荣。尽管这种观点听起来很有吸引力，但是也没有作用。是的，加拿大和美国是英国的殖民地，但是塞拉利昂和尼日利亚也是英国的殖民地。前英国殖民地内部贫富的差异跟全世界贫富的差异同样大。英国遗产不是北美成功的原因。

文化假说还有另外一个版本：重要的不是英国与非英国的差异，而是欧洲与非欧洲的差异。欧洲人是否由于职业伦理、生活前景、犹太基督共有的价值观或者罗马传统而更优越呢？西欧和北美主要是欧洲人的后裔，是世界上最繁荣的地区，这是对的。也许欧洲优势的文化遗产才是繁荣的根源——这是文化假说最后的"救命稻草"。其实，这个版本的文化假说跟其他版本一样也只有很小的解释力。阿根廷和乌拉圭人口的绝大部分，跟加拿大和美国的人口一样，也都是欧洲后裔，但是阿根廷和乌拉圭的表现还远远不能让人满意。日本和新加坡从来都没有多少欧洲后裔，但是它们跟西欧许多国家同样繁荣。

中国，虽然经济和政治制度存在很多缺陷，但是在最近的 30 年间成为经济增长最快的国家。直到毛泽东逝世，中国的贫困与中国的文化都没有太大关系；根源在于毛泽东组织经济和从事政治的方式。20 世纪 50 年代，他提出了"大跃进"，使国民经济遭到巨大破坏。20 世纪 60 年代，他发动了"文化大革命"，造成了大量的知识分子和受教育者受迫害——其实他们对党的忠诚都无可怀疑。这使得知识分子人人自危，也造成了资源的大量浪费。同样，现在中国的经济增长跟中国人的价值观或中华文化的变化没有太大关系；它源于邓小平及其智囊进行的经济改革，使得经济实现了转型，首先是在农业领域，接着在工业领域。

就像地理假说一样，文化假说对解释我们今天的实际情况也没有多少帮助。当然，美国和拉丁美洲之间在信念、文化态度和价值观等方面存在差异，但是，就像亚利桑那州诺加利斯和索诺拉州诺加利斯、韩国和朝鲜一样，这些差异是两个地区不同制度和不同历史的结果。强调"西班牙"或"拉丁"文化如何形成西班牙王国的文化因素无法解释拉丁美洲内部的差异，比如为什么阿根廷和智利比秘鲁和玻利维亚富。另一些类型的文化观点——比如强调当时本土文化的观点——也同样没有用处。与秘鲁和玻利维亚相比，阿根廷和智利几乎没有当地原住民。尽管这是事实，但是当地土著文化作为一种解释也没有作用。哥伦比亚、厄瓜多尔和秘鲁具有同样的收入水平，但是哥伦比亚现在只有非常少的当地原住民，而厄瓜多尔和秘鲁有很多。最后，文化态度——一般变化非常缓慢——不可能独立解释东亚和中国的增长奇迹。尽管制度具有韧性，但是在特定环境下它们也会迅速变化，就像我们将要看到的。

无知假说

最后一种解释为什么有些国家贫困有些国家富裕的流行理论是无知假说。这种假说认为世界不平等之所以存在是因为我们或者我们的统治者不知道如何让穷国致富。这种观点被绝大多数经济学家认同,他们持有这种观点是来自英国著名经济学家莱昂内尔·罗宾斯(Lionel Robbins)于1935年提出的著名定义:"经济学是研究人类行为的科学,研究的是目标与具有多种用途的稀缺手段之间的关系。"

得出结论认为,经济科学应该聚焦于如何最优化利用稀缺手段满足社会目标,只是一小步。实际上,经济学中最著名的理论结果,即所谓的"福利经济学第一定理",认识到了在什么样的条件下"市场经济"中资源的配置从经济学的角度看是社会所希望达到的。市场经济是一个抽象的概念,它意味着要达到这样一种状况,所有的个人和企业都能够自由生产、购买并销售他们希望的任何产品或服务。当这些环境不存在时,就存在"市场失灵"。这些失灵为世界不平等理论提供了基础,因为市场失灵越严重,这个国家好像就越穷。无知假说坚持认为,穷国之所以贫困是因为它们有太多的市场失灵,因为经济学家和政策制定者不知道如何消除它们,还因为它们过去听从了错误的建议。富国之所以富裕是因为它们想到了更好的政策,并且成功消除了这些市场失灵。

无知假说能否解释世界不平等呢?非洲国家比世界其他国家贫困,是因为他们的领导人对如何管理国家持有错误的观点,并导致了那里的贫困;而西欧国家领导人见识更好,得到了更好的建议。是这样吗?哪一种观点能够解释他们的相对成功?许多领导人采取了灾难性政策是因为他们不知道这些政策的后果,尽管这方面的例子很多,但是无知假说最多只能够不太充分地解释世界很少一些地区的不平等。

表面上看,加纳从英国独立出来之后持续的经济衰退是由于无知造成的。英国经济学家托尼·基里科(Tony Killick)曾经是克瓦米·恩克鲁玛(Kwame Nkrumah)政府的顾问,详细记录了许多问题。恩克鲁玛的政策集中于发展国有工业,结果却非常低效。基里科回顾道:

鞋厂……与北方的肉食厂建立起联系，通过运输把兽皮运到南方（有500多英里）的皮革厂（现在已经废弃了）；这些皮革再通过肩扛背驮运到库玛西的鞋厂，库玛西在国家中心，在皮革厂以北大约200英里的地方。由于主要的鞋厂是在阿克拉中心地区，这些鞋子又不得不多运送200英里转回南方。

基里科有些轻描淡写地记录道，这是一个"被极差的选址毁掉"的工厂。鞋厂只是许多这类计划中的一个，另外还有在加纳不长芒果地区设计建设的芒果罐头厂，它们的产量竟然超过了全世界对这种产品的总需求。这种无止境的经济上非理性发展，不是由于恩克鲁玛或其顾问不知道好经济政策所造成的。他们有像基里科和诺贝尔经济学奖得主阿瑟·刘易斯爵士（Sir Arthur Lewis）这样的专家顾问，他们知道这些政策不好，但是恩克鲁玛需要采用这些经济政策来收买政治上的支持，并维持其非民主制度。

加纳独立后令人失望的经济表现，以及其他不计其数明显的经济管理不善的例子，都无法简单地归因于无知。毕竟，如果无知是此中的问题的话，那么心存良好愿望的领导人会很快学到哪些类型的政策能够提高他们人民的收入和福利，并会采用那些政策。

考虑一下美国和墨西哥不同的发展路径。将这种差异归咎于两国领导人的无知，无论怎么说都难以令人信服。并不是约翰·斯密和科特斯（Cortés）在知识或目的方面的差异，在殖民时期就播下了两国分道扬镳的种子，也不是后来的美国总统如罗斯福（Teddy Roosevelt）或威尔逊（Woodrow Wilson）与墨西哥的迪亚斯（Porfirio Díaz）在知识上的差异，使得墨西哥在19世纪末20世纪初选择了为使精英致富而不惜牺牲其他人利益的制度，而在同时期，罗斯福与威尔逊则采取了跟墨西哥完全不同的政策。与上述的猜测相反，是两个国家的总统和精英面对的制度约束存在差异，导致两个国家走上不同发展道路的。与墨西哥类似，在过去半个世纪中受不安全产权和经济制度折磨的非洲国家，其领导人造成了大多数人的贫困，他们这么做，并不因为这是好的经济学，而是因为他们能够逃脱惩罚，并且在不惜牺牲其他人的利益的基础上致富，或者是因为他们认为这是好的政治学，通过收买关键集团或精英人物的支持，他们就能使自己永远大权在握。

1971年，加纳首相科菲·布西亚（Kofi Busia）的经历表明，无知假说是多么具有误导性。当时布西亚面对着一场非常危险的经济危机。在1969年掌权后，他跟之前的恩克鲁玛一样，采取了不可持续的扩张性经济政策，通过市场委员会继续实施若干价格控制，坚持溢价汇率。尽管布西亚曾经是恩克鲁玛的反对者，并领导了一个民主政府，但是他也面临着许多相同的政治约束。跟恩克鲁玛的情况一样，他之所以采用那样的经济政策，并不是因为他"无知"，并相信这些政策是好的经济学或者发展国家的理想方式。选择这些政策是因为它们是好的政治学，能够让布西亚把资源转移给政治上的掌权集团，比如城市地区，政府需要保证他们满意。价格控制压榨农业，使城市地区得到便宜的食物，同时产生的收益还用于政府支出。但是，这些控制是不可持续的。加纳很快就遭受了一系列的收支平衡危机和外汇短缺。面对这些困境，1971年12月27日，布西亚同国际货币基金组织达成了一项协议，其中包括货币大幅贬值。

国际货币基金组织、世界银行和整个国际社会都向布西亚施压，要求他实施协议中所包含的改革。布西亚知道他在进行一场巨大的政治赌博，只不过上述国际机构对加纳的局势缺乏认识，甚至还在窃喜。货币贬值立刻导致加纳首都阿克拉的居民不满，引发了骚乱，局面失控，最终，布西亚被陆军上校阿瑾庞（Lieutenant Colonel Acheampong）领导的军方赶下台，后者立刻终止货币贬值的政策。

无知假说不同于地理假说和文化假说的地方在于它提出了如何"解决"贫困问题的建议：如果造成贫困的原因是无知，那么有智识的统治者和政策制定者就能够把我们解救出来，而且我们应该能够通过提供正确的建议，并说服政治家什么是好经济学，从而"制造"全世界的繁荣。然而，布西亚的经验强调了这样一个事实：对于能够消除市场失灵并鼓励经济增长的政策，施行的主要障碍不是政治家的无知，而是他们在其社会中所面对的政治和经济制度带来的激励因素和约束。

尽管无知假说仍然在大多数经济学家和西方政策制定者的圈子（这个圈子不考虑其他因素，而集中考虑如何繁荣）中占统治地位，它也仅仅是另一个无实际用处的假说。它既没能解释世界繁荣的根源，也无法解释我们周围的贫富分布的"地貌"，比如为什么有些国家——像墨西哥和秘鲁而不是美国和英国——采用了让其大多数人民致贫的制度和政策，或者为什么几乎所有撒哈拉以南非洲国家和大多数中美洲国家比西欧或东亚国家要穷得多。

有些国家突破了造成他们贫困的制度模式，并想办法走上了发展经济的路径，不是由于这些国家无知的领导人突然有知识了，或者不再自利了，也不是因为他们从更好的经济学家那里得到了建议。

我们认为，要了解世界不平等，我们必须要了解社会为什么会以非常没有效率和社会不希望的方式进行组织。国家有时候会尽力采用有效率的制度并实现繁荣，但是非常遗憾，这样的国家仅是个案。许多经济学家和政策制定者聚焦于"使其正确"，然而真正需要解释的是穷国为什么"使其错误"。"使其错误"主要不是由于无知或文化。正如我们将要表明的，穷国之所以贫穷是因为掌权者选择了造成贫穷的政策。他们使其错误并非是由于错误或无知，而是有目的的。为了理解这一点，你需要超越经济学和专家建议，最好是研究决策实际上是如何做出的、谁做出了决策、他们为什么决定这样做。这是政治学和政治过程的研究。传统上，经济学不研究政治学，但是了解政治对解释世界不平等极其重要。正如经济学家阿巴·勒纳（Abba Lerner）在20世纪70年代注意到的："经济学选择解决政治问题作为研究领域，获得了'社会科学皇后'的称号。"

我们认为，实现繁荣依赖于解决某些基本的政治问题。这主要是由于经济学假定，即使政治问题解决了也不能够得出世界不平等的令人信服的解释。解释世界不平等仍然需要经济学了解不同类型的政策和社会安排如何影响经济激励和行为。但是这需要政治学。

第3章

贫富的形成

三八线的经济学

1950年6月爆发的朝鲜战争,使朝鲜半岛以三八线为界,形成两个国家:朝鲜和韩国。

韩国人的生活水平接近葡萄牙和西班牙,但是朝鲜,即朝鲜民主主义人民共和国的生活水平跟撒哈拉以南非洲国家的生活水平差不多,生活水平大约仅为韩国的1/10。朝鲜人民的健康也很糟糕;朝鲜人民的预期寿命比其韩国的同胞低10多岁。地图7表明了朝鲜和韩国巨大的经济差距。从卫星图像上显示出的夜晚的灯光密度,朝鲜由于缺电几乎全黑,而韩国却是灯火通明。

这些巨大的差距并非自古就有。实际上,在第二次世界大战结束之前,它们并不存在差距。但是在1945年之后,朝鲜和韩国两个不同的政府采用了完全不同的组织经济的方式。韩国在李承晚的领导下,形成了早期的经济和政治制度,李承晚曾经在哈佛和普林斯顿接受教育,是坚定的反社会主义者,得到了美国的大力支持。李承晚在1948年当选为总统。当时韩国并非民主国家。李承晚及其继任者朴正熙将军在历史上作为专制总统稳固了他们的地位。但是,他们都采用承认私人产权的市场经济,在1961年之后,朴正熙有效地把国家的重点放在了快速经济增长上之后,打通了向成功企业提供信贷和补贴的通道。

朝鲜的情况完全不同。金日成是第二次世界大战期间共产主义者的抗日领袖,在1947年建立社会主义政权,并且在苏联的帮助下,采用严格的中央计划经济形

地图7　韩国与朝鲜的夜晚卫星图像

式作为其所谓"自力更生制度"的一部分。私人财产被视为非法,市场被取缔了。朝鲜政府不仅对经济,而且对政治保持高度控制。

韩国和朝鲜的经济实力差别如此巨大应该不会让我们吃惊。金日成的命令经济和"自力更生制度"很快就被证明是一场灾难。从朝鲜得不到详细的统计数据,因为它至少可以说是一个高度保密的国家。然而,我们从其不断发生的饥荒中可以了解到:不仅工业生产没能起步,而且农业生产也崩溃了。没有私人财产权意味着没有人有动力投资或者努力提高甚至是维持生产率。沉闷、专制的制度都不利于新技术的发明和采用。但是，金日成、金正日及其同僚没有改革这种体制或者引入私有产权、市场、私人契约或者改变经济和政治制度的意愿。朝鲜在经济上持续停滞不前。

然而，在韩国，经济制度鼓励投资和贸易。韩国的政治家投资教育，实现了高识字率和高入学率的目标。韩国的公司很快就利用了相对受教育人口多以及鼓励投资、工业化、出口和技术转移等政策的优势。韩国很快就成为东亚"经济奇迹"之一，成了世界上增长最快的国家之一。

到20世纪90年代后期，在大约半个世纪的时间里，韩国的增长和朝鲜的停滞导致了这两个国家出现了10倍的差距——可以想象两个世纪之后的差距该会是多么大。朝鲜的经济灾难导致了数百万人挨饿，如果再考虑到韩国的经济成功，是非常惊人的：文化、地理和无知都不能够解释朝鲜和韩国不同的发展路径。我们需要用制度来回答。

汲取性经济制度和包容性经济制度

不同国家之所以在经济成就上存在差别是由于采用了不同制度、采用了影响经济运行的不同规则以及不同激励制度。想象一下朝鲜和韩国的年轻人，以及他们对生活的期望。朝鲜的年轻人在贫困中长大，没有创业精神，没有创造力，也没有为从事技术工作所需要的足够教育。他们在学校接受的大多数教育纯粹是为了维持政权的合法性所做的宣传；他们缺乏教科书，更别说计算机了。毕业之后，每个人都要去军队服役10年。尽管有许多人为了谋生而不得不非法从事私人经济活动，但是这些年轻人知道，他们不能拥有财产，不能开公司，也无法致富。他们还知道，他们不能够合法地利用市场，利用他们的技能或收入购买他们需要或想要的物品。他们甚至不确定他们拥有什么样的人权。

韩国的人民接受良好的教育，会遇到各种激励因素，鼓励他们在各自选择的岗位上各尽所能。韩国是市场经济国家，建立在私有产权之上。韩国的年轻人都知道，如果他们能成功地做一名企业家或工人将来有一天就能够享受他们的投资或努力工作的成果；他们能够改善生活水平，购买汽车、住房和卫生保健。

在韩国，国家支持经济活动。因此，企业家能从银行或金融市场借贷，外国公司能与韩国的企业合作，个人能按揭购买住房。总体而言，在韩国，你可以自由地开办公司；但是，在朝鲜，你却不能这么做。在韩国，你可以雇用工人，销售你的产品或服务，可以在市场上按照你喜欢的任何方式花钱；但是在朝鲜只有黑市。这些不同的规则就是朝鲜和韩国人民赖以生活的制度。

包容性经济制度，如韩国和美国的制度，允许和鼓励大多数人参与经济活动，并尽最大努力发挥个人才能和技术，能够让个人自由选择。既然是包容性的，经济制度必须以具有保护私有财产、公正的法律制度和提供公共服务的特征，能够为人们交易和签约提供基础；它还必须允许新企业进入，并允许人们自由选择职业。

对比韩国和朝鲜、美国和拉丁美洲，我们可以看出一种普遍存在的规律：包容性经济制度促进经济活动、生产增长和经济繁荣。安全的私人财产权是核心，因为只有具备了这些权利，人们才愿意投资和提高生产力。如果预期自己的产品会被盗窃、征用或完全通过税赋抢走，那么商人很少有工作的动力，更别说进行投资和创新了。而且，这些权利必须是社会上的大多数人都拥有才行。

1680 年，英国政府在巴巴多斯西印度殖民地进行了一次人口普查。普查结果显示，在该岛的大约 6 万人口中，约有 3.9 万是黑奴，他们只是其他 1/3 人口的财产。实际上，他们主要是 175 个最大的甜菜种植园主的财产，种植园主拥有绝大部分的土地。这些大种植园主对自己的土地甚至奴隶拥有可靠而有效的产权。如果一个种植园主想卖奴隶给另一个种植园主，他就可以这样做，并会预期，对于这项买卖或者他们签署的其他任何契约，法院都将帮助强制执行。为什么？在该岛上的 40 个法官和检察官中，有 29 个是大种植园主。还有 8 位最高级军官也都是大种植园主。尽管对岛上的精英们来讲拥有界定良好的、可靠的和确保实施的产权与契约，但是巴巴多斯没有包容性经济制度，因为这里 2/3 的人口是奴隶，得不到教育或经济机会，也没有能力，并且得不到激励去运用他们的才能和技术。包容性制度要求社会上所有的人都有可靠的财产权和经济机会，而不仅仅是精英阶层。

可靠的产权、法律、公共服务和签订契约与交易的自由都依赖国家和相应的制度具有强制力能够强力推行秩序,防止盗窃和欺诈,并保障私人各方签订的契约能得到执行。社会要想运转良好,也需要其他公共服务,比如需要公路和运输网,以便货物可以得到运输;需要公共基础设施,以便经济活动可以繁荣;另外也需要其他一些禁止欺诈和不法行为的基本规范。尽管这些公共服务中有些是市场和私人提供的,但是这样做所必需的高水平的协调机制,在很大程度上依赖中央政府才能实现。因此,国家是跟经济制度无情地捆绑在一起的,它们是法律秩序、私人产权和契约的实施者,也是公共服务的主要提供者。包容性经济制度需要国家,也利用国家。

朝鲜和拉美殖民地的经济制度都没有这些特征。私人产权在朝鲜根本就不存在。在拉美殖民地,西班牙人拥有私人财产权,但是当地原住民的财产极不安全。在这两种社会中,广大人民群众都无法做出自己喜欢的经济决策;他们受到许多压制。在这两种社会中,国家的权力都没有用于提供关键的公共服务以促进社会的繁荣。在朝鲜,国家建立教育体系是为了舆论宣传,而无法避免饥荒。在拉美殖民地,国家关注的是如何奴役原住民。在这两个社会中,既没有公平的环境,也没有公正的司法制度。在朝鲜,司法系统是执政党的武器;在拉丁美洲,司法系统是歧视大多数人的工具。这些与我们所谓的包容性制度特征相反的制度,我们称之为"汲取性经济制度"。之所以说汲取,是因为这些制度的设计,从根本上就是为了从社会一部分人那里攫取收入和财富,让另一部分人受益。

繁荣的发动机

包容性经济制度创造包容市场,不仅给人们追求最适合他们才能的职业的自由,而且还给他们这样做的平等舞台。有好想法的人可以开公司,工人可以选择生产率更高的活动,低效率的企业会被高效率的企业取代。比较一下包容性市场制度下的人们与殖民地秘鲁和玻利维亚的人们是如何选择职业的。在殖民地秘鲁和玻利维亚,在米塔制度下,许多人被迫在金矿和水银矿工作,不管他们有何种技能或是否想干。包容性市场还不仅是自由市场。17世纪的巴巴多斯也有市场,但是由于它只对少数种植业精英开放,其他人不能进入。所以其市场远不是包容性的;奴隶市场实际上是经济制度的一部分,该制度系统地强迫大多数人口,剥夺他们选择职业以及运用他们才能的权利。

包容性经济制度还为繁荣的另外两个发动机铺平了道路:技术和教育。持续的经济增长几乎总是与技术进步相伴,技术进步能够让人们(劳动力)、土地和现有的资本(建筑、现有的机械设备等)具有更高的生产率。想一下我们一个世纪之前的祖辈们,他们没有我们今天被视为理所当然的飞机、汽车或其他绝大多数的药品和医疗保健,更不要说室内给排水、空调、购物中心、电信或电影,以及信息技术、机器人或电脑控制的机械设备。再向前推几代人,技术知识和生活水平甚至更落后,以至于我们可能会难以想象当时大多数人是怎么生活的。这些进步是伴随科学和像托马斯·爱迪生(Thomas Edison)这样的企业家而产生的,他运用科学知识创建了高利润企业。由于鼓励私有产权、维护契约、创造公平环境以及允许新企业进入的经济制度,使得把新技术带入生活的创新过程成为可能。因此,孕育了托马斯·爱迪生的是美国社会而不是墨西哥或秘鲁,产生了像三星和现代这样的技术创新公司的是韩国而不是朝鲜,对此我们不应该感到奇怪。

与技术联系最密切的是劳动力在学校、在家里以及在工作中获得的教育、技能、资质和知识。我们的生产率之所以比一个世纪前高得多,不仅仅是因为机器中包含了更好的技术,而且还因为工人们拥有了更好的知识。如果没有知道如何运用技术的工人,世界上所有的技术都毫无用处。但是,技能和资质比仅仅会开动机器需要更多的知识。劳动力的教育和技能产生了我们进步的基础,以及能够让这些技术在不同生产线上使用的科学知识。尽管我们在第1章看到,产业革命及以后的许多发明家,像托马斯·爱迪生等,没有受过多少教育,但是这些发明创造比现代技术要简单得多。今天的技术变革要求创新者和工人都要接受教育。这里,我们看到了创造公平环境的经济制度的重要性。美国能够产生或者吸引来自其他国家或地区的像比尔·盖茨(Bill Gates)、史蒂夫·乔布斯(Steve Jobs)、谢尔盖·布林(Sergey Brin)、拉里·佩奇(Larry Page)和杰夫·贝佐斯(Jeff Bezos)这样的人,以及成百上千在信息技术、核能、生物技术做出重要发现的科学家,其他的企业家正是在他们的发现的基础上,才得以创办自己的企业。有才干的人都能够得到使用，这是因为美国绝大多数的年轻人都有机会到他们希望或能够进入的学校接受教育。现在想象一个不同的社会，比如刚果或海地，这些国家大部分人都没有入学的条件，或者，如果他们尽力去上学了，教育质量也很差，他们的老师也对工作没有热情，而且即使他们有热情，也可能没有书本。

贫困国家较低的教育水平是由经济制度和政治制度造成的，经济制度无法给父母创造教育孩子的激励，政治制度无法引导政府建立学校、给学校资金和支持，也无法给父母和孩子带来希望。国家为其人口较低的教育水平和包容性市场的缺乏所付出的代价是非常高昂的。他们无法激发人们与生俱来的才能。他们有许多潜在的比尔·盖茨，甚至也有一两个潜在的阿尔伯特·爱因斯坦，但是他们现在还是贫困的、没有受过教育的农民，被迫做他们不想做的事情，或者被征招入伍，因为他们永远没有机会获得他们应有的职业。

经济制度利用包容性市场潜在的能力鼓励技术创新、投资人力、动员多数人的才能和技能，这对经济增长异常重要。书中的中心议题，就是要解释为什么存在如此多的经济制度无法实现这些简单的目标。

汲取性政治制度和包容性政治制度

所有的经济制度都是由社会创造出来的。韩国最终采用了与朝鲜不同的经济制度，因为具有不同利益和目标的不同人都可以做出如何构建社会的决策。换句话说，韩国具有不同的政治。

政治是社会赖以选择治理规则的过程。政治超越于制度之上，原因非常简单：虽然包容性制度有利于一个国家的经济繁荣，但是有些人和集团，比如朝鲜的执政精英或者巴巴多斯殖民地的甘蔗种植园主，建立汲取性制度会富裕得多。当存在制度冲突时，会出现什么结果取决于哪些人或集团赢得了政治博弈——谁能够得到更多的政治支持、获得更多的资源以及形成更有效率的联盟。总之，谁会胜出取决于政治权力在社会中的分配。

一个社会的政治制度是这场博弈结果的一个重要决定因素。它们是掌控政治中的激励因素的规则。它们决定政府是如何选择出来的、政府的哪一部分有权力做什么。政治制度决定谁在社会中有权力、权力被用于实现什么目标。如果权力的分配是狭隘的、不受限制的，那么政治制度就是独裁的，全世界许多历史时期的独裁君主制度就是典型。在朝鲜和拉美殖民地这些国家的独裁政治制度下，能够拥有这种权力者就能够建立起使他们自己致富的经济制度，并不惜牺牲社会的利益来扩大他们的权力。相比之下，在社会中广泛分配权力并使其受到约束的政治制度是多元的，政治权力不属于既定的某个人或某个狭隘的集团，而是属于广泛的联盟或多个集团。

很明显，在多元主义和包容性经济制度之间存在密切的联系。但是理解韩国和美国为什么具有包容性经济制度的关键不仅在于它们具有多元化的政治制度，而且还在于它们是足够集权和强有力的国家。通常用来对比的国家是东非的索马里。就像我们在本书后面将会看到的，索马里的政治权力长期以来是广泛分布的——几乎就是多元化的。实际上没有一个真正的权威能够控制或允许人们干什么。社会被分成了几个深深敌对的族群，没有哪个族群比其他族群更强势。一个族群的权力只受制于另一个族群的枪炮武器。这种权力分配不会带来包容性制度，而只会带来混乱，结果就是索马里国家缺乏任何类型的政治集权、国家集权，没有一点能力推行哪怕是最低的法律秩序来支持经济活动、贸易甚至是人民的基本安全。

我们在前一章提到过的马克斯·韦伯，给出了关于国家的最著名、最广为接受的定义：国家是社会中"合法暴力的垄断者"。如果没有这种垄断及其必要的集权程度，国家就不能够成为法律秩序的实施者，更不要说提供公共服务、管理或监管经济活动了。如果国家无法实现任何形式的政治集权，那么社会迟早会陷入混乱，就像索马里一样。

我们把足够集权和多元化的政治制度称作包容性政治制度。只要其中一个条件不满足，我们就把这种制度称作汲取性政治制度。

在经济制度和政治制度之间存在牢固的配合。汲取性政治制度把权力集中在少数精英手中，并且对这种权力的运用很少加以限制。经济制度通常是由这些精英构建出来从社会其他人那里攫取资源。因此，很自然地，汲取性经济制度与汲取性政治制度相伴。事实上，他们必须天生依靠汲取性政治制度才能生存。包容性政治制度，权力赋予大众，倾向于根除为了少数人获益而征用其他人的资源、建立准入壁垄和抑制市场作用的经济制度。

例如，在巴巴多斯，如果没有镇压和完全把奴隶排除在政治过程之外的政治制度，建立在剥削奴隶基础上的种植园制度不可能长存。在朝鲜，如果没有执政党在政治上完全控制，也不可能存在为少数精英的利益而使数百万人赤贫的经济制度。

汲取性经济制度和汲取性政治制度之间的互促关系带来了一种强反馈循环：政治制度能够让精英控制选择经济制度的政治权力，几乎不存在约束或反对力量。它们也能够让精英人物建构未来的政治制度并影响其演进变化。接着，汲取性经济制度使这些精英阶层致富，他们的经济财富和权力又帮助巩固他们的政治优势。例如，在巴巴多斯和拉丁美洲，殖民者能够运用他们的政治权力，强制实行一系列牺牲他人利益，为自己赚取巨额财富的经济制度。这些经济制度产生的资源，能够让这些精英建立军队和安全部队来捍卫他们对政治权力的绝对垄断。这其中的含义，当然就是汲取性政治制度和汲取性经济制度相互支持并且会越来越顽固。

事实上，汲取性经济制度和汲取性政治制度之间的互促关系要复杂得多。如果在汲取性政治制度下已经存在的精英阶层受到挑战，新的成员闯了进来，那么新进入者很可能也只受到很少的约束。因此，他们会有动力去保持这些政治制度并建立相似的经济制度，就像迪亚斯及其身边的精英们在 19 世纪后期在墨西哥所做的那样。

反过来，包容性经济制度是在包容性政治制度的基础上形成的，包容性政治制度把权力广泛分散于社会，并限制滥用。这种政治制度使篡权和破坏包容性制度的基础更加困难。控制政治权力者也不能够轻易运用这种权力为他们自己的利益建立汲取性经济制度。同样，包容性经济制度使资源分配更加平等，有利于包容性政治制度的存续。

所以，1618 年弗吉尼亚公司放松了严格的契约，给予之前他们强力控制的殖民者自由和土地之后，次年召开的议会就允许殖民者开始自治，这并非巧合。没有政治权力的经济权力无法让殖民者相信，因为他们曾经见识过弗吉尼亚公司不断试图控制他们。这样的经济既不稳定，又不可持续。事实上，汲取性和包容性制度的联合总是不稳定的。包容性政治制度下汲取性经济制度不可能长期存在，我们对巴巴多斯的讨论已经表明了这一点。

同样，包容性经济制度既不支持汲取性政治制度，也不被汲取性政治制度所支持。其中一个会转变成为掌权的少数利益集团谋取利益的汲取性经济制度，它们产生的经济动力将会破坏汲取性政治制度的稳定，为包容性政治制度的出现开辟道路。包容性经济制度也会逐渐减少精英阶层通过控制汲取性政治制度所享受的利益，因为那些制度在市场上将会面对竞争，会受到契约和社会其他人产权的约束。

为什么不总是选择繁荣？

政治制度和经济制度，最终是社会的选择，可以是包容性的，鼓励经济增长；或者是汲取性的，阻碍经济增长。当一个国家存在妨碍甚至阻碍经济增长的汲取性政治制度所支持的汲取性经济制度时，国家就会失败。但是，这意味着，制度的选择——即制度的政治——是我们试图了解国家成败原因的核心。我们必须要理解为什么某些社会的政治形成了鼓励经济增长的包容性制度，而历史上大部分的社会——直到现在仍然如此——却形成了阻碍经济增长的汲取性制度。

好像很明显的是，每个人都应该有兴趣建立带来繁荣的那类经济制度。难道不是每个公民、每个政治家甚或每个掠夺性的独裁者都想让其国家尽可能富裕吗？

让我们回到前面讨论的刚果王国。刚果王国在17世纪就崩溃了，但是1960年从比利时殖民统治下独立出来的现代国家依然用了刚果这个名称。刚果作为一个独立的政体，从1965年到1997年在约瑟夫·蒙博托（Joseph Mobutu）的统治下经历了几乎不间断的经济衰退和高度贫困。这种衰退一直持续到蒙博托被洛朗·卡比拉（Laurent Kabila）推翻之后。蒙博托建立了一系列高度攫取的经济制度。人民非常贫困，但是蒙博托及其身边的精英们，比如豆类蔬菜大王（Les Grosses Legumes），却富得惊人。蒙博托在刚果北部的出生地金刚果为自己建了一座宫殿，还建造了一个大得足够经常从法国航空公司租来环游欧洲的超音速协和喷气式飞机起降的机场。在欧洲，他购买城堡，拥有比利时首都布鲁塞尔的大片土地。

蒙博托建立增加刚果人财富而不是使他们更穷的经济制度不是更好吗？如果蒙博托增加了自己国家的财富，他不就能够占用更多财富，购买而不是租赁协和飞机，拥有更多城堡和宅第大院，拥有更强大、更有实力的军队吗？对世界上许多国家的人民来讲，很不幸的是，对这个问题的答案是"不"。为经济进步创造激励的经济制度，同时可能会对收入和权力进行再分配，这种再分配的方式可能会使掠夺性独裁者和其他拥有政治权力的人变穷。

基本的问题在于确实存在关于经济制度的争论和冲突。不同的制度对一个国家的贫富、财富如何分配、谁拥有权力会产生不同的结果。制度导致的经济增长既有赢家也有输家。这在英国工业革命时期非常明显，而工业革命是当今世界富裕国家产生的基础，它的核心是一系列在蒸汽动力、运输和纺织品生产中的突破性技术变革。尽管机器化带来了总体收入的大幅度提高，并最终成为现代工业社会的基础，但是遭到了许多人的强烈反对。反对的原因不是无知或者短视，而是恰恰相反。而且，对经济增长的这种反对有其自身前后一贯的逻辑。经济增长和技术变革通常伴随着伟大经济学家约瑟夫·熊彼特所说的"创造性破坏"。他们用新的取代旧的。新部门会从旧部门吸引走资源。新企业从已有的稳定企业抢走业务。新技术会使已经存在的技术和机器过时。经济增长的过程及基于此建立的包容性制度在政治领域和经济市场上既创造赢家，也创造输家。对创造性破坏的担心通常会成为反对包容性经济制度和政治制度的根源。

欧洲的历史提供了创造性破坏之后果的鲜明例证。在18世纪工业革命前夕，大部分欧洲国家的政府由贵族或传统精英控制，他们的收入主要来源于其所拥有的土地或享有的贸易特权，而这种特权是由于君主授权的垄断和强制实施的进入壁垒形成的。与创造性破坏的思想一致，工业、工厂和城镇的扩展从土地拿走资源，减少土地租金，提高了地主不得不支付给工人的工资。这些精英们还看到了新商人和制造业者的出现会侵蚀他们的贸易特权。总之，他们是明显的工业化的输家。城市化以及社会上日益觉醒的中产阶级和工人阶级的出现也对土地贵族政治上的垄断权形成挑战。因此，随着工业革命的开展，贵族不仅仅是经济上的输家，他们还面临成为政治上的输家、失去对政治权力控制的风险。由于经济权力和政治权力都受到威胁，这些精英们经常形成抵制工业化的可怕力量。

贵族不是工业化的唯一输家。那些手工技能被机器化取代的工匠们好像也反对工业的传播。作为对他们可能面临生活水平下降的反应，许多人组织起来反对它，寻衅滋事、破坏机器。这些人被称作勒德派，这个词现在已经成为抵制技术变革的同义词。英国发明家约翰·凯伊（John Kay），在 1733 年发明了飞梭，这是对织布机所做的第一个重大改进，他的房子就被勒德派在 1753 年给烧毁了。詹姆斯·哈格里夫斯（James Hargreaves），"珍妮纺纱机"的发明者，对纺织机做出了革命性改进，也受到了同样的对待。

事实上，工匠们对工业化的反对，远比不上土地所有者和精英们的反对更厉害。勒德派没有土地贵族所拥有的政治权力，没有影响政治结果的能力，从而悖逆其他团体的愿望。不过，在英国，尽管有勒德派的反对，工业化还是不断前进，因为贵族尽管实际上也反对工业化，但都受到了限制。在奥匈帝国和俄国，独裁君主和贵族因工业化遭受的损失更大，所以集体阻挠了工业化。结果，奥匈帝国和俄国的经济缓步不前，落在了其他欧洲国家的后面，而这些国家，经济在 19 世纪实现了腾飞。

不论特定集团是成功还是失败，一条教训是明显的：权势集团通常都反对经济进步，反对繁荣的发动机。经济增长不仅仅是制造更多更好的机器、更多更好的受教育人民增长的过程，而且还是与广泛的创造性破坏相关的转型和打破稳定的过程。因此，只要没有预期经济特权会丧失的经济受损者，以及担心政治权力会丧失的政治受损者的阻碍，增长就会发生。

争夺稀缺资源、收入和权力的冲突转变成了博弈规则和经济制度的冲突，它们决定了经济行为和谁从中受益。只要存在冲突，所有派别的愿望就无法同时满足。有人会被击败、被挫败，其他人将会成功，保住自己的成果。冲突中的赢家对于国家的经济路线将产生根本的影响。如果抵制增长的集团成为赢家，它们就能成功地阻止增长，经济就会停滞。

当权者未必想建立促进经济成功的经济制度，这一逻辑可以很容易地扩展到政治制度的选择。在专制制度下，有些精英会滥用权力，建立他们偏爱的经济制度。他们有兴趣改变政治制度，使其更加多元化吗？一般不会，因为这只会稀释他们的政治权力，使他们建构进一步增加自身利益的经济制度变得更加困难，甚至是不可能。这里，我们再一次看到了冲突的根源。汲取性经济制度下的人们根本就不能希望专制统治者会自愿改变社会的政治制度，对权力进行再分配。改变这些政治制度的唯一方式就是强迫精英创建更加多元化的制度。

政治制度没有理由自动多元化，同样，也不存在集权政治自然变化的倾向。在任何社会中当然存在建立更集权的国家制度的激励，特别是在没有这种集权的社会中。例如，在索马里，如果哪一个宗派建立起了能够在全国推行秩序的集权国家，就能带来经济利益，使这个宗派更富。什么阻止了这一切呢？政治集权的主要障碍也是一种担心变化的形式：任何试图集中权力的宗派、集团或政治家，也必将把权力集中在自己手中，这很可能会引起其他宗派、集团和个人的愤怒，因为他们是这个过程中的政治输家。缺乏政治集权不仅意味着在大部分疆域内缺乏法律秩序，而且许多拥有足够权力的行动者会阻碍或扰乱行动，对他们反对的担心和暴力反应经常会制止将要成为集权者的那些人。只有当一个集团的人的权力大得足以建立国家时，政治集权才成为可能。在索马里，权力很平衡，没有一个宗派能够把自己的意志强加给其他宗派。因此，政治集权的缺乏一直持续。

刚果的长期痛苦

要解释为什么在汲取性制度下经济繁荣的国家一直如此少，或者要阐明汲取性经济制度与汲取性政治制度之间的相互影响关系，刚果就是一个更好、更深刻的例子了。葡萄牙人和荷兰人于15、16世纪到达刚果时，对这里的评价就是"赤贫"。按照欧洲的标准，刚果的技术非常初级，刚果人既没有文字、车轮，也没有犁铧。历史事实表明，这种贫困以及刚果农民在知道了先进农业技术之后仍不愿意采用的原因，是国家经济制度的汲取性造成的。

就像我们已经看到的，刚果王国是由姆班扎（Mbanza）以及后来圣萨尔瓦多（São Salvador）的国王统治的。远离首都的区域都由某位精英统治着。该精英的财富建立在圣萨尔瓦多周围奴隶种植园，以及从该国其他地方征税的基础上。奴隶制度是经济的中心，各地的统治头领不仅在自己的种植园使用奴隶，还将奴隶贩卖到欧洲沿海国家。税收非常任意，甚至国王的地位受到影响时就会征收一种税。按说，人们要想致富，总得储蓄和投资，比如购买犁铧等。但是，在刚果这样做是不值得的，因为他们运用更好的技术所增加的额外产量会被国王及其精英征用。刚果人不再投资提高生产率，不再在市场上销售产品，他们把村庄搬离了市场；他们尽量远离公路，为的是减少被掠夺的可能以及避免奴隶贩子的到来。

因此，刚果的贫困是阻碍了所有推动繁荣的力量甚或使它们起相反作用的汲取性经济制度的结果。刚果政府向其人民提供的公共服务非常少，甚至连最基本的像保护产权或维持法律秩序这样的公共服务都不提供。相反，政府自己成了对其人民产权和人权最大的威胁者。奴隶制度意味着，市场中最基本的包容性的劳动力市场都不存在，人民不能够以对经济繁荣最重要的方式选择职业或工作。而且，远距离贸易和商业活动都被国王控制着，只向与他有关系的人开放。尽管精英们在葡萄牙人引入文字之后很快就有读写能力了，但是国王并没有想把文字读写能力传播给大众。

然而，尽管"赤贫"在蔓延，但是刚果的汲取性制度有自己毫无瑕疵的逻辑：他们使少数人——即那些拥有政治权力者——非常富有。在16世纪，刚果国王和贵族们就能够进口欧洲的奢侈品，而且还拥有大量的仆人和奴隶。

刚果社会经济制度的根源在于社会中政治权力的分配以及政治制度的性质。除了暴乱的威胁以外，没有什么能阻止国王征用人民的财富或肉体。尽管暴动的威胁经常发生，但是还不足以保证人民的生命或财富的安全。刚果的政治制度实际上是专制的，这使得国王和精英们实际上不受任何约束，人民对自己的社会如何组织没有任何发言权。

当然，要将刚果的政治制度与权力受到约束并广泛分配的包容性政治制度进行比较是困难的。刚果的专制制度被军队把持着。在17世纪中期国王就拥有5000人的精锐部队，其核心是500人的火枪手，在那个时代是非常强大的力量。国王和贵族们为何如此热心采用欧洲的武器是很容易理解的。

在这一系列经济制度下，刚果不可能实现持续经济增长，甚至连产生暂时增长的激励都十分有限。改革经济制度、改进个人产权会使刚果社会总体上更加繁荣。但是，精英们不可能从这种广泛繁荣中受益。首先，这些改革会使精英成为经济上的输家，会减少奴隶贸易和奴隶种植园给他们带来的财富。第二，这些改革只有在国王和精英们的政治权力被压缩之后才有可能。例如，只要国王还能指挥500个火枪手，谁会相信废除奴隶制的宣告？后来是什么阻止了国王改变其想法呢？唯一切实的保证就是改变政治制度，使人们可以获得某种对抗性的政治权力，使他们对于税收或者火枪手该干什么有发言权。但是，在这种情况下，人们不可能把保持国王和精英们消费与生活方式等放在优先考虑的位置上。因此，可能给社会带来更好经济制度的变化可能会使国王和贵族们既在经济上又在政治上失势。

500年前经济制度和政治制度的相互作用，对于理解现代刚果国家为什么时至今日还非常贫困仍然有直接的联系。欧洲人来到这里统治，在19世纪后期，随着"瓜分非洲"（Scramble for Africa）的进行，欧洲人深入刚果河盆地进行统治，使得人权和产权的不可靠性甚至比殖民之前更加严重。另外，殖民统治使得不惜牺牲大多数人利益而使少数人更有权力、更富的汲取性制度和政治专制重新出现，不过此时，少数的统治者变成了比利时殖民者，其中最著名的就是国王利奥波德二世（King Leopold II）。

刚果在1960年独立，此后同样模式的经济制度、激励和表现不断再生。刚果的这些汲取性经济制度又受到了高度汲取性政治制度的支持。由于欧洲殖民主义创造的政体——刚果——是由许多不同的前殖民小国和社群组成的，首都在金沙萨的民族国家对它们的控制力极其有限，这样一来情况更糟糕了。尽管蒙博托总统运用政权使自己及其亲信致富了——比如通过1973年的"扎伊尔化计划"（Zairianization program）对外国经济利益进行了大规模的征用——但是对于这个非集权国家，他对大部分地区几乎没有权威，而且在20世纪60年代不得不求助于外国援助来阻止加丹加省和卡塞省脱离刚果。这种政治集权的缺失，几乎达到了政权总体崩溃的程度，是刚果河撒哈拉以南非洲大部分国家的共同特征。

现代的刚果民主共和国仍然很穷是因为其人民仍然缺乏相应的经济制度来创造基本的激励因素，从而使社会繁荣。既不是地理、文化也不是人民或政治家的无知造成了刚果仍然贫困，而是汲取性经济制度。几个世纪之后，这些问题仍然存在，是因为政治权力一直非常狭隘地集中在一个精英集团手中，感受不到这个集团有任何激励因素去确保人民的安全、提供改善生活质量的基本公共服务，也没有激励因素鼓励经济进步。而且，他们的利益是攫取收入，维持权力。他们没有运用这种权力建立集权政权，因为这样做会和刺激经济增长一样带来同样的抵制和政治挑战。而且，就像撒哈拉以南非洲其他大部分国家一样，竞争性集团发动的尽力控制汲取性制度的内讧破坏了任何可能存在的政权集中的趋势。

刚果王国的历史以及现代刚果更近一些的历史都非常明显地表明，政治制度如何决定经济制度，以及这些制度又如何决定了经济激励和经济增长程度。它还表明了政治专制和牺牲多数人利益而使少数人更有权力、更富的经济制度之间的共生关系。

汲取性政治制度下的增长

现在的刚果是一个极端案例，没有法律、产权高度不安全。然而，在大多数情况下，这种极端主义无法服务于精英们的利益，因为它会破坏所有的经济激励，只生产很少可用于攫取的资源。这本书的中心主题是，经济增长和繁荣与包容性经济制度和政治制度相关，而汲取性制度通常会造成停滞和贫困。但是这既不意味着汲取性制度从来不会产生增长，也不意味着所有的汲取性制度都会造成同样的后果。

在汲取性制度下增长可能有两种截然相反但又相互补充的方式。第一种，即便经济制度是汲取性的，当精英们能够直接将资源配置到他们自己控制的高生产率活动中时，增长就是可能的。在汲取性制度下这种增长最突出的例子出现在16—18世纪的加勒比群岛。那时，这里大部分人都是奴隶，在种植园极差的条件下工作，生活刚刚达到温饱线的水平。许多人死于营养不良和过度疲劳。在17世纪和18世纪的巴巴多斯、古巴、海地和牙买加，少数大农场主精英控制着所有的政治权力，拥有所有的资产，包括所有的奴隶。尽管大多数人没有权利，但是农场主的财产和资产受到了很好的保护。尽管存在残忍剥削大多数人的汲取性经济制度，但是这些岛屿仍然是世界上最富的地方，因为这里出产糖，并在世界市场上销售。直到必须转向新经济活动时，这些岛上的经济才出现了停滞，因为新经济威胁到了大农场主精英层的收入和政治权力。

另一个例子是苏联从1928年第一个五年计划到20世纪70年代的经济增长和工业化。这里的政治和经济制度是高度汲取性的，市场受到严格的限制。然而，苏联实现了快速经济增长，因为它能够运用国家的力量，把资源从使用效率不太高的农业领域转移到工业领域。

当制度允许某种程度——即使不完全——的包容性经济制度发展时，第二种汲取性政治制度下的增长就会出现。许多采用汲取性政治制度的社会远离包容性经济制度，因为担心创造性破坏。但是精英们努力垄断权力的程度在不同社会存在差别。在有些社会，精英阶层的地位足够安全，当他们确信，转向包容性经济制度不会威胁他们的政治权力时，他们就可能允许进行某些变化。另一种情况，当时的历史情形可能造成汲取性政治制度拥有了较为包容的经济制度，而且统治阶层决定不去阻碍它，这就提供了汲取性政治制度下出现经济增长的第二种方式。

朴正熙将军领导下的韩国的快速工业化又是一个例子。朴通过1961年的军事政变当权，但是他这样做是在一个受美国高度支持、经济制度基本包容的社会中进行的。尽管朴的制度是专制的，但是该政权感觉到促进经济增长足够安全，而且实际上也积极地这样做了——这里面一部分原因很可能是因为这一政权不是受到汲取性经济制度的直接支持。与苏联和大多数汲取性制度下增长的情况不同，韩国在20世纪80年代从汲取性政治制度转向了包容性政治制度。这一成功转型是多种因素共同作用的结果。

到20世纪70年代，韩国的经济制度已经变得足够包容，这使得他们能够削减汲取性政治制度的一个强大基础——经济精英从他们自己或者军队对政治的控制中几乎得不到收益。韩国收入的相对平等也意味着精英几乎无须担心多元主义和民主制度。美国所施加的关键影响，以及特别是朝鲜威胁的存在，这些也意味着挑战军事独裁的强有力的民主运动不可能长期受到压制。朴正熙将军1979年被暗杀之后，紧接着发生了另一场由全斗焕领导的军事政变，但是全斗焕选择的接班人卢泰愚开启了1992年之后巩固多元主义民主的政治改革进程。当然，这种转型没有发生在苏联。结果，苏联的增长逐渐萎缩，到20世纪80年代经济开始崩溃，到20世纪90年代彻底分崩离析。

当前中国的经济增长与苏联和韩国的经验有几点共性。中国早期阶段的增长是农业部门的激进市场改革带头进行的，而工业部门的改革更温和。甚至今天，中国政府在决定哪些部门、哪些公司接受额外资本和进行扩张中仍起核心作用。就像鼎盛时期的苏联，中国的迅速增长，仍然是在国家控制下的增长，还没有向完全包容性制度转轨。中国经济制度远不是完全包容性的这个事实表明，出现韩国式的转型很不可能——当然并非完全不可能。

值得一提的是，政治集权对汲取性政治制度下两种增长能够发生的方式都很关键。没有一定程度的政治集权，巴巴多斯、古巴、海地和牙买加的农场主精英就无法遵守法律秩序并捍卫他们自己的财产和资产。没有一定的政治集权和牢牢掌控政治权力的企业，韩国的军事精英和中国共产党都无法感觉可以可靠地进行重大经济改革并继续尽力保持权力。并且没有这种集权，苏联政府就无法配合经济活动把资源配置到高生产率领域。因此，汲取性政治制度的一条重要分界线就在于其政治集权的程度。我们发现，没有政治集权的那些国家，比如撒哈拉以南非洲的许多国家，即便实现有限的增长都面临困难。

尽管汲取性制度能够产生某些增长，但是它们通常无法产生持续的经济增长，当然也不会产生与创造性破坏相伴的那类增长。当政治制度和经济制度都是汲取性时，创造性破坏和技术变革的激励就不会存在。国家暂时可能会通过法令配置资源和人口而创造快速经济增长，但是这个过程天生具有局限性。当限制出现时，增长就停止了，就像20世纪70年代的苏联。尽管苏联实现了快速经济增长，但是在大部分经济领域几乎没有技术变革，因为该国是通过向军事部门投入大量资源发展了军事技术，甚至在空间竞赛和核武器竞赛中一度超过了对手，但是，这种没有创造性变革、没有广泛技术革新的增长难以持续，最终戛然而止。

另外，汲取性政治制度下支持经济增长的各种安排，从本质上讲是脆弱的——这些安排可能会崩溃，也可能会很容易地被汲取性制度自身所产生的内讧摧毁。事实上，汲取性政治制度和经济制度会造成易于产生内讧的总体趋势，因为这种制度会导致财富和权力向少数精英手中集中。如果另一个集团能够打败并超过这些精英而控制国家，那么它就会成为享受这种财富和权力的集团。结果，就像我们讨论的古罗马帝国后期和玛雅帝国的崩溃时所阐明的，为控制全权国家进行的斗争通常是不易察觉到的，它可能会周期性地加剧并造成这些制度的毁灭，它会变成内战，有时候会造成国家的政体垮台和崩溃。这种安排的一个隐含的结果就是，在汲取性制度下，一个社会即使最初实现了某种程度的国家集权，它也不会稳固。事实上，为获取汲取性制度中的控制权进行的内讧通常会导致内战和广泛的失去法律约束的现象，就像撒哈拉以南非洲的许多国家，以及拉丁美洲和南亚的有些国家一样。

最后，像韩国一样，在汲取性政治制度下实现了增长，而经济制度又具有某些包容性的特征时，通常会存在一种危险，即经济制度的汲取性加强，增长停止。那些控制政治权力的人最终会发现，获益更多的方式，是运用他们的权力限制竞争，增大自己所分得的蛋糕，甚或从其他人那里窃取和掠夺，而不是去支持经济进步和发展。分配和运用权力的能力最终会成为决定经济繁荣的基础，除非政治制度从汲取性转向了包容性。

第4章
微小差别和关键节点：历史的重要性

瘟疫创造的世界

1346年，腺鼠疫即黑死病，传到了黑海唐河河口的港口城市塔娜。这种瘟疫通过老鼠身上的跳蚤传播，是由沿丝绸之路进行贸易的商人带来的，丝绸之路是横跨亚洲大陆的商业通道。由于热那亚商人，老鼠很快就把跳蚤和瘟疫从塔娜传播到了整个地中海地区。1347年年初，瘟疫传播到了君士坦丁堡。1348年春，它传遍了法国和北非，传播到了意大利。这种瘟疫几乎杀死了它所传播到地区一半的人口。意大利作家乔万尼·薄伽丘亲自见证了这种瘟疫到达意大利城市佛罗伦萨的情况。他后来回忆道：

面对其迅速传播，人们所有的智慧和才能都毫无用处……瘟疫以一种非常可怕的特殊方式开始显现其破坏性影响。它没有表现出在东方所表现出的形式。在东方，只要有人鼻子出血，就是必死无疑的明显征兆。相反，其最早的症状是腹股沟或腋下的淋巴结肿大且发展迅速，有些形状像鸡蛋，有些甚至达到普通苹果的大小。后来，这种疾病的症状发生了变化，许多人的手臂、大腿和身体的其他部位皮肤出血坏死，死后皮肤呈黑色……为了治愈这些疾病……所有的医生忠告和所有的药物效力都毫无用处、无能为力……在多数情况下，前面描述的症状出现后三天内，病人就会死亡。

第 4 章 微小差别和关键节点：历史的重要性

英国人知道了这场瘟疫正在到来，并非常清楚厄运迫在眉睫。在 1348 年 8 月中旬，国王爱德华三世要求坎特伯雷大主教组织祈祷，许多主教写信给牧师，要求在教堂写明帮助人们应付即将侵害他们的瘟疫。巴斯地区的主教什鲁斯伯里的拉夫，给教区的牧师写信道：

> 万能的上帝运用打雷、闪电和其他从其位上发出的鸣响来惩罚他希望拯救的子民。因此，既然从东方传来的大瘟疫已经传到了邻国，将会非常可怕的，除非我们虔诚地不断祷告，同样的瘟疫也会将其有害影响传到我们国家，侵袭并毁灭人们。因此，我们所有人都必须到上帝面前忏悔，高诵赞美诗。

这没有任何作用。瘟疫袭击并侵蚀了英国大约一半的人口。这场灾难对社会制度产生了重大的影响。许多人为此而做出疯狂的举动——这也可以理解。薄伽丘记录道："有些人主张，躲避这场严重灾难的有效方式就是大吃大喝，尽情地享受生活，四处寻欢作乐，满足所有可能实现的愿望，把所有事情都看作一个彻底的大笑话……这就解释了为什么在接下来的一段时间内，那些病愈的妇女不太守贞。"然而，这场瘟疫对中世纪欧洲社会造成了社会、经济和政治的变革性影响。

在 14 世纪的转折点上，欧洲的社会形态是封建社会，这是在罗马帝国崩溃后首先出现在西欧的社会组织形式。它建立在国王和其下的领主以及最底层农民构成的等级关系的基础之上。国王拥有土地，他把土地分封给领主以换取他们的军事服务。然后，领主把土地分配给农民，作为交换，农民不得不从事大量无偿劳动，并且农民必须缴纳多种税费。农民由于具有类似"仆人"的地位而被称为"农奴"，他们与土地捆绑在一起，没有领主的允许不能够迁移到其他任何地方，领主也不仅仅是地主，而且还是法官、陪审团和警察。这是一种高度攫取的制度，财富从许多农民手中向上流淌到少数领主手中。

由于黑死病造成的劳动力大量缺乏动摇了封建制度的基础。这种情况激发了农奴，他们要求改变现状。比如，在恩斯罕大教堂，农民就要求取消许多杂费和徭役，最终他们得到了想要的结果。新的契约以这样的表述开头："在 1349 年发生灾害或瘟疫时期，几乎没有几个佃农愿意留在庄园主的房屋中，他们表达了离开的意愿，除非厄普顿的尼古拉斯兄弟——修道院院长和庄园主——跟他们签订新的契约。"他真的签了新的契约。

在恩舍姆发生的事情到处发生。农民开始把自己从地主的强制劳役和其他义务中解放出来。报酬开始上涨。政府试图阻止这一切，在1351年通过了《劳工法案》。该法案要求：

> 由于很大一部分人口，特别是很大一部分工人和佣人死于那场瘟疫，许多人看到了主人的困难和佣人的缺乏而不愿意再继续服务，除非他们可以得到更多的报酬……考虑到耕种者以及这一类劳动者的严重缺乏可能造成的极大困难，我们决定采用这样的法令是合适的：英国的每个男人和女人……必须要服务于适合的雇主；他只能在他服务的地方得到酬劳、工装、奖金或者薪水，这些报酬应在我们统治英国20年（国王爱德华三世在1327年1月25日上台，因此此处所指的日期就是1347年的这天）时或接下来的五六年内支付。

该法案实际上是要把报酬固定在黑死病之前的水平。特别是考虑到英国的精英阶层是"最初诱因"，是为了避免领主们相互竞争，吸引短缺的农民。办法就是未经雇主许可擅自离开将被投入监狱受到处罚：

> 一个收割者或割草者或其他工匠或仆人，只要已经在为某个雇主服务，无论他们的地位或条件如何，在达成的条件结束之前未经许可或没有充分理由而离开正在服务的雇主，他将遭受监禁的惩罚，而且没有任何人会支付或同意给他比通常惯例更高的工资、更多的工装、奖金或薪水。

英国政府试图阻止因黑死病导致的制度和工资变化的努力没有奏效。1381年，农民起义爆发了，在瓦特·泰勒（Wat Tyler）的领导下起义军占领了伦敦的大部分地区。尽管他们最终失败了，泰勒也被处死，但是当局没有再继续实施《劳工法案》。封建劳役逐渐消失了，一个包容性的劳动力市场开始在英国出现，报酬也上涨了。

这场瘟疫很可能袭击了世界上的许多地区，并且所到之处病死率大体相同。因此，它对东欧的人口影响跟对英国和西欧其他地区的影响相同。起作用的社会和经济力量也相同，劳动力短缺，人们需要更多的自由。但是，在东欧，一个更强有力的矛盾逻辑在起作用。在包容性劳动力市场，稀缺的劳动力意味着更高的工资。但开始时，这给了领主们更多的激励因素，使他们竭力要保持劳动力市场的汲取性，并使农民保持农奴的身份。在英国，这种动机也一直在起作用，就像《劳工法案》所反映的那样。不过，工人们有足够的力量，因而最终胜利了。但是，在东欧却不同。在这场瘟疫之后，东欧的领主们开始接管大片的土地，扩展他们的财富，尽管他们拥有的土地和财富已经比西欧的领主大得多。城镇越来越虚弱，人口越来越稀少，工人们开始看到，他们不但没有变得更自由，而且已经有的自由也受到了限制。

在 1500 年之后，这种影响变得尤其明显，西欧开始需要东欧生产的像小麦、黑麦这样的农产品和牲口。阿姆斯特丹进口的黑麦 80% 来自易北河、维斯瓦河和奥得河的河谷地区。荷兰迅速增长的贸易有一半是跟东欧的贸易。随着西欧需求的增长，东欧的领主们又开始控制劳动力来扩大他们的产品供给。这就是说，所谓的第二次农奴制，它们跟中世纪早期的最初形式完全不同，而是更加苛重。领主提高了佃农自耕地的税收，征收总产量的一半。在波兰的科尔琴，1533 年所有为领主做的工作都支付工资。但是到 1600 年，几乎一半的工作不再给劳动力支付报酬。1500 年，在德国东部梅克伦堡，工人每年只有几天无偿劳动日；到 1550 年，每周 1 天；到 1600 年，每周 3 天。工人们的子女也要无偿地为领主劳作几年。在匈牙利，领主在 1514 年完全控制了土地，让每个工人每周提供一天无偿劳动合法化。到 1550 年，工人的无偿劳动提高到每周 2 天；在 16 世纪末，为每周 3 天。受这些制度约束的农奴占到了当时人口的 90%。

尽管在 1346 年东欧和西欧的政治制度与经济制度几乎没有差别，但是到 1600 年他们被划分成了两个世界。在西欧，工人们免交封建的税费，不受管制，并成为迅速发展的市场经济的关键部分。在东欧，他们也采用了这种经济制度，但是被迫种植西欧需要的食物和农产品。它是市场经济，但不是包容性的。这种制度差异是这些地区之间一开始存在微小差别的结果：在东欧，领主们的组织更好一点；他们具有稍微更多一点的权利和更多的联合起来的土地所有权。城镇更加弱小,农民组织得更差。在伟大历史进程中,这些都是微小差别。然而,当封建秩序受到黑死病冲击时,东欧和西欧之间的这些微小差别却在各自人民生活和未来的制度发展方式上起到了关键的作用。

黑死病是重要节点的明显例证,是改变现有社会经济和政治平衡的重要事件或重要因素的汇合点。重要节点是双刃剑,它可以引起一个国家发展轨迹的重大转变。一方面,它能够为打破汲取性制度循环、促使更加包容性的制度出现开辟路径——就像英国那样。另一方面,它也能够促使汲取性制度出现——就像东欧的第二次农奴制一样。

理解了历史和关键节点如何塑造经济和政治制度的路径,能够让我们有一个关于贫富差异根源的更完整的理论。另外,它能够让我们解释今天的实际情况,以及为什么有些国家能够向包容性经济和政治制度转型,而其他国家不能。

包容性制度的形成

英国是在17世纪实现持续经济增长突破的唯一一个国家。主要经济改革之前发生了一系列导致不同经济和政治制度的政治革命,这些经济和政治制度比任何此前社会的制度都要包容得多。这些制度不仅对经济激励和繁荣,而且对获得繁荣收益的人都具有深远的意义。它们不是建立在广泛同意的基础上,而是不同集团竞争权力强烈冲突的结果,这些集团相互争夺权力,尽力构建对自己有利的制度。16世纪和17世纪制度斗争的顶峰是两个标志性事件:1642年到1651年间的英国内战和1688年的光荣革命。

光荣革命限制了国王和官员的权力,把决定经济制度的权力分配给了议会。同时,它向社会各个阶层的人开放政治体系,使他们能对国家的运行方式施加重要影响。光荣革命成为创造多元社会的基础,建立并加速了政治集权的过程。它创造出了世界上第一套包容性的政治制度。

结果,经济制度也开始更具包容性。中世纪封建时期的奴隶现象和严格的经济限制(比如农奴制度),在17世纪开始的时候,在英国就都不存在了;然而,对人们能够从事的经济活动还有许多限制，国内和国际经济都受到垄断的限制。国家任意征税，控制着立法系统。大多数土地都以不可能销售、投资也有风险的古老产权形式被占据着。

这一切在光荣革命之后都变了。政府采用了一系列为投资、贸易和创新提供激励的经济制度。它稳定地实施产权，包括给想法也赋予产权的专利制度，这提供了创新的重要激励。它保护法律和秩序。英国的法律变得对所有人都适用，这在历史上是空前的。任意的税收终止了，垄断几乎完全消除了。英国政府强烈地推进商业活动，努力推进国内产业发展，不仅消除了产业活动扩张的壁垒，而且使用英国全部的海军力量保护商人的利益。通过对产权的合理化，促进了基础设施特别是公路、运河以及后来铁路的建设，事实证明这对产业的增长至关重要。

这些基础对人们所感受到的激励因素产生了决定性的影响，促进了繁荣，为工业革命开辟了道路。首先一点，也是最重要的一点，工业革命所依赖的是运用过去几个世纪以来欧洲所积累起来的知识以及在此基础上实现的主要技术进步。工业革命是对过去的激进的决裂，使科学研究和大量个人的聪明才智有了用武之地。这场革命的全部力量来自于为技术发展和应用创造获利机会的市场。是市场的包容性让人们把他们的聪明才智运用到正确的商业道路上。工业革命还依赖于教育和技能，因为相对较高的教育水平（至少按照当时的标准），使人们能够把新技术运用到产业，并使可以发现技术工人的有眼光的企业家能够出现。

在光荣革命几十年后，工业革命肇始于英国并非巧合。像詹姆斯·瓦特（James Watt，蒸汽机的改进和发明者）、理查德·特里维西克（Richard Trevithick，第一台蒸汽机车的建造者）、理查德·阿克赖特（Richard Arkwright，纺织机的发明者）和伊桑巴德·金德姆·布鲁内尔（Isambard Kingdom Brunel，几种革命性蒸汽船的建造者）这些伟大的发明家能够利用他们的想法产生的经济机会，确信他们的产权会受到尊重，可以利用市场销售和使用发明并获利。1775 年，就在詹姆斯·瓦特重新获得了其蒸汽机车（他称其为"火车"）的专利后不久，他就写信给父亲说：

亲爱的父亲：

在一系列各种各样的强烈反对之后，我最终获得了在接下来25年内在整个英国及其海外殖民地中持有我的新火力机车专利的议会法案，我希望它能够给我带来好处，因为人们对它们已经有大量的需求。

这封信表明了两点：首先，瓦特受到了它预期的市场机会的激励，受到了来自大英帝国及其海外殖民地"大量需求"的激励；其次，它表明了他是如何影响议会获得他想要的专利的，因为这是对个人和发明者请求的回应。

只有英国发展起来的包容性经济制度才能有效利用这项技术进步、扩张和投资的商业动力以及技能和才能。这些都建立在其包容性政治制度的基础上。

英国发展这些包容性政治制度是由于两个原因。第一个是政治制度，包括集权的当局，能使国家在光荣革命冲击下，采取迈向包容性制度的关键一步（事实上这是没有先例的）。这一因素使英国同世界其他国家有了明显的分别，不过却没有使它与法国和西班牙这些西欧国家产生太大差别。更重要的是第二个因素。最终导致光荣革命的这些事件形成了一个广泛的强大联盟，能够对国王和官员的权力施加持久的约束，并且使统治者被迫接受该联盟的一些要求。这为多元政治制度奠定了基础，而这种政治制度又能够使奠定第一次工业革命基础的经济制度得以发展。

起重要作用的细微差别

世界不平等之所以随着大不列颠或英国的工业革命而急剧扩大，是因为世界上只有一部分国家采用了阿克赖特和瓦特及其追随们发展出来的创新和新技术。不同国家对这次技术浪潮的反应，很大程度上是由它们制度的不同历史路径形成的，而这种反应决定了这些国家是继续深陷贫困还是实现持续的经济增长。到18世纪中期，世界不同国家的政治制度和经济制度出现了显著差别。但是，这些差别来自何方呢？

到1688年的时候，与法国和西班牙的政治制度相比，英国的政治制度更加多元，但是在100年前，即1588年，它们之间几乎不存在差别。这三个国家都是由相对专制的君主统治着：英国是伊丽莎白一世（Elizabeth Ⅰ），西班牙是菲利普二世（Philip Ⅱ），法兰西是亨利二世（Henry Ⅱ）。他们都在同要求更多权利、对君主进行更多限制的人民议会（比如英国和西班牙的议会、法国的三级议会等）进行斗争。这些议会都具有一定的权力和范围，只不过存在一些差异。比如，英国议会和西班牙议会有征税权，但是法国三级议会没有。在西班牙，这不重要，因为1492年以后西班牙国王拥有了一个巨大的美洲帝国，他可以从那里发现的金和银中获取巨大收益。在英国，情况就不同，伊丽莎白一世在财政上的独立性最差，她必须请求议会同意征收更多的税。作为交换，议会要求妥协，特别是要对伊丽莎白制造垄断的权利进行限制。在冲突中，议会逐渐获胜。在西班牙，在同样的冲突中议会却输掉了，贸易不仅垄断化，而且被西班牙国王垄断着。

这些差别，在最初的时候表现的影响很小，但是在17世纪开始发挥重要作用。尽管在1492年发现了美洲大陆，达·伽马（Vasco da Gama）在1498年绕过非洲南端的好望角到达了印度，但是直到1600年世界贸易的大量扩展，特别是在大西洋的贸易才开始发生。1585年，英国在北美的第一块殖民地建立在位于现在的北卡罗来纳的罗阿诺克。1600年，英国东印度公司建立。1602年，荷兰的东印度公司建立。1607年，弗吉尼亚公司建立了詹姆斯敦殖民地。到17世纪20年代，加勒比群岛被殖民，巴巴多斯岛在1627年被占领。法国也在大西洋对岸扩张，1608年在现在的加拿大建立了魁北克城（Quebec City）作为新法国的首都。这些经济扩张对制度的影响，英国的就不同于西班牙和法国，其原因就是最初存在的细小差别。

伊丽莎白一世及其继任者无法垄断与美洲的贸易。但是，其他欧洲国家的君主们却能。因此，在英国，大西洋贸易和殖民开始创造出一大群与皇室联系不大的富裕商人，但是西班牙和法国的情况就不同了。英国的商人们愤恨皇室的控制，要求政治制度变化，对皇家法庭进行限制。他们在英国内战和光荣革命中起了关键作用。同样的冲突到处发生。例如，法国国王在1648年到1652年间就面临着弗伦德起义。差别就在于：英国专制主义的反对者比西班牙和法国专制主义的反对者好像更占优势，因为他们相对较富裕、人数更多。

英国、法国和西班牙在17世纪的不同道路表明了微小制度差异与关键节点互动的重要性。在关键节点上，一个重要事件或多个因素的融汇可能打破一个国家现存的政治或经济权力的平衡，影响一个国家，比如1976年毛泽东主席逝世。关键节点通常会影响整个社会，像殖民化及以后的非殖民化影响到了全球的大部分国家。

这些关键节点非常重要，因为对于渐进的改革，存在可怕的障碍，这源于汲取性政治和经济制度之间的共生关系与相互支持。这种反馈循环的持续存在造成了邪恶的循环。那些能够从当前获益者很富有、组织良好，能够有效地抗争可能取消他们经济特权和政治权力的重要变化。

一旦一个关键节点出现，起作用的细小差异就是最初的制度差别，它们引起了非常不同的反应。这就是为什么英国、法国和西班牙相对微小的制度差别造成了发展路径的根本不同。经济机会创造的关键节点导致的路径通过大西洋贸易出现在了欧洲。

虽然说在关键节点微小的制度差异起巨大作用，但并非所有制度的差别都很小，很自然地，在这样的关键节点更大的制度差异会造成更加不同的模式。尽管1588年的时候英国和法国的制度差异很小，但是西欧和东欧的差别要大得多。在西欧，像英国、法国和西班牙这些强有力的中央集权国家拥有了不易察觉的宪法差别（英国议会、法国三级议会和西班牙议会），在经济制度上也存在根本性的相同点，比如都没有农奴制。

东欧则完全不同。例如，波兰-立陶宛王国被一个称为什拉赫塔（Szlachta）的精英阶层统治着，他们非常有权力，他们甚至引入了国王选举。这跟法国路易十四（Louis XIV，又称"太阳王"）的独裁统治不同，而波兰实行的是精英独裁，不过二者在汲取性政治制度上完全相同。什拉赫塔统治了由农奴控制的大部分乡村社会，农奴没有迁移或获得经济机会的自由。再向东，俄罗斯彼得大帝也把独裁主义巩固得甚至比路易十四试图做到的更加紧密、更具汲取性。地图8显示了在19世纪初期发现西欧和东欧差别程度的简单方式。它描绘了一个国家在1800年是否还存在农奴制的情况，看上去更暗的国家有农奴制，那些更亮的国家没有。东欧很暗，而西欧很亮。

然而，西欧的制度并非一直不同于东欧的制度。就像我们前面看到的，他们在1346年发生黑死病的14世纪开始出现。东欧和西欧的政治制度和经济制度只存

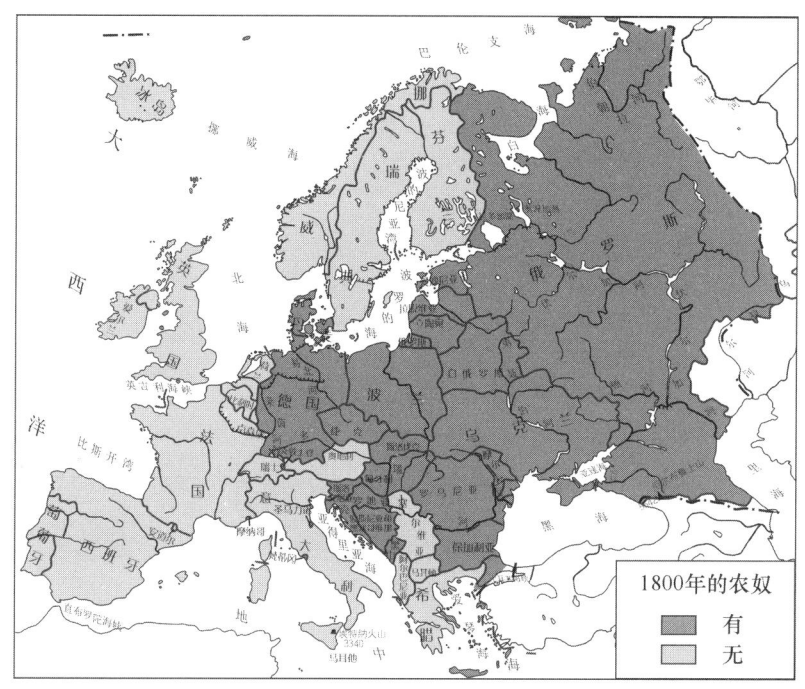

地图 8　1800 年欧洲的农奴制度

很小的差别。英国和匈牙利甚至被同一个家族的成员统治着,即安茹家族。黑死病之后出现的更重要的制度差别,创造了一种背景,在此背景下,东、西欧之间更巨大的制度差异在 17 世纪、18 世纪、19 世纪表现了出来。

但是,开启这个分化过程的微小制度差异最初是如何出现的呢?为什么东欧在 14 世纪就有了与西欧不同的政治制度和经济制度?为什么英国的皇室和议会的权力平衡,与英国、法国和西班牙的不同?就像我们在下一章将要看到的,即使跟我们的现代社会比起来,复杂性远远要低的社会,也会创造对其成员生活产生巨大影响的政治和经济制度。甚至对狩猎-采摘者也是如此,比如,我们从现代的博茨瓦纳的土著桑人即可认识到这一点,他们不事耕作,甚至居无定所。

没有两个社会会创造相同的制度;他们会有不同的习俗、不同的产权体系、不同的宰杀动物分割方式,或者不同的分配从其他集团那里盗窃来的财物的方式。有的社会承认老年人的权威,有的社会不承认;有的社会实现了某种程度的政治集权,有的社会没有。社会经常受到经济和政治冲突的制约。由于特定历史差异、个人作用甚至随机因素，这些冲突会以不同的方式解决。

这些差异在开始时通常很小，但是它们会积累起来，创造出一种称作"制度漂移"的过程。就像两个孤立的生物种群在基因漂移的过程中会慢慢漂移分化，因为随机的基因突变会积累；两个在其他方面相似的社会在制度上也会逐渐漂移分化。就像基因漂移一样，制度漂移没有事前决定的路径，甚至无须是累积性的；经过几个世纪，它会造成可感知的，有时候甚至是重要的差异。制度漂移造成的差异尤其重要，因为它们影响社会在关键节点如何对经济或政治环境的变化做出反应。

世界范围内经济发展丰富多彩，各不相同的模式取决于关键节点和制度漂移的相互作用。现存的政治和经济制度——有时候是通过长期的制度漂移过程形成的，有时候是对更早关键节点不同反应的结果——创造了一种基础，在这种基础上，未来的变化才有可能发生。黑死病和1600年世界贸易的扩张都是欧洲权力的重要节点，并且都与最初的制度差异相互作用，后来创造出了重要差别。由于在1346年西欧农民比东欧农民拥有更多的权力和自治权，黑死病造成了西欧封建制度的解体和东欧的第二次农奴制。由于东欧和西欧在14世纪开始分化，17、18世纪以及19世纪的新经济机会也对欧洲的不同地区产生了完全不同的影响。由于在1600年英国皇室的权力比法国和西班牙弱得多，大西洋贸易在英国为更多元主义新制度的创造开辟了道路，但是却加强了法国和西班牙的君主制度。

历史的偶然道路

关键节点事件的结果是由历史的重要性决定的，因为是现存的经济和政治制度形成权力平衡，并区分出哪些在政治上是可行的。然而，其结果却并非历史注定，而是偶然的。在这些时期，制度发展的准确路径依赖于哪一个敌对力量会成功，哪些集团能够形成有效联盟以及哪些领导人能够根据他们的利益制造一系列事件。

偶然性事件的作用可用英国包容性政治制度的起源来说明。在1688年光荣革命时期，希望限制王权、争取更多元化制度群体的胜利，并没有事先的决定因素，而且造成这种政治演进的整体路径也受到了意外事件的影响。获胜集团的胜利恰巧与大西洋贸易的兴起产生的关键节点联系在了一起，大西洋贸易使反对王权的商人们致富了、更大胆了。但是,一个世纪之前,一点也看不出,英国将会有能力控制海外贸易,在加勒比和北美洲的大部分地区进行殖民,或者夺取与美洲和东方的高利润贸易。伊丽莎白一世和其他都铎王朝君主都没有建立起强有力的统一的海军。英国的海军依赖于私人和独立商人船只,比西班牙舰队力量弱得多。但是,大西洋贸易的利润吸引着这些私人船只,挑战西班牙在海上的垄断。1588年,西班牙人决定对英国的海洋垄断地位挑战,并对英国干预荷兰独立而同西班牙的战争做一了断。

西班牙国王菲利普二世派出了强大的舰队,称作"无敌舰队",由麦地那·西顿公爵(the Duke of Medina Sidonia)指挥。对许多人来说,预料中的结局似乎是西班牙人将决定性地战胜英国,巩固其在大西洋的海洋垄断,并且很可能推翻伊丽莎白一世,甚至可能夺取大不列颠群岛的控制权。然而,出现了非常不同的变化。天气恶劣,西顿又是临危受命(一位更有经验的指挥官突然去世了,西顿在最后一刻接受了任命),而且西顿还出现了战略失误,使西班牙的无敌舰队失去了优势。尽管困难重重,英国还是摧毁了其强有力对手的大部分舰只。现在,大西洋以更为平等的方式向英国开放了。对英国人而言,如果没有这场看似不可能的胜利所创造转变的关键节点,产生1688年英国特殊多元主义政治制度的事件就不能取得进展。地图9显示了无敌舰队在大不列颠被英国舰队追击的线路及被击沉的舰船。

当然,在1588年没有人能够预测到英国侥幸取胜这一结果。那时候几乎没有人可能认识到这一胜利创造出一个导致了一个世纪后重大政治革命的关键节点。

我们不应就此认为,任何关键节点都会导致政治革命成功或向更好的方向变迁。历史充满了这样的先例,在一场革命或激进运动之后,结果只不过是一个暴君被另一个暴君取代。德国社会学家罗伯特·密歇尔斯(Robert Michels)把这种模式称为寡头铁律,是一种特别有害的恶性循环。第二次世界大战之后几十年里,殖民主义的结束为许多前殖民地创造了关键节点。然而,在撒哈拉以南非洲和亚洲的大多数情况下,独立后的政府只是简单复制了罗伯特·密歇尔斯书中的情形,重复并加剧了前任的权力滥用,经常更加严格地缩小政治权力的分配范围,分化约束并瓦解经济制度为投资和经济进步提供的原本就非常少的一点激励。只有在很少几个案例中,比如博茨瓦纳的社会,关键节点被用来启动为经济增长开创道路的政治改革和经济改革的进程。

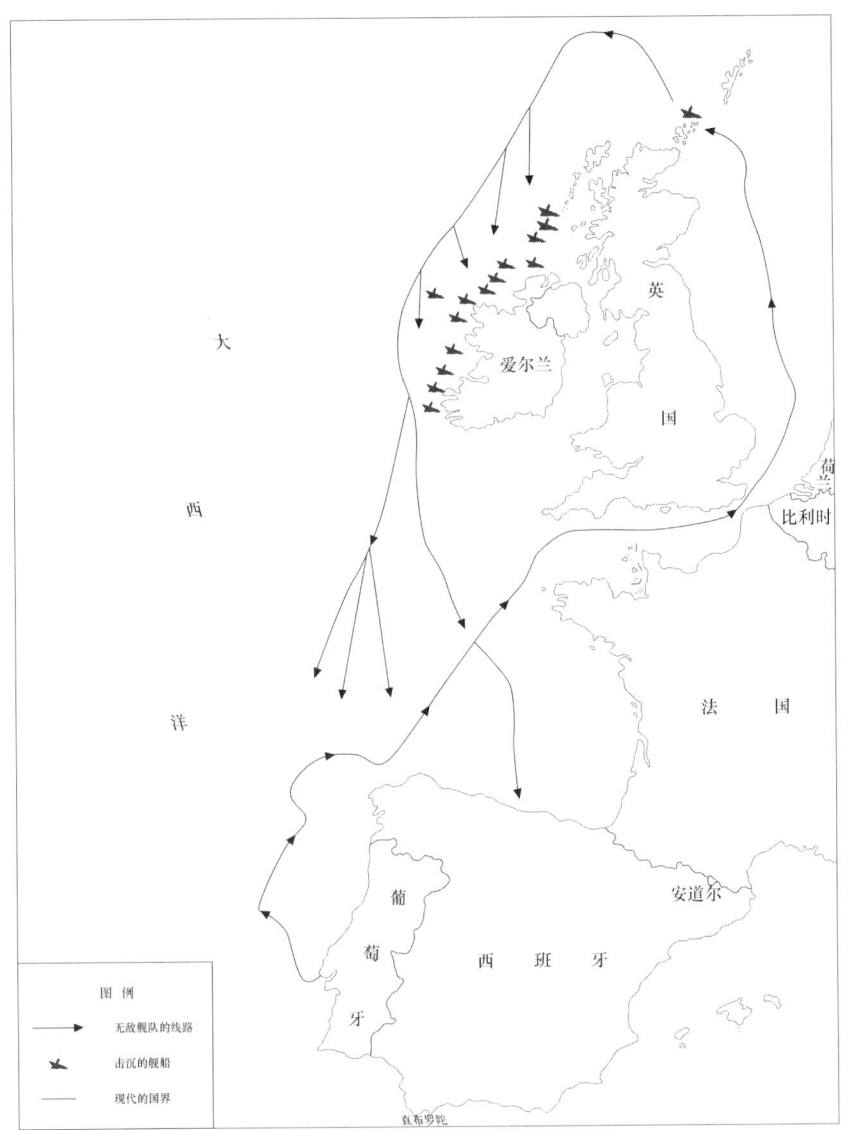

地图9 西班牙无敌舰队被英国舰队追击的线路及被击沉的舰船

关键节点也会导致社会朝着汲取性制度发生重大变化,而非远离之。包容性制度,尽管它们有自己的反馈循环,即良性循环,但是也因为在这种关键节点会面临各种困难而逆转并逐渐变得更加具有汲取性——当然，这种情形关键节点是否会发生也是有条件的。就像我们在第 6 章将会看到的，威尼斯共和国在中世纪时期就进行了向包容性政治和经济制度转变的重大变革。但是，当这种制度在英国 1688 年光荣革命之后日益强化时，在威尼斯，在少数狭隘精英的控制下，它最终转向了由精英垄断经济机会乃至政治权力的汲取性制度。

理解实际情况

建立在 18 世纪英国包容性制度和持续经济增长基础上的市场经济能够在全世界蔓延，并非仅仅是因为它允许英国对世界的大部分地区进行殖民统治。但是，如果英国经济增长的影响确实蔓延到了全球，创造经济增长的经济和政治制度并不会自动这样做。黑死病对西欧和东欧产生了不同影响，大西洋贸易的扩张也对英国和西班牙产生了不同影响，同样，工业革命也对世界产生了不同影响。世界不同地区的制度决定了这种影响的程度，而且这些制度也确实不同，这些微小的差别经过较长的时期，被之前的关键事件放大了。由于恶性循环或良性循环，这些制度差异及其影响会持续到现在（尽管影响并非完美），并成为解释世界不平等之出现和我们周围实际情况之本质的关键。

世界上的许多地方发展出了与英国制度接近的制度，不过是通过不同的方式产生的。许多欧洲的"移民殖民地"，像澳大利亚、加拿大和美国，尤其是这样，尽管它们的制度在工业革命进行的时候刚刚形成。就像我们在第 1 章中看到的，始于 1607 年詹姆斯敦殖民地建立，并由独立战争和美国宪法的通过而达到顶峰的这个过程，与英国议会反对君主制度的长期斗争有许多相似的特征，因为它也建立了采用多元政治制度的集权政府。此后，工业革命很快蔓延到这些国家。

西欧经历了许多同样的历史进程，在工业革命时期具有与英国相似的制度。在英国和其他国家之间存在微小但是非常重要的差别，因此，工业革命发生在英国而不是法国。之后，工业革命创造了全新的情况，同时也对欧洲的王权制度带来相当不同的挑战，这些挑战进而激发了一系列全新矛盾，在法国大革命中达到顶峰。法国大革命是导致西欧的制度向英国的制度靠近的另一个关键点，与此同时，东欧出现了分流，渐行渐远。

世界其他国家的发展遵循的是不同的制度轨迹。欧洲殖民统治为美洲的制度分化提供了条件，美国和加拿大发展出了包容性制度，而拉丁美洲出现了汲取性制度，这可以解释美洲为何有多种模式的不平等。西班牙征服者在拉丁美洲的汲取性政治制度和经济制度一直延续了下来，注定了该地区许多国家深陷贫困。然而，阿根廷和智利比这个地区的大部分其他国家要好得多。西班牙人关注的是阿兹特克、玛雅和印加文明所据有的领土，而在智利和阿根廷，这里只有很少的原住民或矿产资源稀少，从而被"忽视"了。阿根廷最穷的地区是西北部，而且这里也是唯一与西班牙殖民经济融为一体的地区，这一点并非巧合。它的持续贫困和汲取性制度遗产，与玻利维亚和秘鲁的波托西米塔创造的制度遗产相似。

非洲的制度是世界上最不善于利用工业革命创造的机会的。在过去至少1000年里，除了少数地区和有限的时期外，非洲在技术、政治发展和繁荣等方面全面落后于世界上其他地区。它是世界上集权政府形成得非常晚，也非常脆弱的地区。即使在一些国家或地区形成了集权政府，它们也很可能发展得像刚果王国一样高度专制，而且通常是短命的，总是崩溃。走上这种缺乏国家集权的路径的，不仅有非洲，阿富汗、海地、尼泊尔等也一样，它们也无法在领土范围内实行统一的秩序，也无法创造任何类似稳定的状态，以实现一小点经济进步。尽管阿富汗、海地和尼泊尔在世界上处于与撒哈拉以南非洲国家非常不同的地区，但它们在制度上非常相同，因此阿富汗、海地和尼泊尔就成了当今世界上最穷的国家。

非洲的制度如何演变成它们今天的汲取性形式，再一次表明了存在一种制度漂移过程，该过程中间还有关键性的时刻，但是在非洲的情况下，关键节点通常带来了相反的结果，特别是在大西洋奴隶贸易扩张时期。在欧洲商人到达的时候，刚果王国也有新的经济机会。使欧洲发生转变的远距离贸易也使刚果王国发生了转变，但是，最初的制度差异再一次起了关键作用。刚果的专制主义蜕变自一种彻底的精英所统治的社会，这个社会里施行的是汲取性经济制度，统治者占有其臣民全部的农业产出。殖民者到来后，统治者更是大规模奴役人民并把他们卖给葡萄牙人，为刚果的精英们换取枪炮和奢侈品。

英国和刚果之间的最初差异意味着：尽管远距离贸易的新机会在英国创造了向

多元政治制度变化的关键节点,它们在刚果也扑灭了推翻专制主义的希望。在非洲的大部分国家或地区,从奴隶制中获取的巨额利润不仅强化了这种制度,并且使产权更不安全,而且还造成了更频繁的战争和许多现存制度的毁灭;在几个世纪里,国家集权化的进程完全被逆转了,许多非洲国家在很大程度上崩溃了。尽管有些新的,有时甚至是强有力的国家也确实形成过,并且利用了奴隶贸易,但是它们是建立在战争和掠夺基础上的。发现美洲这个关键节点可能帮助英国发展起了包容性制度,但是它却使非洲的制度更具有汲取性了。

尽管奴隶贸易在1807年之后大部分都结束了,但是随后的欧洲殖民主义不仅在南部和西部非洲的部分地区逆转了经济现代化的最初萌芽,而且切断了从内部进行制度改革的可能性。这意味着,即使是在刚果、马达加斯加、纳米比亚和坦桑尼亚这些充满了掠夺、大规模破坏甚至大规模屠杀的国家以外,非洲也几乎没有改变制度路径的机会。

更糟糕的是,殖民统治的结构留给非洲的20世纪60年代的制度遗产,比殖民统治刚开始时更加复杂、更加有害。在许多非洲殖民地,政治制度和经济制度的发展意味着独立不仅没有创造制度改进的关键节点,而且还为肆无忌惮的领导人接管并强化欧洲殖民者之前控制的汲取性制度创造了机会。这些结构创造的政治激励所导致的政治风格是这样的:一些国家拥有强大专制趋势,但缺乏任何的中央集权的权威能对其全部领土进行有效统治,在这些国家重新出现了不安全、无效率产权的历史模式。

工业革命没有传播到非洲,因为非洲经历了汲取性政治和经济制度的持续存在,以及这种制度不断"推陈出新"的恶性循环。博茨瓦纳是例外。就像我们将要看到的,在19世纪,卡马国王(King Khama),也就是博茨瓦纳独立后首任首相塞雷茨·卡马(Seretse Khama)的祖父,发动了使其所在部落的政治和经济制度现代化的制度变革。相当特殊的是,这些变革在殖民时期没有遭到破坏,部分是因为卡马及其他酋长对殖民权威的聪明挑战。从殖民统治中独立创造了关键节点,这些变革与关键节点之间的相互作用,为博茨瓦纳经济和政治成功奠定了基础。这是微小的历史差异反过来起到重要作用的另一个例子。

人们倾向于把历史事件看作是根深蒂固的力量不可避免的结果。我们强调了经济和政治制度的历史如何创造了恶性和良性的循环，同时我们要看到，意外事件也总是其中的一个因素，就像我们讨论英国制度发展的时候所强调的那样。塞雷茨·卡马于20世纪40年代在英国学习，并且与一个白人女子露丝·威廉姆斯（Ruth Williams）相爱。结果，南非推行种族隔离政策的政府劝说英国政府禁止他受保护，然后告知了贝专纳（Bechuanaland，其内阁在南非高级专员的控制下），他放弃了王位。当他回国领导反殖民斗争的时候，他没有抱着强化传统制度的态度，而是坚持使它们适应现代世界的态度。卡马是一个非凡的人物，对个人财富不感兴趣，一心致力于建设国家。但是，大多数其他非洲国家就没有这么幸运了。博茨瓦纳制度的历史发展和偶然因素这两方面都很重要，偶然因素导致制度在历史的基础上建立，而不是像非洲其他地方那样被轻易抛弃或破坏。

在19世纪，在亚洲也存在与非洲和东欧没有太多差别的专制主义，它阻断了这里大部分国家或地区的工业化进程。在中国，国家是强有力的专制体制，独立的城市、商人和工业家，要么不存在要么在政治上非常弱小。早在欧洲国家之前，中国已是海军强国，并且深入地参与远距离贸易。但是，它在错误的时间远离了海洋，14世纪晚期到15世纪初期，明朝的多位皇帝认定，不断增加的远距离贸易及其可能引起的创造性破坏很可能会威胁到他们的统治。

在印度，制度漂移以不同的方式起作用，并且导致独特而严格的等级制度，即所谓的种姓制度的发展，这种制度严格限制市场的作用，限制劳动力在不同职业中的分配，而且比中世纪欧洲的封建制度严格得多。它还强化了权势统治者下另一种强大的专制主义。大部分欧洲国家在中世纪具有相似的制度。现代的盎格鲁-撒克逊人如贝克（Baker）、库珀（Cooper）和史密斯（Smith）等都是世袭职位类的直系后裔。贝克家族烤面包，库珀家族做桶，史密斯家族锻造金属。但是，这些类别从来都不像印度种姓特征那样严格，并且越来越不代表一个人的职业。尽管印度商人在整个印度洋从事贸易，而且在印度发展起来了很发达的纺织业，但是种姓制度和莫卧儿王朝的专制对印度包容性经济制度的发展是一种严重的限制。到了19世纪，印度成了英国的殖民地，局面对工业化更加不利了。中国从来都没有被欧洲强

第 4 章 微小差别和关键节点：历史的重要性

国正式殖民，但是英国于 1839 年至 1842 年间，然后在 1856 年至 1860 年间，对中国发动了两次鸦片战争并成功地打败中国之后，中国被迫签署了一系列屈辱的条约，并允许欧洲商品进入。由于中国、印度和其他亚洲国家没能运用商业和工业机会，除了日本之外，很多亚洲国家都落后了，而西欧却突飞猛进向前发展。

日本在 19 世纪发生的制度发展的进程再一次表明，关键节点和制度漂移造成的微小差异之间存在互动关系。跟中国一样，日本 19 世纪时也在专制统治下。德川家族在 1600 年掌权并实行了禁止国际贸易的封建制度。日本也面临着西方干预造成的关键节点，美国的四艘战舰在马修·C. 佩里（Matthew C. Perry）的率领下，在 1853 年 7 月进入江户湾（即东京湾），要求得到在鸦片战争中英国从中国获得的相似的贸易让步。但是，这个关键节点在日本所起的作用完全不同。尽管中日两国是近邻且交流频繁，但是到 19 世纪时中国和日本在制度上已经渐行渐远了。

尽管日本的德川统治是专制的、汲取性的，但是它对其他大的封建领地的控制比较弱，并且对外来的挑战非常敏感。虽然存在农民起义和内部冲突，但是中国的专制主义更强大，反抗者更缺乏组织和自治。在中国其他地方不存在能够挑战皇帝专制统治并采取替代制度路径的领导者之类的人物。这种制度差别，尽管在许多方面比中日两国与西欧之间的差别小得多，然而在英国和美国的武力到达所引发的关键节点带来了决定性的结果。中国在鸦片战争后继续其专制道路，而美国的威胁在日本却强化了对德川统治的反抗，并导致了政治革命，即明治维新（我们在第 10 章将要讲到）。日本的政治革新使更包容的政治制度和更包容的经济制度得到发展，并奠定了随后日本快速增长的基础，而中国却仍然在专制统治下受苦受难。

日本通过开启基本制度变革进程，对美国战舰强加的威胁做出了反应，这有助于理解我们周围实际情况的另一个方面：从停滞转向快速增长。韩国、中国台湾以及后来的中国内地都通过采取与日本相似的路径，在第二次世界大战后实现了快速经济增长。在每个实例中，增长都是在这些国家的经济制度发生历史性转变后随之而来——只不过有些情况下并不总是伴随政治制度的变化，比如中国内地的例子。

快速增长如何突然结束和逆转，其逻辑也是相关的。向包容性经济制度变化的决定性步骤能够引发快速经济增长,同样,偏离包容性制度的快速变化也会导致经济停滞。但是,更常见的情况是,快速增长的崩溃,比如阿根廷和苏联,是汲取性制度下增长结束的结果。就像我们已经看到的,这要么是因为分配攫取既得利益引起的内讧导致了制度的崩溃,要么是因为攫取制度下所固有的缺乏创新能力和创造性破坏力,限制了持续增长。本书下一章会详细讨论苏联如何遭遇了这些限制。

如果拉丁美洲过去 500 年的政治制度和经济制度是由西班牙殖民主义形成的,中东的制度则是由奥斯曼殖民主义形成的。1453 年,苏丹穆罕默德二世(Sultan Mehmet Ⅱ)率领的奥斯曼土耳其人占领君士坦丁堡,并将其改为奥斯曼帝国的首都。在 15 世纪的其他时间里,奥斯曼帝国征服了巴尔干的大部分地区和土耳其的绝大部分地区。在 16 世纪前半段,奥斯曼帝国的统治扩展到整个中东和北非。到 1566 年,在伟大的苏丹苏莱曼一世(又称苏莱曼大帝,Süleyman Ⅰ)逝世的时候,奥斯曼帝国从东部的突尼斯,穿过埃及,延伸到了阿拉伯半岛的麦加,并且扩展到了现在伊拉克所在的地方。奥斯曼帝国是专制主义的,苏丹不对其他人负责,也不与其他人分享权力。奥斯曼帝国实行的经济制度是高度汲取性的,没有私有财产,所有的财产都属于国家;对土地和农产品征的税,连同战争的战利品,是政府收入的主要来源。然而,奥斯曼帝国对中东的控制,没有达到其控制安那托利亚(Anatolia,亚洲西部半岛小亚细亚的旧称),或者西班牙帝国控制拉丁美洲社会的那种程度。奥斯曼帝国一直受到阿拉伯半岛贝都因人和其他部落力量的挑战。它不仅缺乏在中东大部分地区实施稳定秩序的能力,而且缺乏征税的行政能力。因此,它把它们"包给"了个人,把权力出售给个人,不管他们用什么手段去征税。这些征税的包租人自治、很有势力。中东地区的税率非常高,占到农民产出的 1/2～2/3。大部分税收都为包租人所有。因为奥斯曼帝国无法在这些地区建立稳定的秩序,产权谈不上安全,而且由于许多武装起来的集团争夺地方控制权,存在大量的违法行为和盗贼。例如,在巴勒斯坦,境况非常糟糕,以致从 16 世纪后期开始农民就离开最肥沃的土地迁居到了山区,因为在这里能够得到大山的保护,避免遭到劫掠。

在奥斯曼帝国城市地区的汲取性经济制度一点也不比农村好，商业在国家的控制下，职业受到行会和垄断力量的严格限制。结果就是，在工业革命时期，中东的经济制度是汲取性的。该地区在经济上处于停滞状态。

到 19 世纪 40 年代，奥斯曼帝国试图改革制度——比如收回包租的税收权以及重新控制地方自治集团。但是，专制主义还是一直持续到了第一次世界大战才结束，而且改革方面的努力也因担心创造性破坏和精英集团经济上或政治上会失利而受到阻挠。虽然土耳其的改革者提到了为提高农业生产率引入土地的私有产权，但是由于既得利益者希望政治和税收保持控制，所以现状一直被维持着。奥斯曼帝国殖民之后紧接着是 1918 年之后的欧洲殖民。当欧洲控制结束的时候，我们曾在撒哈拉以南非洲看到的变化因素起作用了，汲取性殖民制度被独立的精英所接管。在一些案例中，比如约旦的君主制，这些精英就是殖民势力所直接创造出来的，而这也经常发生在非洲，就像我们将要看到的那样。若是没有石油，那么中东国家今天的收入水平跟贫困的拉美国家差不多。它们并没有遭受像奴隶贸易这样的致贫因素的影响，但是它们又从欧洲的技术输入中获益良久。在中世纪，中东是世界上经济相对发达的地区。因此，今天它不像非洲那样穷，但是其大部分人口仍然生活在贫困之中。

我们已经看到，地理论、文化论、无知论等都无助于解释我们所面临的实际情况。它们无法为世界不平等的主要模式提供满意的解释，这些模式包括：经济分化的过程开始于 18、19 世纪英国的工业革命，随后又扩展到了西欧和欧洲移民所建立的殖民地；美洲不同地区之间持续存在分化的现象；非洲或中东的贫困；东欧和西欧的分化；从停滞到增长的转变，以及有时候增长进程的突然中断。但我们的制度理论则可以解释之。

在接下来的章节中，我们将详细讨论这种制度理论如何起作用，表明它能够解释的范围广阔的各种现象。这些现象包括新石器革命的起源一直到几大文明的崩溃，其原因要么是汲取性制度对增长的固有限制，要么是因为向包容性制度转变的有限步骤被逆转。

我们将会分析英国光荣革命期间向包容性政治制度转变的关键步骤如何以及为

何发生。我们将会更详细地讨论以下几点：

- 包容性制度是如何从大西洋贸易创造的关键节点和先前存在的英国制度的性质的相互作用中产生的。
- 这些制度如何持续并强化了工业革命的基础，部分是由于良性循环，部分是由于偶然事件带来的幸运转变。
- 许多专制主义和汲取性制度是如何一贯地阻碍工业革命所带来的新技术扩散的。
- 欧洲人自己是如何摧毁了他们征服的许多地区的经济增长的可能性的。
- 恶性循环和寡头铁律如何创造了一种强大的趋势，使汲取性制度得以持续存在，以及工业革命最初没有波及的地方为什么一直相对贫困。
- 工业革命和其他新技术为什么没有，今天也不可能传播到尚未实现最低限度集权的国家。

我们的讨论还会表明，试图朝着更包容方向转变其制度的那些地区如法国或日本，或者避免汲取性制度建立的地区如美国或澳大利亚，都更善于接受工业革命的传播，并走在了其他国家前面。比如在英国，这并非总是平稳的过程，沿着这条道路，需要克服许多对包容性制度发起的挑战，有时候是由于良性循环的力量，有时候是由于历史发展的具体情况所决定的路径。

最后，我们还要讨论：今天国家的失败是如何受到其制度史的强烈影响的；有多少政策建议是根据错误的假设形成的；有多少政策建议是存在潜在误导性的；国家如何能够抓住关键节点，打破现有模式，改革制度，走上更加繁荣的道路。

第5章

"我已经看到未来，会很美好"：汲取性制度下的增长

我已经看到未来

制度差异在解释不同时期的经济增长时起关键作用。但是，如果历史上的绝大多数社会是建立在汲取性政治和经济制度上，那么这是否意味着增长从来没有出现？显然不是。汲取性制度，根据其逻辑，必须创造出可以攫取的财富。垄断政治权力、控制集权国家的统治者能够引入一定程度的法律秩序和一系列规则并刺激经济活动。

但是，汲取性制度下的增长在性质上不同于包容性制度引发的增长。最重要的是，持续增长并不需要技术变革，而是建立在现有技术之上的。苏联的经济轨迹提供了一个活生生的例子，说明了国家的权威和激励如何带动汲取性制度下的快速经济增长，以及这类增长最终是如何结束并崩溃的。

第一次世界大战结束之后，胜败双方在巴黎城外的凡尔赛宫开会决定和平事宜。出席者中最著名的就是美国总统伍德罗·威尔逊（Woodrow Wilson）。值得注意的是俄国代表的缺席。旧的沙皇俄国已经被布尔什维克在1917年10月推翻了。然后，在红军（布尔什维克）和白军之间爆发了内战。英国、法国和美国都派出了远征军同布尔什维克作战。由年轻外交官威廉·蒲立德（William Bullitt）和曾经身为记者的知识分子林肯·史蒂芬斯（Lincoln Steffens）率领的一个使团被派到莫

斯科同列宁会面，为的是了解布尔什维克的意图以及如何同他们达成协议。在美国，史蒂芬斯以一个反叛者，一个不断谴责资本主义罪恶，揭发丑闻的记者出名。在革命时期，他一直在俄国，派他出席是为了使这个使团看上去可信、不太有敌意。使团带着列宁关于新建立的苏联能为和平做些什么的大纲回国了。史蒂芬斯被他视作苏联体制伟大潜力的东西迷住了。

他在1931年的自传中回忆道："苏联是一个计划不断演进的革命政府。他们计划的目的不是为了直接终结像贫困和富裕、贪污、特权、暴政和战争之类的罪恶，而是要寻找并清除它们的根源。他们已经建立起独裁制度，在少数训练有素的人的支持下为几代人制定并保持科学的经济力量调整，首先实现经济民主，以后再实现政治民主。"

当史蒂芬斯从外交使团中返回后，他去拜访老朋友雕刻家约·戴维森（Jo Davidson），发现他正为一个富有的金融家贝纳德·巴鲁克（Bernard Baruch）制作雕像。"那就是说你在俄国就已经结束了抨击。"巴鲁克评论道。史蒂芬斯回答道："我已经结束抨击，看到未来，会很美好。"他把这句谚语完善成了载入史册的一句话："我已经看到未来，会很美好。"

直到20世纪80年代初期，许多西方人仍然看好苏联的未来，并且一直相信苏联会运行下去。从某种意义上讲，事实的确如此，至少一段时间内是这样的。列宁在1924年逝世。到1927年时，约瑟夫·斯大林就已经控制了整个国家。他清除异己，开启了快速工业化的进程。他通过支持1921年建立的国家计划委员会做到了这一点。国家计划委员会制订了第一个五年计划，在1928年到1933年间实行。经济增长的斯大林模式非常简单：在政府指挥下发展工业、通过极高的农业税收获取必需的资源。共产主义国家没有有效的税收体系，因此斯大林代之以农业"集体化"。这个过程需要废除土地的私有产权，把乡村的所有人口集中到共产党经营的大型集体农庄中。这使得斯大林攫取农业产品并用其供养建设新工厂的工人们更加容易了。这对农村人口的后果是灾难性的。集体农庄里的人完全丧失了努力劳动的动力，因此产量急剧下降。农产品被大量征收，以至于人们食不果腹，开始有人饿死。最终，大约600万人死于饥荒，还有几十万人在被迫集体化期间被谋杀或放逐到西伯利亚。

新建立的工业和集体农庄在充分利用资源方面，都没有获取经济效益。它听起来倒像是针对经济灾难和停滞——如果不是彻底崩溃的话——的"一剂妙方"。但是苏联迅速成长，其中的原因不难理解。对一个社会来讲，允许人们通过市场进行决策是有效利用资源的最好方式。相反，当国家或少数精英控制了所有这些资源，适当的激励不会被创造出来，也不存在技能和人才的有效配置。但是，在许多情况下，资本和劳动生产率在有的部门或领域，比如苏联的重工业，是如此之高，以至于即使处于汲取制度下，一个向该部门自上而下配置资源的过程也会产生增长。就像我们在第3章看到的，像巴巴多斯、古巴、海地和牙买加这些加勒比岛国的汲取性制度能够产生相对高水平的收入，因为它们把资源配置到了全世界都需要的商品——食糖——的生产上。以成群的奴隶为基础的食糖生产当然没有"效率"，这些社会也没有技术变革或创造性破坏，但是这没有阻止他们在汲取性制度下实现总体增长。苏联的情况相似，其工业的重要性就如同加勒比地区的食糖。苏联的工业增长更为便利，因为其技术相对于欧洲和美国是如此落后，通过把资源重新配置到工业部门就可以获得丰厚利润，即使所有这一切都是通过低效的武力实现的。

在1928年之前，大多数俄国人居住在乡村。农民使用的技术都很原始，缺乏高效生产的动力。实际上，俄国封建主义的残余直到第一次世界大战前不久才根除。因此，这些劳动力从农业重新配置到工业具有尚未实现的巨大潜力。斯大林的工业化是打开这种潜力的一种粗暴方式。斯大林通过颁布法令将这些没有得到很好利用的资源转移到了工业部门，在工业部门它们可以得到更有效率的利用，尽管工业自身还组织得很没有效率，没有达到应该达到的水平。事实上，1928年到1960年间，国民收入年均增长6%，大概是直到那时历史上最快的经济增长。这种快速增长不是技术变革创造的，而是在新工具、工厂的建立过程中，通过重新配置劳动力和资本积累实现的。

增长如此之快，以致它蒙骗了西方好几代人，而不仅仅是林肯·史蒂芬斯。它蒙骗了美国中央情报局，甚至蒙骗了苏联自己的领导人，比如赫鲁晓夫，在1956年对西方外交官的一次演讲中自豪地说："我们将会超过你们（西方）。"1977年时，英国经济学家的一本重要学术著作认为，从经济增长、充分就业、价格稳定甚至赋予民众利他动机的角度上讲，苏联模式的经济优于资本主义经济。可怜的老西方资本主义仅在提供政治自由方面更好。实际上，大多数人都使用诺贝尔经济学奖得主保罗·萨缪尔森（Paul Samuelson）的大学经济学教科书，这本书多次预言，苏联将会在经济上占支配地位。在1961年的版本中，萨缪尔森预言，苏联的国民收入可能会在1984年或在1997年超过美国。在1980年的版本中，这个分析没有多少变化，只是时间向后推到了2002年和2012年。

尽管斯大林及随后的苏联领导人的政策能够产生快速的经济增长，但是它们无法持续。到20世纪70年代，经济增长停止了。最重要的教训就是汲取性制度无法产生持续的技术变革，这有两个方面的原因：缺乏经济激励和精英人物抵制。另外，一旦所有无效利用的资源都被配置到工业部门，就只有很少的经济收益可以通过法令获得。此后，苏联的制度遇到了障碍，缺乏创新、不良的经济激励妨碍了更大的进步。苏联一直尽力保持创新的唯一领域是通过军事和航天技术的大量努力实现的。他们第一次把狗（雷卡）和人（加加林）送上了太空。AK47也成为他们留给世界的遗产。

国家计划委员会是负责苏联经济中央计划的全能计划部门。国家计划委员会制定并实施的一系列五年计划的收益之一应该是长期需要的理性投资和创新。实际上，苏联工业中实施的那一套跟五年计划几乎没有关系，它经常被修改、重新制定或者被忽略。工业的发展是建立在斯大林和政治局命令的基础上，他们经常改变想法，经常彻底修改之前的决定。所有计划都贴上了"草案"或"初稿"的标签。贴上"终稿"标签的计划，人们知道的，只有一份副本——是1939年对轻工业的。斯大林自己在1937年说道："只有官僚们才会认为计划的形成是制订计划工作的结束。计划的形成仅仅是一个开始。只有将计划整合之后，其真正的发展方向才会显现出来。"斯大林试图最大限度地奖励那些政治上忠诚的人或集团，惩罚那些政治上不忠诚的人或集团。对国家计划委员会来说，其主要任务是向斯大林提供信息，以便他能够更好地监督他的朋友和敌人。它实际上尽力避免做出决定。如果你做出了证明是错误的决定，你很可能被枪决。因此，最好是逃避所有责任。

如果你严肃对待工作而不愿准确揣测斯大林的想法，那将会发生什么呢？一个实例是苏联1937年的人口普查，结果显示全国大约有1.62亿人，远低于斯大林预期的1.8亿人，也低于斯大林本人在1934年宣布的1.68亿这个数字。1937年的普查是1926年普查之后的第一次，因此也是20世纪30年代初期大饥荒和大清洗之后的第一次，精确的人口数字反映了这一点。斯大林马上把组织普查者逮捕并放逐到西伯利亚或者枪决。他又下令进行了另一次普查，这次普查在1939年进行。这一次，组织者弄准了，他们发现人口实际上是1.71亿。

斯大林明白，在苏联经济中，人们几乎没有努力工作的动力，于是为了奖励进步，他也引入激励，例如，直接把食品分发到生产力下降的地区。另外，早在1931年他就放弃了培养没有金钱奖励也会工作的"社会主义者"的想法。在一次著名的演讲中，他评论了"平等买卖"。此后，不仅不同工作支付不同的工资，而且还引入了分红制度。这对理解这种体制如何运作是富有启发性的。通常情况下，中央计划下的企业不得不实现计划设定的产量目标，尽管这些计划被一再讨论、不断变化。从20世纪30年代，如果产量水平达到了，就发给工人红利。红利可能很高——例如可以达到管理层或高级工程师工资的37%。但是，发红利的做法为技术改革带来了多种不利因素。一方面，创新需要用掉当前生产的资源，这就会出现生产目标不能实现、红利得不到支付的风险。另一方面，产量目标通常是建立在之前产量水平的基础上。这种激励就造成了工人不愿扩大产量，因为目标的不断提高将意味着以后要生产的越来越多。未能发挥潜能就成了实现目标、得到红利的最好方式。红利按月支付也使每个人局限于现在，而创新就是为了在明天得到更多而牺牲今天。

尽管红利和激励能有效改变行为，但它们通常还造成其他问题。中央计划无法很好地取代18世纪伟大经济学家亚当·斯密（Adam Smith）所谓的市场的"看不见的手"。当计划是以钢板的吨数来制订时，钢板就造得非常厚；当它是以钢板的面积来制订时，钢板就造得非常薄。当枝形吊灯的计划按吨制订时，它们就重得不能悬挂在天花板上。

直到20世纪40年代，苏联领导人都非常清楚这些反常动力。苏联领导人做起事来好像出于固定不变的技术问题。例如，他们从基于产量目标支付红利转向让企业留存部分利润支付红利。但是，"利润动机"并不比基于产量目标的红利支付更能够激励创新。用于计算利润的价格体系与创新或新技术的价值几乎完全无关。不像市场经济，苏联的价格是由政府制定的，这样就与价值联系不大了。为了更专门地为创新建立激励，苏联还在 1946 年引入了更明确的创新红利。早在 1918 年，人们就已经意识到创新者应该获得金钱奖励，但是给的奖励比较少，与新技术的价值无关；直到 1956 年才改变，当时规定红利的多少应该同创新的生产力大小成正比。然而，既然生产率是根据现有价格体系衡量的收益来计算的，这同样没有为创新提供多少激励。这些计划所造成的逆向激励的例子数不胜数。比如，由于创新红利基金的规模受限于企业工资账目，这就立马降低了生产或应用可能更有效利用劳动力的创新的激励。

聚焦于不同规则和红利计划倾向于掩盖这个制度本身的问题。只要政治权威和权力还留在苏共手中，就不可能从根本上改变人们面对的基本激励，无论是红利计划还是非红利计划。从一开始，苏共就一直不仅使用胡萝卜，还使用大棒，来实现自己的目标。在经济生产力问题上也是如此。他们制定了一整套法律来给偷懒的工人定罪。例如，在 1940 年 6 月，法律规定旷工——定义为未经许可离开 20 分钟或者闲着不工作——为犯罪，将受到 6 个月苦役和工资削减 25％ 的惩罚。类似的惩罚还有很多，并且实施率惊人地高。在 1940 年到 1955 年期间，3600 万人，大约占成年人口的 1/3，都曾经受到过此类惩罚。其中，1500 万人被投入监狱，25 万人被枪毙。每年，都有 100 万成年人因为劳动犯罪被关入监狱。然而，它仍然不起作用。这类强制可能会在巴巴多斯或牙买加人幅度提高食糖的产量，但是它无法弥补现代工业经济中激励缺乏造成的问题。

真正有效的激励无法被中央计划经济采用的原因不是由于红利计划设计时的技术错误，而是实现汲取性增长的整个方法所固有的。它是通过解决某些基本经济问题的政府命令实施的。但是激励持续的经济增长要求个人运用他们的聪明才智，而这在苏联经济制度中永远不可能做到。苏联的统治者将不得不放弃汲取性经济制度，但是这一行为将会威胁到他们的政治权力。事实上，当戈尔巴乔夫在 1987 年之后开始清除汲取性经济制度时，苏共的权力崩溃了，苏联也崩溃了。

苏联即使在汲取性制度下也能够产生快速增长，是因为布尔什维克建立了强有力的中央集权并运用其向工业配置资源。但是，就像所有汲取性制度下增长的案例一样,这个经验不体现技术变革的作用,也不可持续。增长首先会放慢,然后会完全崩溃。尽管很短暂,但是这种增长模式仍然表明汲取性制度是如何能够激励经济活动的。

纵观历史,大部分社会都是汲取性制度统治的,能够在某种程度上赋予国家秩序的社会能够产生某些有限增长——尽管没有一个汲取性社会能够实现持续增长。事实上,历史上的某些关键转折点是以制度创新为特征的,这些创新可以巩固汲取性制度,提高集团的权威,以保障其实施法律、建立秩序,以及从汲取中获益。在本章的其余部分,我们将首先讨论建立某种程度的国家集权和在汲取制度下使增长成为可能的制度创新的性质。然后我们将表明这些观念如何有助于我们理解新石器革命,这是向农业社会的重大转变,它巩固了我们现代文明的多个方面。汲取性制度下增长受限制不仅是因为技术进步的缺乏,而且还因为它鼓励希望控制国家及其所产生的攫取物的集团之间发生争夺,为了阐明这一点,我们将利用玛雅城市国家的案例得出结论。

卡塞河两岸

卡塞河是刚果河的一条重要支流。它发源于安哥拉,向北流淌,在现在刚果民主共和国首都金沙萨东北地区汇入刚果河。尽管刚果民主共和国与世界其他地区相比还很穷,但是在刚果国内,不同集团的贫富存在巨大的差距。卡塞河就是其中两个集团的界限。河西岸是乐乐人,河东岸是布松人(本书地图6)。这两个集团之间的贫富应该没有多少差别。他们之间只有一河相隔,可乘船往返。这两个部落有共同的起源和相同的语言。另外,出自他们之手的东西很多风格相似,包括房屋、衣服和手工艺品等。

然而,在20世纪50年代,人类学家玛丽·道格拉斯(Mary Douglas)和历史学家杨·范希纳(Jan Vansina)对这两个集团进行了研究,他们发现二者之间存在惊人的差别。道格拉斯记录说:"乐乐很穷,但是布松很富……乐乐人有的或者能够做的,布松人都有更多或者能够做得更好。"对这一不平等的简单解释很容易得出。在秘鲁,有些地方受制于波多西米塔,而有些地方则没有,二者之间的差别就跟乐乐人和布松人一样,乐乐人的生产是自给自足,而布松人的生产是为了在市场上交换。道格拉斯和范希纳都注意到,乐乐使用低级技术。例如,他们不用网捕猎,尽管这会极大地提高生产力。道格拉斯认为,"乐乐人不用网,也不愿把时间和劳动投在能够长期使用的装备上,二者的性质是一样的。"

在农业技术和组织之间也存在重大差别。布松人采用复杂的混合农业形式,他们在两年轮作体系中接连种植五茬。他们种植山药、甘薯、木薯、豆类,一年收获两茬,有时候是三茬玉米。乐乐人没有这种制度,每年只收获一茬玉米。

在法律秩序上也存在惊人的差别。乐乐人都散居在一个个堡垒式的村庄里,相互之间经常发生冲突。任何在两个村庄之间穿行或者冒险到森林采摘食物者都很容易被袭击或绑架。在布松,这种情况十分罕见。

什么造成了生产模式、农业技术和法律秩序等的差别呢?很明显,不是地理因素造成了乐乐人采用较低级的狩猎和农业技术。当然也不是无知,因为他们知道布松人使用的工具。一种可取的解释是文化:难道乐乐人的文化反对把钱花在买猎网和盖好房子上?但是,这好像也不太真实。跟刚果人一样,乐乐人对买枪炮很感兴趣,道格拉斯甚至写道:"他们对武器的热切购买……表明只要不是非得长期合作和努力,他们的文化并没有限制他们采用高级技术。"因此,布松比乐乐繁荣的原因既不是对技术的文化抵制,也不是无知和地理位置。

这两个民族之间存在差别的根源在于布松人和乐乐人所在的土地上出现的不同政治制度。我们早就注意到,乐乐人住在堡垒式的村庄里,这些村庄的政治结构并不一致。而卡塞河对岸的情况就不同了。大约在1620年,一位名叫夏艾姆(Shyaam)的人领导了一场政治革命,建立了库巴王国(the Kuba Kingdom),他自己就是国王,居民以布松人为主,我们可以从地图6中看到这个王国的位置。在这之前,布松和乐乐几乎没有差别;随着夏艾姆在河东岸对社会进行了改革,差别出现了。他建立了国家和政治制度金字塔。不仅权力更加集中,而且还引入了极为复杂的结构。夏艾姆及其继任者建立了征税的官僚体制、法律体系和执行法律的警察机关。领袖受制于议会,决策前必须进行磋商。甚至还存在陪审团,在欧洲殖民之前这在撒哈拉以南的非洲地区显然是独一无二的。尽管如此,夏艾姆建立的集权国家是一个攫取工具,是高度专制的。没有人投票支持他,国家政策是从上到下传达的，而不是公众参与制定的。

在库巴引入国家集权和法律秩序的政治革命又引发了经济革命。农业被重新组织，新技术被用于提高生产率。引自美洲的高产作物（像玉米、木薯和红辣椒）取代了以往的主要作物。这时，还引进了密集的混作循环，单位产量翻番。种植这些作物和重组农业循环需要更多的人手。因此，结婚年龄降低到了 20 岁，这能够让人们在更小年龄时就成为农业劳动力。这与乐乐的对比是非常鲜明的。乐乐人倾向于在 35 岁结婚，并且在那之后才工作。而那之前，他们一直专注于打斗和劫掠。

政治革命和经济革命之间的关联很简单。夏艾姆国王和支持者想从库巴攫取税收和财富，他们的生产就必须在满足自身消费之后还有剩余。尽管夏艾姆及其随从没有将包容性制度引入卡塞河东岸，但是实现了一定程度的国家集权并维持法律秩序的汲取性制度也能实现一定程度的繁荣。鼓励经济活动当然符合夏艾姆及其随从们的利益，否则就没有什么可以攫取的。夏艾姆通过命令建立了一套制度来创造财富，这种做法同斯大林如出一辙。与卡塞河西岸完全没有法律秩序的情况不同，夏艾姆的做法带来了巨大的经济繁荣——尽管大部分都很可能被夏艾姆及其追随者们攫取走了；但是，它毕竟是有限的。就像苏联一样，库巴帝国也没有创造性破坏，在这次最初的变革之后也没有技术变革。一直到库巴帝国在 19 世纪末期首次被比利时殖民长官造访时，这种情况才多少有所改变。

夏艾姆国王的成就表明，一定程度上有限的经济成就是如何在汲取性制度下实现的。创造这种增长需要集权国家。建立集权国家需要政治革命。自从夏艾姆建立这个国家，他就能够运用其权力重组经济，提高农业生产率，然后他就可以征税了。

为什么是布松而不是乐乐发生了政治革命呢？乐乐人就不能有他们的夏艾姆国王吗？夏艾姆完成的是一场肯定与地理、文化或无知不相关的制度创新。乐乐人本来能够发生这类革命，也同样能够转变他们的制度，但是他们没有。大概这是因为我们还不知道的原因，因为现在我们对他们社会的知识非常有限。最可能的原因是历史的偶然性特征。12000 年前，有些中东社会开始进行彻底的制度改革，改革促使人们定居下来，种植作物，驯养家畜，在这个过程中，同样的偶然性事件很可能起了作用。我们接下来将对此进行讨论。

长　　夏

大约公元前 15000 年，冰川时代结束了，地球气候变暖了。来自格陵兰冰核的证据表明平均温度立马上升了 15 摄氏度。变暖好像与人口的迅速上升一致，因为全球变暖带来了动物数量的增长、野生植物和食物增多。经过所谓"新仙女木事件"的变冷时期，这个过程在公元前大约 14000 年发生了急剧的逆转，但是公元前 9600 年之后，全球温度又开始上升，在不到 10 年的时间里上升了 7 摄氏度，并且从那之后一直维持在比较高的水平。考古学家布莱恩·费根（Brian Fagan）称之为"长夏"。气候变暖是一个重大的关键时刻，为新时期革命奠定了基础，人类社会开始转向定居生活、农耕和放牧。这及其随后的人类历史一直在长夏的润泽下。

农耕放牧和狩猎采摘存在根本的差别。前者以植物耕种和动物物种的驯化为基础，人类主动干预它们的生命周期，改变其遗传特征以使这些物种对人类更有用。驯养是能够让人类从可得植物和动物中生产更多食物的技术变革。比如，在人类采集蜀黍（现代玉米的祖先）的时候，玉米的培植就开始了。蜀黍穗非常小，只有几厘米长，比现代玉米穗小很多。然而，人类都会选择种植那些穗较大的蜀黍和穗不易折断的植物，从而逐渐培育出了现代玉米，玉米在单位面积土壤中的产量要高很多。

耕作、放牧和动植物培养及驯化的最早证据来自中东，特别是所谓的"侧翼丘陵区（the Hilly Flanks）"，该地区从现在的以色列南部开始，经过巴基斯坦和约旦河西岸，经过叙利亚，一直到土耳其东南部、伊拉克北部和伊朗西部。大约公元前 9500 年，第一批人类培植的作物二粒小麦和二棱大麦，在约旦河西岸巴勒斯坦的耶利哥（Jericho）被发现；二粒小麦、豌豆和小扁豆在叙利亚远北的叙利亚（Tell Aswad）被发现。这两个地方都是所谓的纳图夫人（Natufian）文明所在地，二者都建立了大村庄；那时耶利哥村大约有 5000 人。

为什么第一批农耕村庄出现在这里而不是其他地方？为什么是纳图夫人而不是其他人类培植了豌豆和小扁豆？是他们幸运地生活在有许多可种物种的地区吗？如果是这样的话，其他许多人种也生活在这些物种中，但是他们并没有耕种它们。就像我们在第 2 章的地图 4 和地图 5 中看到的，遗传学家和考古学家确定了现代家畜和作物的野生祖先的分布地区。结果表明，它们很多都分布在非常广泛的地区，达数百万平方千米。驯化动物的野生祖先遍布整个欧亚大陆。尽管侧翼丘陵区的野生谷物物种特别丰富，但是它们远不是唯一有分布的地区。纳图夫人的优势并不在于他们生活在唯一一个野生物种丰富的地区，而是他们在开始驯养动物和培育作物之前就已经定居下来。一份证据来自瞪羚的牙齿，它由牙骨质组成，牙骨质是层次生长的骨质联结组织。在春夏季节，瞪羚的成长最快，这时长成的牙骨质层与冬天长成的牙骨质层具有不同的颜色。通过牙齿切片，你就会看到瞪羚死前形成的最后一层牙骨质层的颜色。运用这项技术，你就能够判断瞪羚是在夏天还是冬天被宰杀的。在纳图夫人所在地，人们发现瞪羚在所有季节都可能被宰杀，这表明人们全年都住在这个地方。幼发拉底河的阿布胡赖拉（Abu Hureyra）村是研究最集中的一个纳图夫人定居地。在大约 40 年的时间里，考古学家已经验证了该村庄瞪羚的牙骨质层次，提供了向耕作转变前后定居生活的最有说服力的证据。定居很可能在大约公元前 9500 年就开始了，在转向农业之前的大约 500 年，定居者继续他们狩猎采摘的生活方式。考古学家估计，在耕种之前，这个村落的人口为 100~300 人。

你可以想到定居生活对一个社会来说有哪些好处。四处迁移是需要成本的：孩子和老人要依赖运输工具，而且迁移过程中也无法储存食物来应对不时之需。另外，像磨石和镰刀这些工具对加工野生食物很有用，但是很重搬不走。有证据表明，即使那些居无定所的狩猎采摘者也会选择像山洞这样的地方来储存食物。玉米的一大优势在于它好储存，这就是它能够在美洲广为种植的主要原因。人类采取定居生活方式的一个主要动力就在于其掌握了更加有效地储存和积累食物的能力。

总体而言，尽管定居生活更加理想，但这并不意味着人类一定会采取这种方式。流动的狩猎采摘者将主动定居下来，不然将有人迫使他们这么做。有些考古学家已经提出，不断提高的人口密度和不断下降的生活水平是定居生活出现的关键因素，这迫使四处流动的人口定居在一个地方。然而，纳图夫人定居点的密度并不比之前团体的密度更大，因此好像不存在人口密度不断提高的证据。骨骼和牙齿的证据也没有表明其健康受到损害。例如，食物缺乏很可能会造成人们牙釉质上出现细线，即发育不良。事实上，在后来的农耕人口中，这种现象要比纳图夫人更加普遍。

更重要的是，定居生活有利也有弊。对定居群体来说，冲突很可能更难解决，因为分歧由那些只知道游走的人或群体来解决更不容易。一旦人们建成了固定住房，拥有了大量财产难以搬运，就不再希望离开。因此，这些村落需要更有效的解决冲突的方式和更复杂的财产观念。必须要决定谁得到离村庄较近的那片土地、谁采摘哪棵树上的水果、谁在河的哪一段捕鱼。规则必须要发展、制定和实施规则的制度必须要详细制定。

定居生活要出现，似乎就必须强迫狩猎采摘者定居下来，而在这之前，必须通过制度创新将权力集中在政治人士手中。他们实施产权，维护秩序，同时也从其地位中受益，因为他们可以攫取社会其他成员的利益。事实上，一场政治革命，类似于夏艾姆国王发动的那次，即使规模很小，也很可能是带来定居生活的突破点。

考古学证据确实表明，纳图夫人在成为农民之前的很长一段时间里就形成了一个以等级、秩序和不平等为特征的复杂社会——即我们所认为的汲取性制度的开端。纳图夫人的坟墓是证明其等级和不平等的有力证据。有的人陪葬有大量的来自卡梅尔山附近地中海岸的黑曜石和八角贝壳。其他的饰品包括项链、脚链和手镯，它们都是用尖牙、鹿趾骨和贝壳做成的。其他人就没有任何这种陪葬品。贝壳和黑曜石都是贸易品，控制这类贸易很可能就是权力积累和不平等的根源。经济和政治不平等的进一步证据来自纳图夫人在加利利海正北部恩·马拉哈的定居点。在一个由50栋圆形小屋和许多凹坑（它们明显是用来储存物品的）组成的群落中间，在靠近中心位置的地方，有一个巨大而敦厚的建筑。该建筑很可能是首领的房屋。在那个地方的墓坑中，有些要复杂得多，并且还有证据表明，这里有颅骨祭祀礼，很可能是祭祖。这种祭礼在纳图夫地区，尤其是耶利哥非常普遍。来自纳图夫地区的证据在数量上占绝对优势，这表明，这些社会很可能明确规定了上层人士的世袭地位。他们致力于远距离贸易，有初级形式的宗教和政治等级制度。

政治人物的出现很可能导致了最先向定居生活然后是农耕生活的转变。我们从纳图夫人遗址看到，定居生活未必意味着耕作和放牧。人们可以定居下来，但是仍可以通过狩猎和采摘谋生。毕竟，经过了长夏时期，野生谷物更加丰富，狩猎和采摘很可能更有吸引力。大多数人可能已经满足于靠狩猎采摘维持生计的生活方式，因为这不需要付出很大的努力。甚至技术创新都未必带来农业生产率的提高。事实上，重大技术创新——比如澳大利亚原始土著部落伊尔伊龙特人发明了铁斧——不但没有带来更多产量，反而让人更加懒惰，因为它使得生存更加容易，人们没有继续努力的动力了。

对新石器革命基于地理的传统解释——贾雷德·戴蒙德的核心观点，我们在第2章有所讨论——就是，在某种偶然情况下，很多动植物物种易被驯化和培育，这促使了新时期革命的发生。这使得人们愿意耕种和放牧，采取定居的生活方式。在人们定居并开始农耕之后，他们开始发展政治等级、宗教和更加复杂的制度。这种观点虽然被广为接受，但是纳图夫人的证据表明，这种传统的解释是本末倒置。制度变迁在社会转向农耕之前很长一段时间就已经出现了，制度变迁很可能既是产生定居的根源，定居反过来又强化了制度变迁，又是接下来新石器革命的根源。这种模式不仅可以通过侧翼丘陵区（研究最为集中的地区）的证据证明，也可以通过美洲、撒哈拉以南非洲和东亚的大量证据证明。

当然，向农耕转型提高了农业生产率，使人口大幅度增加。例如，在耶利哥和阿布胡赖拉这些地区，有人发现早期的农耕村庄比农耕前的村落大得多。一般来讲，在转型发生时，村落会扩大两到六倍。另外，许多人们传统上认为源自这种转型的结果无疑是出现过的。分工更加专业，技术进步的速度加快，更复杂并且很可能更不平等的政治制度进一步发展。但是，这一切是否在某一特定地区发生并不取决于该地区是否存在动植物物种。相反，这是社会经历了各种制度、社会和政治改革的结果，这些改革促使了定居生活以及之后的农耕方式的出现。

尽管长夏时期和动植物物种的存在允许这种创新发生，但是它没有决定在气候变暖之后会在什么地方、在什么时间发生。而且，这是由长夏这一关键节点和制度差异之间的相互作用决定的，这种制度差异虽然很小，但却起了重要作用。随着气候变暖，许多像纳图夫人这样的社会，形成了集权化制度和等级制度的基础，尽管与现代民族国家相比其在规模上还非常小。跟夏艾姆统治下的布松一样，社会重组以利用大规模野生动植物创造的更多机会，无疑，政治人士是这些新机会和政治集权过程的最主要受益者。而其他地方由于制度差别不大,其政治人士无法像布松人那样将这一关键时刻利用起来,从而延迟了政治集权的过程以及定居、农业和更复杂社会的建立。这为我们之前看到的那类分化埋下了伏笔。一旦这些差别出现,它们就扩散到一部分地区。例如,农业在大约公元前6500年开始从中东传播到欧洲,很可能是农民移居的结果。欧洲的制度与世界其他地区渐行渐远,比如在非洲,其最初的制度原本就不同,中东地区从长夏时期开始的改革在这里出现要晚得多,甚至连形式也不一样。

纳图夫的制度创新,尽管很可能为新石器革命打下了基础,但是没有在世界史上留下一点遗产,也没有造成他们的家乡即现在以色列、巴勒斯坦和叙利亚的长期繁荣。叙利亚和巴勒斯坦是现代世界上相对贫困的地区,以色列的繁荣很大程度上是第二次世界大战之后犹太人移民的结果,犹太人的教育水平高,技术也比较先进。纳图夫人的早期经济增长很快结束,苏联也以失败告终,二者具有相同的原因。尽管在当时来说,这种经济增长意义重大,甚至是革命性的,但是这是汲取性制度下的增长。对纳图夫社会来说,其原因还可能是这种增长带来了尖锐的矛盾,即由谁来掌握制度以及由此攫取的利益。对每个从攫取中受益的政治人士来说,总有非政治人士想取代他。有时候,内讧仅仅就是政治家的相互替代。有时候,它会打破整个汲取性社会,导致国家和社会的崩溃,就像1000多年前玛雅城市国家的伟大文明所经历的那样。

不稳定的汲取

农耕在世界上的几个地方是独立出现的。在现在的墨西哥,社会形成了既定的国家和定居区,并且过渡到了农业社会。跟中东的纳图夫人一样,他们也实现了一定程度的经济增长。事实上,在墨西哥南部地区、伯利兹、危地马拉和洪都拉斯西部的玛雅城市国家,在他们自己的汲取性制度下都建立了相当完美的文明。玛雅的历史不仅表明了汲取性制度下增长的可能性,还表明了这种类型的增长所具有的根本局限性：由于不同集团和群体竞相成为汲取者，发生政治动荡并最终导致社会和国家的崩溃。

大约公元前 500 年，玛雅城市开始发展。公元 1 世纪，这些早期城市最终衰败。之后，新的政治模式出现了，形成了公元 250 年至公元 900 年间古典时代的基础。这一时期以玛雅文明和文化的全面兴盛为标志。但是，这种更加成熟的文明在接下来的 600 年里也崩溃了。16 世纪初期，西班牙人入侵时，像蒂卡尔（Tikal）、帕伦克（Palenque）和卡拉克穆尔（Calakmul）这些玛雅古城的伟大庙宇和宫殿早已被森林覆盖，一直到 19 世纪才被重新发现。

玛雅城市从未统一成一个帝国，尽管有些城市附属于其他城市，而且好像经常合作，特别是在战争中。该地区的城市——我们根据他们的象形文字可以辨识出 50 个——之间的主要联系是他们的人民说大约 31 种不同但相近的玛雅语言。玛雅人创立了文字体系，至少保留了 1.5 万幅描写政治家生活、文化和宗教等各个方面的文字作品。他们还有复杂的长历法来记录日期。所有的玛雅城市都使用这种历法，从某个固定的日期来计数各个年份，这跟我们现在的历法是一样的。长历法开始于公元前 3114 年，尽管我们不知道这一年对玛雅人的重要意义，但是这的确要更早于像玛雅这样的社会的出现。

玛雅人是高超的建筑师，他们独自发明了水泥。他们的建筑和他们的文字提供了玛雅城市发展的重要信息，就像他们经常根据长历法记录事件发生的时间一样。纵览所有的玛雅城市，考古学家能够数出在特定年份完成了多少建筑。大约在公元 500 年，几乎没有标注日期的古迹。例如，公元 514 年的长历法只记录了 10 个。然后，有了稳定的增长，到公元 672 年达到了 20 个，到 8 世纪中期，达到了 40 个。此后，标注日期的古迹的数目下降。到 9 世纪，下降到每年 10 个，到 10 世纪的时候，一个也没有。这些标注日期的古迹清楚地再现了玛雅城市的扩张以及后来在 8 世纪的萎缩。

这个日期分析可以通过考察所记录的玛雅国王的名单得到补充。在玛雅城市科潘（Copán），即现在的洪都拉斯西部，有一个著名的纪念碑叫作祭坛 Q。祭坛 Q 记录了所有国王的名字，从王朝创始人亚克库毛（K'inich Yax K'uk' Mo'），或者叫"绿色太阳金刚鹦鹉氏（King Green-Sun First Quetzal Macaw）"开始，他不仅以太阳命名，还以中美洲森林中在玛雅人看来羽毛最珍贵的两种著名鸟类来命名。亚克库毛在公元426年掌权科潘，我们是从祭坛Q上的长历法日期记录知道这一点的。他建立了统治达400年之久的王朝。有些亚克库毛的继任者具有相同的象形名字。第13任统治者的象形名字翻译成"十八兔氏（18 Rabbit）"，紧接着是"烟猴氏（Smoke Monkey）"，然后是"烟壳氏（Smoke Shell）"，他卒于763年。祭坛Q上的最后一个名字是雅克斯潘国王（King Yax Pasaj Chan Yoaat），或者叫"第一个曙光之神（First Dawned Sky Lightening God）"，他是这个名单中的第十六位统治者，被认为是"烟壳氏"死后的继任者。在他之后，我们知道的还有一位国王乌斯特图克（Ukit Took），"弗林特的庇护者（Patron of Flint）"，是从一个纪念碑的碎片中找到的。雅克斯潘之后，古迹和文明没有了，好像是那个王朝很快就崩溃了。乌斯特图克很可能不是王位的真正继任者，而只是一个王位觊觎者。

考察科潘的证据还有最后一种方式，这是由考古学家安库林·弗利特（Ann Corinne Freter）、南希·龚琳（Nancy Gonlin）和大卫·沃波斯特（David Webster）创立的。这些研究者通过考察从公元400年至1250年850年间科潘山谷居民的繁衍再现了科潘的兴衰，运用了称作黑曜岩水合法（obsidian hydration）的技术，这种技术可以计算黑曜石开采时的水含量。一旦开采出来，水含量就以已知比率下降，从而考古学家就可以计算黑曜石开采的日期。弗利特、龚琳和沃波斯特就能够绘制黑曜石是在科潘山谷的什么地方找到的，从而就可以跟踪这个城市是如何壮大又是如何萎缩的。既然可能合理猜测特定区域房屋和建筑物的数量，这个城市的总人口就可以估计。在公元400—449年，人口不多，估计大约为600人。人口数量稳步升高，到公元750—799年达到顶峰2.8万人。尽管按照现在的城市标准人口不是很多，但在那个时期就已经很多了；这些数字表明当时科潘的人口比伦敦或巴黎都多。其他的玛雅城市，比如蒂卡尔和卡拉克穆尔，人口必然更多。科潘的人口在公元800年达到了顶峰，这跟长历法日期得到的证据一致，此后，人口开始下降，到公元900年大约只有1.5万人。从那之后，人口持续下降，到公元1200年，人口又下降到了800年之前的水平。

玛雅古典时代经济发展的基础跟布松和纳图夫相同：一定程度国家集权下汲取性制度的产生。这些制度有几个关键要素。大约公元100年，在危地马拉城市蒂卡尔，出现了一种新型的王朝帝国。立基于君主（ajaw，君主或统治者）的统治阶级从称作"天赐君主（k'uhul ajaw，divine lord）"的国王及其之下的贵族阶层那里得到支持。天赐君主在这些政治家的配合下组织社会，并宣称这是神的旨意。正如我们所知，这种新型的政治制度不允许任何形式的公众参与，但是它带来稳定。天赐君主向农民征税，组织工人修建大型石碑，这些制度的结合创造了经济大幅扩张的基础。玛雅经济以广泛的职业专门化为基础，涌现了技艺高超的陶工、织工、木工和工具及饰品制造者。他们在内部以及远在墨西哥的其他国家交换黑曜石、虎皮、海贝、可可豆、食盐和羽毛等。他们很可能也有货币，比如阿兹特克人（Aztecs）就使用可可豆做货币。

玛雅古典时代是建立在汲取性制度产生的基础上的，这与布松十分相似，雅克斯（Yax Ehb'Xook）在蒂卡尔所起的作用跟夏艾姆国王一样。新的政治制度导致了经济财富的大幅增加，其中大部分都被"天赐君主"周围的政治家攫取了。大约公元 300 年，该制度得以巩固，自此以后，技术几乎没有任何发展。尽管有一些证据表明灌溉技术和水管理技术有进步，但是农业技术都很初级，好像没有变化。建筑和艺术随着时间的推移更加成熟，但是在总体上没有多少创新。

这一时期没有创造性破坏。但是，汲取性制度为天赐君主和玛雅精英们创造的财富导致了不断的战争，并且随着时间的推移而不断恶化，因此存在其他形式的破坏。一连串的冲突记录在了玛雅遗迹中，有专门的象形文字表明了在长历法的某个时期发生了战争。金星是战争的天空守护神，玛雅人认为金星轨迹的某些阶段是发动战争的吉兆。记录考古学家所谓"星战"的象形文字表明，星星能把水或血倾注到地球上。铭文中还记录了结盟和竞争的模式。像蒂卡尔（Tikal）、卡拉克穆尔（Calakmul）、科潘（Copán）和帕伦克（Palenque）这些较大的国家之间存在长期的争斗，并把较小的国家降服为臣属国。其证据来自于记录国王就职的象形文字。在这个时期，已经有外来统治者来控制一些小国。

由考古学家尼库拉·格鲁贝（Nikolai Grube）和西蒙·马丁（Simon Martin）重构的地图 10 表明了主要的玛雅城市以及它们之间的联系模式。这些模式表明，尽管像卡拉克穆尔、双柱城（Dos Pilas）、皮德拉内格拉（Piedras Negras）和亚克锡兰（Yaxchilan）这些较大的城市有广泛的外交关系，但是有些经常被其他城市控制,战争也时有发生。

玛雅崩溃,基于天赐君主的政治模式瓦解,二者是一致的,这是个不争的事实。在科潘,我们看到,在雅克斯潘(Yax Pasaj)于公元 810 年逝世之后,就再没有国王了。大约这个时候,皇家宫殿被摧毁了。在科潘向北 20 英里的基里瓜城(Quiriguá),最后一位国王贾德·斯卡(Jade Sky)于公元 795 年至 800 年在位。最后一块有时间记载的纪念碑按照长历法是在公元 810 年,同年雅克斯潘逝世。这个城市很快就瓦解了。在整个玛雅地区,故事是相同的;为贸易、农业和人口扩张提供背景的政治制度消失了。皇家法院不起作用了,纪念碑和庙宇没人再修了,宫殿空了。随着政治和社会制度的瓦解,国家集权的过程发生了逆转,经济萎缩了,人口下降了。

147 有些情况下,主要的中心城市崩溃于大范围的暴力斗争。危地马拉的佩特克斯巴吞(Petexbatun)地区——许多大寺庙随后被推倒,石头用来修建大规模的防御性城墙——提供了一个活生生的例子。我们在下一章将会讲到,它跟古罗马帝国发生的故事非常相似。后来,甚至在像科潘这种城市瓦解时几乎没有暴力迹象的地方,许多纪念碑也被损坏或者被毁掉了。在有些地方,甚至在天赐君主被推翻之后,政治家仍然存在。在科潘,有证据表明,在政治家们消失之前的至少 200 年时间里,他们继续修建新的建筑物。而在其他地方,政治家们都跟天赐君主同时消失了。

148 天赐君主及其周围的政治人士为什么被推翻,创造了玛雅古典时期的制度为什么会崩溃,现有的考古证据还不足以让我们得出确切结论。我们知道,这一切是由于城市之间的战争不断加剧造成的,或许是这些城市不同的政治派别之间产生了敌对和斗争,从而推翻了这种制度。

尽管玛雅人创造的汲取性制度带来了大量财富,城市繁荣起来,政治家都成了有钱人,出现了很多伟大的艺术品和纪念性建筑,但是这种制度并不稳定。由于占据统治地位的政治人士相对狭隘,这种汲取性制度造成了普遍的不平等,他们从人民那里攫取财富,因而就存在发生冲突的潜在可能性。这种冲突最终导致了玛雅文明的毁灭。

第 5 章 "我已经看到未来，会很美好"：汲取性制度下的增长

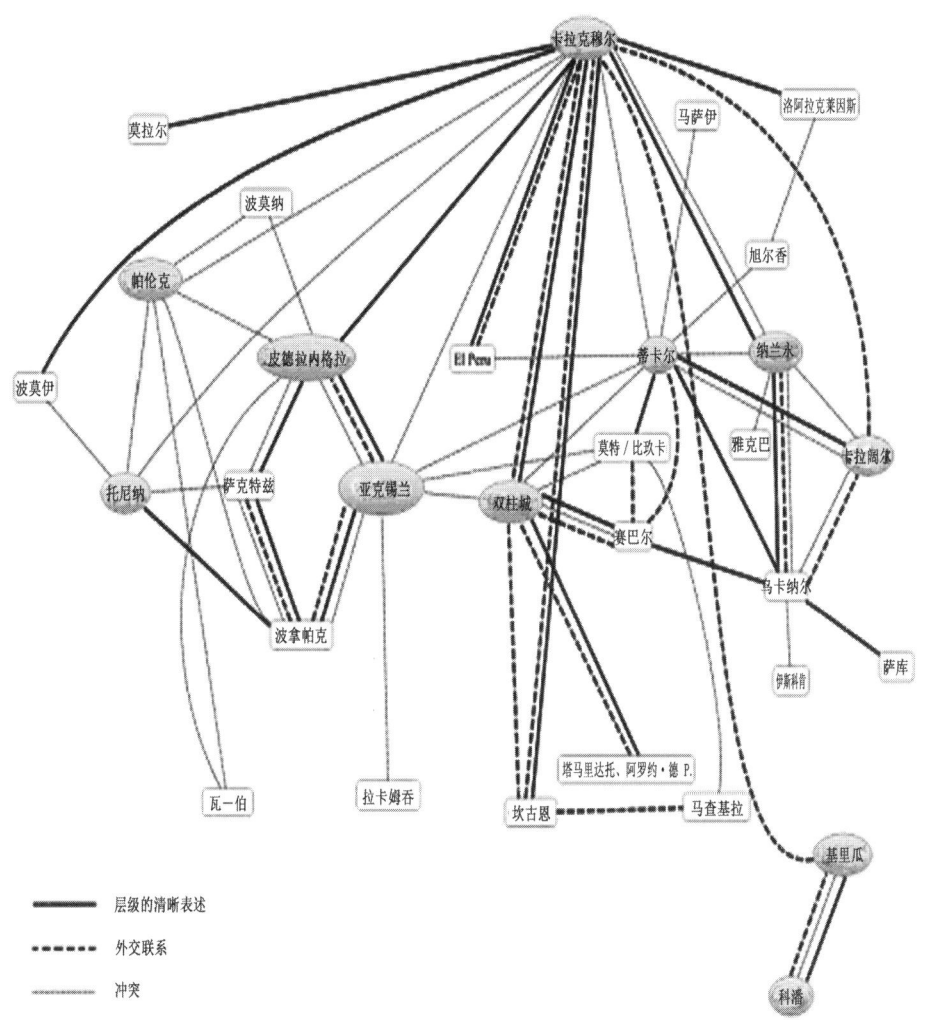

地图 10　玛雅城市以及城市之间的联系与冲突

是什么错了？

历史上汲取性制度非常普遍，因为它们有一个强有力的逻辑：它们能够产生某种有限繁荣，同时将有限繁荣产生的财富分配到少数精英手中。要想产生经济增长，必须存在政治集权。一旦具备这一条件，国家——或者控制国家的精英阶

层——就有动力投资、生产财富，鼓励其他人投资以便精英们能够从他们那里攫取财富，甚至会模仿通常由包容性经济制度和市场运行的某些过程。在加勒比种植园经济中，汲取性制度的表现形式是，精英运用武力强迫奴隶生产食糖。在苏联，则由苏共从农业中再分配资源给工业，并给经理和工人某种激励。正如我们已经看到的，这些激励被这种制度的性质逐渐破坏了。

创造汲取性增长的潜力促进了政治集权的形成，也是夏艾姆国王希望创建库巴王国的原因，解释了中东纳图夫人为什么会建立最终导致了新石器革命的基本的法律制度、等级制度和汲取性制度。同样的过程好像也强化了定居社会的出现、美洲向农业社会的转型，也能够在玛雅人建立的成熟文明中看到，玛雅人的文明建立在高度汲取性制度的基础上，迫使民众为少数政治人士的利益服务。

然而，汲取性制度产生的增长与包容性制度下产生的增长在本质上完全不同。最重要的是，它不可持续。就其性质而言，汲取性制度不会导致创造性破坏，并且最多只能产生有限的技术进步。因此这种制度下的经济增长只能达到这样的规模。苏联就是一个活生生的例子。苏联的经济迅猛增长，很快掌握了世界先进技术，农业领域效率低下，其资源被分配到工业领域。但是，从农业到工业每个领域的激励最终都没能刺激技术进步。只有少数几个领域在同西方的竞争中占有举足轻重的位置，因而得到了大量的资源，大力发展创新，随即取得了技术进步。尽管苏联的增长非常迅速，但注定是短暂的，并且在20世纪70年代就已经停止了。

缺乏创造性破坏和创新不是汲取性制度下增长受到严格限制的唯一原因。玛雅城市国家的历史表明了一个更加不祥也更加普遍的结果，这也是由汲取性制度的内在逻辑所决定的。这些制度为精英们创造了丰厚的利益，同时有力地刺激其他人进行斗争以取代当前精英。斗争和不稳定就因此成为汲取性制度的固有特征，这不仅阻碍了生产力的进一步提高，而且通常会使得中央集权发生逆转，有时候甚至造成法律制度的彻底崩塌并退回到混乱状态，就像玛雅城市国家在经历了古典时期的相对成功之后所经历的那样。

尽管汲取性制度下的增长存在固有的限制，但其正常发展时也相当可观。苏联以及西方世界的很多人对苏联在20世纪的20—60年代甚至70年代所取得的增长备感惊奇。

第6章
渐行渐远

威尼斯如何变成了博物馆?

形成威尼斯的岛群位于亚得里亚海很靠北的地方。在中世纪，威尼斯可能是世界上最富的地方，它拥有以新生的政治包容性为基础的一套最先进的包容性经济制度。它在公元810年获得独立，这个时间很巧。欧洲经济正从由于罗马帝国崩溃所造成的衰退中恢复，很多国王比如查理曼大帝正在重新形成强有力的中央政治权力。这带来了稳定、安全以及贸易的扩张，而威尼斯是唯一可以利用这一切的地方。它是一个海员国家，正好位于地中海中央。从东方运来香料、拜占庭产品和奴隶。威尼斯致富了。到1050年，威尼斯已经在经济上扩张了至少1个世纪，拥有了45000人；到1200年，又增长了50%，达到7万人；到1330年，人口又增长了50%，达到11万人。威尼斯那时跟巴黎一样大，是伦敦的3倍。

威尼斯经济扩张的一个关键基础是一系列使经济制度更加包容的契约创新。其中最著名的就是康曼达契约（commenda），即合股公司的雏形，该契约是为了保证一项贸易任务的存续而诞生的。康曼达契约涉及两方：常驻威尼斯的"定居"方和到处游走的流动方。定居方投资，流动方运送货物。通常情况下，定居方投入的资本所占比例最大。没有资本的年轻企业家们通过运送货物参与到贸易中。这是社会流动的关键通道。根据各方投入资本的数量，航行中的损失共同分担。如果航行赚了钱，利润根据两类康曼达契约分割。如果契约是单边的，那么定居方出100%的资本，获得75%的利润。如果契约是双边的，那么定居方出67%的资本，获得

50%的利润。通过研究官方文件,我们会看到康曼达契约能够有力地推动社会向上流动:这些文件满是新名字,这些人此前并不是威尼斯的精英。在960年、971年和982年的政府文件中,新名字的数量分别占到了所记录名字的69%、81%和65%。

这种经济包容和贸易新家族的兴起迫使政治制度更加开放。统治威尼斯的总督是由国民大会选举出来的终身职位。尽管国民大会包括所有公民,但事实上国民大会被核心权势家族集团控制着。尽管总督的权力很大,但是他的权力随着政治制度的变化而逐渐下降。在1032年之后,总督跟新创设的公爵议会一起选举,公爵议会的职责同样也是确保总督不会获得绝对的权力。受公爵议会监督的首任总督多门尼克·弗拉边尼克(Domenico Flabianico)是一位富裕的丝绸商人,家里祖祖辈辈都没有担任过高官。制度改革以后,威尼斯的商业和航海实力迅速大幅扩张。1082年,威尼斯获得了君士坦丁堡的许多贸易特权,在这个城市里形成了一个威尼斯人聚集区。这里的威尼斯人迅速增长到了1万。这里,我们看到包容性经济制度和包容性政治制度开始先后发生作用。

1171年,威尼斯总督被杀,政治经济制度发生变革,继而经济迅速扩张,这又给政治改革带来了更大的压力。第一项重要的改革是大议会的形成,自此,它成为威尼斯政治权力的最终来源。大议会由像法官之类的威尼斯国家官员组成,并且由贵族控制。除了这些官员之外,每年都有100名新成员被提名委员会提名到议会,提名委员会的4名成员是由当前议会成员抽签选定的。议会还为两个次级议会、上院和40人委员会选择成员,它们具有不同的立法和行政职能。大议会也有权决定公爵议会的成员,后者的成员人数从2名扩大到了4名。第二项改革是形成了另一个议会,其成员由大议会抽签选定,该议会有权任命总督。由于该议会只有一个人的任命权,所以即使其决定需要经过国民议会的批准,但总督的选择权实际上还是在这个议会手中。第三项改革是新总督必须进行就职宣誓,划定公爵的权限。随着时间的推移,这些限制逐渐扩大,以致后来的总督必须服从地方法官,他们的决定必须得到公爵议会的赞成。公爵议会在确保总督服从大议会的所有决定方面也发挥作用。

这些政治改革导致了一系列进一步的制度创新:在法律方面,形成了独立的地方法官、法院、上诉法院以及新的私人契约和破产法。威尼斯这些新的经济制度带来了新的合法商业形式和新的契约形式。金融创新提速,我们看到的现代金融就是在这个时期在威尼斯开始的。威尼斯似乎将永不停止地向完全包容的制度有力迈进。

但是,在所有这一切之中存在着紧张关系。威尼斯包容性制度下的经济增长伴随着创造性破坏。每一批通过康曼达契约或其他类似经济制度致富的年轻企业家们都倾向于缩减现任政治人士的收益和经济利益。并且,他们不仅缩减其利润,还挑战其政治权力。这样,身处大议会的政治家们就经常面临一种诱惑,如果他们能够侥幸成功,就取消这些年轻人的权力。

在大议会开始时,成员权每年表决1次。正如我们所看到的,每到年底,随机选出4位成员来任命下一年的100名成员,这些成员都是自动选出的。在1286年10月3日,大议会接到提案:规则应该修订,成员任命必须经40人议会多数通过,而40人议会处于政治家族的严格控制之下。这就把任命议会新成员的否决权交到了政治人士手里,这是此前没有的。这个提案被否决了。在1286年10月5日,又提出了另一个提案;这一次通过了。从那时起,如果父亲和祖父曾在议会任职,那么其成员资格就会自动确认。除此之外,公爵以后也要求控制任命确认权。在10月17日,另一项规则改为,大议会的任命必须得到40人议会、总督和公爵议会的赞同。

这些冲突和1286年的宪法修正案预示着威尼斯的停滞。1297年2月通过的决议规定,如果你在过去4年中是大议会的成员,你会得到自动提名和通过。新提名者现在要得到40人议会的支持,但是只要12张选票就可以了。在1298年9月11日之后,当前成员及其家族不再需要确认。大议会现在完全对外人关闭了,最初的现任成员成为世袭贵族。这在1315年的 *Libro d'Oro*,或"金书"里得以体现,"金书"就是威尼斯贵族的官方档案。

最初贵族之外的那些人不会让他们的权力未经斗争就销蚀。威尼斯的政治紧张在1297年至1315年间逐渐增强。大议会对此小做回应,将自己扩大,力图与最具发言权的反对者合作,从450人扩大到1500人。这次扩张是通过镇压达到的。1310年,威尼斯首次组织了警察部队,国内的高压政治形式越来越明显,无疑成了巩固新政治秩序的一种方式。

在建立了政治"大议会（Serrata）"之后，大议会开始转向建立经济"大议会"。在转向汲取性政治制度后又紧接着转向汲取性经济制度。最重要的是，他们禁止康曼达契约的使用，那可是让威尼斯致富的一项伟大的制度创新。这不应该让人感到惊奇：康曼达使新商人受益，而现任的政治家们正极力排挤他们。这只是向汲取性更强的经济制度迈进的一步。接下来的一步开始于1314年，威尼斯开始接管贸易并将其国有化。它组织国家船队从事贸易，并且从1324年开始，对想从事贸易的个人征收高额税收。远距离贸易成为贵族的特权。这是威尼斯结束繁荣的开始。伴随着日益狭隘的政治人士对商业主线的垄断，国家经济开始衰退。威尼斯似乎即将成为世界上第一个包容性社会，但是却功亏一篑。政治和经济制度变得更具汲取性，威尼斯开始经历经济衰退，到1500年，人口下降到了10万人。在1650—1800年，欧洲的人口迅速膨胀，而威尼斯的人口却萎缩了。

今天，威尼斯除了有一点渔业之外，唯一的经济就是旅游。威尼斯不再在贸易道路和经济制度上领先了，他们为成群的外来游客做比萨、冰激凌和五颜六色的玻璃制品。游客们都想来看看威尼斯的"前大议会"壮举，比如总督府和圣马可教堂的雄狮，这些都是在威尼斯统治地中海的时候从拜占庭掠夺来的。威尼斯从经济巨人变成了博物馆。

本章我们将聚焦于世界不同地区制度的历史发展，并解释它们为什么会沿着不同的方式演进。我们在第4章看到西欧的制度是如何与东欧的制度分化的，英格兰的制度是如何与西欧其他国家或地区的制度分化的。这是微小制度差异的结果，主要源于制度走向与关键事件的相互作用。很多人倾向于认为，这些制度差异是厚厚的历史冰山之一角，在这冰山之下，我们发现英国和欧洲的制度与其他地区的制度渐行渐远，这是千年以来历史演变的结果。正如他们所说，其余的都是历史。

可是事实并非如此，有两个原因。首先，正如我们对威尼斯的陈述表明的，向包容性制度的发展可以逆转。威尼斯繁荣过，但是其政治和经济制度被推翻了，繁荣逆转了。今天，威尼斯很富裕只是因为在别处赚钱的人们愿意把钱花在这里，因为他们崇拜其过去的辉煌。包容性制度可能逆转的事实表明，制度的演进并不是一个简单的积累过程。

第二，在关键时刻起关键作用的微小制度差异是短暂的，这是其性质决定的。由于差别很小，它们可以逆转，可以再出现、再逆转。我们在本章将看到，英格兰向包容性制度迈出的关键一步发生在17世纪，在这之前，不管是在中东地区新石器革命之后的一个世纪，还是西方罗马帝国崩溃之后中世纪开始的时候，英格兰一直停滞不前，这与我们希望从地理或文化理论中得到的结论不同。不列颠群岛临近罗马帝国，比起欧洲大陆、北非、巴尔干、君士坦丁堡或中东，其重要性显然要差很多。西方罗马帝国在公元5世纪崩溃，当时的英国遭受了最严重的经济衰退。但是，最终带来工业革命的政治革命没有发生在意大利、土耳其，甚至没有发生在欧洲大陆，而是发生在了不列颠群岛。

为了理解英国及之后其他国家工业革命的发展历程，罗马的影响无论如何都是重要的，这有几个原因。首先，罗马跟威尼斯一样，经历了早期重要的制度创新。跟威尼斯一样，罗马最初的经济成功建立在包容性制度基础上——至少按照他们当时的标准如此。跟在威尼斯一样，这些制度随着时间的推移显然更具有汲取性了。对罗马来说，这是从共和国（公元前510年至公元前49年）转向帝国（公元前49年至公元476年）的结果。尽管在罗马共和国时期，罗马建成了了不起的帝国，远距离贸易和运输很繁荣，但是罗马经济很大程度上立基于攫取。从共和国向帝国的转型提高了攫取，并最终造成了我们在玛雅城市国家看到的那类战争、不稳定和崩溃。

其次也是更重要的一点，我们将看到，西欧随后的制度发展，尽管不是罗马的直接遗产，但却是西罗马帝国崩溃之后，随即该地区普遍处于关键时期的结果。与此同时，世界其他地区几乎没有出现这种关键时期，比如非洲、亚洲或美洲，尽管我们通过埃塞俄比亚的历史也会表明当其他地方经历相同的关键时期时，它们有时候会以完全相同的方式来应对。罗马的崩溃带来封建主义，同时导致奴隶制的破灭，为君主和贵族影响范围之外的城市带来了生机，并且在这个过程中创造出了一套削弱统治者的政治权力的制度。就是在这个封建制度基础上，黑死病造成了大破坏并且进一步巩固了独立城市和农民的利益而牺牲了君主、贵族和大地主的利益。就在这个时候，大西洋贸易创造的机会起了作用。世界上的许多地区没有经历这些变化，结果就是渐行渐远。

罗马的长处

158　　罗马平民保民官提比略·格拉古（Tiberius Gracchus）在公元前 133 年被罗马元老院棒打致死，其尸体被随便抛进了台伯河。凶手是与提比略自己一样的贵族，提比略被害是由其表兄普布利乌斯·科尔内利乌斯·西庇阿·纳西卡（Publius Cornelius Scipio Nasica）精心策划的。提比略·格拉古有高贵的贵族出身，是罗马共和国众多非常显赫领袖的后代，包括卢奇乌斯·埃米利乌斯·保路斯（Lucius Aemilius Paullus）——他是伊利里亚和第二次罗马与迦太基之战的英雄，以及西庇阿·亚非利加（Scipio Africanus）——在第二次罗马与迦太基之战中击败汉尼拔（Hannibal）的统帅。为什么当时有权势的元老们，甚至其表兄把矛头指向了他呢？

答案告诉我们罗马共和国内部非常紧张，也告诉我们其后来衰落的根源。当时提比略跟元老们在一个关键问题上产生了分歧：土地的分配和平民即普通罗马公民的权力，这样一来，二者就站在了对立面上。

到提比略·格拉古时代，罗马已经成为一个地位巩固的共和国。其政治制度和罗马平民士兵的优点——就像雅克-路易·大卫（Jacques-Louis David）著名的油画《荷拉斯兄弟之誓》所呈现的，儿子们向他们的父亲宣誓他们将誓死捍卫罗马共和国——被许多历史学家看作罗马共和国成功的基础。大约公元前 510 年，罗马公民通过废黜以"骄傲者塔克文（Tarquin the Proud）"闻名的国王卢奇乌斯·塔克文·苏佩布（Lucius Tarquinius Superbus）创建了共和国。共和国巧妙地实施了具有许多包容性元素的政治制度。该共和国由地方行政官统治了一年。地方行政官每年选举一次，同时由许多人担任，这就削弱了任何一个人加强或利用其权力的能力。共和国的制度包括一套广泛分配权力的相互制衡制度。由于是间接选举，并不是所有的公民都拥有平等代表权，即使如此，这种制衡也依然存在。在意大利的许多地方还有大量奴隶，占了人口的大约 1/3，他们对生产的作用至关重要。奴隶当然没有权利，更不要说政治代表。

尽管如此，跟威尼斯一样，罗马的政治制度具有多元主义成分。平民们有他们自己的集会，可以选举平民保民官，他有权否决地方行政官的活动、召集公民大会、提案立法。是平民让提比略·格拉古在公元前133年掌了权。他们的权力通过"退出"得以实施，"退出"是平民特别是士兵斗争的一种形式，他们会退到城外的山上拒绝与执政官合作直到他们的要求得到解决。当然这种威胁在战时尤其重要。可以推测，在公元前5世纪的这一"退出"中，平民获得了选举他们保民官和制定治理他们所在地方法律的权利。他们的政治和立法保护，虽然按照现在的标准来说非常有限，但是为平民创造了经济机会，使其经济制度具有了一定程度的包容性。结果，整个地中海贸易在罗马共和国的统治下兴旺发达。考古证据表明，虽然大多数平民和奴隶的生活也就维持在基本水平，但是许多罗马人包括许多普通的平民实现了高收入，可以享受像城市污水处理系统和路灯照明之类的公共服务。

而且，有证据表明在罗马共和国也出现了经济增长。我们可以从失事船只中探寻罗马经济财富的足迹。罗马人建造的帝国在一定程度上是一个港口城市网——从东边的雅典、安提俄克和亚历山大，穿过罗马、迦太基和卡迪兹；一直向西到达遥远的伦敦。随着罗马领土的扩张，贸易和船运也不断扩展，这可以从考古学家在地中海海底发现的失事船只得以求证。这些船只失事的时间可以通过多种方式确定。船只经常运送装满酒和橄榄油的瓦罐，从意大利运到高卢，或者将西班牙的橄榄油运到罗马出售或免费派发。这些瓦罐是一种用黏土做成的密封容器，上面经常包含谁做的、什么时候做成的等信息。罗马台伯河附近有一座小山——苔丝塔西奥山，又名"瓦罐山"，是由大约5300万个瓦罐组成的。这些瓦罐从船上卸下来之后就被丢弃了，数百年之后形成了一座巨大的山丘。

船上的其他货物和船只本身有时候可以采用放射性碳素断代测定法确定古代遗存年代，这是考古学家用来确定有机物遗存年代的有效技术。植物通过光合作用产生能量，利用太阳能把二氧化碳转化为糖。在植物进行光合作用时，它们会吸收一些自然产生的放射性同位素——碳14。在植物死后，碳14放射性会衰变。当考古学家发现失事船只时，他们就能够通过比较残留的碳14和大气中的碳14来确定船只木材的年代。这就可以估计造船的树木是什么时候砍伐的。只有大约20艘失事船只可以推断到公元前500年。这些很可能不是罗马的船只，也有可能是迦太基人的。但那时罗马失事船只的数量迅速增加。在基督诞生的那一年，该数字达到了最高值 180。

失事船只是探寻罗马共和国经济水平的一种有效方式，它们确实提供了经济增长的证据，但是我们需要正确看待它们。失事船只中的物品大约有 2/3 是罗马国家的财产，从罗马各省运回来的税赋和贡品，或者从北非运来并免费派发给城市公民的谷物和橄榄油。主要就是这些攫取来的果实形成了苔丝塔西奥山。

寻找经济增长证据的另一个好办法来自于格陵兰冰芯计划。在雪花下落的过程中，它们会染上大气中的少量污染物，特别是金属铅、银和铜。雪花结冰后堆积在以前下的雪上。这个过程已经持续上千年，这给科学家们提供了一个了解千万年前大气污染程度的绝佳的机会。在 1990—1992 年，格陵兰冰芯计划向下钻到了覆盖了大约 25 万年人类历史的 3030 米的冰层。该计划及其他后续项目的一个主要发现就是，从大约公元前 500 年开始，大气污染有了明显的加剧。大气中铅、银和铜的含量不断上升，在公元 1 世纪达到了顶峰。值得注意的是，其中铅含量的数值直到 13 世纪才再次出现。这些发现表明，罗马的采矿业与其前后相比是多么发达。采矿业的迅速增长明显表明了经济的扩张。

但是，罗马的增长是不可持续的，是在部分包容、部分汲取的制度下发生的。尽管罗马公民拥有政治和经济权利，但是奴隶制广泛存在，并且具有一定的汲取性，政治人士、元老阶级控制着经济和政治。比如说，尽管有公民大会和平民的份额，但是实际权力在元老院，其成员来自于组成元老阶级的大地主。根据罗马史学家李维（Livy）的研究，元老院是罗马首任国王罗穆卢斯（Romulus）创立的，由 100 人组成。他们的后代形成了元老阶级，尽管也加入了新鲜血液。土地的分配非常不平等，到公元前 2 世纪这一现象可能更加严重。这就是保民官提比略·格拉古提出来的问题的根源。

随着在整个地中海扩张的继续，巨额的财富涌入罗马。但是，这些财富大部分被少数几个处于元老阶层的富裕家族占取了，贫富不平等加剧了。元老们的财富不仅来自于他们对高利润省份的控制，还来自于他们在整个意大利的大量土地。这些土地由大量的奴隶耕种，这些奴隶通常是在罗马进行的战争中俘虏来的。但是，这些土地来自于哪里也很重要。共和国时期罗马的军队包括拥有小片土地的平民士兵，他们一开始在罗马，后来遍布意大利的其他地区。传统上，他们在需要的时候在军队参战，不需要的时候又回到他们的田地上。随着罗马的扩张、战事越来越长，这种模式不起作用了。平民士兵离开土地有时达数年，许多土地撂荒了。这些士兵家里有时债台高筑，眼看就吃不上饭了。因此，很多土地都废弃了，落入了元老的手中。随着元老阶级越变越富，大量没有土地的平民在罗马集聚，这些平民大多是退役军人。由于无家可归，他们在罗马找工作。到公元前2世纪后期，这种情况已经非常危险，一方面是因为贫富差距扩大到了从未有过的水平，另一方面是因为在罗马有大量平民准备以起义的方式来表达他们对于这些不公平待遇和罗马贵族的不满。但是，政治权力保留在元老阶级和富裕的地主手中，他们是在过去的两个世纪中政治变革的获益者。多数人不愿意改变这种让他们如鱼得水的社会制度。

根据罗马历史学家普鲁塔克（Plutarch）的记述，当提比略·格拉古在埃特鲁斯坎——位于现在意大利中心的一个地区——旅行的时候，知道了平民士兵的家庭正遭受的苦难。不管是由于这段经历还是由于他跟当时权势元老们的其他摩擦，他很快就着手开始进行改变意大利土地分配的大胆计划。他在公元前133年成为平民保民官，然后就利用其职位提出了土地改革计划：将由委员会调查公共土地是否被非法占用，把超过300英亩合法上限的土地再分配给无地的罗马公民。实际上，旧的法律就已经规定了这个300英亩的上限，但是几百年来，一直没有被重视和实施。提比略·格拉古的提议在元老阶级中引起了轰动，他们暂时能够阻止其改革的实施。提比略运用支持他的民众的力量，清除了威胁对其土地改革行使否决权的另一位保民官，他提议的委员会最终建立起来了。然而，元老院通过切断委员会的资金阻止改革方案实施。

后来，提比略·格拉古为其土地改革委员会争取到了希腊城市帕加马的国王留给罗马人民的钱，事情到了白热化的程度。他又经努力再次当选为保民官，一定程度上是因为他害怕在他离职之后会受到元老院的迫害。这给了长老们控告提比略企图称王的借口。他和他的支持者受到了袭击，许多人被打死了。提比略·格拉古自己就是首批战死者之一，尽管他的死没能解决问题，但仍有人试图改革土地分配和罗马经济与社会的其他方面。许多人遭受了相同的命运。比如，提比略·格拉古的兄弟盖约（Gaius），在他从其哥哥提比略手中接过改革的旗帜之后，也被地主杀害了。

这些紧张关系在接下来的一个世纪中再次定期出现——比如,导致了公元前91年至公元前87年的"社会战争"。元老利益的积极捍卫者卢奇乌斯·科尔涅利乌斯·苏拉(Lucius Cornelius Sulla)不仅恶意压制民众的改革需求,而且还大大缩小了平民保民官的权力。尤利乌斯·恺撒(Julius Caesar)在同元老院对抗时,得到了罗马人民的支持,其主要原因也是这个问题。

公元前49年尤里乌斯·恺撒的军队穿过了卢比肯河,推翻了构成罗马共和国核心的政治制度,这条河将阿尔卑斯山南侧的罗马各省同意大利分开。罗马落入恺撒手中,另一场内战爆发了。尽管恺撒取得了胜利,但是他被布鲁图(Brutus)和卡西乌斯(Cassius)领导的愤懑元老们在公元前44年谋杀了。罗马共和国再也没有恢复。恺撒的支持者马克·安东尼(Mark Anthony)和屋大维(Octavian)与其反对者之间又爆发了一场新的内战。在安东尼和屋大维获胜之后,他们之间又开始了战争,直到公元前31年屋大维在亚克兴战役中取胜。从第二年开始,在接下来的45年中,屋大维独自统治罗马,从公元前28年之后称为奥古斯都·恺撒(Augustus Caesar)。奥古斯都创建了罗马帝国,不过他更偏好元首头衔,即"平等人中的首位",并将这种制度命名为"元首统治"。从地图11可以看到罗马帝国的疆域在公元117年达到顶峰,卢比肯河也在其范围之内,当年恺撒穿越这条河可是非常关键的。

就是从共和制向元首制的转型以及后来赤裸裸的帝国,埋下了罗马衰落的种子。这种为经济成功奠定基础的具有一定包容性的政治制度逐渐削弱了。尽管罗马共和国创造了有利于元老阶级和其他富裕罗马人的平台,但是它不是专制制度,也从来没有将如此大的权力集中到一个人手中。奥古斯都带来的变化,跟威尼斯大议会一样,首先是政治上的,然后又产生了重大的经济后果。结果,到公元5世纪的时候,西罗马帝国——东西罗马分裂之后得此名称——在经济上和军事上衰退了,濒于崩溃的边缘。

罗马的弱点

弗拉维乌斯·埃提乌斯(Flavius Aetius)是罗马帝国后期富有传奇色彩的人物

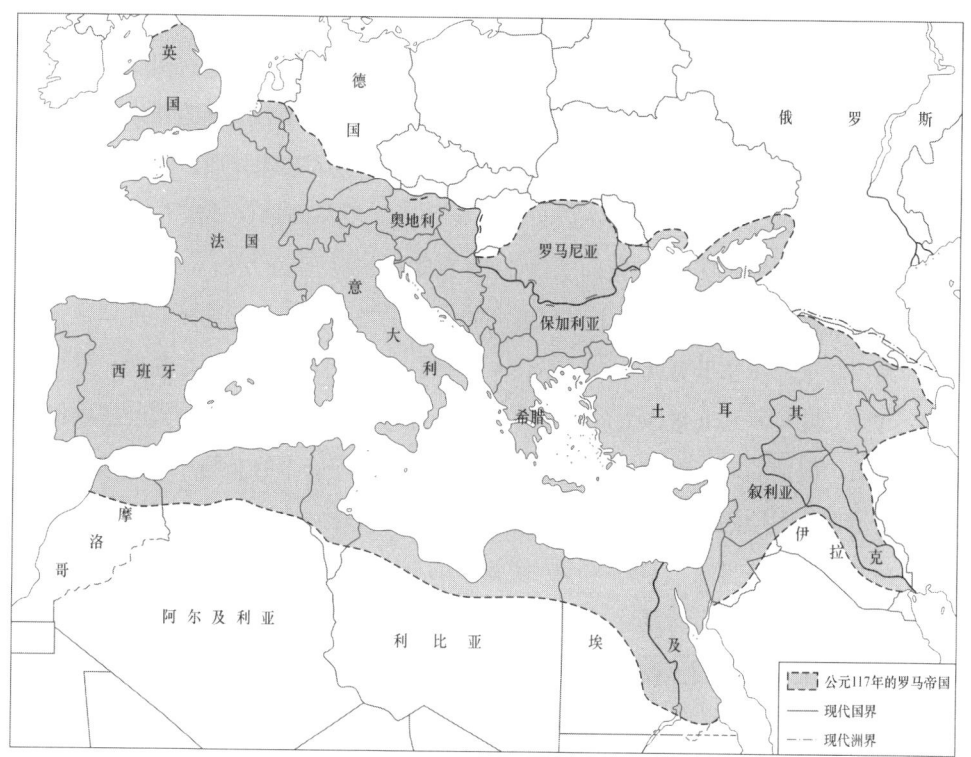

地图 11　公元 117 年的罗马帝国

之一，被《罗马帝国衰亡史》（*The Decline and Fall of the Roman Empire*）的作者爱德华·吉本（Edward Gibbon）尊称为"最后的罗马人"。在公元 433 年至公元 454 年间，将军埃提乌斯很可能是罗马帝国最有权势的人物，后来被国王瓦伦提尼安三世（Valentinian Ⅲ）谋杀。他既制定国内政策，又制定对外政策；参加了一系列对外族人的战争和对其他罗马人的内战。他跟内战中其他的大权将军不同，他不想做皇帝。自从 2 世纪末期开始，内战就成了罗马帝国中的常事。从公元 180 年马可·奥里利乌斯（Marcus Aurelius）逝世到 476 年西罗马帝国灭亡，每十年内都会发生内战或反对皇帝的宫廷政变。很少有皇帝是自然死亡或战死沙场的。大多数都是被篡位者或他们自己的军队杀害的。

埃提乌斯的生涯就是罗马从共和国和帝国初期向帝国后期转变的真实写照。罗马内战不断，他深陷其中，比起以前的那些将军和元老，他在帝国各项事务中的权力要大得多,而且他的一生也从其他方面再现了其间的几百年里罗马人的命运是如何被彻底改变的。

直到罗马帝国后期,最初被控制并被征入罗马军队或作为奴隶的外族人现在控制罗马帝国的多个地区。埃提乌斯年轻的时候曾被外族人挟为人质,挟持者先是阿拉里克(Alaric)统治下的哥特人,后来是匈奴人。罗马同这些外族人之间的关系表明了罗马共和国时期的形势变化。阿拉里克既是非常危险的敌人,又是盟友,他在405年曾被任命为罗马军队中级别最高的大将军之一。然而,这种安排只是暂时的。到408年,阿拉里克就开始同罗马人开战了,入侵了意大利,并洗劫了罗马。

匈奴人既是罗马非常强大的敌人,又是经常的盟友。尽管他们也曾经挟埃提乌斯为人质,但他们后来都跟他一道参加内战。但是,匈奴人的立场并不坚定,在匈奴王的带领下,他们在451年与罗马人进行了一次横跨莱茵河的大型战役。这次捍卫罗马的是狄奥多里克(Theodoric)统治下的哥特人。

所有这一切都没有妨碍罗马的政治人士讨好外族指挥官,他们通常不是为了捍卫罗马的领土,而是为了在内部权力争斗中获得更高权力。例如,汪达尔人在他们的国王盖塞里克(Geiseric)的带领下,洗劫了伊比利亚半岛的大部分地区,接着从429年开始就征服了罗马在北非的粮食产区。罗马为应对此事,想把皇帝瓦伦提尼安三世的女儿嫁给盖塞里克。盖塞里克在那时已经与哥特一位首领的女儿结了婚,但是他借口他的妻子试图谋杀他而宣告婚姻无效,并在割掉其双耳和鼻子之后把她送回了娘家。幸运的是,这位准新娘年龄太小,一直留在意大利,没有与盖塞里克成婚。后来,她嫁给了另外一位非常有权势的将军佩特罗尼乌斯·马克西姆斯(Petronius Maximus),他是皇帝瓦伦提尼安三世谋杀埃提乌斯的主谋,不久之后皇帝瓦伦提尼安三世在马克西姆斯(Maximus)策划的一场阴谋中被杀害了。后来,马克西姆斯宣布自己做皇帝,但是其在位时间非常短暂,在盖塞里克领导的汪达尔人发起的一场侵略意大利的战争中,他战死了,统治也就结束了,这见证了罗马的衰落和残酷灭亡。

到5世纪早期的时候,外族人确实兵临城下了。有些历史学家认为,这是罗马帝国后期罗马面临许多更多更强大对手的结果。但是哥特人、匈奴人和汪达尔人战胜罗马只是罗马衰亡的一个征兆，而不是原因。在共和国时期，罗马曾打败了更有组织性、更厉害的敌人，比如迦太基人。罗马衰亡有许多跟玛雅城市国家衰亡相似的原因。罗马不断升级的汲取性政治制度和经济制度引起了内讧和战争，最终导致国家灭亡。

罗马衰落的根源至少可以回溯至奥古斯都掌权的时候，从这时起发生了一系列变化，使政治制度的汲取性越来越强。这包括军队结构的变化，士兵不可能退出，这就消除了确保普通罗马人政治代表权的关键因素。皇帝提比略，在公元 14 年继位奥古斯都，废除了平民大会，并把平民大会的权力转交给了元老院。政治发言权没有了，罗马公民现在可以得到免费发放的小麦，后来是橄榄油、酒和猪肉，观看马戏团和角斗士表演。伴随着奥古斯都的改革，皇帝开始不再主要依靠平民士兵组成的军队了，而是主要依靠禁卫队（the Praetorian Guard），这是奥古斯都创立的由专业士兵组成的精英部队。不久之后，禁卫队成了准皇帝的重要的独立经纪人，他们通常不是通过和平的方式，而是通过内战和密谋夺权。奥古斯都也加强了对抗普通罗马市民的贵族阶级的力量，曾经造成提比略·格拉古和贵族阶级之间冲突的不平等仍在继续，甚至很可能是加强了。

权力在中心的集聚使得普通罗马人的产权更不安全了。作为没收的结果，国有土地也随帝国不断扩大，在帝国的许多地方，国有土地增长到占全部土地的一半。由于权力集中到皇帝及其周围人手中，产权尤其不稳定。争夺权力的冲突加剧了，这跟玛雅城市国家的发展模式没有很大差别。公元 5 世纪，外族人掌握了霸权，国家非常混乱，但即使在这之前，内战也时有发生。例如，谢普提米乌斯·塞维鲁（Septimius Severus）是从狄第乌斯·犹利安（Didius Julianus）手中夺权的，而狄第乌斯·犹利安是在公元 193 年杀害柏提那克斯（Pertinax）后成为皇帝的。塞维鲁是所谓的"五位皇帝之年"的第三位皇帝，他向对手佩西尼乌斯·尼格尔（Pescennius Niger）和克劳狄乌斯·阿尔比努斯（Clodius Albinus）将军发动了战争，这两位将军分别在公元 194 年和公元 197 年战败。在接下来发生的内战中，塞维鲁没收了战败方的所有财产。尽管能干的统治者，比如图拉真（Trajan，公元 98 年至 117 年）、哈德良（Hadrian）和下一个世纪的马可·奥勒留（Marcus Aurelius）可以阻止国家衰落，但是他们不能也不想把基本的制度问题摆到台面上来。这些皇帝都没有提议废除帝制或者沿着罗马共和国的道路重建有效的政治制度。马可·奥勒留，尽管大获成功，但是他的继位者儿子康茂德（Commodus），更像卡里古拉（Caligula）或尼禄（Nero），而不像其父亲。

我们从帝国城镇的布局和位置可以看出，罗马社会日益动荡。到公元3世纪，每个大城市都有城墙。在许多时候，人们把纪念碑抢来，用修造纪念碑的石头修筑防御工事。在高卢，在罗马人于公元前125年到来之前，人们经常在山顶上修建房屋，因为这些地方更容易防御。罗马人一到，他们就搬到了平原地区。在3世纪，这种情况恰恰相反。

随着政治动荡加剧，社会的经济制度变得更具有汲取性了。尽管到公元212年公民权有了一定程度的扩展，罗马帝国几乎所有的居民都成为公民，但是公民的地位也随之发生变化。法律面前人人平等的观念恶化了。例如，到哈德良在位时（公元117年至138年），不同罗马公民适用的法律存在明显的差别。重要的是，公民的身份完全不同于罗马帝国时期，那时他们可以通过罗马公民大会行使某些政治和经济决策的权力。

奴隶制在整个罗马保持不变，尽管对几个世纪以来奴隶人口的比例是否真正下降存在争议。不容忽视的是，随着帝国的发展，越来越多的农业工人下降为半农奴的地位，并且与土地联系在了一起。这种农奴身份"Coloni"在《狄奥多西法典》（*Codex Theodosianus*）和《查士丁尼法典》（*Codex Justinianus*）等法律文件中有广泛的讨论，并且很可能产生于戴克里先（Diocletian）统治时期（公元284年至305年）。地主对农奴的权利日益提高。皇帝君士坦丁（Constantine）在332年允许地主用铁链锁住他们怀疑试图逃跑的农奴（Colonus），并且从公元365年，农奴未经所属地主的许可不得出售他们自己的财产。

就像我们能够利用失事船只和格陵兰冰芯计划来探寻罗马帝国早期经济扩张一样，我们也能够使用这些方法来追溯其衰败的历程。到公元500年，失事船只的数量从顶峰时的180艘下降到20艘。随着罗马的衰落，地中海贸易崩溃了，有些学者甚至认为，直到9世纪，地中海贸易才再次达到罗马帝国时期的水平。格陵兰冰芯计划得出了同样的结论。罗马人采用银铸币，铅有多种用途，包括做水管和餐具。在经过了 1 世纪的辉煌之后，冰芯中的铅、银和铜的含量下降了。

罗马共和国时期经济出现了显著增长，这跟其他汲取性制度下的增长是一样的，比如苏联。但是那种增长是有限的、不可持续的，即使考虑到部分包容性制度下的增长也一样。增长是建立在相对较高的农业生产率、各省的高额税收和远距离贸易的基础上的，并以技术进步或创造性破坏为前提。罗马人继承了某些基本的技术、铁制工具和武器、文字、犁铧农业和建筑技术。早在共和国时期，他们还创造了其他一些技术：混凝土、灌溉和水轮。但是，从那之后到整个罗马帝国时期技术发展停滞了。例如，在船运方面，船只设计或船只装备几乎没有变化，罗马帝国从未造出真正的舵，而是用船桨驾驭船只。水轮传播非常缓慢，以致水力从未在罗马经济中发挥革命性的作用。甚至像水渠和城市排水系统这些伟大的成就也使用的是既有的技术，尽管在罗马帝国时期这些技术得到了完善。没有创新、只依赖于现有技术，也能够实现一定的经济增长，但这是没有创造性破坏的增长，它无法持续。财产权难以保障，公民的政治权利被削弱，随之经济权利也是如此，因而经济增长也下降了。

关于罗马帝国时期新技术的一个显著特征是它们的创造和传播好像是由国家推动的。这是好消息，后来政府对发展技术不感兴趣了——这很正常，因为政府担心创造性破坏的发生。伟大的罗马作家老普林尼（Pliny the Elder）引用了下面的故事：提比略皇帝在位期间，有人发明了不易碎的玻璃，去皇帝那里希望得到一大笔奖赏。他展示了他的发明，提比略就问他是否把这个发明告诉了别人。这个人回答"没有"，提比略让人把这个人拖出去杀了，说："免得黄金一文不值。"这个故事有两点有趣之处。首先，这个人是去提比略那里请赏，而不是自己开办产业并通过销售玻璃赚取利润。这表明罗马政府在控制技术方面的作用。其次，提比略扼杀创新，是因为这会给经济带来不利影响。这就是对于创造性破坏的经济效应的担心。

在罗马帝国时期，人们也会担心创造性破坏的政治结果，关于这一点，也有直接的证据。苏埃托尼乌斯（Suetonius）记述了皇帝韦帕芗（Vespasian）——他于公元 69 年至 79 年在位——曾接见过一个人，这个人发明了一种装置，利用这种装置，可以用相对较低的成本把立柱运输到罗马城堡的朱庇特神殿。立柱很大、很重，不易运输。把它们从矿山开采地运到罗马需要成千上万人的劳动，需要花费政府大量的开支。韦帕芗没有杀这个人,但是他也拒绝应用这项发明,并宣称:"它怎么可能让我养活黎民百姓?"这个发明者也是去找政府,或许同不易碎玻璃相比,把这项发明提供给政府是更自然的事,因为罗马政府主要负责立柱的原料开采和运输。这个发明也被放弃了,同样是因为对创造性破坏的担心,不是因为其经济结果而是因为其对政治创造性破坏的担心。韦帕芗认为,除非他能让人民幸福并安于他的统治,否则这会造成政治上的不稳定。罗马平民必须一直很忙碌、很顺从,因此像搬运立柱这样的活动正好给他们提供工作。除了工作,还有免费的面包和马戏表演,这样的生活能让人们满足。或许有人会说,这两个例子都是在罗马共和国崩溃之后不久出现的。与罗马共和国的统治者相比,罗马皇帝在阻碍变革方面的权力要大得多。

没有技术创新的另一个重要原因是奴隶制的盛行。随着罗马疆域的不断扩张,大量人口成为奴隶,这些奴隶通常被带回意大利的大型种植园。罗马的许多公民不需要工作:他们依靠政府的救济过活。创新从何而来呢?我们认为,创新源于有新思想的新人,他们用新办法解决老问题。在罗马,从事生产的是奴隶和后来的半农奴"Coloni",他们几乎没有创新的动力,因为是他们的主人而不是他们自己从创新中得益。就像我们在本书中多次看到的,建立在劳动压迫和像奴隶制与农奴制这样的制度之上的经济必然是不具创新的。从古至今皆是如此。例如,在美国,北方参与了工业革命,而南方没有。当然,奴隶制和农奴制为拥有奴隶和控制农奴的人创造了巨额的财富,但是它没有为社会带来技术创新或繁荣。

文德兰达没有人写信了

到公元43年,罗马皇帝克劳狄乌斯(Claudius)已经征服了英格兰,但是没有征服苏格兰。最后一次无效的努力是罗马长官阿格里科拉(Agricola)进行的,他放弃了苏格兰,并在公元85年修建了许多城堡来保护英格兰北部边境。其中最大的一个在文德兰达,在纽卡斯尔以西35英里,在地图11中可以看到,它位于罗马帝国的大西北。后来,文德兰达成为哈德良皇帝修建的85英里护城墙的一部分,但是,在公元103年,当罗马的一位百夫长堪吉斯(Candidus)驻扎在那里时,它

已经成为一座孤立的城堡。堪吉斯写信给其朋友屋大维讨论了提供罗马卫成部队的问题,并且收到了屋大维的回信:

> 屋大维向兄弟堪吉斯问好!
>
> 　　我已经多次写信给你,我已经带来 5000 穆迪(modii)麦穗,因为我需要钱。请你给我至少 500 便士,否则我将损失 300 便士,这原本是我的储蓄,到时我将会处于十分尴尬的境地。因此,请尽快给我点钱。你写信提到的兽皮在卡塔拉克托尼厄姆——写到它们将会给我,还有你写到的运货马车。我应该已经收到了,只可惜道路太差我没有注意到伤害了马匹。借助于第三方,他从地下城收到了 8.5 迪纳币。他没有把这些现金划入我的账户。确信你给我送来了现金,以便我能够把麦穗运到打谷场。向您致敬!再见。

堪吉斯和屋大维之间的通信表明了罗马统治下的英格兰经济繁荣的某些重要方面:货币经济已经比较发达,出现了金融服务;人们修建了公路,虽然有些路况不好;财政制度已经建立,可以通过税收支付堪吉斯报酬。很明显,写信双方都有文化,都能够利用某种邮政服务。罗马统治下的英格兰也从高质量陶器的大规模生产中获益,特别是在牛津郡;城市中心有浴室和公共建筑;并且人们掌握了用灰浆和瓦片修葺屋顶的房屋建造技术。

到 4 世纪,一切都衰落了。公元 411 年之后,罗马帝国放弃了英格兰。军队撤回了;留下的人没有钱拿,并且随着罗马国家的崩溃,管理者被当地人赶走了。到公元 450 年,所有这些经济繁荣的迹象一去不复了。钱没有了。城市地区被废弃了,建筑物倒塌了。公路上杂草丛生。唯一的一种烧制陶器非常粗劣,是手工做成的,而不是加工出来的。人们忘记了如何使用灰浆,文化水平持续下降。人们不再用瓦片,而是用树枝来修屋顶。文德兰达没有人再写信了。

公元 411 年之后,英格兰经历了经济崩溃,成了贫穷落后的地方——而这并不是第一次了。在上一章中,我们看到新石器革命是如何在大约公元前 9500 年从中东开始的。在耶利哥和阿布胡赖拉的居民居住在小村庄并从事耕种的时候,英格兰的居民还在狩猎和采摘,并且这又一直持续了至少 5500 年。甚至在那时,英国人也没有发明农耕和放牧；这些都是数千年来从中东横跨欧洲的移民从外部带来的。当英格兰的居民掌握这些技术时，中东的居民正在发展城市、文字和陶器。到公元前3500年，像乌鲁克和乌尔这些大城市出现在美索不达米亚，即现在的伊拉克。乌鲁克在公元前3500年的时候大概有14000人口，不久之后达到了4万人。大约在同时，随着车轮运输的出现，美索不达米亚出现了陶工旋盘。之后不久，埃及首都孟菲斯成为一个大城市了。两个地区分别出现了文字。在埃及人于公元前2500年建造吉萨大金字塔时，英国人建造了他们最著名的古代纪念碑和史前巨石阵的石环。按照英国的标准，这并不差，但是它还盛不下胡夫金字塔脚下埋的一艘礼舫。英格兰继续落后，直到罗马时期，还一直从中东和其他欧洲国家借鉴技术。

尽管有这些并不辉煌的历史，但是在英格兰首先出现了真正的包容性社会，并且就是在那里发生了工业革命。我们前面说过，这是一系列微小制度差异和关键事件——如黑死病和美洲大陆的发现——交互作用的结果。英国的分裂有历史根源，但是文德兰达的材料表明这些根源并不是很深，当然也不是历史注定的。它们并非在新石器革命时期就埋下了种子，甚至也不是在罗马霸权的几个世纪中。到公元450年，即历史学家所谓的"黑暗的中世纪"开始的时候，英格兰已经滑向了贫困和政治混乱。在英格兰，几百年都没有建立起有效的中央集权国家。

分化的道路

英格兰包容性制度的兴起及随后的工业增长并非罗马（或更早的）制度的直接遗产。这并不意味着，伴随西罗马帝国衰落这个影响了欧洲大部分地区的重大事件，没有发生任何具有重要意义的事情。由于欧洲的不同地区处于同一个关键时期，他们的制度以同样的方式发展，这种方式很可能是欧洲特有的。罗马帝国的衰落是这些关键事件的重要部分。欧洲的道路不同于世界其他地区，像撒哈拉以南非洲、亚洲和美洲，这些地方的发展方式不同，一定程度上是因为其关键事件不同。

罗马统治下的英格兰轰然崩塌了。而意大利、罗马统治下的高卢（即现在的法国）甚或北非，却并非如此。在这些地方，许多旧制度以某种方式存续着。然而，毫无疑问的是，从单一罗马帝国统治到由法兰克人、西哥特人、东哥特人、汪达尔人和勃艮第人的多个国家统治，这种变化确实意义重大。这些国家的力量非常弱小，长期受到周边国家的骚扰。北方有从海上进犯的斯堪的纳维亚人和丹麦人；东方有匈奴骑兵。后来，公元632年穆罕默德（Mohammed）逝世，在这之后的一个世纪中，伊斯兰教作为宗教和政治力量出现，从而导致了新的伊斯兰国家在拜占庭帝国、北非和西班牙等绝大部分地区建立。相同的进程席卷欧洲，在他们觉醒的时候，一种特殊的社会类型——封建主义出现了。封建社会是分权的，因为强有力的中央政府萎缩了，但仍存在像查理曼大帝这样的一些统治者试图重建它们。

依赖于没有自由、受强迫劳动力（农奴）的封建制度显然是汲取性的，它们形成了欧洲中世纪长期汲取性缓慢增长的基础。但是，它们对后来的发展也很重要。例如，在大量农村人口沦为农奴时期，奴隶制从欧洲消失了。在政治家们有可能把全部农村人口变为农奴的时候，拥有以前每个社会曾经拥有的独立奴隶阶级好像不太可能。封建主义也造成了权力真空，许多专事生产和贸易的独立城市繁荣起来了。但是，黑死病之后，权力制衡发生改变，西欧的农奴制开始瓦解，一个没有奴隶的更加多元化的社会即将走上舞台。

促进封建社会的关键事件非常明显，但不完全限于欧洲。一个相应的例子就是现代非洲国家埃塞俄比亚，大约公元前400年，在这个国家北部建立了阿克苏姆王国，埃塞俄比亚就是由该王国发展而来的。阿克苏姆王国在当时相对发达，致力于与印度、阿拉伯、希腊和罗马帝国之间的国际贸易。它在多个方面跟这一时期的东罗马帝国相似。它使用货币，修建了具有纪念意义的公共建筑和道路，也有非常相似的技术，比如在农业和船运领域。有趣的是，在阿克苏姆和罗马之间还存在相同的思想体系。公元312年，罗马皇帝君士坦丁（Constantine）改信基督教，同时期的阿克苏姆国王埃扎那（Ezana）也一样。地图12表明了历史上的阿克苏姆王国在现在埃塞俄比亚和厄立特里亚的位置，其前哨跨过红海到了沙特阿拉伯和也门。

就像罗马的衰落一样，阿克苏姆王国也衰落了，而且在形式上跟西罗马帝国相似。匈奴人和汪达尔人在罗马衰落中所起的作用换成了阿拉伯人，他们在7世纪的时候扩展到了红海和阿拉伯半岛。阿克苏姆失去了其在阿拉伯的殖民地和贸易通道。这预示着经济衰落：货币停止铸造了，城市人口下降了。国家关注的重点回到了国内，回到了当今埃塞俄比亚的高原地区。

国家为什么会失败

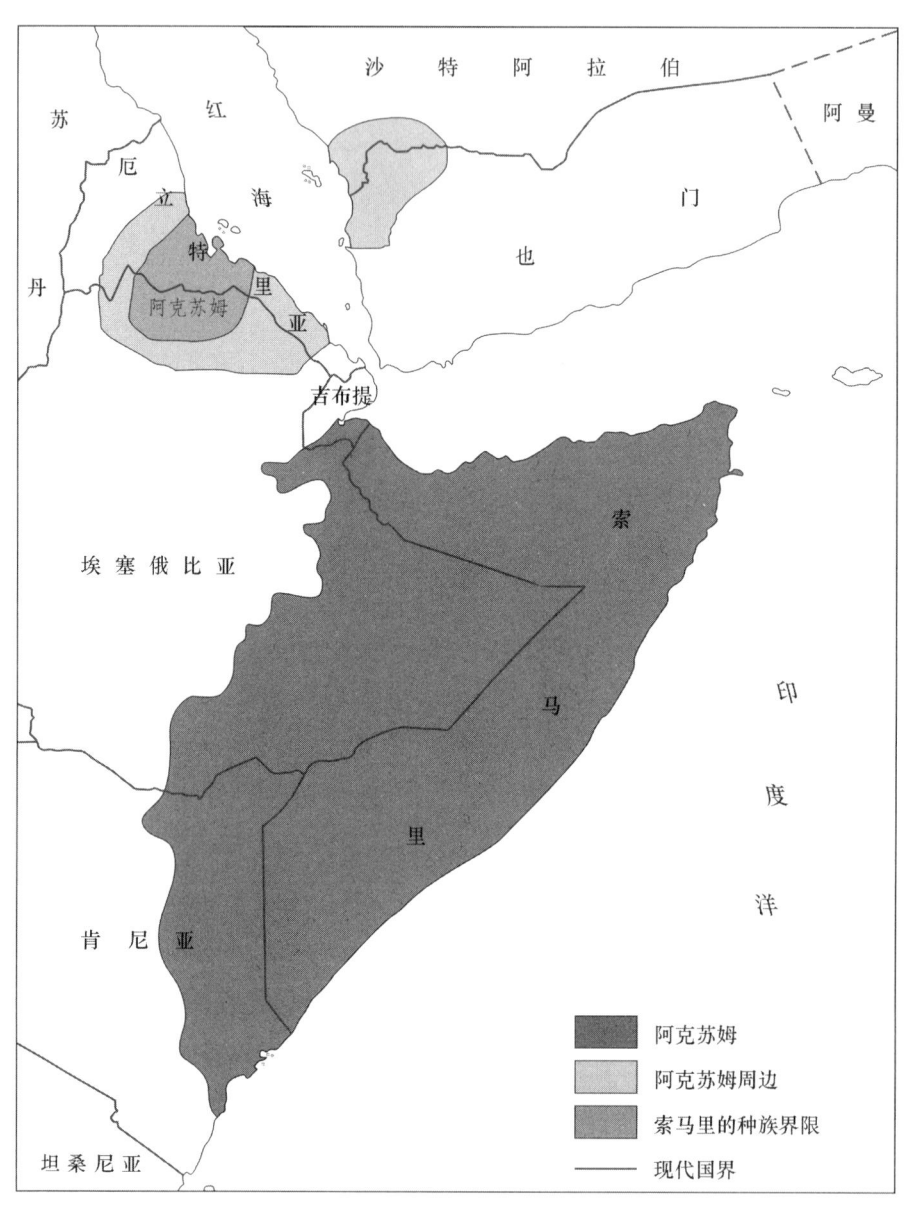

地图12 阿克苏姆王国和索马里的各宗族分布

在欧洲，封建制度是紧接着国家中央权威的崩溃而出现的。这同样发生在埃塞俄比亚，该国有一种名为"gult"的体系，在该体系下皇帝拥有大量土地。这种制度在 13 世纪的手稿中提到过，不过它的起源要早得多。术语"gult"源于一个阿姆哈拉语单词，这个单词意为"分配土地的人"。这表明在交换土地的过程中，gult 持有人必须向皇帝提供服务，特别是军事服务。作为回报，gult 持有者有权利从耕作其土地的人身上抽取贡赋。许多历史资料表明，gult 持有者抽取农民农业产量的 1/2～3/4。这种制度是独立发展出来的，它跟欧洲的封建主义惊人地相似，但是可能更具有汲取性。即使在英格兰封建主义的顶峰时期，其农奴遭受的剥削也没有这么重，他们会以这样或那样的形式向地主缴纳大约一半的产量。

但是，埃塞俄比亚不代表非洲。在其他地方，奴隶制并没有被农奴制取代；非洲的奴隶制以及支撑奴隶制的其他制度一直存续了几个世纪。就是埃塞俄比亚最终的道路也完全不同。在 7 世纪之后，埃塞俄比亚一直孤立于东非山区，完全脱离了后来影响欧洲制度发展道路的进程，比如独立城市的出现、对君主最初的限制、美洲发现之后的大西洋贸易的扩张等。结果，其专制制度未受到很大挑战。非洲大陆后来就以完全不同的身份同欧洲和亚洲往来。东非成了阿拉伯世界最主要的奴隶供应地，西非和中非在欧洲进行与大西洋贸易相关的扩张时成为世界经济的奴隶供应地。大西洋贸易如何造成了西欧和非洲发展道路的分化是关键事件与现存制度差异互动所造成的制度分化的又一个例证。在英格兰，奴隶贸易的利润帮助那些反对专制主义的人致富了，但是在非洲它们却有助于创立并强化专制主义。

与欧洲渐行渐远，制度发展的过程明显比各行其道要自由得多。比如，美洲——它是在大约公元前 15000 年联结阿拉斯加和俄罗斯的冰川融化之后与欧洲分开的，其制度创新跟纳图夫人的相似，带来了定居生活、等级制度和不平等——总之就是汲取性制度。这些最初发生在墨西哥、安第斯山区的秘鲁与玻利维亚，并导致了美洲的新石器革命，人们开始培育玉米。就是在这些地方发生了早期形式的汲取性增长，就像我们在玛雅城市国家所看到的。但是，欧洲向包容性制度和工业增长的重大突破没有发生在罗马世界控制最强的地方，美洲的包容性制度也没有在这些早期文明发生的地区出现，二者是一样的。事实上，就像我们在第 1 章所看到的，这些人口密集的文明以一种反常的方式跟创造"财富逆转"的欧洲殖民主义相互影响，使得美洲以前相对富裕的地区又相对贫困了。今天，美国和加拿大远比美洲其他国家或地区富裕，而那时候它们是远远落后于墨西哥、秘鲁和玻利维亚的复杂文明的。

早期增长的结果

在公元前 9500 年开始的新石器革命和 18 世纪后期的英国工业革命之间的漫长时期穿插着几波经济增长。这几波增长都是由制度创新引起的，然而这些制度创新最后都销声匿迹了。古罗马的共和制度创造了一定程度的经济活跃并为庞大帝国留下了崛起的空间，该制度在尤利乌斯·恺撒（Julius Caesar）起义和奥古斯都创建帝国之后崩溃了。罗马帝国在几个世纪后最终消失，经济出现了衰退；但是只要相对包容的共和制度被罗马帝国更具汲取性的制度所取代，经济衰退就不可避免。

威尼斯的变化类似。具有重要包容性因素的制度给威尼斯带来了经济繁荣，但是当在位的政治家们对新人关闭这个体系，甚至取消创造共和国繁荣的经济制度之后，这一切就被破坏了。

不管罗马的经历多么辉煌，不是罗马的遗产直接导致了英格兰包容性制度的兴起和英国工业革命的发生。历史因素造成了制度如何发展，但是这并非一个简单的、先验的累积过程。罗马和威尼斯表明了向包容性制度迈出的最初几步是如何逆转的。罗马在整个欧洲和中东创造的经济和制度图景没有为以后的几百年带来更为牢固的包容性制度。事实上，这些制度在英格兰最早出现，也最牢固，这是罗马控制最弱、最快消失的地方，在公元 5 世纪的时候还不存在任何的征兆。相反，就像我们在第 4 章所讨论的，历史的作用是显著的，它表现为产生制度差异的制度发展，这种制度差异尽管有时非常小，但是它会在关键事件的作用之下扩大。就是因为这些通常很微小的差别，它们才容易逆转，它们未必是简单累积过程的结果。

当然，罗马对欧洲有长期持续的影响。罗马的法律制度影响了西罗马帝国崩溃之后异族王国建立起来的法律和制度，也是罗马的衰落创造了发展成为封建秩序的分权政治图景。奴隶制的消失和独立城市的出现是长期的，带来了（当然，这具有历史偶然性）这个过程的副产品。当黑死病强烈动摇了封建社会的时候，这些就尤其顺理成章。从黑死病的灰烬中出现了强大的城镇，农民不再与土地紧密相连，而是摆脱了封建束缚。就是罗马帝国垮塌带来的这些关键事件，导致了影响整个欧洲的制度快速发展，但其方式不同于撒哈拉以南非洲、亚洲或美洲。

到 16 世纪，欧洲在制度上已经与撒哈拉以南非洲和美洲完全不同了。尽管欧洲不比最伟大的亚洲文明印度或中国更富有，但欧洲的政体与亚洲的政体有重要的差别。例如，欧洲形成了代议机制，而在亚洲却没有。这些都在包容性制度的发展中起关键作用。我们在接下来的两章中将会看到，细小的制度差别真的会影响欧洲；而且它们成就了英格兰，因为就是在那里封建秩序为具有商业头脑的农民和独立的城市中心开辟了广泛的道路，而只有在城市中心，商人和实业家才能飞黄腾达。这些群体需要从他们的君主那里得到更加安全的产权、不同的经济制度和政治发言权。整个进程将在 17 世纪达到危急的关头。

第7章

转 折 点

受织造长筒袜所困

1583年,威廉·李(William Lee)结束了在剑桥大学的学习后回到家乡英格兰的卡尔弗顿,成为当地的一名牧师。伊丽莎白一世(Elizabeth Ⅰ)(1558—1603)当时颁布了一条规定,要求其臣民必须一直戴针织帽。李记录道:"针织是生产这些衣帽的唯一方式,但是要花很长时间才能完成一件针织帽。我开始思考。我观察我的母亲和姐妹坐在黄昏暮光中穿针引线。既然这些衣帽是用两根针一条线做成的,那么为什么不用几根针来穿线呢?"

这个重大的想法就是纺织品生产机械化的开端。李一门心思要做一台机器,让人们从无休止的手工针织中解脱出来。他回忆道:"我开始疏忽了对教堂和家庭的义务。我的脑子里想的全是机器和怎么制作机器。"

最终,在1589年,他的"织袜机"针织机制造出来了。他非常兴奋地来到伦敦,寻求伊丽莎白一世的接见,向她说明他的机器是多么有用,并向她申请专利,以防止其他人效仿其设计。他租下了一处房屋,把机器安装起来,在当地议员理查德·帕金斯(Richard Parkyns)的帮助下,他见到了女王枢密院的一位成员亨利·凯里(Henry Carey),即亨斯顿勋爵(Lord Hunsdon)。凯里安排伊丽莎白女王来看了机器,但是她的反应令李非常失望。她拒绝授予李专利,相反她说道:"李先生,你胸怀大志。但是想一下这个发明能够为我贫困的臣民做什么呢。它会让他们失业,毫无疑问地给他们带来毁灭,会让他们沦为乞丐。"李深受打击,他又到了法兰西，想在那里碰碰运气；然而，他在那里又失败了。他回到了英格兰，向伊丽莎白的继位者詹姆士一世（James Ⅰ）（1603—1625）申请专利。詹姆士一世也拒绝了，跟伊丽莎白的理由一样。两人都担心袜制品的机器化生产会造成政治上的不稳定。它将会让人们失去工作，造成失业和政治不稳定，并且威胁王权。织袜机的发明肯定能极大地提高生产率，但这是一种创造性破坏。

创造性破坏

王室对李的卓越发明的反应正是本书的主要思想。对创造性破坏的担心是造成新石器革命和工业革命之间生活水平没有持续提高的主要原因。技术创新使人类社会更加繁荣，但是也会造成新技术取代旧技术，会造成对特定人群经济特权和政治权力的破坏。对持续的经济增长来讲，我们需要新技术、新的工作方式，它们往往来自于像李这样的新进入者。它可能使社会繁荣，但是它造成的创造性破坏过程又会威胁依靠老技术工作的那些人的生活，就像发现自己会因为采用李的技术而失业的手织工那些人。更重要的是，像李的织袜机那样的主要创新也会威胁重构政治权力。最终，伊丽莎白一世和詹姆士一世拒绝给李授予专利，他们不是担心那些人会因为李的发明而面临失业的命运；他们担心的是他们会成为政治上的失势者——他们担心被新发明替代的那些人会造成政治不稳定并威胁到他们自己的权力。就像我们在勒德派中所看到的那样，一般可以避开手织工人等的抵制；但是精英们会形成抵制创新的更可怕壁垒，尤其是当他们的政治权力受到威胁的时候。他们会由于创造性破坏遭受很多损失，这意味着他们不仅不会引进新技术，而且他们经常会抵制并试图禁止这些创新。因此，社会需要新进入者引进最激进的创新，但这些新进入者及他们造成的创造性破坏必须克服来自几方面的抵制，包括来自权势统治者和精英们的抵制。

在17世纪之前的英格兰，掠夺性是一种常态。有时这种掠夺性能够产生经济增长，就像前两章所表明的，特别是当他们包含包容性因素的时候，就像威尼斯和罗马一样。但是，他们不允许创造性破坏。它们带来的增长只是一时的，并且注定会结束，因为没有新的创新，而且会出现因为想从中攫取利益而引发的政治内讧，或者是因为包容性要素的萌芽被确凿无疑地逆转了，就像威尼斯一样。

阿布胡赖拉纳图夫村居民的预期寿命很可能与古罗马公民的预期寿命没有太大差别。罗马人的预期寿命一般跟17世纪英格兰普通居民的预期寿命非常接近。从收入上讲，在公元301年，罗马皇帝戴克里先（Diocletian）颁布了《最高价格法典》，为不同类型工人支付的工资设计了方案。我们不知道戴克里先的工资和价格是如何实施的，但是经济史学家罗伯特·艾伦（Robert Allen）利用其法典计算了一个典型的非熟练工人的生活水平，他发现他们的生活水平跟17世纪意大利非熟练工人的生活水平几乎完全相当。再向北，在英格兰，工资高一些，并且不断上升，情况有所变化。至于变化的原因就是本章的主题。

经常存在的政治冲突

关于制度和资源分配的冲突在历史上无处不在。例如，我们已经看到，政治冲突如何形成了古罗马和威尼斯的演进。在那里，冲突最终是由精英们解决的，只有精英才能提高他们手中的权力。

英国的历史也满是冲突，有君主与臣民之间的冲突，有不同集团为争夺权力发生的冲突，有精英与平民之间的冲突。然而，结果通常不是巩固了权力持有者的权力。1215年，男爵们——仅次于国王的精英阶层——对抗国王约翰，并让他在兰尼米德签署了《大宪章》。《大宪章》制定了一些基本准则，对国王的权威提出了重大挑战。最重要的是，它规定，国王提高税率必须要与男爵们商议。最具争议性的条款是第61条，这一条款写道："诸男爵得任意从国家推选男爵二十五人，此二十五人应尽力遵守、维护、同时亦使其余人等共同遵守余等所颁赐彼等，并以本宪章所赐予之和平与特权。"① 男爵们还建立了议会来确保国王执行这个宪章，如果他不执行，这25个男爵就有权占领其城堡、土地和领地。"……直到他们认为国王做出了修正为止"。国王约翰不喜欢《大宪章》，议会被解散，他就废除了《大宪章》。但是男爵们的政治权力和《大宪章》的影响十分深远。英格兰向多元主义迈出了艰

---

① 《大宪章》的这段话的中译文来自 http：//fzx.yctc.edu.cn/xianfa/yc_Article.Asp?ID=350.——译者注。

难的第一步。

关于政治制度的冲突一直持续,君主的权力在 1265 年召开的第一次选举议会中受到了进一步限制。跟罗马的平民大会或今天的选举立法机构不同,其成员在一开始就是封建贵族,然后是国家的爵士和最富有的贵族。尽管是由精英们组成的,英国的议会发展出了两个明显的特征:首先,它不仅代表与国王有密切联系的精英们的利益,还代表更加宽泛的利益,包括不同行业小贵族的利益,比如商人和实业家以及后来的"士绅",他们是由从事商业和不断向上流动的农民组成的新生阶级。这样,议会就得到了社会相当广泛人民的授权——特别是按照当时的标准来看。其次,作为第一个特征的结果,在很大程度上,许多议会成员不断反对君主以提高自己的权力,后来成为英国内战和光荣革命中反对君主专制的主要力量。

虽然制定了《大宪章》并选出了首届议会,但政治斗争依然不断,新兴贵族一直反对君主专制以及国王。精英内部的冲突结束于玫瑰战争,这是兰开斯特议会与约克议会之间的长期斗争,两大家族为了王位而争斗。胜利者是兰开斯特家族,他们的国王候选人亨利·都铎(Henry Tudor)在 1485 年成了亨利七世(Henry Ⅶ)。

还发生了另外两个相关的过程。第一个是在都铎王朝的推动下政治集权不断增强。1485 年之后,亨利七世裁减了贵族的军队,最后解除了他们的武装,这样就能够更大地扩张中央政府的权力了。接着,他的儿子亨利八世(Henry Ⅷ)通过其首席大臣托马斯·克伦威尔(Thomas Cromwell)发动了政府革命。在 16 世纪 30 年代,克伦威尔采用了雏形的官僚制国家。与政府仅仅是国王的私人管理机构不同,它成为持续不变制度的一个独立部分。作为补充,亨利八世断绝了与罗马天主教堂的联系,即"修道院解散",没收了教堂的所有土地。剥夺教会的权力是使国家更加集权的一部分。这种国家结构的集权意味着包容性政治制度首次有了可能。由亨利七世和亨利八世发起的这个过程不仅使国家机构更加集权了,而且还提高了对更广泛政治代表性的需求。政治集权的过程实际上会导致专制主义,同时国王及其助手能够镇压社会的其他权势阶层。这实际上就是存在反对国家集权的原因,就像我们在第 3 章所看到的那样。然而,为反对这种力量,国家机构的集权也能够产生对最初形式的多元主义的需求,就像英格兰都铎王朝一样。当男爵们和当地精英们意识到政治权力越来越集中并且这个过程难以阻止的时候,他们就要求对如何运用这种集中的权力发表意见。在英格兰，在15世纪后期和16世纪，这意味着这些集团利用议会作为对抗王权并对国家的运作方式进行部分控制的更大努力。因此，都铎王朝的计划不仅开启了政治集权——包容性制度的一根重要支柱，而且还间接贡献了多元主义，也就是包容性制度的另一根重要支柱。

政治制度有了这些发展，社会性质也发生了其他重要的变化。尤其重要的是政治冲突的扩大，越来越多的集团可以对君主和政治精英们提出要求。1381年的农民起义是个关键点，从此之后英国的精英们被一系列的群众起义弄得飘摇不定。政治权力不再简单地是从国王再分配给地主，而且还要从精英们再分配给人民群众。这些变化连同对国王权力不断提高的限制，使得反对专制主义的广泛联盟的出现成为可能，这就为多元政治制度的形成打下了基础。

尽管争论不断，但是都铎王朝继承和维护的政治与经济制度都明显是汲取性的。1603年，伊丽莎白一世（Elizabeth Ⅰ）——即亨利八世的女儿，1558年继承王位——逝世，没有留下子女，都铎王朝就被斯图亚特王朝取代了。斯图亚特王朝的第一任国王詹姆士一世（James Ⅰ）继承的不仅是制度，还有与这些制度有关的冲突。他想成为一个专制统治者。尽管国家更加集权了、社会变化正在再分配社会中的权力，但是政治制度还不是多元的。在经济中，汲取性制度不仅体现在反对李的发明上，还表现在垄断上，而且垄断越来越严重。1601年，有人在议会上宣读了一长串垄断者的名单，有议员嘲讽道："还有不是垄断的吗？"到1621年的时候，垄断机构达到了700多家，就像英国历史学家克里斯托弗·希尔（Christopher Hill）所记述的：

> 一个人住在垄断砖块砌成的房子里，窗户上……镶着垄断的玻璃；将垄断的木炭（在爱尔兰木材是垄断的）点燃在垄断钢铁制成的炉膛中燃烧。他用垄断肥皂洗漱，用垄断浆粉洗衣服。他穿着用垄断花边、垄断亚麻布、垄断皮革和垄断金线做成的衣服。……他的衣服上装饰着垄断的皮带、垄断的纽扣和垄断的胸针。它们都是用垄断颜料染制的。他吃着垄断黄油、垄断葡萄干、垄断红鲱鱼、垄断鲑鱼和垄断龙虾。他的食物是用垄断食盐、垄断辣椒和垄断食醋烹制而成的。……他用垄断的钢笔在垄断的书写纸上写字；（带着垄断眼镜，

就着垄断蜡烛的烛光）阅读着垄断印制的图书。

这些垄断以及许多其他的垄断使个人或集团可以控制许多产品的生产。这些垄断者阻碍了人才的流动，而人才的流动对于经济繁荣至关重要。

詹姆士一世及其儿子、继位者查理一世（Charles Ⅰ）都渴望加强王权，削减议会的影响，建立与西班牙和法兰西相同的专制制度来加强他们和精英们对经济的控制，使制度更具有汲取性。詹姆士一世和议会的冲突在16世纪20年代日益恶化。这些冲突的核心问题就是对海外贸易和不列颠群岛内部贸易的控制。国王授权垄断是国家收入的主要来源，是一种常被国王授予支持者的排他性权力。这种掠夺性肯定阻碍了他人进入市场，并且抑制了市场某些功能的发挥，也会极大地危害经济活动。1623年，议会努力取得了标志性胜利，通过了《垄断法》，该法禁止詹姆士一世制造新的国内垄断。然而，他仍然可以授权国际贸易垄断，因为议会的权威没有扩展到国际事务，现有的垄断、国际和其他一些问题未被触动。

议会不是常设机构，必须国王召集才开会。《大宪章》之后出现的传统就是国王要征新税必须召集议会获得许可。查理一世在1625年登基，直到1629年才召集议会，这强化了詹姆士一世为了建立更牢固的专制制度而做的努力。他采用强制借贷，人民必须"借"给他钱，他又单方面改变贷款条件，拒绝偿付。他在《垄断法》给他留下的空间内创造并出售垄断权：海外贸易探险。他逐渐削弱了司法独立的基础，尽力干涉影响法律案件的结果。他征收多种税费，其中最有害的就是"造船税"——1634年海岸城镇为得到皇家海军支持而支付的税收；1635年，这种税收又扩展到内陆。一直到1640年造船税才被取消。

查理不断的专制行为和汲取性政策日益加剧，这在整个国家造成了怨恨和抵制。1640年，他为了筹集对苏格兰战争所需的军费，被迫召开议会要求增加税收。这次所谓的"短期议会"只存续了3个星期。到伦敦来的议员们拒绝讨论税收问题，而是发泄了许多不满，直到查理把他们解散。苏格兰人看到查理没有得到国民的支持，就进攻英格兰，占领了纽卡斯尔城。查理开始谈判，苏格兰人要求议会参与。这又让查理召集了后来称为长期议会的议会，因为它一直持续到1648年，查理被迫同意"不经议会认可不得解散议会"的提案。

尽管议会中有许多人站在国王一边,但是在1642年仍然爆发了查理和议会之间的内战。冲突的形式反映了关于经济和政治制度的争斗。议会想结束专制政治制度;而国王想加强专制制度。这些冲突都根源于经济。许多人支持国王,因为他们得到了利润丰厚的垄断权。比如,由什鲁斯伯里和奥斯沃斯特里富人与权势商人控制的地方垄断行业就得到国王的保护,免受伦敦商人的竞争。这些商人支持查理一世。另一方面,冶金业在整个伯明翰(Birmingham)地区非常发达,因为那里垄断权很弱,这个产业的新进入者无须像英国其他地区一样先做七年学徒。在内战期间,他们为议会方制造刀剑、产生出了许多自愿参加者。同样,兰开夏没有行会管制也为1640年之前"新式帷幔"——一种新式的薄纱布——的发展留下了空间。这种布料生产集中的地区也是兰开夏支持议会的唯一地区。

在奥利佛·克伦威尔的领导下,议员们——由于他们都剪了光头而被称为圆颅党——击败了被称为骑士团的保皇派。查理被审讯,并在1649年被处死。然而,查理被打败和君主的废除并没有带来包容性制度。相反,君主政体被奥利佛·克伦威尔的独裁取代了。在克伦威尔死后,君权在1660年又被复辟了,他们又得到了1649年被废除的特权。查理的儿子,查理二世,又制定了在英格兰建立专制的同样计划。查理1685年死后,查理二世的兄弟詹姆士二世(James Ⅱ)继位,詹姆士强化了专制制度。1688年,詹姆士重建专制主义的尝试造成了另一场危机和另一场内战。这个时期的议会更加团结,更加有组织了。它们邀请荷兰总督奥兰治亲王威廉(the Dutch Statholder, William of Orange)和他的妻子玛丽(Mary)——詹姆士信新教的女儿——取代詹姆士。威廉带来军队,宣布王室不以专制君主进行统治,而是在议会制定的立宪君主制度下进行统治。威廉在德文郡的布里克瑟姆(地图9)登陆大不列颠后两个月,詹姆士的军队就分崩离析了,他逃到了法兰西。

光荣革命

在光荣革命胜利后,议会和威廉商定出了新宪法。威廉在入侵之前不久发布的"宣言"预言了这一点。1689年2月会议制定的《权利宣言》进一步明确记录了这些改变。就在威廉登基的同一会议上,议会的代表向威廉宣读了这个《权利宣言》。《权利宣言》在签署成法律之后称作《权利法案》。然而,重要的是,它建立起了某些核心的宪政原则,确定了王位的继承问题,并且采用了一种与当时普遍接受的原则完全不同的方式来继承。如果议会能够废除君主并让一个他们更喜欢的人接替他,这样的事情发生一次,就可能会有第二次。《权利宣言》还宣称,国王不得干涉议会事务,未经议会许可征税为非法。另外,它还提到,未经议会许可,英格兰不能够有常驻军队。像条款 8 就有些含混不清,该条款写到"议会成员的选举应该是自由的",但是没有指明"自由"如何被决定。条款 13 更加模糊,其核心点是议会应该经常召开。既然议会什么时候召开、是否召开是整个世纪如此有争论的问题,人们就可能希望这个条款更加明确。然而,这种模糊表述的根源是明确的。条款必须得到实施。查理二世在位期间,通过了《三年法案》,明确议会必须至少每三年召开一次。但是,查理忽略了这个法案,结果什么也没有发生,因为没有实施这个法案的办法。1688 年之后,议会尽力引入了实施这个条款的办法,就像男爵们在国王约翰签署《大宪章》之后对待他们的议会那样。他们没有这样做,因为他们不需要这样做。这是因为权威和决策权在 1688 年之后转到了议会。由于没有专门的宪法规则或法律,威廉就简单地根据之前国王们的经验放弃了。他不再干涉法律决定,放弃了之前的"权利",比如终身得到关税收益的权利。总的来看,政治制度的这些变化代表了议会对过往的胜利,这就是英格兰专制主义的结束,后来产生了大不列颠——英格兰和苏格兰通过 1707 年的《联合法案》联合起来了。从那时开始,议会严格控制国家政策。这有了很大不同,因为议会的利益完全不同于斯图亚特王朝国王们的利益。由于许多议会成员在贸易和工业中有重要的投资,他们实施产权就有了强大的利害关系。斯图亚特王朝经常侵犯产权;现在它们得到支持和维护了。而且,在斯图亚特王朝控制着政府如何花钱时,议会反对更高的税收,避免国家力量的加强。现在,议会自己控制着开支,它就乐于提高税收并把钱花在它认为有价值的活动中。其中,最主要的是加强海军,这将保护许多议会成员的海外商业利益。

政治制度出现了多元主义性质,这比议会成员的利益更加重要。现在英国民众有了接触议会的通道,政策和经济制度是以国王制定政策时从未有过的方式在议会形成的。当然,这部分是因为议会成员是选举出来的。但是,由于英格兰在这一时期还不是民主国家,这种通道只引起了不太多的反响。有许多不平等,在 18 世纪,只有不到 2% 的人口可以投票选举,而且这些人还必须是男人。工业革命发生的一些城市如伯明翰、利兹、曼彻斯特和设菲尔德在议会中没有独立的议员;相反,农村地区议员过多。同样糟糕的是,农村地区——即"县"——的选举权是建立在土地所有权基础上的,而许多城市地区——即"区"——是由少数精英控制的,它们不允许新生的工业家投票或竞选行政职位。例如,在白金汉郡的行政区内,13 名选举出来的议员就具有排他性的投票权。除此之外,还有"废除的选区",他们在历史上有投票权但是已经被"废除"了,有些是因为它们的人民都搬走了,有些是因为像英格兰东海岸敦维奇那样被海洋侵蚀而陷入海洋之中了。在每个被废除的选区中,很少的选民要选出两位议员。老塞勒姆有 7 位选民、敦维奇有 32 位选民,但是它们都要选出两位议员。

但是,还有其他影响议会并因此影响经济制度的方式。最重要的方式就是通过请愿,对于光荣革命之后多元主义的出现来讲,这比有限程度的民主有意义得多。任何人都可以向议会请愿,并且他们也确实请愿过。重要的是,当人们请愿时,议会会听。没有什么比这更能反映专制主义的失败、社会中相当大一部分人具有权力和英格兰 1688 年之后多元主义的兴起了。迅速增多的请愿活动表明,确实是社会中的广泛集团而不仅仅是位居议会或被议会代表的人有权力影响政府工作的方式。并且他们确实运用了。

垄断的案例最好地表明了这一点。我们在上面看到,垄断是如何成为 17 世纪汲取性经济制度的核心的。它们在 1623 年受到了《垄断法》的打击,并且成为英国内战的绝对焦点。长期议会废除了因此而冒犯人们生活的所有国内垄断。尽管查理二世和詹姆士二世没能恢复垄断,但是他们尽力保留了授权海外垄断的权力。一个是皇家非洲公司,其垄断许可证是查理二世于 1660 年颁发的。这个公司垄断了非洲最能获利的奴隶贸易,其总裁和最大股东是查理的兄弟詹姆士,他不久之后就成了詹姆士二世。1688 年之后,该公司受损的不仅是总裁,而且还有其主要支持者。詹姆士非常敬业地保护这个公司的垄断权免受"闯入者"的竞争,挡住那些想从西非购买奴隶并卖到美洲去的独立贸易者。这是获利不菲的贸易,皇家非洲公司面临着许多挑战,因为其他所有英国在大西洋的贸易都是自由的。1689年,该公司拦截了一名新进入者——一位姓南丁格尔(Nightingale)的人——的货物。南丁格尔起诉该公司非法拦截其货物,大法官霍尔特(Holt)判决该公司的拦截为非法,因为他行使的是国王特权创造的垄断权。霍尔特辩论道,垄断特权只能由法律创设,而这必须由议会来做。因此,霍尔特把所有未来的垄断权而不仅仅是皇家非洲公司的垄断推到了议会手中。1688年之前,詹姆士二世会很快清除任何做出这种判决的法官,但是1688年之后情况完全不同了。

议会现在必须要决定如何处理垄断问题,请愿书开始纷至沓来。来自新进入者的135份请愿书要求可以在大西洋自由从事贸易。尽管皇家非洲公司做出了友好的回应,但是它不希望挑战要求废除垄断请愿的数量或规模。新进入者成功地形成了他们的反对请愿书,他们不是以狭隘的自我利益的名义,而是以国家利益的名义,而且确实如此。结果,在135份请愿书中,有5份是由新进入者自己签署的,有73份来自伦敦之外的其他省份,还有8份支持该公司的。从殖民地那里请愿也是允许的,新进入者收集到27份请愿书,该公司收集到11份请愿书。新进入者还收集到更多的请愿书签名,总共有8000个,相比该公司只得到了2500个签名。斗争一直持续到1698年,皇家非洲公司的垄断被废除。

1688年之后,除了经济制度决策的这个新核心和新的响应之外,议会开始了一系列经济制度和政府政策的关键改变,这最终为工业革命开辟了道路。在斯图亚特王朝时期废除的产权加强了。议会开始了促进生产而不是征税或阻碍生产的经济制度改革过程。"火炉税"每年都对壁炉或火炉征税,这种税对生产者征收得最重,生产者都极力反对这种税。1689年威廉和玛丽登基之后不久便废除了火炉税,议会开始对土地征税。

再分配税收负担不是议会支持的唯一一项支持生产的政策。扩大羊毛制品市场和利润的一整套法案和法律通过了。这很有政治意义,因为许多反对詹姆士的议员都大量投资于这些最初的制造企业。议会还通过了允许完全重组土地产权的法律,允许许多古老的产权和使用权形式进行联合和清除。

议会的另一项重点是改革金融。尽管在光荣革命之前就存在银行业和金融业的扩张,但是这个过程由于1694年英格兰银行的创立而得到极大的巩固,它成为工业发展基金的来源。它是光荣革命的另一项直接结果。英格兰银行的创立为更为广阔的"金融革命"开辟了道路，它导致了金融市场和银行业的巨大扩张。到18世纪早期，每个能够提供必要担保物的人都可以得到贷款。伦敦一家相对较小的银行C.霍尔公司的记录——从1702—1724年开始一直保存得完整无缺——表明了这一点。尽管银行也会借钱给贵族和地主，但是这个时期从霍尔公司借钱的最大借款者中的2/3不是来自特权社会阶级。相反，他们是商人和生意人，包括约翰·斯密（John Smith）——许多普通英国人都叫这个名字。在1715年到1719年期间，斯密就从这家银行借了2600英镑。

到目前为止，我们一直强调光荣革命如何转变了英国的政治制度，使它们更多元化并开始建立包容性经济制度的基础。从光荣革命中出现了一项更有意义的制度变迁：议会继续了由都铎王朝发动的政治集权过程。不仅仅是限制不断增加、国家以不同方式管制经济或者国家将钱花在不同的方面，而且国家的素质和能力在各个方面都得到了提高。这再一次表明了政治集权和多元主义的联系：在1688年之前议会阻碍国家更有效率、占有更多资源，因为它控制不了那样的一个国家。但是1688年之后，情况就完全不同了。

国家开始扩张，不久支出就达到了国民收入的10%。这是以税基的扩张为基础的，特别是关于特许权税，这是对一长串国内生产商品的生产所征收的税。这是那个时期非常大的国家预算，并且实际上比我们今天在世界许多地区看到的都要大得多。比如，哥伦比亚的国家预算仅在20世纪80年代的时候才达到这个相对规模。在撒哈拉以南非洲的许多地方，比如塞拉利昂，如果没有大量外国援助流入的话，甚至到今天国家预算还远低于经济的这个相对规模。

但是国家规模的扩张只是政治集权过程的一部分，比这更重要的是国家发挥作用的定性方式和控制国家以及为国家工作的那些人的行为方式。英格兰国家制度的构建又回到了中世纪，但是正如我们已经看到的，向政治集权和现代行政发展的步骤是亨利七世和亨利八世断然采取的。然而，国家仍然远不同于1688年之后出现的现代形式。例如，许多被任命者都有政治背景，而不是因为其品行和才能，国家对提高税收仍然只有非常有限的能力。

1688年之后，议会开始改进通过税收提高收益的能力，特许税局的发展很好地表明了这一点，它从 1690 年的 1211 人迅速增加到 1780 年的 4800 人。特许税督查驻守在整个国家，受专门到处检查的征收员的监督，他们测量和估计面包、啤酒和其他应征收特许税的商品的数量。历史学家约翰·布鲁尔（John Brewer）所描述的检察官乔治·考普维特（George Cowperthwaite）的特许税巡回路线的重建阐明了这种活动的程度。在 1710 年 6 月 12 日到 7 月 15 日，检察官考普维特在约克郡里士满特区穿行了 290 英里。在这期间，他访问了 263 家食品生产厂、71 家麦芽生产厂、20 家蜡烛厂和一家普通的啤酒制造商。整体来看，他采用了 81 种不同的生产衡量手段，检查了为他工作的 9 个不同税收员的工作。8 年后，我们发现他一直努力工作，不过现在是在韦克菲尔德特区，约克郡的另一个地区。在韦克菲尔德，他平均每天走 19 英里以上，每周工作 6 天，通常检查 4~5 个地方。在休息日——星期天——他会写书，因此我们能够有其活动的完整记录。实际上，特许税制度有非常完善的记录保留。税务官采用三种不同的记录方式，每一种都被认为等价于其他两种，对这些记录的任何损害都是严重的过错。这种国家监督社会的卓越水平超过了今天大多数穷国政府能够达到的水平，也就是 1710 年的英国。还非常有意义的是，1688 年之后，国家开始更多地依赖人才而不再那么依赖政府人员，发展出了一套管理国家的强有力的基础设施。

工业革命

工业革命在英国经济的每个方面都很明显。运输、冶金和蒸汽机都有重大改进。但是，最重要的创新领域是纺织品生产的机械化，以及生产这些人造纺织品的工厂的发展。这个变化过程是由光荣革命的制度变迁释放出来的。这不仅仅是因为国内垄断的废除——1640 年就废除了国内垄断，也不仅仅是因为不同的税收或利用金融的机会，而是因为支持创新者和企业家的经济制度的基本重整，是建立在更安全、更有效率的产权的基础上的。

例如，产权安全性和效率的提升在"运输革命"中起核心作用，它为工业革命开辟道路。在运河和道路上的投资，即所谓的"收费高速公路"，在 1688 年之后大幅度增加。这些投资降低了运输成本，成为工业革命发生的重要先决条件。在

1688 年之前，这些基础设施的投资受斯图亚特王朝独裁行动的阻碍。1688 年之后的情况变化可以通过英格兰伍斯特郡 Salwerpe 河的例子得到生动说明。1662 年，议会通过了鼓励投资让 Salwerpe 河通航的法案，鲍德温家族（the Baldwyn family）为此投资 6000 英镑。作为回报，他们获得了收取河流通行费的权利。1693 年，议会引入一项议案，把征收通行费的权利转交给了什鲁斯伯里伯爵（the Earl of Shrewsbury）和考文垂领主（Lord Coventry）。该法案遭到了蒂莫西·鲍德温爵士（Sir Timothy Baldwyn）的挑战，他立即向议会提交了请愿书，宣称该项提案在本质上是对他父亲财产的征收，他父亲在这条河流上进行了大量投资，希望能够收费。鲍德温认为，"新法案无视已经达成的法案，剥夺了在该河流上所做的所有工作和投入的材料"。像这种权利的再分配就是斯图亚特王朝所做的那类事情。鲍德温记录道："未经他们同意，剥夺任何人在议会法案下购买的权利，都会产生非常有害的结果。"结果，新法案失效了，鲍德温的权利得到支持。在 1688 年之后产权更加安全了，这一部分原因是为确保产权与议会的利益一致，也是因为多元制度受到了请愿的影响。在这里，我们看到，1688 年之后政治制度在本质上更加多元化了，并且在英格兰内部建立了相对平等的竞争环境。

运输业革命——或者通俗一点讲土地重组，发生在 18 世纪，其潜在原因是议会法案改变了财产所有权的性质。直到 1688 年，一直都存在这样一种法律假设，即英国所有的土地最终都归王室所有，这是封建社会组织的直接遗产。多片土地被多种古老的产权形式和许多突然杀出的权利要求所拖累。许多土地采取了所谓"公平地产"的持有形式，这意味着土地所有者不能抵押、出租或出售土地。公共土地通常只能用于传统用途。将土地以经济上希望的方式运用会有很多障碍。议会开始改变这一点，允许人们向议会请愿简化并重组产权，随后发生的变化体现在成百上千的议会法案中。

经济制度的重整也在保护国内纺织品生产免受外国进口影响的议事日程的出现中得到体现。议员们以及支持他们的选民不是反对所有的进入壁垒和垄断，这也不足为奇。他们肯定欢迎那些能够提高自己市场和利润的壁垒与垄断。然而，重要的是，多元政治制度——议会代表、赋权并倾听社会广大人民声音的事实——意味着这些进入壁垒没有堵死其他实业家进入的大门，或者没有完全将新进入者排除在外,就像威尼斯的转向一样。有权势的羊毛制品生产商很快就发现了这一点。

1688年,英国最重要的进口品中有一部分是来自印度的纺织品——白棉布和平纹细布,它们占到了全部进口纺织品的1/4。同样重要的是来自中国的丝绸。白棉布和丝绸是通过东印度公司进口的,它在1688年之前享受政府颁发的对亚洲贸易的垄断权。但是东印度公司的垄断权和政治权力是通过向詹姆士二世大量行贿得到维持的。1688年之后,该公司处于非常脆弱的地位,很快就受到了攻击。希望在远东和印度贸易的商人提交了大量请愿书,要求议会批准对东印度公司的竞争,而东印度公司采用相反的请愿进行回应,并表示愿意借钱给议会。该公司失算了,一家与之竞争的新的东印度公司建立起来了。但是纺织品生产商不希望来自印度贸易的更多竞争,要求对廉价进口的印度纺织品(白棉布)征税甚或禁止进口。这些生产商面临着廉价印度进口品的强烈竞争。此时,国内最重要的生产商生产羊毛制品,但是棉布生产商在经济上以及政治上的重要性与日俱增。

发展起来的羊毛工业早在16世纪60年代就尽力保护自己。它提出了"节约法令(禁奢令)",除了其他方面之外,它禁止穿进口布料做的衣服。它还游说议会在1666年和1678年通过法律,人们在埋葬时如果不穿羊毛寿衣而穿其他布料的寿衣则被视为非法。这两个措施都保护了羊毛品市场,减轻了英国生产商面临的来自亚洲的竞争。然而,在这个时期,东印度公司太强大而不能限制其亚洲纺织品的进口。潮流在1688年之后变了。在1696年到1698年期间,来自英格兰东部和英国西南部的羊毛织物生产商与来自伦敦、坎特伯雷的丝织工和黑范特公司结成联盟限制进口。来自黑范特公司的蚕丝进口商,尽管它们不久前已经失去了垄断权,仍然希望排挤亚洲的蚕丝,以便为来自土耳其帝国的蚕丝创造商机。这个联盟开始向议会提交议案,对亚洲棉花和蚕丝做成的衣物进行限制,并且对亚洲纺织品在英格兰的印染进行限制。1701年,议会最终通过了"一项通过鼓励本王国的制造业发展让穷人更有效就业的法案"。从1701年9月,它命令:"限制所有加工过的蚕丝、细布、织品和原丝,以及波斯、中国或东印度生产的蚕丝的进口,禁止穿着从那些国家进口的印花、印染或着色的白棉布制作的衣服。"

现在,在英格兰穿着用亚洲生产的丝绸和白棉布制作的衣服是非法的。但是,为了对欧洲或其他地区特别是美国殖民地的再出口而进口这些产品仍然是可以的。

另外，白棉布可以在英格兰进口和完成，平纹细布则免受限制。在经过长期的斗争之后，这些漏洞——就像国内羊毛织品生产商所认为的——都被1721年颁布的《白棉布法案》堵上了。"1722年12月25日以后，在大不列颠无论什么人使用进口的各种印染、印花、染色的白棉布做的毯子，或是穿着这类衣服，都将不再是合法的。"尽管该法案为英国羊毛生产商消除了来自亚洲的竞争，但是仍然存在活跃的国内棉花和亚麻工业同羊毛生产商进行竞争：棉花和亚麻混纺生产称作粗斜纹布的大众布料。在排除了亚洲的竞争之后，羊毛产业现在转向排挤亚麻布。亚麻布主要是在苏格兰和爱尔兰制造的，这给了英国要求将这些国家排挤出英国市场的联盟一定的空间。然而，对羊毛织品生产商的权力也有限制。这些新的努力遭到了曼彻斯特、兰开斯特和利物浦迅速成长的工业中心的亚麻布生产商的强烈反对。多元主义政治制度意味着，所有这些不同的集团现在有了通过投票——更重要的是请愿——参与议会决策政策过程的渠道。尽管请愿是从两方的角度发出的，支持和反对的签名都大量存在，但是这场冲突的结果是支持新利益而反对羊毛工业利益的胜利。1736年的曼彻斯特法案一致同意"用亚麻纱和棉线生产的大量纺织品在过去几年一直生产，并且在大不列颠王国内印染和印花"。该法案接着宣称："上述提到的（1721年）法案中所有内容都不可被延伸或解释成禁止以衣服、家居纺织品、家具或其他形式穿着或使用，用亚麻纱和棉线做成的任何类型的纺织品都可以在大不列颠王国生产、印染或印花成任何一种或多种颜色。"

曼彻斯特法案对新生的棉纺织业是一个重大的胜利。但是，其历史和经济上的意义实际要大得多。首先，它阐明了英格兰议会的多元政治制度允许对进入壁垒进行限制；其次，在接下来的半个世纪中，棉布生产业的技术创新在工业革命中起中心作用，并通过引入工厂制度从根本上改变了社会。

1688年之后，尽管国内出现了公平的竞争环境，但是在国际事务上议会却竭力打破这种公平环境。这不仅体现在白棉布法案中，航海法中也说明了这一点。前者是1651年通过的。在接下来的200年中，这两个法案轮流发挥作用。这些法案的目标是方便英格兰国际贸易的垄断权，然而重要的是这并非国家垄断而是私人部门垄断。基本的原则是英国的贸易应该用英国的船只运输。法案规定外国船只从欧洲之外运送货物到英格兰及其殖民地是非法的。同样，第三方国家的船只从欧洲之外的其他国家运送货物到英格兰也是非法的。对英国商人和制造业者的有利条件自然提高了他们的利润,这就进一步鼓励了这些新的、利润率更高的活动中的创新。

到1760年,所有这些因素的联合——改进的和新的产权、改进的基础设施、改变了的预算制度、更便利的融资通道以及对商人和制造业者的过分保护——开始起作用。从此之后,出现了专利发明数量的跳跃式增加,处于工业革命核心的技术变革百花齐放,开始越来越明显。创新发生在许多前沿领域,反映了制度环境的改变。一个重要的领域就是动力,最著名的就是詹姆斯·瓦特(James Watt)在18世纪60年代使用蒸汽机作为动力。

瓦特最初的突破在于设计一个独立的蒸汽冷凝室,以便使推动活塞运动的汽缸一直保持很高的温度,而不需要加热和冷却。接着,他又提出许多其他想法,包括将蒸汽机运动转变为动力的更有效率的方法,最著名的就是他的"太阳及其行星"样式的齿轮系(活塞杆的往复运动转变为旋转运动的飞轮曲轴)。在所有这些领域,技术创新都建立在其他人早期工作的基础上。在蒸汽机这个例子中,包括英国发明家托马斯·纽科门(Thomas Newcomen)和法国物理学家、发明家狄奥尼修斯·巴品(Dionysius Papin)的早期工作。

巴品的发明是另一个例子,说明了在汲取性制度下对创造性破坏的担心阻碍了技术变革。巴品在1679年发明了"蒸汽锅",并在1690年他将这项发明扩展到活塞蒸汽机。1705年,他用这台原始的发动机建造了世界上第一艘蒸汽船。巴品当时是德国卡塞尔州马尔堡大学的数学教授。他决定驾驶这艘汽船从富尔达河下水到达威悉河。任何进行这段航行的船只都必须在明登城停靠。那时,富尔达河和威悉河的河运由船主行会垄断。巴品肯定已经意识到可能会有一些麻烦。他的朋友和顾问、德国著名的物理学家戈特弗里德·莱布尼茨写信给卡塞尔州长,请求允许巴品"……不受阻碍地通过卡塞尔河……"然而,莱布尼茨的请求被粗暴地拒绝了,他收到了非常简短的回信:"选举议会已经发现在授权以上请愿方面存在严重的障碍,他们没有给出理由,只是指示我通知你他们的决定,结果就是请求没有得到选举人阁下的授权。"巴品没有被吓住,他决定无论如何都要进行这次旅程。当他的船只到达明登的时候,船主行会首先试图让地方法官扣留该船只,但是没能成功。然后,船主们开始撞击巴品的汽船,并把蒸汽发动机撞成了碎片。巴品穷困而死,被埋葬在了一处没有任何标示的坟墓中。在英格兰都铎或斯图亚特王朝时期，巴品也可能会受到同样的不友好对待，但是这在1688年之后都变了。实际上，巴品在船只被撞毁之前一直想驾驶这艘船到伦敦。

在冶金业，主要的贡献是18世纪80年代由亨利·科特（Henry Cort）做出的，他采用新技术处理铁中的杂质，以便生产出质量更好的熟铁。这对机器零件、五金和工具的生产至关重要。科特生产大量熟铁的技术由亚伯拉罕·达比（Abraham Darby）及其儿子们的创新被大大简化，他们在1709年初就开始用炭来炼铁。这个过程在1762年又得到改进，根源是约翰·斯米顿（John Smeaton）运用水力推动鼓风机制作焦炭。此后，在铁的生产中，改用更便宜、更易得的焦炭代替了木炭。

尽管创新明显是累积性的，在18世纪中期还存在明显的加速。没有哪个行业比纺织品生产行业更显而易见了。在纺织品生产中最基本的操作是纺纱，它包括将互相缠结的植物或动物纤维——比如棉花或羊毛纺成纱线，然后将这些纱线再织成纺织品。中世纪一个最大的技术创新就是纺车，它代替了手工纺纱。这项发明大约于1280年出现于欧洲，很可能是从中东传来的。一直到18世纪，纺纱方法都没有什么变化。重要的创新开始于1738年，刘易斯·保罗（Lewis Paul）发明了一种采用纺轮取代人手从要纺的纤维中抽取纺线的方法。然而，这个机器不好用。后来是理查德·阿克赖特和詹姆士·哈格里夫斯（James Hargreaves）的发明真正实现了纺织业的革命。

1769年，工业革命最显赫的人物阿克赖特发明了"水力纺纱机"，与刘易斯的机器相比这是极大的改进。他跟杰迪戴亚·斯特拉特（Jedediah Strutt）和塞缪尔·尼德（Samuel Need）合伙，他俩都是针织品生产商。1771年，他们在克隆福德建立了一家工厂，这是世界上的第一座工厂。新机器用水作动力，但是阿克赖特后来做了重大改进，改用蒸汽动力。到1774年，他的工厂雇用了600名工人，他到处扩张，最终在曼彻斯特、马特洛克、巴斯和苏格兰的新拉纳克都建立了工厂。阿克赖特的发明由哈格里夫斯于1764年发明的多轴纺纱机得以完善。多轴纺纱机又被萨缪尔·克朗普顿（Samuel Crompton）于1779年发展成为"精纺机"，后来又被理查德·罗伯茨（Richard Roberts）发展成为"走锭纺纱机"。这些发明的影响确实是革命性的：在 18 世纪早期，手纺工人需要用 50000 个小时纺 100 磅棉花，阿克赖特的水力纺纱机用 300 个小时就能完成，而走锭纺纱机只需要 135 个小时就可以完成。

伴随纺纱机械化而来的是织造的机械化。1733 年约翰·凯伊（John Kay）发明了飞梭，迈出了重要的第一步。尽管它在最初仅仅提高了手织工的生产率，但是其最持久的影响是为纺织机械化开辟了道路。在飞梭的基础上，埃德蒙·卡特赖特（Edmund Cartwright）在 1785 年引入了动力织布机，这是导致织造业中机器代替手工技术的一系列创新的第一步，就像在纺纱业中一样。

英国的纺织业不仅是工业革命背后的推动力，而且还给世界经济带来了革命性的变化。英国棉纺织品的出口量在 1780 年至 1800 年间翻了一番，是这个部门的增长拉动了整个经济。技术创新和组织创新的联合提供了转向富裕世界经济的经济进步模式。

具有新思想的新人们对这种转变是至关重要的。想想运输业的创新就知道了。英格兰经历了好几次运输业的创新：先是运河，接着是公路，最后是铁路。在每一波创新中都有新人出现。运河在 1770 年后开始在英格兰发展，到 1810 年的时候，它们就已经把最重要的工业区都连接起来了。当工业革命开展的时候，运河极大地降低了运送大宗新生产的工业产品的运输成本，比如棉纺织品以及生产原料，特别是原棉和蒸汽机用的炭。在修建运河中，早期的创新者是詹姆士·布林德利（James Brindley）等，他受雇于布里奇沃特公爵（the Duke of Bridgewater）修建布里奇沃特运河，将主要工业城市曼彻斯特和利物浦港连接起来。布林德利出生于德贝郡农村，是一位有技能的技工。他找到解决工程性问题的创造性的方法，而他声名大振也引起了公爵的注意。他此前没有解决运输问题的经验，其他伟大的运河工程师也一样，像托马斯·泰尔福（Thomas Telford）最初是个石匠，约翰·斯米顿（John Smeaton）是一个工具制造者和机车司机。

伟大的运河工程师此前并未涉足过运输业，公路和铁路的伟大工程师也如此。约翰·麦克亚当（John McAdam）是一个小贵族的二儿子，他在 1816 年左右发明了铺路用的沥青。第一列蒸汽火车是理查德·特里维西克（Richard Trevithick）在 1804 年制造的。他的父亲在康沃尔从事采矿业，理查德早年也进入到了该行业，他对于抽空矿井的蒸汽机深深着迷。产生更重要影响的乔治·史蒂芬森（George Stephenson），他的父母目不识丁，最初在煤矿做机车司机，后来他成了著名的"火箭号"火车的发明人。

新人也推动了重要的棉纺织业。这些新兴工业的许多先驱是此前大量参与羊毛衣服生产和贸易的那些人。例如，约翰·福斯特（John Foster）在他1835年转向棉纺业开办Black Dyke Mills的时候，他在羊毛工业中雇用了700名手摇纺织机织工。但是，像福斯特这样的人是少数。那时只有大约1/5的领袖实业家之前曾参与像生产活动这样的事业。这也不足为怪。其一，棉纺织业是在英格兰北部的新城镇发展的，工厂采用一种组织生产的全新方式。羊毛工业是以一种完全不同的方式组织生产的，把原料分到个人家里，个人在家里纺线和织布。因此，从事羊毛工业的大多数人无法像福斯特那样很好地转向棉纺织业。新进入者需要发展和应用新技术。棉纺织业的迅速扩张毁灭了大部分的羊毛产业——这实际上就是创造性破坏。

创造性破坏再分配的不仅仅是收入和财富，还有政治权力——威廉·李发现当权者们不接受他的发明是因为担心会引发政治后果，那时他就明白了这一点。当工业经济在曼彻斯特和伯明翰扩张的时候，在那里出现的新工厂主和中产阶级集团开始反对他们的财产被剥夺和不利于他们利益的政府政策。他们首先反对的就是《谷物法》，该法案禁止"谷物"——包括所有谷物类，但主要是小麦——进口，防止价格太低，这样就能够确保大土地所有者的利润保持在很高的水平。这个政策对生产小麦的大土地所有者有利，但是对制造业者不利，因为他们为补偿高昂的面包价格必须支付更高的工资。

工人们集中到新的工厂和工业中心，所以更容易组织，也更容易暴动。到19世纪20年代，在政治上排挤新的制造商和制造业中心越来越不堪一击了。1819年8月16日，反对政治制度和政府政策的会议在曼彻斯特圣彼得广场举行。组织者是约瑟夫·约翰逊（Joseph Johnson），是当地的一位毛刷生产商，激进报纸《曼彻斯特观察家》的创办人之一。其他组织者包括：约翰·奈特（John Knight），一位棉花生产商和改革者；约翰·萨克·赛克斯顿（John Thacker Saxton），《曼彻斯特观察家》的主编。6000名抗议者参加了集会，许多人手持写着"废除谷物法"、"普选权"和"投票选举（意思是投票应该不记名，而不是记名，就像1819年那样)"的旗帜。当局对这次集会非常紧张,调动了第十五骠骑兵的 600 名骑兵的武装力量。在演讲开始时,地方法官决定发出逮捕演讲者的逮捕令。警察试图执行逮捕令,他们遭到了群众的反对,冲突爆发。在这时,骠骑兵向群众发起了进攻,几分钟的混乱造成 11 人死亡,约 600 人受伤。《曼彻斯特观察家》称其为"彼得卢屠杀"。

但是,经济和政治制度已经发生了改革,所以从长期来看镇压在英格兰行不通。彼得卢屠杀仍然只是一个孤立事件。这次暴动之后,英格兰的政治制度经受不住压力而让步了,特别是在 1830 年法兰西反对查理十世(Charles Ⅹ)的革命之后,他试图复辟 1789 年法国大革命破坏了的专制主义。1832 年,政府通过了"第一次改革法案"。它给伯明翰、利兹、曼彻斯特和设菲尔德选举权,并扩大了选举基础,这样制造商们就能够在议会中得到代表了。随之发生的政治权力改变把政策向这些新代表利益所支持的方向倾斜;1846 年,他们废除了所憎恨的《谷物法》;这再一次表明,创造性破坏不仅是收入的再分配,而且还是政治权力的再分配。很自然,政治权力分配的变化又导致了收入的进一步再分配。

英国制度的包容性性质允许这个过程的发生。在创造性破坏中受损并且害怕创造性破坏的那些人再也不能阻止它了。

为什么是在英格兰?

工业革命在英格兰开始并实现了最大跨越是因为其独一无二的包容性经济制度。这些又都是建立在光荣革命所引发的包容性政治制度打下的基础上。光荣革命巩固了产权,并为其奠定了理性基础,改善了金融市场,削弱了国家颁行对外贸易垄断特权的基础,消除了工业扩张的壁垒,使政治制度对社会的经济需求和愿望开放并做出反应了。这些包容性经济制度给予了像詹姆斯·瓦特这种有才能有想象力的人发展他们技能和思想的机会与激励,他们和国家都获益,同时制度受到影响。很自然,这些人一旦成功,就具有跟其他人一样的愿望。他们想阻止其他人进入他们的产业、与他们竞争,他们还担心创造性破坏会将他们排挤出所在产业,就像他们此前使别人破产那样。但是,1688 年之后,这一点很难实现。1775 年,理查德·阿克赖特获得了一项综合性专利，他希望这项专利能够给他带来在将来迅速扩张棉纺织业的垄断权。他没能让法院实施这项专利。

为什么这个独一无二的过程开始于英格兰？为什么是在17世纪？为什么英格兰发展出了多元政治制度并放弃了汲取性制度？正如我们已经看到的，导致光荣革命的政治发展是通过几个相互联系的过程形成的。核心是专制主义与其反对者之间的政治冲突。这种冲突的结果不仅结束了在英格兰创造更新、更强有力专制主义的尝试，而且让那些希望从根本上改变社会制度的人有了权力。这不仅仅是玫瑰战争中兰凯斯特议会打败了约克议会。相反，在光荣革命中出现了一个新的制度，这一制度基于宪政规则和多元主义。

这个结果是英国制度改变及其与关键事件相互作用方式造成的。我们在上一章看到了封建制度是如何在西罗马帝国崩溃后在西欧形成的。封建主义很快就传遍了欧洲大部分地区，包括西欧和东欧。但是正如第4章阐述的，西欧和东欧在黑死病之后开始完全分化。政治和经济制度的微小差别意味着，在西欧权力平衡带来了制度改进；而在东欧，却带来了制度恶化。但是，这并非必然且不容置疑地导致包容性制度的路径。许多更重要的转折将必然接近。尽管《大宪章》试图为宪政规则建立某些基本的制度基础，但是欧洲的其他许多地区，甚至东欧，也为达成类似的文件进行了类似的斗争。然而，在黑死病之后，西欧与东欧渐行渐远了。像《大宪章》这样的文件开始更多地在西欧蔓延。而在东欧，它们却蔓延得非常少。在英格兰，甚至就在17世纪的冲突之前，国王未经议会同意不得征收新税的规范才建立起来。同样重要的是权力慢慢地、并越来越快地从精英们转向了普通市民，农村地区的政治动员说明了这一点，英格兰1381年的农民暴动就说明了这一点。

制度的这种转变现在与另一个重要事件相互作用，这一事件就是贸易大规模地向大西洋沿岸转移。正如我们在第4章所看到的那样，这一影响未来制度变化的主要方式依赖于皇室能否垄断这一贸易。在英格兰，议会稍微更大的权力意味着都铎王朝和斯图亚特王朝不能垄断。这创造出了新生的商人阶层，他们猛烈抨击在英格兰建立专制主义的计划。到1686年，在伦敦就有702个向加勒比出口的商人和1283个进口商。北美有691个出口商和626个进口商。他们雇用仓库管理员、海员、船长、码头工人、办事员——所有这些人都利益共享。其他令人瞩目的港口，如布里斯托尔、利物浦和朴次茅斯也同样满是这种商人。这些新进入者想要并且需要不同的经济制度。并且，因为贸易他们越来越富裕，因此也越来越有权了。同样的力量在法兰西、西班牙、葡萄牙发挥着作用。但是，在那里，国王更能够控制贸易及其利润。转变英格兰的这种新型集团也在那些国家出现了，但是非常弱小。

当1642年长期议会开始、内战爆发的时候，这些商人们主要站在议会一边。在17世纪70年代，他们大量参与到辉格党的形成中，反对斯图亚特专制主义。在1688年，他们成了废除詹姆士二世的主要力量。美洲出现了不断扩张的贸易机会，英国商人大规模进入美洲市场，殖民地经济得到发展，英国商人们在这个过程中赚取了财富——因此，君主和反对专制主义者之间的实力产生变化，反对者占据上风。

很可能最为重要的是，出现了许多不同的利益阶层——包括都铎王朝时期出现的商人、农民、阶层士绅以及不同类型的制造业者和大西洋贸易者，这意味着反对斯图亚特专制主义的联盟不仅强大，而且范围广泛。这一联盟甚至由于辉格党在17世纪70年代的形成而更加强大了，辉格党为扩大这个联盟的利益提供了组织。其得到的权力就是紧随光荣革命之后加强了多元主义的基础。如果所有反对斯图亚特王朝的那些人都具有相同的利益和相同的背景，那么斯图亚特王朝的推翻就更像是兰开斯特议会对约克议会斗争的重演，建立一个集团反对另一个狭隘利益集团，最终取代并重建相同或不同形式的汲取性制度。一个广泛的联盟意味着对多元政治制度的形成有更大的需求。如果不存在某种类型的多元主义，就存在一个具有不同利益的集团以牺牲其他集团的利益来篡夺权力的危险。1688年之后议会代表这种广泛联盟的事实就是使会成员听到请愿的一个主要原因，他们甚至从议会外甚或没有选举权的人那里听取请愿。这是阻止一个集团试图以牺牲其他人利益建立垄断的主要原因，与之前曼彻斯特法案的羊毛利益集团如出一辙。

光荣革命是一个重大事件，因为它是由一个大胆的广泛联盟领导的，并且进一步加强了这个联盟的权力；光荣革命形成了宪政制度，可以限制行政当局和行政当局成员的权力。例如，就是这些限制避免了羊毛制造业者能够挤压与棉纺织业者和粗斜纹布制造商之间的潜在竞争。因此，这种广泛的联盟在形成于1688年之后的强大议会上是重要的，但是它也意味着在议会内部存在着反对任何一个集团变得权力过大并滥用其权力的监督。这在多元政治制度的出现中是一个关键因素。这种广泛联盟的权力在这些包容性经济和政治制度的存续与加强中起重要作用,我们在第11章将看到这一点。

  这些因素都没有使真正的多元制度变得不可避免,多元制度的出现在一定程度上是历史的一个偶然。不太相同的联盟能够从英国反对斯图亚特王朝的内战中浮现出胜利,但是这只带来了奥利佛·克伦威尔的独裁。这一联盟的力量也不能保证专制主义将会被击败。詹姆士二世可能已经击败了奥兰治的威廉。在通常情况下,主要制度变迁的路径与其他政治冲突的结果一样具有偶然性。即使形成反对专制主义广泛联盟和大西洋贸易机会之关键事件的制度漂移的特定路径在反对斯图亚特王朝的斗争中作弊,也如此。因此,在这种情况下,偶然事件和广泛联盟就为多元主义和包容性制度的出现奠定了基础。

第8章
我们力所不及：发展的障碍

禁止印刷

1445年，约翰内斯·古腾堡（Johannes Gutenberg）在德国美因茨市，向公众展示了一项对此后经济史产生了深远影响的发明：活字印刷机。在那之前，图书要么是特别费时费力地由抄书员手抄，要么是在专门的木板上刻字，一页页地进行木版印刷。那时图书很少，并且非常昂贵。古腾堡的发明问世之后，情况开始变化。图书经由这样印刷，人们看书变得越来越容易。如果没有这项发明，提高大众的读写能力和教育程度可能就无法实现。

西欧的人们很快认识到了印刷机的重要性。15世纪60年代，印刷机已经出现在法国的斯特拉斯堡。到15世纪60年代后期，这项技术就传遍了意大利，先是罗马和威尼斯，紧接着是佛罗伦萨、米兰和都灵。1476年，威廉·卡克斯顿（William Caxton）在伦敦组装了一台印刷机；两年后，牛津也有了一台印刷机。同时，印刷技术传遍了荷、比、卢三国，还传到西班牙，甚至传到了东欧。1473年，布达佩斯开了家印刷厂，一年后，克拉科夫也开了一家。

并非人人都觉得印刷术的发明令人满意。早在1485年，奥斯曼帝国苏丹王巴耶塞特二世（Bayezid Ⅱ）颁布了一项法令，明确规定穆斯林在阿拉伯地区禁止印刷。苏丹王塞利姆一世（Sultan Selim Ⅰ）在1515年进一步强化了这一禁令。直到1727年，在奥斯曼帝国才允许有了第一台印刷机。接着，苏丹王艾哈迈德三世（Sultan Ahmed Ⅲ）颁布了一项法令，授权易卜拉欣·木托菲利卡（İbrahim

Müteferrika)建造印刷厂。姗姗来迟的准许令却是限制重重。尽管法令提到"非常幸运,这项西方的技术将像新娘一样揭去面纱,不再遮遮掩掩了",但是木托菲利卡的印刷事宜仍将受到严密监管。法令写道:

> 为了避免图书出现印刷错误,希望以下精通伊斯兰法的聪明的、受人尊重的、品德高尚的宗教学者,包括伊斯坦布尔著名的卡迪(Kadi 的音译,意为伊斯兰教法官)、梅夫拉纳·伊斯哈克(Mevlana İshak)、瑟拉尼奇的卡迪梅夫拉纳·撒西比(Mevlana Sahib)、加拉塔的卡迪梅夫拉纳·阿塞德(Mevlana Asad)和声名显赫并受到宗教圣职尊重的 Kasim Paşa Mevlevihane 的长者梅夫拉纳·穆萨等具有正义感的伊斯兰教宗教学者中的顶梁柱级人物,希望他们提升智慧和知识,发扬所长,负责监督校对工作。

木托菲利卡获准建造印刷厂,但是无论他印刷什么都必须经过三位宗教学者和法官(即卡迪)组成的专门小组的审查。也许像其他人一样,随着印刷更为触手可及,卡迪们的智慧和知识会增长得更快。但即使在木托菲利卡得以建造印刷厂后,事实也并未如此。

木托菲利卡最终没印几本书,一点也不奇怪。从 1729 年印刷机开始工作到 1743 年印刷机停止工作,只印刷了 17 本书而已。他的家族尽量延续印刷传统,但到 1797 年彻底放弃前,也只是又印了 7 本书。在奥斯曼帝国的核心土耳其之外,印刷滞后得更多。例如,在埃及,直到 1798 年才由法国人建造了第一台印刷机,这些法国人是拿破仑·波拿巴试图占领埃及却功亏一篑的计划的参与者。直到 19 世纪后半段,奥斯曼帝国的图书生产仍然主要由抄书员手抄现有图书完成。在 18 世纪早期,据说伊斯坦布尔活跃着 8 万名抄书员。

抵制印刷机对识字率、教育和经济效益具有明显的影响。1800 年,奥斯曼帝国大约只有 2%~3%的人识字,远低于英格兰成年男性 60%和成年女性 40%的识字率。在荷兰和德国,识字率更高。奥斯曼地区由于人民受教育程度最低而远远滞后于同时期的欧洲国家,比如说葡萄牙,大约只有 20%的成年人能够读写。

考虑到奥斯曼帝国的高度专制主义和汲取性制度,就很容易理解苏丹王为什么抵制印刷机了。图书会传播思想，使得国民更加难以控制。有些思想可能为提高经济增长提供极有价值的新方式，但是也可能具有颠覆性，对现有的政治体系和社会状况构成挑战。图书也会损害那些口授知识掌握者的权力，因为识字的人会通过图书轻易地获得那些知识。精英控制知识的现状因此面临被打破的威胁。奥斯曼苏丹王和各宗教团体担心图书的创造性会带来毁灭性的结果，于是他们选择的解决之道就是禁止印刷。

工业革命创造了几乎影响每个国家的关键节点。英格兰等国家不但允许，而且积极鼓励商业、工业化、企业家精神，所以它们迅速发展。有些国家，像奥斯曼帝国、中国和其他一些专制国家，由于阻碍或者不鼓励工业扩张，发展就落后了。政治和经济制度决定国家对技术创新的反应，再一次创造了现存制度与导致制度和经济结果分化的关键事件之间相似的交互模式。

直到第一次世界大战结束，专制主义土崩瓦解，奥斯曼帝国一直保持专制主义制度，因此得以成功地抵制或阻碍像印刷机这样的创新，以及可能由此导致的创造性破坏。经济变化发生在英格兰而没有发生在奥斯曼帝国，原因在于汲取性的专制政治制度和汲取性经济制度之间的本质联系。专制主义是不受法律或其他人希望约束的统治，尽管实际上专制统治是在某些小集团或精英的支持下进行的。例如，在19世纪的俄国，沙皇是受占全部人口1%的贵族支持的专制统治者。这个小集团建立政治制度，使他们权力永存。直到1905年沙皇建立杜马，在俄国社会中既没有议会，也没有其他集团的政治代表，然而他很快就逐渐收回他赋予杜马的极少的权力。毋庸置疑，汲取性的经济制度的目的是让沙皇和贵族尽可能多地占有财富。这种制度的基础跟许多汲取性的经济制度一样，是以俄国农奴制这种有害无益的、对劳动力进行胁迫和控制的广泛体系形式呈现的。

专制主义不是阻止工业化的唯一的政治制度。尽管专制制度不具有多元性，且畏惧创造性破坏，但是许多拥有集权的政府，至少是集权的程度足以对像印刷机这样的创新实施禁令的政府。甚至今天，像阿富汗、海地和尼泊尔这些国家也缺乏政治集权的国家政府。在撒哈拉以南非洲，情况就更糟糕了。就像我们前面所看到的，没有集权政府维持秩序、实施法规和保障财产，包容性制度不可能出现。我们在本章将看到，在撒哈拉以南非洲的许多地区（例如索马里和南苏丹），工业化的主要障碍是缺乏任何形式的政治集权。没有这些客观的前提条件，工业化就没有起飞的可能。

专制主义和政治集权缺乏或虚弱是工业扩张的两大截然不同的障碍。但是它们又相互关联；两者的存在都是因为担心创造性破坏，以及由于政治集权形成的过程经常造成走向专制主义的趋势。抵制政治集权的动因与抵制包容性政治制度的原因相似：担心失去政治权力，对新兴集权国家及其管理者来说是这样的。我们在前一章看到了，在英国都铎王朝统治下，厉行避免失去政治权力的政治集权，同时在国家政治制度中实行有利于地方精英的发言权和代表产生的政策。一个更强大的议会建立起来了，最终使包容性政治制度出现了。

但是，在许多其他情况下，恰恰会发生相反的情况，政治集权的过程也会在更加专制的时代产生。俄国专制主义的起源就很好地说明了这一点，它是彼得大帝在1682年到1725年逝世这段时间一手打造的。彼得大帝在圣彼得堡建立了一个新首都，为了建立现代官僚主义国家和现代军队，他剥夺了旧贵族波雅尔的权力。他甚至削去了助他成为沙皇的功臣波雅尔·杜马的官职。彼得大帝引入了官衔等级表，这是一种全新的社会等级体系，本质在于为沙皇服务。他还控制了教堂，与亨利八世（Henry Ⅷ）在英格兰建立集权国家时如出一辙。在政治集权的过程中，彼得大帝剥夺他人权力，收归自己所有。他的军队改革导致了传统皇家卫队禁卫军兵变，其他起义紧随其后，如中亚的巴什基尔人和布拉温起义。但是，都以失败告终。

尽管彼得大帝的政治集权计划成功，战胜了反对者，但是像禁卫军这些反对国家集权的力量，在世界上的许多地区都取得了胜利。由此所导致的国家集权的缺乏意味着一种不同形式的汲取性政治制度的存续。

在本章中，我们将看到政治集权是如何在关键时刻通过工业革命形成的，许多国家错过了机会，未能受益于工业扩张。它们要么像奥斯曼帝国，具有专制政治制度和汲取性经济制度，要么就像索马里，缺乏政治集权。

失之毫厘，谬以千里

17世纪，英格兰的专制主义走向衰落，西班牙的专制主义却日渐强盛。相当于英国议会的西班牙立法院有名无实。通过伊莎贝拉女王（Queen Isabella）和费德南国王（King Ferdinand）联姻，卡斯提尔和阿拉贡两国合并，于1492年形成了现在的西班牙。这个日期与西班牙收复失地运动结束的时间一致，这场运动是驱逐自从8世纪以来就占领了西班牙南部地区并建立了格兰纳达、科尔多瓦和塞维利亚等大城市的阿拉伯人的长期过程。在伊比利亚半岛上的最后一个阿拉伯国家格兰纳达，在克里斯托弗·哥伦布（Christopher Columbus）到达美洲并开始为资助这次远航的伊莎贝拉女王和费德南国王占领土地的同时，回到了西班牙手中。

卡斯提尔和阿拉贡两国的王权合并，以及随后的王朝联姻和丰厚遗产，在欧洲创造了一个超级大国。伊莎贝拉死于1504年，她的女儿乔安娜（Joanna）加冕成为卡斯提尔女王。乔安娜跟哈普斯堡皇室的菲利普结婚，菲利普是神圣罗马帝国皇帝马克西米利安一世（Maximilian Ⅰ）的儿子。1516年乔安娜和菲利普的儿子查理（Charles）加冕成为卡斯提尔和阿拉贡的国王查理一世（Charles Ⅰ）。他的父亲去世之后，查理继承了荷兰和弗朗什孔泰的统治权，把这两个地区并入了他在伊比利亚和美洲的版图。1519年，马克西米利安一世去世，查理又继承统治了德国的哈普斯堡地区，成为神圣罗马帝国的皇帝查理五世（Charles Ⅴ）。1492年两个西班牙王国合并后成了一个跨大陆的帝国，查理继续着伊莎贝拉和费德南开始的加强专制国家的计划。

西班牙建立并巩固专制主义很大程度上得益于在美洲发现的贵金属。到16世纪20年代，在墨西哥的瓜纳华托已经发现了数量庞大的银矿，不久又在墨西哥的萨卡特斯卡发现了大量银矿。1532年后，攻占秘鲁为王室创造了更多的财富。不管是战利品还是采矿所得，这些财富都以一定的份额分配，皇室坐拥1/5。正如第1章所述，16世纪40年代在波多西发现了银矿山，大量财富流入西班牙国王的金库。

在卡斯提尔和阿拉贡合并时，西班牙是欧洲经济最发达的地区之一。在其专制制度加强后，经济开始走向相对衰退，1600年后经济出现绝对衰退。伊莎贝拉和费德南收复失地后的初步行动之一是征收犹太人的财产。他们要求西班牙境内的大约20万犹太人在4个月内离开。他们不得不以非常低的价格出售土地和财产，而且不能把黄金和白银带离西班牙。同样的人间悲剧100多年后又上演了。1609年到1614年之间，菲利普三世（Philip Ⅲ）驱逐了西班牙南部原来阿拉伯国家臣民的后裔莫里斯科人。跟对待犹太人的政策一样，莫里斯科人只能携带规定的物品离开，不允许携带任何金、银或其他贵金属。

西班牙在哈普斯堡统治下，产权在其他方面也不安全。1556年继承其父亲查理五世王位的菲利普二世（Philip Ⅱ）在1557年和1560年先后拖欠债务，拖垮了夫捷尔和威尔瑟银行家族。此后，日耳曼银行家族的职能由热那亚银行家族承担，他们也依次在哈普斯堡家族统治时期分别于1575年、1596年、1607年、1627年、1647年、1652年、1660年和1662年由于随后到来的西班牙债务拖欠宣告破产。

跟专制主义西班牙的不稳定的财产权一样，专制主义对贸易经济制度和西班牙殖民帝国发展的影响也很关键。就像我们在前一章所看到的，英格兰的经济成功是建立在快速的商业扩张的基础上的。尽管与西班牙和葡萄牙相比，英格兰是大西洋贸易的后来者，但是它允许相对广泛地参与贸易和殖民。让西班牙皇室得益的也使英格兰新出现的商人阶级得以致富。就是这个商人阶级形成了英格兰早期经济变化的基础，成了反对专制政治联盟的坚强壁垒。

在西班牙，这些带来经济进步和制度变迁的过程没有发生。发现美洲大陆后，伊莎贝拉和费德南通过塞维利亚的商人行会控制新殖民地与西班牙之间的所有贸易往来，并确保王室获得其美洲财富的应有份额。西班牙与任何殖民地之间都不存在自由贸易，每年都有大量舰队从美洲返回，把贵金属和贵重的货物运到塞维利亚。这种狭隘、垄断的贸易基础意味着，在同殖民地的贸易中不会有广泛的商人阶级出现。即使美洲内部的贸易也受到严格管制。例如，新西班牙殖民地（今墨西哥）的商人不得同新格兰纳达（今哥伦比亚）的任何人进行直接贸易。这种对西班牙帝国内部贸易的限制降低了其经济繁荣度，并间接减少了西班牙与其他更繁荣的帝国进行贸易中本可得到的潜在收益。但这些限制条件也保证了金银源源不断地流入西班牙。

西班牙的汲取性经济制度是专制主义构建的直接结果，是政治制度采取了与英格兰不同的经济策略。卡斯提尔王国和阿拉贡王国都有自己的国会，即代表王国内不同集团或"阶层"的议会。跟英国议会一样，若想征收新税则需要召开卡斯提尔国会。然而，卡斯提尔和阿拉贡的国会主要是代表重要城市，而不代表一般城市地区和农村地区，这一点跟英国议会一样。15世纪前，它只代表18个城市，每个城市派送两名代表。结果，西班牙国会没有像英国议会那样代表广泛的集团，也没有发展成为竞相对专制主义施加限制的不同利益集团的联盟。它无权立法，甚至其关于税收的权力范围也极为有限。所有这些都能使西班牙君主在巩固其个人的专制主义时轻易地让国会靠边站。虽然从美洲大陆运来了大量白银，但是查理五世和菲利普二世仍然需要不断增加税收，为一系列开销高昂的战争征集军费。1520年，查理五世决定提请国会要求增加税收。城市精英们利用这个机会要求对国会及其权力进行更大范围的改革。这场对抗引发了暴力冲突，并且很快就以"考姆奈罗大起义"而闻名于世。查理动用皇家卫队镇压了这场叛乱。然而，在16世纪接下来的时间内，在皇室尽力从国会抢夺征收新税的权利，并在提高已有的税收的过程中，一直与国会发生冲突，但最终还是国王赢得了胜利。1664年之后，国会就再也没有召开过，直到150年后，拿破仑入侵时才进行重建。

1688年，英格兰的专制主义失败后，不仅带来了多元的政治制度，还使更高效的集权政府得到进一步发展。由于专制主义胜利，在西班牙发生了相反的情况。尽管君主弱化了议会权力并清除了议会对其行为的可能限制，但是君主更难以征税了，即使跟单个城市进行直接谈判也是如此。在英国政府创建现代高效的税务机构时，西班牙国家又与它背道而驰。君主不仅不能为企业家和垄断贸易创造安全的产权保护，而且还卖官鬻爵，通常是使这些官职成为世袭的，任凭自己沉溺于农业税收，甚至还出售司法豁免权。

西班牙实行汲取性政治和经济制度的结果可以预见。17世纪期间，在英格兰走向商业增长以及快速工业化的同时，西班牙普遍陷于经济衰落之中。在17世纪初期，西班牙1/5的人口居住在城市地区。到17世纪末期，城市人口下降到1/10，西班牙人日渐贫困。西班牙人收入下降了，而英格兰人却越来越富。

专制主义在英格兰被根除的同时，在西班牙得以存续和加强，这是另一个关键时刻微小差异起重要作用的例子。这些微小差异存在于典型制度的优势和本质之中；关键事件则是发现美洲大陆。它们之间的相互作用，让西班牙走向了一条完全不同于英格兰的道路。在英格兰出现的相对包容性的经济制度创造了前所未有的经济活力，并且以工业革命为顶峰；而在西班牙还看不到工业化的希望。工业技术在世界许多地区广泛传播时，西班牙的经济衰落十分严重，以至于西班牙皇室和拥有土地的精英阶层根本就不会当心工业化。

对工业的恐惧

如果没有类似于1688年之后发生在英格兰的政治制度和政治权力的变化，专制国家就几乎没有机会受益于工业革命的新发明和新技术。例如，在西班牙，缺乏产权保护和普遍的经济衰退使人们根本没有动力进行必要的投资和做出必要牺牲。在俄国和奥匈帝国，不仅是精英阶层的疏忽与管理不善和汲取性制度下的潜在经济下滑阻碍了工业化，而且统治者积极阻碍引入这些技术，并阻止对铁路等这些通道性的基础设施进行基本投资。

在18世纪和19世纪早期工业革命时期，欧洲的政治版图完全不同于今天。神圣罗马帝国由400多个政体拼缀而成，这些政体的绝大部分最终并入德国，占据了中欧的绝大部分地区。哈普斯堡王室仍然是主要的政治力量，并且其帝国哈普斯堡或奥匈帝国，有25万平方英里的广袤土地，这还不包括波旁王朝在1700年接管西班牙皇室之后的西班牙。从人口来说，它是欧洲第三大国，人口总数占欧洲人口的1/7。在18世纪后期，哈普斯堡帝国的土地包括西边的奥属尼德兰（今比利时）。然而，最大的部分是在奥地利和匈牙利周围接邻的地块，包括北端的捷克共和国和斯洛伐克，以及南端的斯洛文尼亚、克罗地亚和意大利的大部分地区及塞尔维亚。再往东，它还包括今天的罗马尼亚和波兰的大部分地区。

哈普斯堡地区的商人远不比英格兰的商人重要，而且农奴制盛行于东欧地区。正如第4章所述，匈牙利和波兰是东欧第二次农奴制的中心。与斯图亚特王朝不同，哈普斯堡王朝成功地保持了强有力的专制统治。弗朗西斯一世（Francis Ⅰ）作为神圣罗马帝国的最后一位皇帝（1792—1806年在位），后来直到1835年去世前都担任奥匈帝国的皇帝，他是一个绝对的专制主义者。他没有意识到自己权力有任何限制，而且更重要的是，他希望保持政治现状。他的基本战略是反对改革，反对任何形式的变化。1821年，他在一次颇具哈普斯堡统治者典型特征的演讲中清楚地表达了这一点，他在卢布尔雅那对一所学校的老师发表演讲时宣称："我不需要博学之士，我只需要诚实优秀的公民。你们的任务就是把年轻人培养成这样的人。为我服务的人必须教授我要求他教授的。如果有人无法这样做或者有别的想法，他可以离开，否则我会开除他。"

皇后玛丽娅·特蕾西娅（Maria Theresa）1740—1780年在位，对于如何改进或改变制度的建议她经常如此回应："顺其自然。"然而，她跟她的儿子约瑟夫二世（Joseph Ⅱ）——1780—1790年间的皇帝，努力构建了更强有力的中央政府和更有效率的行政管理制度。然而，他们是在对其行为没有实际约束也几乎没有多元主义政治元素的背景下做这件事的。没有国民议会对王权进行哪怕是一点点的限制，只有地区地产和饮食制度，而议会在历史上曾对征税和征兵有一定权力。对奥匈帝国哈普斯堡王朝的限制甚至比对西班牙王室的限制还要少得多，政治权力非常集中。

随着哈普斯堡王室在18世纪加强专制，所有非王室机构的权力进一步弱化。当来自蒂罗尔奥地利省的公民代表团向弗朗西斯请愿要求建立宪法时，他回应道："因此，你们想要宪法！……但是，我不在乎这个，我会给你们建立宪法，但是你们必须知道士兵们服从我的指挥，如果我需要钱的时候，必须一次就给……在任何情况下，我都建议你们谨言慎行。"对于这个回应，蒂罗尔人的领袖对弗朗西斯答复道："如果你这样想，最好还是不要宪法，这也是我个人的看法。"

弗朗西斯解散了玛丽娅·特蕾西娅用来同大臣们议事的国务院。从那时起，就不再存在对皇室决策的咨询或公开讨论。弗朗西斯建成了集权国家，对认为稍许激进的任何东西都进行严格审查。他的统治哲学被长期在位的副手哈蒂格伯爵（Count Hartig）描述为："维护国王权威至高无上，否定人们分割王权的所有要求。"他在所有这些方面都得到了梅特涅亲王（Prince von Metternich）的帮助，并于1809年任命梅特涅为外交大臣。梅特涅的权力和影响实际上比弗朗西斯还长，他担任外交大臣达40年之久。

哈普斯堡经济制度的中心是封建秩序和农奴制。在帝国内部向东，封建主义越来越强烈，反映了我们在第4章所看到的经济制度的进一步的下滑趋势，这跟我们审视西欧到东欧的经济制度时看到的一样。劳动力的流动受到高度限制，移民也被认为是非法行为。当英国慈善家罗伯特·欧文（Robert Owen）试图说服奥地利政府为改善穷人的生活条件而进行某些社会改革时，梅特涅的一个助手弗里德里希·冯·根茨（Friedrich von Gentz）回复道："我们一点也不希望广大群众过得更好、更独立……否则，我们怎么统治他们？"

农奴制完全阻碍了劳动力市场的形成，消除了广大农村人口的经济动机和创新精神，除此以外，哈普斯堡王室的专制在垄断和其他贸易限制上也气焰嚣张。城市经济由行会控制，这限制了入职水平。直到1775年，在奥地利境内才不再设内部关税，而匈牙利则一直持续到1784年。进口货物的关税非常高，另外对货物的进口和出口还有许多明文禁令。

当然，压制市场和创立汲取性经济制度是专制主义的特征，但是弗朗西斯做得更加过分。汲取性制度并不是简单地消除了个人发明或采用新技术的激励因素。我们在第2章看到了刚果国王努力推行应用犁铧却没能成功，这是其经济制度的汲取性性质，导致人们缺乏采用新技术的动机。刚果国王意识到，如果他能够诱导人们采用犁铧，农业生产率会更高，就能创造更多的财富，他就能够获得更多的收益。这对所有政府都是一种潜在的激励，专制政府也是如此。刚果的问题在于人们知道，无论他们生产多少都会被专制君主征收，因此他们没有投资或运用更好的技术的动力。在哈普斯堡王朝统治的地区的现有经济制度下，弗朗西斯不仅没有鼓励其臣民采用更好的技术，反而百般阻挠人们愿意采用的技术的传播。

对创新的反对体现在两个方面。首先，弗朗西斯一世反对工业的发展。工业带来工厂，工厂会把贫困的工人集中到城市，特别是集中到首都维也纳。这些工人可能会成为反对专制主义的支持者。他的政策目标就是维持传统精英们的地位，维持政治和经济的现状。他想使社会保持在原始农业状态。弗朗西斯相信，做到这一点的最好方式就是从一开始就阻止建立工厂。他采取比较直接的措施，例如1802年，他禁止在维也纳建立新工厂。不仅不鼓励进口和使用作为工业化基础的新机器，还将禁建新工厂的禁令一直实施到1811年。

其次,他反对修建铁路,这可是随工业革命而产生的一种主要的新技术。建立北方铁路的计划提交给弗朗西斯一世时,他答复道:"不,不,我跟它没一点关系,免得革命在这个国家发生。"

由于政府没有授权建设蒸汽动力铁路,在这个帝国建成的第一条铁路不得不用马拉车厢。在多瑙河上的林茨城和伏尔塔瓦河的波西米亚城市百威之间建成的铁路线,有许多坡道和弯道,这意味着这条线路以后不可能变成蒸汽动力铁路。因此,直到19世纪60年代它一直采用马匹作为动力。伟大的所罗门银行家族在维也纳的代表银行家所罗门·罗斯柴尔德(Salomon Rothschild)早就意识到在这个帝国发展铁路的经济潜力。所罗门的兄弟内森(Nathan)——在英格兰分行——认为乔治·史蒂芬森的发动机"火箭号"和蒸汽机车的潜力非常大。所罗门联系了内森,鼓励他寻找在奥地利发展铁路的机会,因为他相信家族能够从为铁路发展融资中获得巨额利润。内森同意了,但是计划根本无法实现,被皇帝弗朗西斯再一次坚决地否定了。

弗朗西斯之所以反对工业和蒸汽动力铁路是因为担心伴随现代经济发展而来的创造性破坏。他首先关心的问题是确保汲取性制度在他统治地区的稳定,保护支持他的传统精英们的利益。弗朗西斯意识到在工业化中不仅不会获得多少利益,还会因为从农村吸引劳动力到城市而破坏封建秩序的基础,而且重大经济改革还会对其政治权力造成威胁。因此,他阻止工业化和经济进步,导致了经济衰退,这体现在多个方面。例如,1883年时,世界钢铁产量的90%是使用焦炭生产的,然而在哈普斯堡地区一多半的钢铁仍然使用效率低很多的木炭生产。同样,直到第一次世界大战该帝国崩溃时,纺织品还没有实现完全机械化生产,仍然采用手工生产。

无独有偶,畏惧工业的国家不只有奥匈帝国一个。再往东,正如本章前面所述,彼得大帝在俄国建立的政治制度也相当专制。跟奥匈帝国一样,俄国的经济制度具有高度汲取性,建立在农奴制的基础上,一半的人口从事农耕。农奴每周要在他们领主的土地上无偿劳作三天。他们无法迁徙,没有选择职业的自由,却可以被他们的领主随意卖给另一个领主。现代无政府主义的奠基人之一、激进哲学家彼得·克罗波特金(Peter Kropotkin)对沙皇尼古拉斯一世(从1825年到1855年统治俄国)统治时期农奴的工作方式进行了生动描述。他根据童年时代听过的故事回忆道：

> 大量的男男女女被迫离开他们的家庭和村庄，被卖掉，被作为赌债或者用来换一对猎犬，被运到俄国某些偏远的地区……许多儿童被迫离开他们的父母，卖给残酷或荒淫无度的主人；有的像"马厩"里遭受鞭打的马儿一样，每天遭受着难以想象的酷刑；有的小女孩不堪折磨，为寻求解脱而溺亡；给主人服务了一辈子的花白头发的老人最后不得不吊死在主人的窗台下；农奴的起义，受到了沙皇尼古拉斯一世手下的将军的镇压，导致农奴阶层有1/10～1/5的人死亡，他们的村庄也遭到破坏。我们无法用语言描述在旅途中看到的那些村庄的贫困，特别是属于帝王家族的村庄的贫困，以及农奴们有多么凄惨。

与奥匈帝国的专制主义如出一辙，它不只形成了一系列阻碍社会繁荣的经济制度，还存在对创造性破坏和对工业和铁路的同样的恐惧。尼古拉斯一世在位期间，处于核心地位的是厄格尔·阚克林公爵（Count Egor Kankrin），他在1823年到1844年间担任财政部长，在反对为促进经济繁荣进行必要的社会变革中起了重要作用。

阚克林政策的目标是加固这个制度传统的政治支柱，特别是拥有土地的贵族，并保持社会的农村化和农业社会的现状。成为财政部长之后，阚克林很快就开始反对并否决了前任财政部长古拉夫（Gurev）的提议，不许发展向工业提供贷款的政府所有的商业银行。阚克林反而重开了拿破仑战争期间一度关闭的国家借贷银行。最初创办这家银行是为了以补贴利率借钱给大土地所有者，这正是阚克林所支持的政策。贷款要求申请者把农奴作为"抵押品"或担保品，所以只有封建的土地所有者能够得到这种贷款。为了给国家借贷银行融资，阚克林从商业银行转移资产，可以说是一箭双雕：商业银行中现在几乎没有钱可供工业所需了。

阚克林这些看法的形成是因为担心经济变化将引起政治变化，沙皇尼古拉斯的看法也同样如此。尼古拉斯1825年12月继位时差点由于军官的政变而中止，这些军官即所谓的"十二月党人"，他们对社会变革从根本上进行了规划。尼古拉斯写信给米哈伊尔大公（Grand Duke Mikhail）称："革命已经到了俄国的大门口，但是我保证,只要我还有一口气,我就不会让革命渗入我国。"

尼古拉斯担心建立现代经济会引起社会变革。他在莫斯科的一次工业展览会的制造商大会上演讲时提到:

> 国家和制造商必须把他们的注意力转向一个主题,如果不考虑这个主题,工厂都会变成地狱而不是天堂,这个主题就是关注每年数量不断增加的工人。工人们需要对他们自己的品行进行积极的严厉的监管;若是没有这种监管,大量的人就会逐渐腐化,而最终成为对他们主人非常危险的可恶阶级。

跟弗朗西斯一世一样,尼古拉斯害怕现代工业经济释放出来的创造性破坏会逐渐破坏俄国政治现状的基础。在尼古拉斯的推动下,阚克林采取了减缓工业发展潜力的措施。他多次取消工业展览,而这些展览之前都是为展示新技术和方便技术应用而定期举行的。

1848年,欧洲受到一系列革命暴动的震动。作为回应,莫斯科负责维持公共秩序的军事长官A.A.扎科沃斯基(A. A. Zakrevskii)写信给尼古拉斯:"为保持当前只有俄国还享有的平静和繁荣,政府必须禁止无家可归者和荒淫无度者聚集在一起,他们更有可能参加所有破坏社会或个人和平的活动。"尼古拉斯的大臣们见到了他的建议,于是1849年制定了一项新的法律,对在莫斯科任何地方开办的工厂数量进行严格限制。这项法律尤其禁止开办新的棉纺或毛纺织工厂和钢铁铸造厂。其他工业,比如像织造和印染,如果想开办新工厂的话,必须获得军事长官的批准。最后,棉纺织业遭到明令禁止。这项法律的意图就是禁止有可能叛乱的工人在这个城市不断集聚。

与反对发展工业同时进行的是反对修建铁路,这也跟在奥匈帝国的完全一样。1842年前,俄国只有一条铁路,即皇村站铁路,它连通了圣彼得堡和皇家居住地皇村和帕夫洛夫斯克,全长17英里。就像阚克林反对工业一样,他拒绝推进铁路发展,他认为铁路会造成社会性的危险流动。他指出:"铁路并不总是源于天然需求,更多的是人为需要或奢侈追求的目标。它们刺激了不同地区之间不必要的旅行,这完全就是我们时代的特征。"

阚克林拒绝了建设铁路的许多请求,并且直到1851年才建成了一条连接莫斯科和圣彼得堡的线路。被任命为交通和公共建设部大臣的克林米克尔公爵(Count Kleinmichel)继续执行阚克林的政策。这个机构成了铁路建设的主要裁决者,克林米克尔将其作为阻碍铁路建设的平台。1849年之后,他甚至运用权力审查报纸上关于铁路发展的讨论。

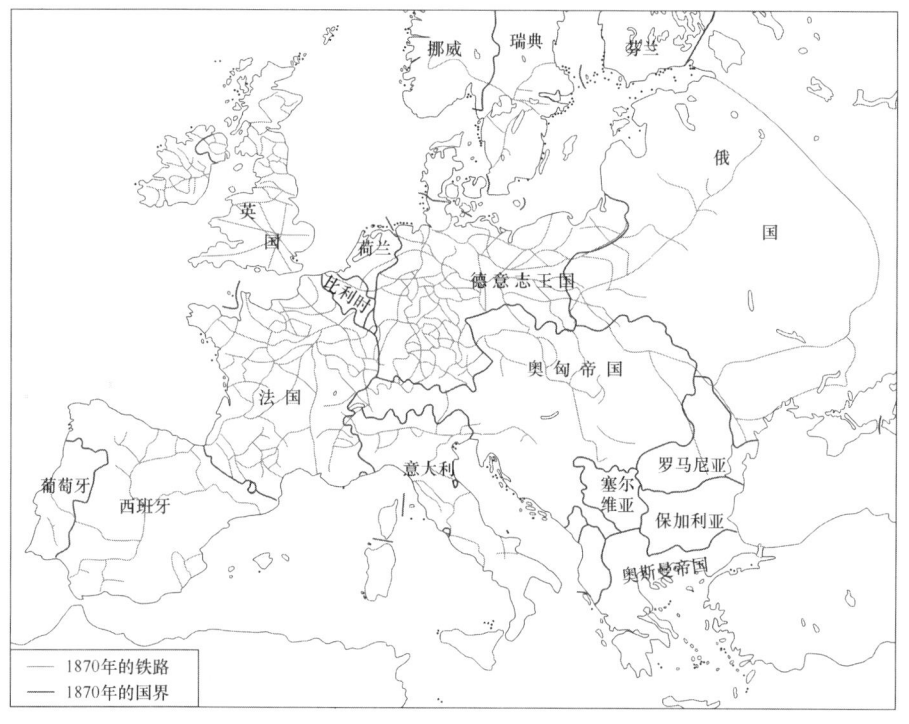

地图13　1870年欧洲的铁路

地图13显示了这种逻辑会产生的后果。1870年,大不列颠和欧洲西北部的大部分地区已经建成了纵横交错的铁路网,在俄国广袤的疆土上却几乎没有铁路。1853—1856年,俄国在克里米亚战争中被大不列颠、法兰西和奥斯曼帝国的武装力量击败后,反对铁路的政策才被逆转,直到那时,俄国才明白运输网络的落后是俄国防务的严重障碍。虽然1848年革命使这些区域发生改变,尤其是废除了农奴制,但在奥匈帝国,除匈牙利和西部地区之外,铁路也没有什么发展。

禁止船运

专制主义不仅统治着欧洲大部分地区，还统治着亚洲，同样阻碍了工业革命带来的关键历史时期的工业化进程。中国的明朝和清朝以及奥斯曼帝国的专制主义统治都是实例。在宋朝（公元960年到1279年），中国的许多技术发明都是世界领先水平。中国人在欧洲人之前发明了钟表、指南针、火药、造纸术、纸币、陶瓷和生产铸铁的鼓风炉。在欧亚大陆另一头发明纺织机和水力纺纱机的同时，他们也独立地发明了纺织机和水力纺纱机。因此，1500年中国的生活水平至少跟欧洲一样高。而且，多个世纪以来，中国一直是集权国家，并且招聘贤能管理国家。

然而，当时的中国是专制主义国家，宋朝的经济增长是在汲取性制度下实现的。在社会中，除了帝王，没有其他集团的政治代表，也没有类似议会或国会的制度。在中国，商人的处境总是缺乏稳定，宋朝的伟大发明不是在由市场激励的作用下产生的，而是在政府的帮助甚至命令下发展出来的。这无关乎商业化。在宋朝之后的明清时期，国家的权力收紧了。从根源上讲，这是汲取性制度通常具有的逻辑。由于绝大多数的统治者掌控着汲取性制度，所以中国专制的皇帝们反对变革，他们寻求稳定，从本质上讲就是害怕创造性破坏。

国际贸易史就是对它最好的说明。正如我们已经知道的，美洲的发现和国际贸易组织的方式在现代欧洲早期的政治冲突和制度变革中起关键作用。在中国，商人通常参与国内贸易，而国家垄断海外贸易。1368年明朝建立时，第一位皇帝是洪武帝，在位时间长达30年之久。洪武帝担心海外贸易会造成政治和社会不稳定，所以只允许由政府组织国际贸易，并关涉朝贡而非商业活动。洪武帝甚至处决了成百上千试图将朝贡转变成商业活动的人。1377年至1397年间，禁止所有的远洋航运朝贡。他禁止私人同外国人进行贸易，也禁止中国人航行到海外。

1402年，永乐皇帝登基，通过重新开始大规模的政府资助的海外贸易，开启了中国历史上最著名的时期之一。在永乐皇帝的资助下，郑和六次下西洋，前往东南亚、南亚、阿拉伯和非洲等地。中国人从长期的贸易关系中知道了这些地方，但是之前从来没有进行过这样大规模的贸易。第一次下西洋的船队包括27800人和

62艘大型宝藏船，还有190艘较小的船只随行，其中有一些是淡水船，有一些食物补给船，还有一些是军队运输船。然而，永乐皇帝在进行了六次下西洋后于1422年暂停了这种远航。不过他的继位者洪熙（1424—1425年在位）皇帝再也没有组织过下西洋。洪熙过早离世后，宣德皇帝登基，他在1433年允许郑和进行了最后一次下西洋。从此之后，所有的远洋贸易都被禁止了。1436年后，甚至建造远航船只都被视为非法。这项海外贸易的禁令直到1567年才被废除。

这些事件，尽管只是汲取性经济特征的冰山一角，阻止了许多具有潜在不稳定性的经济活动，但是对中国的经济发展造成了深远的影响。就在国际贸易和美洲的发现从根本上改变了英格兰制度的那个时期，中国断绝了同这一关键时期的联系，变得闭关锁国。这种封闭化的转变直到1567年才结束。明朝在1644年被亚洲内陆的满族女真人推翻，他们建立了清朝。此后出现了严重的政治不稳定时期。清朝致力于对财产和资产的大规模征收。17世纪90年代，一个退隐的中国举人、失败的商人陈堂写道：

> 清朝建立后50多年，国家日益贫困。农民赤贫、工匠赤贫、商人赤贫，官员也赤贫。谷物很便宜，人们却食不果腹；布料很便宜，人们却衣不蔽体。成船的货物从一个市场运到另一个市场，但必须亏本售卖。官员离任时会发现他们根本没有存钱可用来养家糊口。这四种职业的人的确过得穷困潦倒。

1661年，康熙皇帝命令从越南到浙江海岸沿线的所有居民——其实就是整个南部海岸，一度是中国商业最活跃的地区——向内地迁移17英里。海岸由军队把守并实施海禁，一直到1693年都实行海岸各处不准泊船的禁令。这项禁令在18世纪不断加强，有力地扼杀了中国海外贸易的萌芽。尽管有些地方有点苗头，但是由于皇帝可能会突然改变想法并禁止贸易，几乎没有人愿意投资贸易，这使得对商船、设备和贸易关系的投资都变得毫无价值，甚至更为糟糕。

明、清政府反对国际贸易的原因想必我们已经非常熟悉：畏惧创造性破坏。帝王们的主要目标是保持政治稳定。随着商人像英格兰大西洋贸易扩张时期的商人一样，变得更为富有和胆大，国际贸易体现出潜在的不稳定性。不仅是明朝、清朝的统治者们相信这一点，宋朝的统治者们也有此观点。尽管他们愿意资助技术创新，允许更大程度的商业自由，但是前提条件是一切都在他们的控制下。随着国家收紧对经济活动的控制和禁止海外贸易，明、清时期的情况变得更糟。中国在明、清时期当然有市场和贸易，而且政府对国内经济征收的税收非常低。然而，统治阶级对创新的支持力度很小，他们牺牲商业发展或工业繁荣来换取政治稳定。所有这些对经济专制控制的结果是可以预测到的：在其他国家工业化的整个19世纪和20世纪早期，中国经济停滞了。

祭司王约翰的专制

作为一套政治制度的专制主义及其导致的经济结果并不仅见于欧洲和亚洲，它也存在于非洲的国家统治中，比如我们在第2章谈到的刚果王国。埃塞俄比亚旧称阿比西尼亚，是非洲的专制主义存在时间比较长的国家，我们在第6章讨论阿克苏姆王国崩溃后封建主义出现时已经交代过它的历史渊源。阿比西尼亚的专制主义甚至比欧洲的专制主义还要长久，因为它面对的是完全不同的挑战和关键事件。

阿克苏姆国王埃扎那（the Aksumite king Ezana）转向基督教后，埃塞俄比亚人仍然信仰基督教，而且到14世纪时，他们成了祭司王约翰神话的焦点。祭司王约翰是一个信仰基督教的国王，由于伊斯兰教在中东兴起，他断绝了跟欧洲的联系。最初，人们认为他的王国在印度。然而，随着欧洲人关于印度知识的增长，人们意识到这是不正确的。埃塞俄比亚的国王作为一个基督徒，自然而然地成了祭司王约翰神话的讲述对象。事实上，埃塞俄比亚国王为了对抗阿拉伯的侵略，尽力与欧洲各国结成联盟。至少从1300年开始，他就派外交使团出使欧洲，甚至说服了葡萄牙国王派兵相助。

这些士兵，连同外交官、耶稣会会士和希望见到祭司王约翰的旅行者一起，留下了许多关于埃塞俄比亚的记述。从经济学的观点看，最有意思的是弗朗西斯科·阿尔瓦雷斯（Francisco Álvares）的记述，他是一位跟随葡萄牙外交使团的牧师，1520年至1527年间逗留于埃塞俄比亚。另外，还有耶稣会会士曼努埃尔·德·阿尔梅达（Manoel de Almeida）（从1624年开始就在埃塞俄比亚）的记述和约翰·布鲁斯（John Bruce）（一个旅行者，1768年至1773年间在这个国家）的记述。这些人的著作是对那个时期埃塞俄比亚政治和经济制度的详细记录，没有任何悬念，埃塞俄比亚是一个专制主义的完美范本。这个国度既没有任何类型的多元制度，也没有对皇帝权力的任何制约，只要一个人被认定为传奇的所罗门国王（King Solomon）和示巴女王（the Queen of Sheba）子嗣，他就享有统治权。

专制主义的后果就是皇帝的政治策略使得产权极不安全。例如，布鲁斯记录道：

> 所有的土地都是国王的；在他高兴的时候给他想给的人，想收回来的时候就收回来。他一旦死亡，国王所有的土地都收归王室支配；而且不止如此，土地所有者死亡时，不论他持有这块土地多长时间，都复归国王，而不是传给他的长子。

阿尔瓦雷斯断言："如果掌权者不虐待人民，就会有多得多的蔬果和收成。"阿尔梅达关于社会如何运作的记述前后完全一致。他观察到：

> 皇帝每两三年交换、变更、没收每个人持有的土地非常正常，有时候一年一次，甚至一年多次，这并不令人惊奇。经常发生这种情况：一个人耕地，另一个人播种，另外一个人收割。结果就是没有一个人会用心打理他拥有的土地，也没有任何人会种上果树，因为他知道种树的人一般收不到果实。然而，对最有权势的统治者来讲，臣民如此依赖他们，对他们的统治大有裨益。

这些描述表明埃塞俄比亚的政治和经济结构与欧洲专制主义存在极大的共同点，尽管他们也明确了专制主义在埃塞俄比亚更严格，经济制度更具有汲取性，而且，正如我们在第6章所强调的，埃塞俄比亚并没有遭受破坏英格兰专制制度基础的同样的关键事件。它脱离了形成现代世界的许多过程。即便这并非事实，其专制强度将很可能造成专制主义进一步加强。例如，跟西班牙相同，埃塞俄比亚的国际贸易，包括利润丰厚的奴隶贸易，都是由君主控制的。埃塞俄比亚并非完全孤立：

欧洲人确实在寻找祭司王约翰,它也确实不得不跟周围的伊斯兰政体发生战争。然而,历史学家爱德华·吉本(Edward Gibbon)根据一定的史实指出:"四周都被他们相同宗教的敌人包围着,埃塞俄比亚人沉睡了近千年,都被遗忘他们的世界疏忽了。"

当欧洲在非洲的殖民于19世纪开始的时候,埃塞俄比亚是卡萨公爵(Ras Duke Kassa)统治下的一个独立王国,卡萨公爵在1855年登基,成为皇帝特沃德罗斯二世(Tewodros Ⅱ)。特沃德罗斯开始了国家的现代化,创建了更加集权的官僚制度和司法制度,建立了能够控制国家并可能抗击欧洲人的军队。他让军事长官负责征收所有省份的税款,收齐后统一交给他。他同欧洲各大国的谈判非常困难,最后恼羞成怒囚禁了英国特使。1868年,英国派出远征军,洗劫了他的首都,特沃德罗斯自杀。

尽管如此,特沃德罗斯重建的政府没能取得19世纪抵抗意大利的反殖民斗争的任何一场胜利。1889年曼尼里克二世(Menelik Ⅱ)登基,意大利企图在它的领土上建立殖民地,这一挑战迫在眉睫。1885年,德国大臣俾斯麦(Bismarck)在柏林召开会议。在这次会议上,欧洲列强初步形成了"瓜分非洲各个部分"的利益范围——即他们决定了如何瓜分非洲。同样是在这次会议上,意大利获得了在厄立特里亚连同埃塞俄比亚海岸和索马里殖民的权利。埃塞俄比亚尽管在这次会议上没有代表,但是用某种方法尽力保证自己毫发无损。但是,意大利人仍然坚持其计划,并且在1896年从厄立特里亚派出军队向南行进。曼尼里克的反应跟欧洲中世纪国王的反应相同,他通过让贵族招募武装人员组成了军队。这种方法不能将军队投入战场太久,但是它可以在短时间内形成一支庞大的军队。时间虽短,但足以击败意大利,意大利的15万人在1896年的埃德华战役中大败于曼尼里克的10万大军。这是非洲沦为殖民地前对欧洲强国进行的最严厉的军事打击,也确保了埃塞俄比亚在接下来40年能保持独立。

埃塞俄比亚的最后一位皇帝特法里王子于1930年接受加冕,成为海尔·塞拉西(Haile Selassie)一世。意大利的第二次入侵从1935年开始,其间推翻了海尔·塞拉西的统治,但是他在英国的帮助下于1941年返回首都复位。此后,他又一直统治埃塞俄比亚,直到1974年被一群马克思主义军官组成的军政府("军委")发动的军事政变推翻后,在他们的统治下进一步榨取、踩躏着这个国家。专制的埃塞俄比亚帝国的基本汲取性制度,比如说资源过剩行会,以及阿克苏姆帝国衰落后建立的封建主义一直持续到被1974年的革命废除。

今天,埃塞俄比亚仍然是世界上最贫穷的国家之一。一个普通埃塞俄比亚人的收入大约只有一个普通英国人的1/40。大多数人生活在农村,从事自给自足的农业生产。他们缺少干净的水源、电力以及接受正规教育或卫生保健的机会。平均寿命大约为55岁,只有1/3的成年人识字。英国和埃塞俄比亚的对比涵盖了整个世界的不平等现象。埃塞俄比亚的现状如此的原因在于,它跟英国不同,埃塞俄比亚的专制主义一直持续到不久前才被推翻。伴随专制主义而来的是汲取性经济制度和大多数埃塞俄比亚人的贫困,当然少不了皇帝和贵族所获得的巨额利益。但是,专制主义最持久的影响在于埃塞俄比亚社会没能抓住19世纪和20世纪早期工业化的机会,这成了现在埃塞俄比亚人民仍然非常贫困的根源。

萨马莱的子孙

世界范围内的专制政治制度阻碍工业化,要么是间接的——以他们组织经济的方式,要么是直接的,就像我们所看到的奥匈帝国和俄国。但是,专制主义不是包容性经济制度出现的唯一障碍。在19世纪初期,世界上的许多地区,特别是非洲,没有能够提供哪怕是最低程度的法律秩序的国家,而这对现代经济来说是先决条件;也没有像俄国彼得大帝那样的人物开始政治集权,然后形成俄国专制主义的过程;更不要说像英国没有全面破坏——或者更恰当地说,没能全面破坏——议会及对他们权力的其他约束就形成国家集权的都铎王朝了。如果没有一定程度的政治集权,即使这些非洲国家的精英们非常热切地欢迎工业化,他们能够做的也不会很多。

位于"非洲之角"的索马里证明了缺乏政治集权所产生的破坏性影响。索马里在历史上一直被6个部族控制着,其中最大的4个是迪尔(Dir)、达罗德(Darod)、伊萨克(Isaq)和哈威耶(Hawiye),他们的祖先都可以追溯到一位神话中的始祖——萨马莱。这些部族都起源于索马里北部,并逐渐向南部和东部扩散,直至今天他们仍然是随着他们成群的山羊、绵羊和骆驼到处迁移的主要放牧民族。在南部，定居农业者迪吉尔人和拉汉文人构成了其他两个部族。这些部族分布的疆域如地图12所示。

索马里人首先根据他们的部族进行区分，但是这些部族都很大并且包含多个次级部落。在这些部族中居首的一类部族是他们的祖先可以追溯到一个更大的部族。更有意义的是部族内部的组群"迪亚支付集团"，它们由关系亲密的亲属们组成，他们支付和收集迪亚或"家族财富"，作为向杀害他们成员的谋杀犯收取的补偿金。索马里的部族和"迪亚支付集团"在其牧场上为争夺稀缺资源，特别是他们牲畜的水源和好牧场，在历史上长期陷于几乎持续不断的冲突中。他们也经常劫掠邻近部族和邻近迪亚支付集团的牲口。尽管部族有称为苏丹的领袖，也有长老，但是这些人没有实际权力。政治权力非常分散，每个索马里成年男子都能够对部族或集团的决策发表看法。这是通过所有成年男性组成的非正式的议事会实现的。除了伊斯兰教教法被用作非正式的法律框架外，没有成文的法律、警察和法律制度可谈。对迪亚支付集团来说，这些非正式的法律会被写进所谓的希尔法规（heer）中，这项法规明确规定了该集团在同其他个人或部族交往时，对方应当遵守的义务、权利和责任。例如，哈桑·伍加斯（Hassan Ugaas）家族在英属索马里兰形成了大约1500人组成的迪亚支付集团，它是迪尔部族的一个次级部落。1950年3月8日，英国地区长官记录下了他们的希尔法规，其中前三条是：

1. 如果一个哈桑·伍加斯人被外部族群杀害，其家族财富（以100头骆驼为例）中的20头骆驼将被他最近的血亲接管，其余的80头骆驼由所有的哈桑·伍加斯人共享。

2. 如果一个哈桑·伍加斯人被外人所伤，因伤的损失可以用$33\frac{1}{3}$骆驼来补偿的话，那么必须给他10头骆驼，其余骆驼分给其所在的小集团（迪亚集团的次级集团）。

3. 哈桑·伍加斯成员中的杀人犯须支付$33\frac{1}{3}$骆驼的赔偿，且只支付给遇害者的近亲。如果罪犯无法支付全部或其中一部分的话，他将得到自己所属家族的援助。

希尔法规重点关注杀人和伤害反映了迪亚支付集团和部族之间的战争几乎是常态。中心问题是家族财富和家族仇恨。对任何一个人犯下的罪行就是对整个迪亚支付集团犯下的罪行，必须进行集体补偿，即用家族财富补偿。如果没有支付这种家族财富，罪犯所在的迪亚支付集团将面对被害人所在集团的集体惩罚。索马里建成现代交通的时候，家族财富扩展到在交通事故中遇难或受伤的人。哈桑·伍加斯的希尔法规并不仅指杀害，其中第6条是："在哈桑·伍加斯议事会中，如果哈桑·伍加斯的一个人冒犯了另一个人，那么他将支付被冒犯者150先令。"

1955年初，哈巴尔托加罗（the Habar Tol Ja'lo）和哈巴尔韵尼斯（the Habar Yuunis）这两个部族的畜群在多比莱利区域放牧时靠得很近，韵尼斯部族的一个人与托加罗部族的一个人就骆驼放牧问题发生争吵，前者受了伤。韵尼斯部族立即进行报复，袭击了托加罗部族，并杀死了一个人。根据家族财富法典，因为有人死亡，韵尼斯部族要给托加罗部族提供补偿，双方均表示接受。作为补偿的家族财富要由本人转交，跟通常一样转交的是骆驼。在交接仪式上，托加罗部族的一个人把韵尼斯部族的一名成员误认为是凶手所在的迪亚支付集团的成员，把他杀了。这使得冲突全面爆发，在接下来的48小时内，共有13名韵尼斯部族成员和26名托加罗部族成员丧生。战争持续了整整一年，直到英国殖民管理机构把两个部族的长老叫到一起，尽力达成了让双方都满意的协议（交换家族财产），并在接下来的三年内完成支付，两个部族之间的战争才告一段落。

支付家族财富是在武力和宿仇威胁的阴影下进行的，即使进行了支付，也未必会终止冲突。通常冲突只是一时平息，接着又再次爆发。

因此，政治权力在索马里社会非常分散，几乎就是多元主义的。但是，如果没有集权国家的权威来保证秩序，就不会带来包容性制度，更不要说产权了。没有人尊重其他人的权威，没有人能够强加秩序，就连最后到来的英国殖民政府也无能为力。缺乏政治集权使索马里不可能从工业革命中受益。在这种环境中，投资或采用发端于英国的新技术不可想象，实际上创建这样做必需的那类组织也不可想象。

索马里的复杂政治对经济进步具有更为微妙的影响。我们前面提到了非洲历史上某些伟大的技术之谜。在19世纪后期，殖民统治扩张之前，非洲社会没有采用车轮运输或犁铧农业，没有几个国家有文字。正如我们所知，埃塞俄比亚也一样。索马里人也有书写文字，但是跟埃塞俄比亚人不同，他们不使用它。我们已经在非洲历史上看到了许多这样的例子。非洲社会可能不使用车轮或犁铧，但是他们当然知道这些东西。在刚果王国，就像我们已经看到的，这主要是由于经济制度没有给人们创造采用这些技术的激励。同样的问题会随着书写的应用而出现吗？

我们可以从位于索马里西北部、苏丹南部努巴山区的塔克里王国得到某些启示。塔克里王国是在18世纪晚期，由一个名叫伊斯梅尔（Isma'il）的人领导的一帮武士建成的。塔克里国王和人民都接触到了阿拉伯的文字，但是没有采用——除了国王为了同其他政体进行外部联系或书写外交函件。起初，这种状况好像非常令人困惑。对美索不达米亚文字起源的传统解释是，它是国家为记录信息、控制人民和征税而开发出的文字。塔克里王国对此不感兴趣吗？

20世纪70年代后期，历史学家詹尼特·艾沃德（Janet Ewald）在回顾塔克里国家的历史时研究了这些问题。一种说法是人民抵制应用文字，因为他们担心国家会利用文字宣称所有权，控制像有价值的土地这样的资源。他们也担心，文字将造成更系统的税收。伊斯梅尔建立的王朝还不是一个强权国家。即使他想建立强权国家，国家也没有强大到足以将其意志强加给持反对意见的市民。但是，其他一些更微妙的因素在起作用。许多精英也反对政治集权，例如，他们更倾向于跟人民进行口头联系而不是书面联系，因为这会让他们享有最大程度的自由裁决权。书面法律或秩序不能收回或否决，难以变化，这设定了政府精英们可能希望逆转的基准。因此，塔克里的统治者和被统治者都没有意识到引入文字有助于他们的既得利益。被统治者担心统治者如何使用它，统治者自己认为没有文字有助于他们更牢固地控制权力。塔克里的政治阻止了文字的引入。尽管索马里相对于塔克里王国拥有更少的严格意义上的精英，但是同样的力量压制了文字的应用和其他基本技术的采用却也解释得通。

索马里的案例表明了缺乏政治集权对经济增长的影响。历史文献没有记录索马里尝试建立这种集权的材料。然而，显而易见，为什么这会非常困难。政治上集权意味着某些部族将受到其他部族的控制和约束。但是，他们反对任何这类控制，反对放弃已经被授予的权力;社会中平衡的军事力量也使得创建这种集权制度非常困难。实际情况很可能是,任何试图集中权力的集团或部族不仅面对强烈的抵制,而且可能失去已经握有的权力和特权。缺乏政治权力和最基本的产权安全,使索马里社会从来没有产生对提高生产力的技术进行投资的激励因素。当工业化进程于19世纪和20世纪早期在世界其他地区进行得如火如荼时,索马里冲突不断,并为生计奔波,也越来越难以改变经济落后的局面。

旷日持久的落后

工业革命是19世纪及以后时期全世界的一个变革性的关键时期:那些允许并激励其人民投资于新技术的社会得到快速增长。但是,世界范围内有许多国家没能这样做——或者是很显然地选择了不这样做。坚持采用汲取性政治和经济制度的国家无法创造出这种激励作用。西班牙和埃塞俄比亚就是实例,在这两个国家,政治制度的专制控制及其汲取性经济制度早在19世纪之前便压制了经济激励。在其他专制主义制度中,结果也是一样的——例如,在奥匈帝国、俄国、奥斯曼帝国和中国,统治者们由于害怕创造性破坏,不仅忽视了鼓励经济进步,而且采取了明确的政策以阻碍工业发展并阻碍可能带来工业化的新技术的引进。

专制主义不是汲取性政治制度的唯一形式,也不是阻碍工业化的唯一因素。包容性政治和经济制度需要一定程度的政治集权,以便国家能够实施法律秩序、保护产权并在必要时通过投资公共服务鼓励经济活动。然而,即便是今天,许多国家,像阿富汗、海地、尼泊尔和索马里,仍然不能维持最基本的秩序,经济激励几乎全被破坏了。索马里的实例便说明了这些社会是如何错过了工业化的过程的。出于与专制制度抵制变革同样的原因,政治集权也受到抵制:经常存在的担心就是变革将把政治权力从现在控制着的那些人手里重新分配给新的个人和集团。因此,正如专制主义阻碍多元主义和经济变革,在没有国家集权的社会中掌控社会局势的传统精英和部族也是如此。结果,在18世纪和19世纪仍然缺乏这种集权的社会在工业时代尤其不利。

尽管汲取性制度存在各种形式,从专制主义到没能从工业扩张中获益的缺乏集权的政府，工业革命这一关键事件在世界其他地区却产生了完全不同的影响。正如我们在第 10 章将要看到的，已经向包容性政治和经济制度迈进的社会，比如美国和澳大利亚，以及那些专制主义受到更严格挑战的社会，比如法国和日本，抓住了这些新的经济机会并进入经济快速增长的时期。同样，关键事件和导致制度与经济进一步分化的现存制度差异之间的常见的交互模式在 19 世纪再一次出现了，并且这一次对国家的繁荣和贫困产生了更大的冲击和更根本的影响。

第9章
逆转发展

香料与种族屠杀

现代印度尼西亚的摩鹿加群岛由三个岛群组成。在 17 世纪早期,摩鹿加群岛北方包括三个独立的王国:蒂多雷、特尔纳特和巴占。摩鹿加群岛中部是安汶岛国。南部是班达群岛,这是一个政治上尚未统一的小群岛。尽管它们现在好像离我们很遥远,但是摩鹿加群岛那时候是国际贸易的中心,因为当时只有那里出产极有价值的香料丁香、肉豆蔻种衣和肉豆蔻。其中肉豆蔻只在班达群岛上生长。这些岛上的居民生产并出口这些珍稀的香料,换取来自爪哇岛、马来半岛的转口港马六甲、印度、中国和阿拉伯的食品与制造品。

16 世纪,葡萄牙船员来此购买香料,这是当地居民同欧洲人的最早接触。之前,香料必须通过奥斯曼帝国控制的贸易路线穿过中东进行运输。欧洲人找到了绕过非洲或穿过大西洋直达香料群岛进行直接香料贸易的通道。葡萄牙航海家巴尔托洛梅乌·迪亚士(Bartolomeu Dias)于 1488 年绕过了好望角,瓦斯科·达·伽马(Vasco da Gama)于 1498 年经过同样的路线到达了印度。至此,欧洲人第一次拥有了前往香料群岛的专属路线。

葡萄牙立刻试图控制香料贸易。他们在 1511 年占领了马六甲。马六甲位于马来半岛的西边,是一处战略要地,在那里,来自南亚各国的商人把他们的香料卖给来自印度、中国和阿拉伯的商人,然后这些商人再把香料运送到西方。就像葡萄牙旅行家托迈·皮雷斯(Tomé Pires)于 1515 年记述的:"不同国家之间各方面的贸易和商业都必须到马六甲……不管是谁，只要成为马六甲的主人，就等于扼住了威尼斯的咽喉。"

随着马六甲落入葡萄牙人之手，葡萄牙人一步步地试图对昂贵香料贸易进行垄断，但以失败告终。

他们面对的竞争对手们不容忽视。在14—16世纪，南亚由于香料贸易而实现了经济发展。像班达、亚齐、万丹、马六甲、望加锡、勃固、文莱这些城市国家扩张迅速，他们生产、出口香料，也生产诸如硬木之类的其他产品。

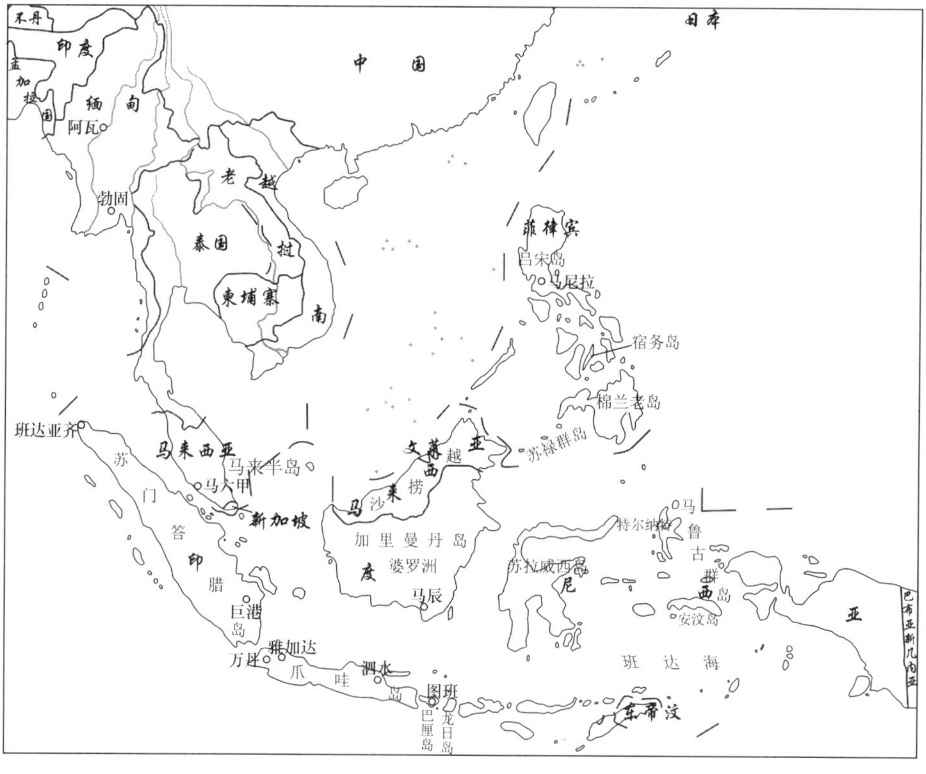

地图14　公元1600年的东南亚、香料群岛、安汶和班达

这些国家拥有与同一时期的欧洲相似的专制政府。政治制度的发展也受到包括战争和国际贸易方法的技术变革的推动。国家制度更加集权化了，国王处于绝对权力的中心。跟欧洲的专制统治者相同，东南亚诸国的国王严重依赖贸易收益，他们自己从事贸易，也授权给当地或外国精英垄断权。与专制的欧洲一样，该制度能够

带来增长,但远不是推动经济繁荣的理想经济制度,因为对绝大多数人来说,存在严重的准入障碍和产权的不安全性。但是,甚至早在葡萄牙试图在印度洋建立统治的时候,商业化的进程就已经开始了。

这一地区欧洲人口迅速增加,随着荷兰人的到来,欧洲人在当地的影响也变得愈加明显。荷兰人很快意识到,同当地或其他欧洲贸易者竞争所获得的利润,远不及垄断摩鹿加群岛的昂贵香料供应所获得的利润丰厚。1600年,他们劝说安汶的统治者签署排他性协定,给予他们安汶香料贸易的垄断权力。随着1602年荷兰东印度公司的建立,荷兰人试图获得全部香料贸易并消除竞争者。他们不择手段,让条款有利于荷兰,而不利于东南亚各国。荷兰东印度公司是继英国东印度公司之后成立的欧洲第二个股份公司,是现代公司发展的重大里程碑。这些现代公司在随后的欧洲工业发展中起到了重要作用。它还是第二个拥有自己的军队、有力量发动战争及殖民外国土地的公司。随着公司军事力量的介入,荷兰开始消除所有潜在的进入者,强制实施他们同安汶统治者达成的协定。他们于1605年占领了葡萄牙人控制的一个关键城堡,用武力清除了其他所有贸易者。然后,他们又向摩鹿加群岛北方扩张,强迫蒂多雷、特尔纳特和巴占的统治者同意不在他们的疆界内种植或交易香料。他们强加给特尔纳特的协定,甚至允许荷兰人砍伐他们在岛上发现的任何香料树。

当时,安汶统治的方式跟欧洲和美洲相似。安汶的人民向统治者敬献贡赋,遭受强制劳动。荷兰人接管了安汶,为了在岛上掠夺更多的劳动力和香料,他们强化了这些制度。在荷兰人到来之前,大家庭用香料向安汶的精英支付贡赋。荷兰人现在规定,每个家庭都跟土地紧密相连,都应该种植一定数目的香料树。每个家庭还被迫向荷兰人提供强制劳动。

荷兰人还控制了班达岛,这次是想垄断肉豆蔻。但是,班达岛的组织与安汶岛完全不同。这里是由许多较小的自治城邦组成的,不存在层级的社会或政治结构。这些较小的城邦,实际上不过是一些小镇,是由乡村市民会议统治的。这里不存在荷兰人能够强迫其签署垄断条约的中央权威,也不存在他们能够接管从而获得肉豆蔻全部供给的贡赋制度。首先,这意味着荷兰人必须与英国、葡萄牙、印度和中国的商人进行竞争,如果他们无法支付高价格的话,一些香料就会让竞争者买走。荷兰人最初妄图建立肉豆蔻垄断的计划破灭，于是，驻巴达维亚的总督占·彼得逊·昆（Jan Pieterszoon Coen）提出了一个替代性计划。昆在1618年将爪哇岛上的巴达维亚建成了荷兰东印度公司的新的总部所在地。1621年，他率领一支舰队航行到了班达岛，然后屠杀了岛上几乎所有的人，可能大约有15000人。当地所有的领袖跟其他人都一起被处决了，只有非常少的人活下来了，这些人足够维持传承生产肉豆蔻必需的技术。在这次种族大屠杀之后，昆又接着建立实施其计划必需的政治和经济结构：种植园社会。整个岛屿被分成68小块，分给了68个荷兰人，他们几乎都是荷兰东印度公司的前雇员或现雇员。少数幸存下来的班达人教给这些新的种植园所有者如何生产香料，这些新的种植园所有者从东印度公司购买奴隶，让他们住进现在已经空荡荡的岛上并生产香料，然后再以固定的价格卖给公司。

荷兰人在香料群岛上建立的汲取性制度取得了预想的效果，但是在班达岛上，其代价是15000人为此而丧命，而且荷兰人所建立的一系列经济和政治制度，使该岛的经济处于欠发达状态。到17世纪末，荷兰人将全世界的香料供给减少了大约60%，而肉豆蔻的价格翻了一番。

荷兰人把他们在摩鹿加群岛完善起来的战略扩张到了整个地区，这对东南亚其他国家或地区的经济和政治制度产生了深远的影响。这个地区的几个城邦始于14世纪的远距离商业扩张遭到了逆转。甚至没有被荷兰东印度公司直接殖民和击溃的政体也转向国内，放弃了贸易。东南亚新生的经济和政治变迁终止了。

为了避免荷兰东印度公司的威胁，许多城邦放弃生产香料和出口，终止了商业活动，自给自足总比面对荷兰人更安全。1620年，爪哇岛的万丹砍伐了岛上的胡椒树，希望荷兰人能放弃这里，让这个地区保持太平。1686年，一个荷兰商人来到菲律宾南部的马京达瑙省，有人告诉他：“肉豆蔻和丁香也可以在这里生长，就跟在马鲁古一样。现在这里之所以没有，是因为老酋长临死前把它们都砍伐了。他担心荷兰公司会为了香料而来跟他们打仗。”有个商人在1699年所听到的马京达瑙省的统治者的故事与此相似：“他禁止继续种植胡椒，为的是不会因此而卷入与［荷兰］公司或其他统治者的战争。”这里出现了逆城市化，甚至出现人口下降的现象。1635年，缅甸人从沿海的勃固迁都到了伊洛瓦底江上游内陆地区的阿瓦。

我们不知道，如果没有荷兰的侵略，东南亚各城邦的经济和政治发展的路径会是怎样的。他们也可能会发展出具有自己特色的专制主义,也可能停留在16世纪末的状态,也可能通过逐渐采用越来越包容的制度而继续商业化。但是,就像在摩鹿加群岛所发生的那样,荷兰的殖民主义彻底改变了他们的经济和政治发展轨迹。东南亚国家停止了贸易,转向国内,而且越来越专制了。在接下来的两个世纪里,他们没能利用工业革命带来的创新。最终,即使是退出贸易,也没有将他们从欧洲人手中拯救出来;到18世纪结束的时候,几乎所有的地方都成了欧洲殖民帝国的一部分。

我们在第7章看到了,欧洲向大西洋的扩张,激发了英国包容性制度的兴起。但是,正如荷兰统治下的摩鹿加群岛的经验所表明的,这种扩张在通过强制实施或进一步强化现存的汲取性制度,令世界上的许多偏远地区走向落后。这些行为一方面直接或间接地破坏了全球新生的商业和工业活动,另一方面延续了妨碍工业化的制度。结果,随着工业化在世界许多地区传播,曾经是欧洲殖民帝国的殖民地的那些地区失去了从这些新技术中获益的机会。

过于普通的制度

在东南亚,近代欧洲航海和商业势力的传播,中断了已经出现的充满前途的经济扩张和制度变迁。在荷兰东印度公司扩张的同一时期,奴隶贸易这种完全不同类型的贸易在非洲愈演愈烈。

在美国,旧时美国南部的黑奴制度通常被称为"奇特的制度"(peculiar institution)。但是,就像伟大的古典学者摩西·芬雷(Moses Finlay)指出的,在历史上,奴隶制度一点也不"奇特",几乎每种社会都存在过。正如我们前面所看到的,奴隶制在古罗马和非洲就很流行,而且长期以来一直是欧洲奴隶的来源地,尽管不是唯一的来源。

在罗马帝国时期,奴隶来自黑海周围的斯拉夫人,来自中东,也来自北欧。但是,到1400年,欧洲各民族间已经不再相互奴役。然而,正如我们在第6章所看到的，非洲没能像中世纪的欧洲一样经历从奴隶制到农奴制的转型。在现代早期以前，奴隶贸易在东非非常活跃，大量的奴隶经过撒哈拉沙漠运到阿拉伯半岛。而且，中世纪，西非较大的国家如马里、加纳和桑海等，在政府、军队和农业生产中大量使用奴隶，采用的组织形式与跟他们进行贸易的北非伊斯兰国家类似。

17世纪早期，加勒比地区糖料种植园殖民地的发展，造成了国际奴隶贸易的迅速增长，也导致了非洲内部奴隶制的重要性得到了史无前例的提升。16世纪，大西洋贸易中大约有30万个奴隶被买卖。这些奴隶大部分来自中非，深入卷入其中的有刚果人以及葡萄牙人，后者主要聚集在更南部的卢安达，即现在安哥拉的首都。在这个时期，越过撒哈拉的奴隶贸易的量仍然很大，大约有55万非洲人作为奴隶北迁。在17世纪，情况逆转了。在大西洋贸易中，大约有135万非洲人作为奴隶，大部分被贩运到了美洲，而撒哈拉贸易涉及的人数相对没变。18世纪又有了迅猛的增长，大约有600万奴隶穿越大西洋被贩运到了美洲，大约有70万人越过撒哈拉沙漠。将各个时期及各个地区的数字加起来，非洲共有1000多万人被作为奴隶贩运到其他国家。

地图15显示了奴隶贸易范围的大致情况。运用现代国家的边界，它描绘出了1400年到1900年间奴隶的总数占1400年人口总数的比例。颜色越黑表明被卖作奴隶的比例越高。例如，在安哥拉、贝宁湾（Benin）、加纳和多哥（Togo），奴隶出口的总量比1400年这些国家的人口还要多。

欧洲人突然出现在西非和中非海岸周围，迫切地要购买奴隶，这对非洲社会造成了变革性的影响。被运往美洲的奴隶大多数都是战俘，他们被俘虏后被运到海岸边。战争的增多是由大量的枪炮弹药的进口引发的，欧洲人用这些东西交换奴隶。到1730年，每年大约有18万支枪沿西非海岸进口到非洲，从1750年到19世纪早期，英国一个国家每年就卖出28.3万～39.4万支枪。在1750—1807年间，英国还卖出了2.2万吨炸药，平均每年38.4万千克，还有每年9.1万千克的导火线。再向南，贸易同样活跃。在刚果王国北方的卢安果海岸，欧洲人每年卖出大约5万支枪。

所有这些战争和冲突，不仅造成了大量的人员伤亡，而且使非洲走上了特殊的制度发展路径。在近代以前，非洲社会在政治上的集权特征远不如欧亚国家。大多

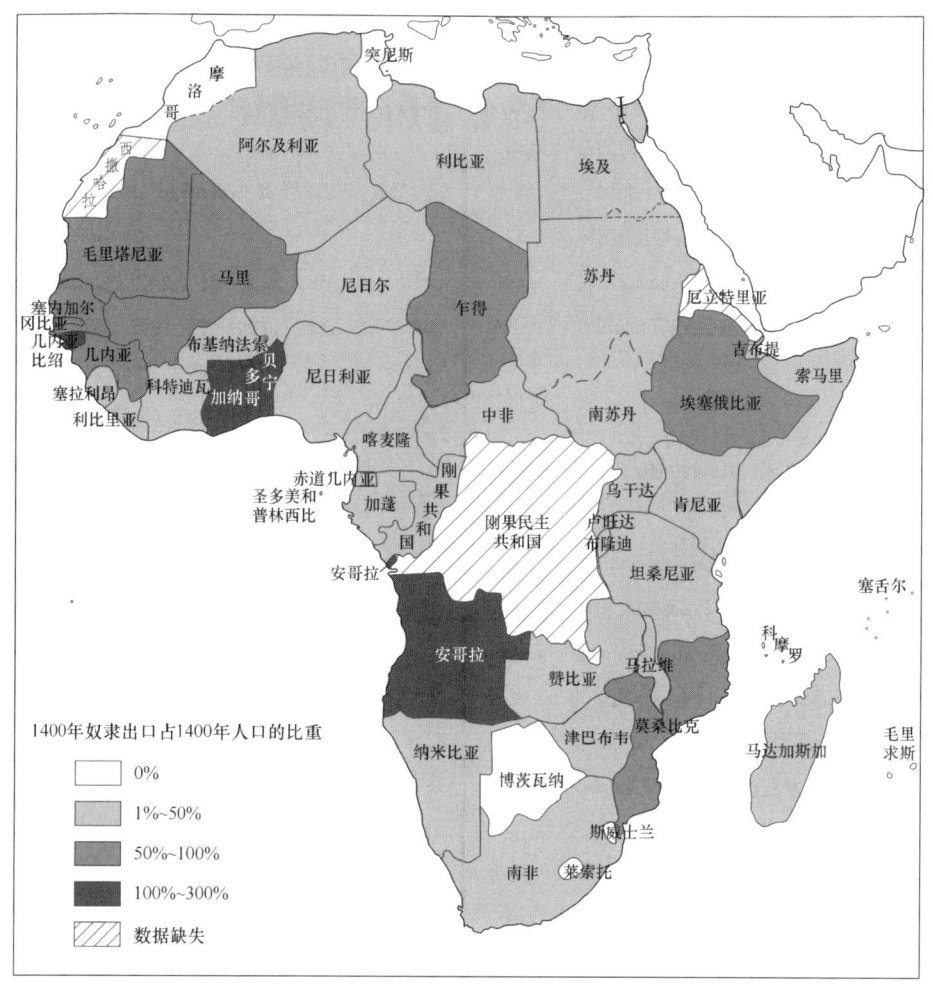

地图 15　非洲的奴隶出口

数政体规模很小,部落首领(也可能是国王)控制着土地和资源。许多社会,就像索马里的例子所表明的,根本就没有等级政治权力结构。奴隶贸易开启了两个反向的政治过程。首先,许多政体开始更加专制,围绕着一个单一目标进行组织:把其他人变成奴隶并卖给欧洲奴隶主。其次,作为上述目标的结果,但是矛盾的是,其实施却与第一个过程相对,战争和奴隶贸易最终破坏了在撒哈拉以南非洲存在的所有秩序和法律权威。除了战争,还有人通过小规模袭击绑架和俘获奴隶。法律也成了奴役的工具。不论一个人犯了什么罪，对其的惩罚就是将其变成奴隶。英国商人弗朗西斯·摩尔（Francis Moore）于 18 世纪 30 年代，对西非塞内冈比亚海岸的奴隶贸易导致的后果做了如下的描述：

> 奴隶贸易开始以来，所有的惩罚都变成了奴隶化；这种定罪方式有一些优势，他们对犯罪的惩罚非常严厉，为的是获得出售罪犯的收益。不仅仅是杀人犯、盗窃犯和通奸犯会被卖作奴隶，甚至是任何一种轻度的犯罪也会受到同样的惩罚。

制度，甚至是宗教制度，也由于抓捕和贩卖奴隶的欲念而变得不正当了。一个例子就是尼日利亚东部阿罗楚库（Arochukwa）的著名神谕。人们普遍相信，这个神谕是那个地区各主要族群，包括伊贾族（Ijaw）、伊比比奥族（Ibibio）和伊戈博（Igbo）族所尊奉的主神的代言。人们遇到纷争或需要裁决的事情，都会寻求神谕来解决。一些原告来到阿罗楚库，面对这个神谕的时候，必须从城里来到克罗斯河（the Cross River）的峡谷中，而神谕位于一个非常高的山洞里，山洞的前面排列着人类的颅骨。掌管神谕的神父跟埃罗的奴隶贩子和商人是一伙儿的，他们会施行神谕的裁决。通常，等待裁决的人需要被神谕"吞下"，实际上就是让他们穿过洞穴，然后被人领着来到克罗斯河边，走到欧洲人正在等候的船上。这样的一个为了捕获更多奴隶的过程，扭曲并打破了所有的法律条文和传统习俗，尽管在有些地区，这一做法造就了一些以抢劫和奴隶贸易为主业的强国，但是总体上，还是对政治集权产生了毁灭性的影响。刚果王国可能是第一个蜕变成以奴隶贸易为主的非洲国家，直到它被内战推翻。其他的以奴隶贸易为主的国家大部分出现在西非，包括尼日利亚的奥约（Oyo）、贝宁湾的达荷美（Dahomey）以及后来加纳的阿散蒂（Asante）。

例如，奥约在 17 世纪中期的扩张就跟沿岸奴隶出口的增加有直接联系。这个州从北方进口了马匹，建立了能够彻底消灭敌军的强有力的骑兵团，因此才形成了这个州的霸权。随着奥约向南扩张到达了海岸，它消灭了很多阻挠它的政体，并把很多当地人卖作奴隶。在 1690—1740 年，奥约在后来众所周知的"奴隶海岸"（the Slave Coast）的内陆建立了垄断政权。据估计，在这个海岸被卖作奴隶的人里面有80%～90%是这些征服的结果。战争和奴隶供应之间类似的戏剧性联系在18世纪进一步向西扩展，一直扩展到了黄金海岸（the Gold Coast），即现在的加纳。1700年之后，阿散蒂（Asante）从内陆开始扩张，方式跟之前的奥约完全一样。在18世纪上半叶，这种扩张引发了所谓的安肯战争（Akan Wars）。阿散蒂击败了一个又一个独立的国家，最后在1747年征服了吉亚曼（Gyaman）。1700—1750年，从黄金海岸运出的37.5万名奴隶都是在这些战争中抓获的俘虏。

这种大规模人口掠夺造成的影响，从人口统计上能够最明显地看出来。很难确切知道近代之前非洲的人口总数，但是学者已经对奴隶贸易对人口的影响进行了各种可行的估计。历史学家帕特里克·曼宁（Patrick Manning）估计，非洲西部和中西部的这些提供了奴隶出口的地区的人口，在18世纪早期为2200万～2500万之间。根据保守的假设，在18世纪和19世纪早期，如果没有奴隶贸易的话，这些地区的人口增长率大约为每年0.5%，在此基础上，曼宁估计这个地区1850年的人口原本至少应为4600万～5300万。曼宁估计的人口只是这一推算的一半左右。

假设和估算之间之所以存在巨大的差距，不仅是因为在1700—1850年，从这个地区出口了大约800万奴隶，而且还因为有数百万人在抓获奴隶而进行的频繁的内战中被杀死了。非洲的奴隶制和奴隶贸易破坏了家庭和婚姻结构，可能也降低了生育率。

废除奴隶贸易的运动始于18世纪后期，稍后在英国逐渐强烈，领导这一运动的是一个极具个人魅力的人物——威廉·威尔伯福斯（William Wilberforce）。经过多次失败，1807年，废奴主义者说服英国议会通过了一项法案，宣布奴隶贸易非法。次年，美国也通过了类似的法案。英国政府更进了一步，主动实施这项法案，它在大西洋中布置海军，拦截奴隶贸易。不过，这些措施真正生效花费了一些时间，而且直到1834年，奴隶制才在英帝国彻底被废除，至此，在大西洋贸易中占最大部分的奴隶贸易，才真正日薄西山。

尽管1807年之后奴隶贸易的结束确实降低了外部对非洲奴隶的需求，但是这并不意味着奴隶制对非洲社会和制度的影响将魔法般地消失。许多非洲国家的组织形式是建立在贩卖奴隶的基础上的，英国结束奴隶贸易并没有改变这种现实。而且，奴隶制在非洲内部更加盛行了。这些因素最终会塑造非洲的发展路径，不仅是在 1807 年之前，而且在 1807 年之后。

为了替代奴隶贸易，出现了"合法贸易"（legitimate commerce），创造这个术语是为了描述与奴隶贸易不相关的新商品的出口。这些商品包括棕榈油和棕榈仁、花生、象牙、橡胶和阿拉伯树胶。欧洲和北美洲的收入随着工业革命的传播而增长，对这些热带产品的需求迅速增长。就跟非洲国家利用了奴隶贸易提供的经济机会一样，它们也同样利用了"合法贸易"的机会。但是它们是在非常特别的背景下这样做的。这种背景就是，奴隶贸易原本是谋生的方式，但是外部对奴隶的需求迅速枯竭了，这么多奴隶无法再卖给欧洲人了，那么让他们干什么呢？答案很简单：让他们在非洲从事强制性的利润丰厚的工作，生产"合法贸易"的新商品。

有相关记录的最好的一个例子发生在阿散蒂，这里位于现在的加纳。1807 年前，阿散蒂王国深深地卷入到奴隶的捕获和贸易中，捕获后把他们带到海滨，在开普海岸（Cape Coast）和埃尔米纳（Elmina）的奴隶城堡中售卖。1807 年后，这种贸易不存在了，阿散蒂的政治精英对他们的经济进行了重新调整。然而，奴隶贸易和奴隶制并未结束。奴隶被迁移到大种植园中，最初是首都库玛则（Kumase）周边，后来又扩散到了整个王国（对应如今加纳国内的大部分地区）。他们要生产供出口的黄金和可乐果，也生产大量的粮食，而且由于阿散蒂没有车轮运输设备，所以奴隶也要从事大量搬运的工作。从这里再往东，也发生了类似的调整。例如，在达荷美，国王在靠近维达（Whydah）和波多诺伏（Porto Novo）海岸港口处有巨大的棕榈油种植园，所有这些都建立在奴隶劳动的基础上。

因此，奴隶贸易的废除，并没有使非洲奴隶制消失，只是导致了奴隶的重新分配，奴隶现在是在非洲内部使用而不是在美洲使用了。而且，在此前两个世纪中，围绕奴隶贸易形成的许多政治制度，并未发生改变，行为方式仍然延续。例如，在尼日利亚，在 19 世纪 20 年代和 30 年代，曾经辉煌的奥约王国崩溃了。其基础被内战和南部兴起的约鲁巴系列城邦削弱了。这些城邦包括伊罗林和伊巴丹等，它们都曾直接参与奴隶贸易。在 19 世纪 30 年代，奥约首都陷落，从那之后，约鲁巴城邦开始同达荷美争夺地区霸权。它们在 19 世纪上半叶发动了一系列持续不断的战争，这些战争又产生了大量的奴隶。与此同时，通常的劫掠捕获行为，以及借助神谕进行的诱拐不断发生。在尼日利亚的一些地方，诱拐现象非常严重，所以父母不敢让孩子在外面玩耍，担心他们被掠走卖作奴隶。

结果，在整个 19 世纪，奴隶制不仅没有收缩，反而还在非洲扩张。尽管难以得到精确的数字，但是这个时期的旅行家和商人们记下的大量现存记录表明，在西非的阿散蒂与达荷美王国和约鲁巴城邦一半以上的人口都是奴隶。更精确的资料来自于法国对西部苏丹进行殖民的记录。这是西部非洲的一个巨大狭长区域，从塞内加尔开始，经过马里和布基纳法索，一直延伸到尼日尔和乍得，1900 年，这一地区 30% 的人口都是奴隶。

合法贸易的出现未能结束非洲的奴隶制，"瓜分非洲"之后的殖民统治也没有。尽管欧洲人在对非洲进行渗透的时候，打的旗号是要打击并废除那里的奴隶制，但是现实却完全不是这样。在非洲的殖民地绝大部分地区，奴隶制一直持续到 20 世纪。例如，在塞拉利昂，直到 1928 年奴隶制才最后被废除，尽管其首都弗里敦最初是在 18 世纪后期作为从美洲遣返回来的奴隶的安全港而建立起来的。那时，它成了英国海军反奴隶中队的重要基地，成了从英国海军截获的奴隶船只上营救而重获自由的奴隶的新的家园。即便是如此的具有反奴隶制的象征意义，奴隶制在塞拉利昂也存续了 130 年。塞拉利昂南部紧邻的利比里亚，同样也是在 19 世纪 40 年代为重获自由的美洲奴隶建立的。然而，在那里，奴隶制也持续到了 20 世纪；甚至到了 20 世纪 60 年代，据估计，其大约 1/4 的劳动力仍然是强制性的，其生活和工作条件接近奴隶制。由于撒哈拉以南非洲的经济和政治制度是建立在奴隶贸易基础上的，工业化没有扩散到这个地区，就在世界其他地方的经济发生转变的时候，这里的经济陷入停滞，甚至经历了经济减速。

形成二元经济

最早由阿瑟·刘易斯爵士（Sir Arthur Lewis）于 1955 年提出来的"二元经济"结构，至今仍影响着绝大多数社会学者考虑欠发达国家经济问题的方式。根据刘易斯的观点，许多不发达或落后国家具有二元经济结构，被分成了现代部门和传统部门。现代部门，对应着经济中较为发达的部分，与城市生活、现代工业和先进技术的应用相关;传统部门与农村生活、农业和"落后的"制度与技术相关。落后的农业制度包括土地的公有制,意味着缺乏土地私有产权。根据刘易斯的观点,劳动力在传统部门中的使用非常缺乏效率,使得劳动力可以再配置到现代部门,而不会减少农业部门的产量。对建立在刘易斯洞见基础上的几代发展经济学家来说,"发展问题"就是将传统部门、农业和农村的人口与资源转移到现代部门、工业和城市。1979 年,刘易斯凭借在经济发展上做出的贡献获得了诺贝尔经济学奖。

刘易斯及其建立在其理论基础上的发展经济学区分二元经济无疑是正确的。南非就是一个最明显的例子,它就被分成了落后、贫穷的传统部门和充满活力、繁荣发达的现代部门。即使现在,刘易斯区分的二元经济仍然存在于南非各地。理解这一点最有力的一种方式就是沿着克瓦祖鲁纳塔尔州(即以前的纳塔尔)和特兰斯凯州的边界线行驶。边界线是沿着大吉河划定的。河东边是纳塔尔,沿着河岸有建在广阔又美丽的沙滩上的富人河滨房产。再往里是葱绿的甘蔗种植园。道路非常漂亮,整个地区都很繁荣。而在大吉河的另一岸,好像是另一个时代、另一个国家。这个地区相当糟乱。土地不是绿色的,而是灰蒙蒙的,树林被砍伐殆尽。那里没有带自来水、卫生间和所有现代便利设施的现代住房,人们生活在临时窝棚中,在窝棚外的空地上生火做饭。生活相当传统,与河东岸的现代生活差距甚大。到现在,大家应该知道,这些差异与河两岸之间经济制度的巨大差异是相互联系的。

河东岸的纳塔尔拥有私有产权、运行良好的法律制度、市场、商业化农业和工业。在河西岸,特兰斯凯直到最近仍然是土地公有制和传统的全权首领。通过刘易斯的二元经济理论来观察,特兰斯凯和纳塔尔之间的差距表明了非洲发展的问题。事实上,我们可以向前走一步并注意到,在历史上,非洲所有国家都跟特兰斯凯一样贫穷,采取的是前现代的经济制度、落后的技术和酋长制。根据这个观点,经济发展应该可以确保特兰斯凯最终变得跟纳塔尔一样。

这个视角包含大量的真理,但是忽视了二元经济如何形成的全部逻辑及其与现代经济的关系。特兰斯凯的落后不仅仅是非洲天然落后的历史遗留问题。特兰斯凯和纳塔尔之间的二元经济实际上是相当晚近的事情,并且一点也不是自然产生的。它是南非白人精英为了给他们的工商企业制造廉价的劳动力储备,并降低非洲黑人对他们的竞争而造成的。二元经济是欠发达所带来的结果的又一个例子,而不是自然出现了欠发达现象并持续了几个世纪的例子。

就像我们后面将要看到的,南非和博茨瓦纳避免了奴隶贸易及其引起的战争造成的大多数不利影响。南非人与欧洲人最早的主要联系可以追溯到荷兰东印度公司于1652年在塔布尔湾(Table Bay,即现在的开普敦港)建立基地的时候。那时,南非西部地区人烟稀少,大多数是靠狩猎和采摘生活的科伊人。再向东,即现在的西斯凯和特兰斯凯,是从事农业生产的人口密集的非洲社会。他们最初跟荷兰新殖民地没有密切的联系,也没有卷入奴隶贸易。南非海岸远离奴隶市场,西斯凯和特兰斯凯居民,即科萨人,又在内陆深处,没有引起任何人的注意。结果,这些社会没有遭受许多重创了西非和中非的不利事件的冲击。

这些地区的孤立状态,在19世纪发生了改变。对欧洲人来说,南非的气候和生活环境很有吸引力。例如,南非是温带气候,不像西非有疟疾和黄热病之类的热带疾病。就是这些热带疾病把非洲的许多地区变成了"白人的墓地",并且使欧洲人难以驻扎或建立固定的定居点。南非适宜欧洲人定居。在英国于拿破仑战争期间从荷兰手中接管开普敦之后不久,欧洲人就开始了向内陆的扩张。随着定居点的前沿向内陆的进一步扩张,导致了与科萨人(Xhosa)一系列长期的战争。向南非内陆的渗透在1835年加剧了,当时留下的欧洲荷兰人后裔,后来人们称之为荷裔南非人(Afrikaners)或布尔人(Boers),开始了他们著名的大规模移民,称作"大迁徙"(the Great Trek),脱离英国控制的海岸和开普敦地区,迁到内陆。随后,荷裔南非人在非洲内陆建立了两个独立的州,即奥兰治自由州和德兰士瓦州。

南非发展的下一个阶段是1867年在金伯利发现了大量的钻石储藏,和1886年在约翰内斯堡发现了大量的金矿。内陆地区的这些巨大的矿藏财富,很快就使英国人确信有必要把他们的控制权扩张到整个南非。奥兰治自由州和德兰士瓦州的抵制导致了1880—1881年和1899—1902年的两次著名的布尔战争。最初,英国人出人意料地遭遇了失败,但是他们经过努力,把荷裔南非人建立的州,与开普省和纳塔尔合并起来,在1910年建立了南非联盟(the Union of South Africa)。除了荷裔南非人和英国人之间的冲突之外,采矿经济的发展和欧洲殖民的扩张对这个地区的发展产生了其他的影响。最为显著的是,它们产生了对食物和其他农产品的需求,并为非洲当地人在农业和贸易方面创造了新的经济机会。

在西斯凯和特兰斯凯，科萨人很快就对这些经济机会做出了反应，历史学家科林·布迪（Colin Bundy）记述了大量的证据。早在1832年，甚至在采矿潮爆发之前，特兰斯凯的摩拉维亚传教士就观察到这些地区的新的经济活力，并记录了欧洲扩张开始表现出对非洲人新消费品的需求。他写道："为了达到这些目标，他们通过自己的劳动……寻找赚钱的机会，购买衣服、铁锹、犁铧、马车和其他有用的物品。"

民事专员约翰·海明（John Hemming）对他1876年访问西斯凯芬果兰的描述同样表明了这一点。他写道：

> 我被近几年来芬戈人（Fingo）取得的巨大进步震惊了……无论我走到哪里，我都能看到坚固的棚屋和用砖或石头建成的房屋。在许多地方，建立起了坚固的砖房……种上了水果树；无论在哪里，水流都能够流到需要的地方，田地都尽可能地得到灌溉；在山坡甚至山顶上，只要能够耕种的地方，都使用了犁铧。土地耕作的程度令我吃惊，我已经很多年没见过这么大片的耕地了。

像在撒哈拉以南非洲的其他地区一样，犁铧的应用在农业中是一种新事物，但是只要有机会，非洲农民好像都已经准备好了采用这项技术。他们还准备投资马车和灌溉工程。

随着农业经济的发展，严格的部落制度开始动摇。有大量的证据表明土地产权发生了变化。1879年，特兰斯凯地区东格利夸兰乌姆新库鲁（Umzimkulu）的地方法官记录道："当地人对成为土地所有者的愿望不断上升——他们已经购买了3.8万英亩土地。"三年后，他记录道："这个地区的大约8000名非洲农民已经购买了9万英亩土地，并开始耕作了。"

非洲当然还没有发生工业革命，但是实际的变化却在发生。土地私有产权削弱了首领的权力，并能够使新到来的人购买土地，赚取财富，而这在几十年前是不可想象的。这也表明，汲取性制度和专制主义制度一旦削弱，则可以让经济迅速产生活力。一个成功的故事是西斯凯的斯蒂芬·宋吉卡（Stephen Sonjica），一个从穷苦背景白手起家的农民。在1911年的一次演讲中，宋吉卡提到，当他首次向父亲表达购买土地的愿望时,他父亲说:"购买土地?你怎么想购买土地?你不知道所有的土地都是上帝的,而上帝只把它们分给头领吗?"宋吉卡父亲的反应是可以理解的。但是宋吉卡没有受到阻止。他在威廉王城(King William's Town)得到一份工作,记录道:

> 我巧妙地开了一个私人银行账户,把一部分积蓄存到里面。……一直到我存够了 80 英镑……[我购买了]一整套东西——包括一头公牛、牛轭、工具、犁铧和其他农具——的一段时间的使用权……我现在购买了一小块地……我还无法强有力地向我的同伴推荐[农业]是一种职业……然而他们应该采用现代方法赚取利润。

另外,1869 年卫理公会教徒传教士 W. J. 戴维斯(W. J. Davis)寄出的一封信表明,这一时期非洲农业经济充满活力,逐渐繁荣,在寄往英国的这封信中,他非常高兴地记录道,他已经为兰开夏棉救灾基金筹集了 46 英镑现金。在这一时期,富裕的非洲农民开始捐钱救助贫困的英国纺织业工人。

毫不令人吃惊,这种新的经济活力不会让当地传统的首领感到心悦,这些人会认为这会侵蚀他们的财富和权力,我们对于这种思维已经很熟悉了。1879 年,特兰斯凯的首席地方法官马修·比莱斯(Matthew Blyth)记录有人反对测量土地并进行私有财产分割。他记录道:"有些首领反对,但是绝大多数人很高兴……首领们认为,赋予个人所有权将会破坏他们在这些人中的影响。"

首领们也抵制对土地进行的改良,比如挖灌溉渠或修建篱笆。他们意识到这些只不过是私人土地产权的开端,对他们意味着终结的开始。欧洲观察家甚至注意到,首领们和其他传统权威,比如巫医,尽力阻止所有的"欧洲方式",包括新的农作物,像犁铧这样的工具,还有贸易品。但是,西斯凯和特兰斯凯合并,加入了英国的殖民州,削弱了传统首领和权威的权力,他们的抵制不足以阻止南非出现新的经济活力。1884 年,在芬戈兰(Fingoland),一位欧洲观察家记录道:

> 人们已经转向忠诚于我们。他们的首领已经变成了一种带有头衔的土地所

有者，……但是没有政治权力。不再害怕首领的妒忌或致命武器……巫医，他们会打败富有的牲畜所有者、能力超群的顾问、新习俗的引入者、灵巧的农业家，把所有这些人都降为了能力平庸的人——人们不用再担心这些，芬戈族人……是一个不断进步的族群。虽然仍然是农民……但是他拥有马车和犁铧；他开掘了灌溉水渠；他是羊群的所有者。

即便是一点点包容性制度，以及首领的权力轻微的销蚀，就足以开启非洲经济富有活力的繁荣。但这却是短命的。在1890—1913年，经济繁荣突然被打断并开始逆转。在这一时期，两股力量破坏了非洲在过去50年间创造的乡村繁荣和活力。第一股力量是与非洲人竞争的欧洲农民的对抗。成功的非洲农民压低了欧洲生产的谷物的价格，欧洲人的反应是把非洲人逐出这个行业。第二股力量甚至更加险恶。欧洲人想在迅速发展的采矿经济中雇用廉价的劳动力，他们只能通过让非洲人贫困来确保得到廉价劳动力。这就是他们在接下来的几十年中系统地采取的做法。

乔治·阿尔布（George Albu）是矿业协会主席（the Association of Mines），他在1897年的证词中，向调查委员会简要描述了为获得廉价劳动力而让非洲人贫困的逻辑。他解释了他如何通过"简单地告诉人们他们的工资下降了"而使劳动力廉价的。他的证词如下：

> 委员会：假如非洲黑人返回到他们的牛棚，你是否支持要求政府强制劳动？
>
> 阿尔布：当然……我会使其成为强制性的……为什么应该允许下层人什么也不做呢？我认为，非洲黑人为了谋生，应该被强制工作。
>
> 委员会：如果一个人不工作就能生活，你如何强制他去工作？
>
> 阿尔布：向他征税，然后……
>
> 委员会：然后你就不让非洲黑人拥有土地，但是为了谋生他就必须为白人工作？
>
> 阿尔布：他必须做一部分帮助其邻人的工作。

消除与白人农民的竞争和发展大量低工资劳动力这两个目标，由1913年的《原住民土地法》同时实现了。这个法案，先于刘易斯的二元经济观念，把南非划分成了两部分：现代的富裕部分和传统的贫困部分。只不过，繁荣和贫困其实是由该法案造成的。它提到，87%的土地要分给只占20%的人口的欧洲人，剩下13%的土地分给非洲人。当然，该土地法案有许多版本，因为欧洲人是逐渐把非洲人限定在了越来越小的空间上的。但是，就是这个1913年的法案决定性地使现状制度化了，开启了南非种族隔离制度，在该制度下，占少数的白人既拥有政治权利又拥有经济权利，而占多数的黑人则被剥夺了这两种权利。该法案明确指出，几块剩下的土地，包括特兰斯凯和西斯凯将成为非洲人的"家园"。后来，这些地方成了所谓的"班图斯坦"（Bantustan），即南非种族隔离制度下的又一种说辞——该法案认为，南非的非洲人不是这个地区的本土居民，而是1000多年前从尼日利亚迁出的班图人的后裔。这样，他们并不比欧洲移民拥有对土地更多的权利——当然实际上是更少的权利。

地图16显示了1913年土地法案和1936年的后续版本分配给非洲人的非常可笑的一点土地。它还记录了1970年津巴布韦又一个二元经济形成期间，类似的土地分配信息，其具体内容将在第13章讨论。

1913年的法案还包括试图禁止黑人佃农和新垦地定居者，以不同于劳力佃农的任何技能在白人所有的土地上耕作的规定。正如本地事务秘书解释的："该法案的效果就是在将来禁止欧洲人和本地人之间进行土地或土地成果方面任何性质的交易。所有跟当地人达成的契约都必须是服务契约。如果存在真正这种性质的契约的话，除了禁止雇主以实物偿付来付钱给当地人或者耕作限定地块的特权外，什么也没有……但是，当地人不能付钱给主人获得占有土地的权利。"

对于20世纪50年代和20世纪60年代访问过南非的发展经济学家来说，那时候发展经济学这一学科正在形成，刘易斯的观点正在传播，这些南非黑人家园和现代富裕的欧洲白人经济之间的差距，恰好就像是二元经济理论所讨论的内容。欧洲地区的经济是城市化的，人们受到良好教育并运用现代技术。南非黑人的家园则是贫困的、农村的、落后的，劳动力非常缺乏生产力，人们未受过教育。这好像是永远落后的非洲的本质特征。

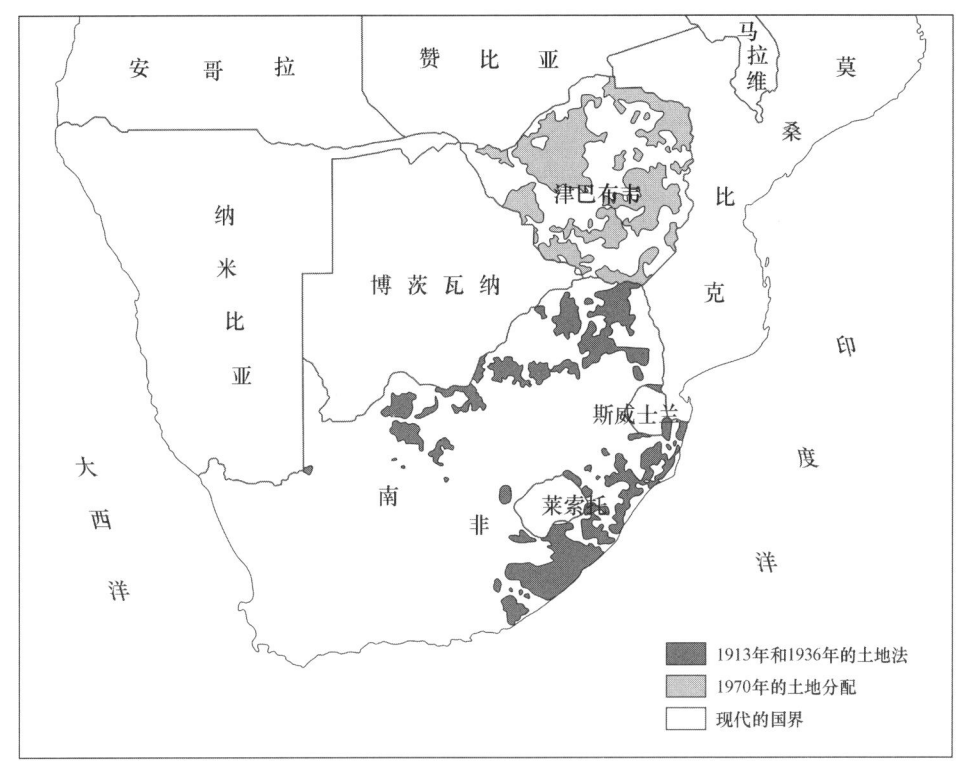

地图 16　南非和津巴布韦占少数的白人分给非洲人的土地数量

然而，二元经济并非自然产生，而且不是不可避免的。它是由欧洲殖民主义形成的。没错，南非的黑人家园贫困而且落后，人们缺乏教育。然而，所有这些都是政府政策的结果。就是这些政府政策强有力地破坏了非洲的经济增长，产生了大量廉价的、未受教育的非洲劳动力，供欧洲人控制的矿山和土地雇佣。1913 年后，大量的非洲人从他们的土地上被赶走，这些土地都被白人接管了，这些非洲人被迫挤进他们的黑人家园中，而这些家园非常小，以致他们根本无法独自谋生。因此，正如预想的，他们被迫到白人经济中寻求生计，廉价出卖劳动力。随着他们经济激励的崩溃，在过去前 50 年发生的进步全部都逆转了。人们放弃了他们的犁铧，改用锄头耕作——如果他们还耕作的话。更经常的是，他们只能够作为廉价劳动力，他们的狭小家园的设计，就是为了保证他们只能作为廉价劳动力提供给白人。

不仅仅经济激励被破坏掉了，已经开始发生的政治变化也逆转了。之前已经开始削弱的首领和传统统治者的权力加强了,因为创造廉价劳动力计划的一部分是消除土地的私有产权。因此,首领对土地的控制又加强了。这些措施在 1951 年达到了顶峰,那一年政府通过了《班图权力法》(Bantu Authorities Act)。早在 1940 年,G. 芬德利(G. Findlay)就正面指出了这个问题:

> 部落占有是土地永远不能得到适当耕作和永远不能真正属于当地人的保证。廉价劳动力必须有廉价的生养地,因此提供给非洲人部落所有的土地,是以牺牲非洲人自己为代价的。

非洲农民的土地财产被剥夺导致了他们十分贫困。这不仅造成了经济落后的制度基础,而且还造成了持续落后的贫困人群。

现有的证据表明,1913 年颁布《原住民土地法》(Natives Land Act)后,非洲黑人家园的生活水平逆转了,特兰斯凯和西斯凯进入了持续的经济衰退。历史学家弗朗西斯·威尔逊(Francis Wilson)收集的金矿公司的雇佣记录表明,这种衰退遍及整个南非经济。《原住民土地法》或其他法律实行后,矿工的工资在 1911—1921 年下降了 30%。1961 年,尽管南非经济有相对平稳的增长,然而这时候的工资仍然比 1911 年的工资低 12%。无疑,在这一时期,南非成了世界上最不平等的国家。

但是,在这样的境遇下,非洲黑人就不能在欧洲人控制的现代经济中开辟道路、创办实业,或者接受教育而开始新的职业吗?政府确保这些不会发生。不允许非洲人在欧洲人经济区内(即 87% 的土地)拥有财产或开办实业。实行种族隔离制度的政权也意识到,非洲人一旦受教育,就会跟白人竞争,不再为采矿和白人拥有的农业提供廉价劳动力。早在 1904 年,欧洲人的劳动储备制度就引入了采矿经济中,不允许非洲人成为提取黄金的人、试金者、银行职员、铁匠、锅炉制造者、铜匠、锻铜工、砖匠等,这个列表从 A 开头的 amalgamator(提取黄金的人)一直持续到 W 开头的 woodworking machinist(木匠),说明了不允许非洲黑人从事的职业非常多。非洲人被完全禁止从事采矿部门中的技术工作。这就是著名的"肤色障碍"(colour bar)最早的前身,是南非种族制度中种族主义者的几个发明之一。肤色障碍在1926年扩展到整个经济，并一直持续到20世纪80年代。非洲黑人未接受教育毫不奇怪：南非政府不仅清除了非洲人在经济上从教育中获益的可能性，而且拒绝投资于黑人学校并阻碍黑人接受教育。这一政策在20世纪50年代达到了顶峰，当时，在种族隔离制度设计者之一亨德里克·维沃尔德（Hendrik Verwoerd）的领导下，政府通过了《班图教育法》（Bantu Education Act）。南非的种族隔离制度一直持续到1994年。维沃尔德1954年的一次演讲非常直率地表述了这个法案背后的哲学：

> 班图人必须在各个方面接受指导，以服务其所在的社区。欧洲人的社区超出了某种劳动形式的水平，没有班图人的一席之地……因此，接受以"如何被欧洲人社区接受"为目标的教育训练，对于班图人来说是没用的，因为他们不能也不会被吸收进欧洲人社区。

很自然，维沃尔德在演讲中明确表达的那类二元经济完全不同于刘易斯的二元经济理论。在南非，二元经济并非经济发展过程不可避免的结果，它是由国家造成的。在南非，随着经济发展，穷人从落后部门转向现代部门绝无可能。相反，现代部门的成功依赖于落后部门的存在，这使得白人雇主通过向没有技能的黑人工人支付极低的工资，从而赚取大量利润。在南非，正如刘易斯的理论所设想的那样，来自传统部门的、没有技能的工人逐渐接受教育并转变为有技能工人的过程是不存在的。实际上，有人刻意不让黑人工人学习技能，禁止他们从事高技能职业，这样，高技能的白人工人才不会面临竞争，才能够享受高工资。在南非，非洲黑人实际上是被"隔离"在传统经济中，也被隔离在非洲黑人的家园里。但是，这种因发展而产生的问题并不能通过经济增长得到弥补。非洲黑人的家园是确保白人经济发展的条件。

南非白人实现的经济发展类型最终会受到限制，这一点应该也不会令人吃惊，因为他们的发展正是建立在白人建构出来剥削黑人的汲取性制度的基础之上。南非白人拥有产权，他们投资教育，他们能够提取黄金和钻石并在世界市场上销售赚得利润。但是，南非80%以上的人被边缘化了，被排除在大多数令人向往的经济活动之外。黑人不能发挥他们的才智，不能成为技术工人、商人、企业家、工程师或科学家。经济制度是汲取性的，白人通过剥削黑人致富。实际上，南非白人跟西欧国家人们的生活水平差不多，然而南非黑人一点也不比撒哈拉以南非洲其他国家的人富裕。只要从黄金和钻石中得到的收益持续增长，这种只有白人可以获益的、没有创造性破坏的经济增长就会一直持续。然而，到20世纪70年代，经济增长停止了。

同样并不令人意外的是，这一系列汲取性经济制度建立在一系列高度攫取的政治制度的基础之上。1994年南非的政治制度被推翻之前，它将所有权力赋予白人，只允许白人投票和担任公职。白人控制着警察、军队和所有的政治机构。这些制度是在白人移民的军事统治下形成的。南非联盟于1910年建立的时候，奥兰治自由州和德兰士瓦州这两个非洲白人政体就具有明确的种族特权，完全禁止黑人参与政治。纳塔尔和开普殖民地允许黑人投票，但前提是他们必须有足够的财产，不过通常情况下他们都没有。纳塔尔和开普殖民地的这种状况持续到1910年，但是到20世纪30年代，南非所有的地方都明确地剥夺了黑人的政治权利。

南非的二元经济在1994年结束，不是因为阿瑟·刘易斯爵士推理出的原因，即经济发展的自然过程终结了肤色障碍和非洲黑人的家园，而是南非黑人抗议并挺身而出反对这种不承认他们的基本权利、不与他们分享经济增长收益的制度。1976年索韦托起义后，这种抗议更有组织性、也更强有力了，并最终摧毁了种族隔离制度。正是黑人成功组织起来和起义反抗的力量最终结束了南非的二元经济，这与南非白人的政治权力当初建立这种经济的方式完全相同。

发展逆转了

今天，世界不平等依然存在，这是因为在19世纪和20世纪期间，一些国家能够利用工业革命及其组织的技术和方法，而其他国家则没有做到。技术变革只是实现繁荣的引擎之一，但可能是最为关键的一个。不能利用新技术获益的国家也不能利用其他引擎获益而实现繁荣。正如我们在本章和前一章里所表明的那样，这种失败源于他们的汲取性制度，即要么是专制制度存续的结果，要么就是因为缺乏集权政府。但是，本章还表明，在许多情况下，使这些国家贫困基础更为巩固的汲取性制度是强加的，或者至少是被进一步强化了的，其过程与欧洲的商业和殖民扩张这些推动欧洲增长的过程完全一样。事实上，欧洲殖民王国的获利通常是建立在对世界范围内独立政体和当地经济破坏的基础上的，或者是建立在阻碍当地经济起飞的汲取性制度创立的基础上的。就像加勒比群岛地区，在所有的当地人口几近崩溃之后，欧洲人输入非洲奴隶，建立起了种植园制度。

我们将永远不会知道，如果没有欧洲的介入，像班达群岛、亚齐或缅甸这些独立城邦国家的发展轨迹会如何。他们本土也许已经发生了光荣革命，或者是基于香料和其他有价值商品而贸易不断增长，慢慢地走向了包容性政治和经济制度。但是，荷兰东印度公司的扩张扼杀了这种可能性。荷兰东印度公司通过种族大屠杀断绝了班达群岛内发展的所有希望。其威胁还致使东南亚其他许多城邦国家中断了贸易或商业活动。

尽管发展的逆转不是由荷兰而是由英国造成的，亚洲文明古国之一印度也发生过类似的故事。印度在18世纪是世界上最大的纺织品生产国和出口国。印度的白棉布和平纹细布流入欧洲市场，在整个亚洲地区甚至东非地区也有贸易往来。把这些棉布运入不列颠诸岛的是英国东印度公司。英国东印度公司成立于1600年，比荷兰东印度公司早两年，它花费了整个17世纪的时间试图垄断印度有价值商品的出口贸易。它不得不跟在果阿、吉大港和孟买拥有基地的葡萄牙竞争，又不得不跟在旁迪治里、昌德纳戈尔、亚南和卡来卡有基地的法国人竞争。正如我们在第7章中所看到的那样，对英国东印度公司更不利的是光荣革命。东印度公司的垄断权是斯图亚特王朝的国王们授予的，在1688年后很快就受到了挑战，甚至被取消了10多年。正如我们在前文所见，失去权力事关重大，因为英国的纺织品生产者成功劝诱了议会禁止白棉布的进口，而这可是东印度公司最赚钱的贸易品。18世纪，在罗伯特·克莱夫（Robert Clive）的领导下，东印度公司改变策略，开始发展大陆王国。就在那时，印度分成了多种相互竞争的政治组织，不过许多政治组织在名义上仍然处于德里莫卧儿皇帝（the Mughal emperor）的控制下。东印度公司首先在东边的孟加拉扩张，在1757年的普拉西战役和1764年的布格萨尔战役中战胜了当地势力。东印度公司掠夺了当地的财富，接管并加强了印度莫卧儿统治者的汲取性的税收机构。这次扩张与印度棉纺织业的大幅度收缩是一致的，因为毕竟这些商品在英国已经没有市场了。收缩伴随着逆城市化和不断加剧的贫困，造成了印度在漫长时期中逆向发展。不久之后，印度就不再生产纺织品而是从英国购买了，并为东印度公司种植鸦片以销往中国。

大西洋奴隶贸易在非洲重复了相同的模式，尽管它起步于比东南亚和印度还更不发达的条件。许多非洲国家成了专注于捕获奴隶，并向欧洲人销售奴隶的战争机器。随着不同政体和国家之间的冲突发展成为持续的战争，在许多地方尚未形成较强政治集权的国家制度，已在非洲大多数地方崩塌了，这为持续的汲取性制度创造了条件，也为我们之后将要研究的现今国家的失败奠定了基础。在少数未进行奴隶贸易的非洲地区，比如南非，欧洲人强加了一系列完全不同的制度，这些制度是为给欧洲人的矿山和农业创造廉价劳动力储备而打造的。南非国家形成了二元经济，禁止80％的人口参与技术职业、商业化农业和企业活动。所有这些不仅解释了为什么世界上大多数地区错过了工业化，而且概括了经济发展为何有时能够导致甚至是造成其他地区国内或者世界经济不发达的。

第10章
繁荣的扩散

盗贼间的荣誉

  18世纪的英格兰——更确切地说，是1707年英格兰、威尔士、苏格兰合并之后的大不列颠——有一个处理犯罪的简单方法：眼不见，心不烦。他们把许多罪犯流放到帝国的殖民地。在独立战争之前，宣判有罪的犯人，即罪犯，主要是被流放到美洲殖民地。1783年之后，独立后的美国不再欢迎来自英国的罪犯，英国当局不得不给他们寻找其他的流放地。他们首先想到了西非。但是，西非的气候，再加上像疟疾、黄热病这些欧洲人根本没有免疫力的地区性疾病，足以致命，英国当局认为即使是罪犯被发配到"白人的坟墓"也是不可接受的。他们接下来的选择是澳大利亚。伟大的航海家詹姆士·库克船长（Captain James Cook）曾经到达过其东海岸。1770年4月29日，库克在一个非常好的港湾登陆，为了纪念与他同行的自然主义者在那里发现的富饶香料，他将此处命名为波特尼湾。对英国政府官员来讲，这似乎是一个理想的地方。气候适宜，并且在距离上足够远，符合人们"眼不见，心不烦"的设想。

  1788年1月，在阿瑟·菲利普船长（Captain Arthur Phillip）的率领下，运送罪犯的11艘船只抵达波特尼湾。他们从1月26日开始在悉尼卡夫——即现代悉尼城的中心——搭建营地，如今这一天已被定为"澳大利亚国庆日"。他们将这块殖民地称作新南威尔士。在其中一艘由邓肯·辛克莱尔（Duncan Sinclair）担任船长的船只"亚历山大号"上有一对已婚的罪犯夫妇，亨利（Henry）和苏珊娜·库伯（Susannah Cable）。苏珊娜因犯盗窃罪，最初被判处死刑，后来又改判为监禁14年并发配到美洲殖民地。随着美国的独立，原来的计划被搁浅了。与此同时，在诺里奇城堡监狱，苏珊娜遇见了同为罪犯的亨利，两人就此相爱。1787年，苏珊娜被选定随第一批船只流放至位于澳大利亚的新殖民地，而亨利却没有。此时，苏珊娜和亨利已经有了一个儿子，也叫亨利。这样的安排意味着他们的家庭将面临分离。苏珊娜被转移到了停泊在泰晤士河的监狱船上，这一令人悲痛的消息传到了慈善家拉迪·卡多根（Lady Cadogan）的耳朵里。拉迪·卡多根组织了一次让库伯一家团聚的活动。现在，他们一家人将一起被运往澳大利亚。拉迪·卡多根还筹集了20英镑为他们购买物品，他们将在抵达澳大利亚时收到这些物品。他们乘坐亚历山大号船航行，但是当他们到达波特尼湾的时候，那些物品却不见了，或者至少辛克莱尔船长是这样宣称的。

库伯一家怎么办呢？根据英国法律，他们对此无能为力。即使1787年的英国在政治制度和经济体系方面已颇具包容性，但这种包容性却没有惠及罪犯，他们实际上并不享有任何权利。他们不能拥有财产，也当然不能向法庭起诉任何人。事实上，他们甚至无法在法庭上作证。辛克莱尔知道这些，很可能就是他将物品据为己有。尽管他从未承认，但是他确实扬言他不会遭到库伯一家的起诉。根据英国的法律他是对的。在英国，这整个事件可能就到此为止了，但这却是在澳大利亚。一纸法院文书下达到了当地法官大卫·科林斯（David Collins）手中，内容如下：

> 鉴于本地的新居民亨利·库伯及妻子的包裹确实在他们离开英格兰的时候随邓肯·辛克莱尔船长的亚历山大号船只被运往本地，这个包裹里有一些衣物和其他一些适合他们现在用的物品，这些物品是由许多慈善人士捐赠和购买，供亨利·库伯、其妻子和孩子使用的。为了从现停靠在港口的亚历山大号的船长那里领取该包裹，他们已经提交了几次申请，但是除了几本书和一些废料之外，别无他获。其他更有价值的物品还在亚历山大号船上，亚历山大号船长好像对此事非常不在乎，如上述，他未能把物品归还其主人。

由于亨利和苏珊娜都是文盲，无法在这份文书上签字，只是在底部画了个记

第 10 章　繁荣的扩散

号。"本地新居民"的表述后来被划掉了，但却意义重大。有人预测，如果亨利·库伯及其妻子被描述为罪犯，这个案件就没有继续进行下去的希望了。相反，有人提出了把他们称作新居民的想法。这很可能是由科林斯法官提出来的，并且他最有可能是想出这种表述的人。但是文书生效了。科林斯没有放弃这个案件，并且召集了完全由士兵组成的陪审团法庭。辛克莱尔被传唤到了法庭。尽管科林斯对这个案件不很热心，陪审团也是由被派到澳大利亚看守像库伯一家这样罪犯的人组成，但是库伯一家获胜了。辛克莱尔在整个案件中都立足于库伯一家都是罪犯来进行辩护，但是文书内容却站住了脚，辛克莱尔不得不支付 15 英镑。

为了达成这个判决，科林斯法官没有应用英国法律；他不受英国法律管辖。这是在澳大利亚宣判的第一个民事案件。首例案件让英国人也同样感到奇怪。一名罪犯盗窃了另一名罪犯价值两便士的面包，这种案件在那时是不会被提交到法院，因为罪犯不允许拥有任何东西的。澳大利亚不是英国，其法律也不等同于英国的法律。澳大利亚不仅仅很快主导了自己的经济和政治体系，其刑法和民法也脱离了英国法律。

新南威尔士殖民地最初只有罪犯及看守罪犯的士兵。直到 19 世纪 20 年代，澳大利亚几乎没有"自由居民"，尽管向新南威尔士流放罪犯在 1840 年就停止了，但在澳大利亚西部却一直持续到 1868 年。罪犯们不得不从事"义务劳动"——本质上就是将"强制劳动"换了个好听的说法罢了，看守们想从中赚钱。最初罪犯没有工资，食物是他们唯一的劳动报酬。看守们保存他们所生产的东西。但是这种类似于弗吉尼亚公司在詹姆斯敦所实行的制度，其运作状况并不好，因为并没有什么激励措施让罪犯们保质保量地完成工作。他们被鞭打或放逐到了诺福克岛，该岛占地 13 平方英里，位于澳大利亚以东 1000 多英里的太平洋上。但是，由于放逐和鞭打都没能起作用，只能选择激励方案了。这并非士兵和看守们固有的想法。罪犯就是罪犯，他们不应当出售劳动力或拥有财产。但是在澳大利亚，没有其他人可以干活。当然还有当地原住民，在新南威尔士建立的时候，大约有 100 万原住民。但是，他们遍布整个大洲，在新南威尔士的人口密度还不足以建立基于对他们进行剥削基础上的经济。在澳大利亚也没有拉美人口。这样，看守们自此开辟出一条新的道路，最终致使澳大利亚的制度比英国更具包容性。给罪犯们安排一系列要做的工作,如果他们有额外的时间,就可以为自己工作并出售他们所生产的东西。

看守们也从罪犯新型的经济自由中得益。随着产量的提高,看守们建立起了向罪犯销售产品的垄断权,其中获益最丰厚的就是朗姆酒。如同英国其他的殖民地一样,此时的新南威尔士由英国政府任命的总督统治。1806年,英国任命的总督是威廉·布莱(William Bligh),他就是17年前即1789年著名的"慷慨号哗变"期间"慷慨号"的船长。布莱是一个严守纪律者,上次哗变的发生大概也是由于他这一性格特征。他的处事方式没有变化,他立即就挑战了朗姆酒的垄断者。这将又导致另一次哗变,这一次是在以前的士兵约翰·麦克阿瑟(John Macarthur)领导下的垄断者的哗变。这些事件后来被称为"朗姆酒叛乱",又一次造成布莱被叛乱者夺权,这一次是在陆地上而不是在慷慨号船上。麦克阿瑟把布莱锁了起来。随后,英国当局派出了更多士兵来平息这次叛乱。麦克阿瑟被逮捕并被运回了英国。但是,他很快就被释放了,他回到了澳大利亚,而且在殖民地的政治和经济领域都发挥了重要作用。

朗姆酒叛乱的根源在于经济因素。给予罪犯激励的策略使得像麦克阿瑟——他是在1790年作为第二批船队的士兵到达澳大利亚的——这些人赚了很多钱。1796年,他从军队辞职,专注从事商业。那时,他已经有了第一批绵羊,并且意识到养殖绵羊并出口羊毛有大量的钱可赚。从悉尼再往内陆走是"蓝山",麦克阿瑟最终在1813年穿越了这条山脉,山脉的另一边展示了广阔的开放草原。它可是绵羊的天堂。麦克阿瑟不久就成了澳大利亚最富有的人,他与其他绵羊产业巨头一样都以"土地先占者"而闻名,因为他们放牧绵羊的土地并不是自己的,而是归英国政府所有。但是起初,这只是细枝末节。"土地先占者"是澳大利亚的精英,或者更确切地说,是"大地主"。

即便是有大地主的存在,新南威尔士看上去也不像西欧或南美殖民地的专制制度。新南威尔士没有像在奥匈帝国和俄国那里那样的农奴,也没有像在墨西哥和秘鲁那里那样大量的供剥削的当地人口。相反,新南威尔士在许多方面就像弗吉尼亚的詹姆斯敦:精英最终发现建立比奥匈帝国、俄国、墨西哥和秘鲁的制度在本质上更加包容的经济制度,会更符合他们的利益。罪犯是唯一的劳动力,而激励他们工作的唯一方式就是为他们的劳动支付工资。

不久，他们就允许罪犯们成为企业家并雇佣其他罪犯。更加显著的是，他们甚至会在完成服刑之后得到土地，并且恢复所有的权利。其中有些人开始致富。即便是文盲亨利·库伯，到1798年，他也已经拥有了一家称作"兰坪豪斯"的旅馆，并且还有了一家商店。他购买了一艘船，从事海豹皮生意。到1809年，他在悉尼拥有至少470英亩的9块田地，还有大量的商店和房屋。

新南威尔士接下来的冲突发生在精英和社会中的其他人之间，这些人包括罪犯、有犯罪前科的人以及他们的家人。精英阶层在麦克阿瑟这样以前的看守和士兵的带动下，包括一些自由居民，受羊毛经济崛起吸引而来到殖民地。大多数的财富仍然控制在精英手中，有犯罪前科的人以及他们的后代想要结束这样的传承，想要在陪审团中占有一席之地，想要有机会拥有土地。精英们不想这样。他们主要关心为自己所抢占土地谋求合法权利。情况跟两个多世纪前在北美发生的事件相似。正如我们在第1章所看到的，在反对弗吉尼亚公司的契约奴仆取得胜利后，紧接着就是马里兰和卡罗来纳的斗争。在新南威尔士，巴尔的摩领主和安东尼·阿什利库珀爵士（Sir Anthony Ashley-Cooper）的角色是由麦克阿瑟和土地先占者扮演的。尽管英国政府也担心，有一天麦克阿瑟和土地先占者们可能会宣布独立，但还是再一次站在了精英一边。

英国政府于1819年派遣约翰·比格（John Bigge）到殖民地领导一个委员会考察那里的发展。比格对罪犯享有的权利感到震惊，并对该殖民地经济制度中基本的包容性质而深感惊奇。他建议进行一次彻底的检查：罪犯不能拥有土地，也不应当允许任何人给罪犯支付工资，赦免也应该受到限制，有犯罪前科的人不应获得土地，对罪犯的惩罚应该更加严厉。比格把土地先占者看做澳大利亚天生的贵族，并设想了一个由他们统治的贵族社会。但这是不应该发生的。

在比格尽力逆转时钟的同时，有犯罪前科的人及他们的儿女们却在要求更多的权利。最重要的是，他们意识到，跟在美国一样，想要完全巩固自己的经济和政治权利，他们需要能将他们包括在决策过程之中的政治制度。他们要求能够平等参与选举，并且希望能够在代议制机构和集会中担任公职。

有犯罪前科的人及他们的儿女们由富有传奇色彩的作家、探险家和旅行家威廉·温特沃斯（William Wentworth）所领导。温特沃斯是跨越蓝山首次远行的领导人之一。这一远征向土地先占者开放了大量的草原；建立在这些山区中的一个村庄仍然是以他的名字命名的。他同情罪犯，大概是因为他的父亲。他的父亲被指控犯有公路抢劫罪，不得不接受被流放到澳大利亚以免遭审讯及可能的定罪。那时，温特沃斯十分支持建立更加包容的政治制度、选举制大会、由以前的罪犯及其家人组成陪审团的审讯，以及终结继续运送罪犯到新南威尔士。他创办了一份报纸《澳大利亚人》，从那时起就领导抨击现存的政治制度。麦克阿瑟不喜欢温特沃斯，当然更不喜欢他提出的主张。他浏览了温特沃斯支持者的名单，认为他们具有以下特征：

从他来到这儿就应该判处绞刑

不断地策马加鞭

伦敦的犹太人

刚被剥夺执照的犹太酒馆老板

从事奴隶贸易的拍卖商

经常在这里被鞭打

两个罪犯的儿子

深陷债务的骗子

美洲探险家

地位卑微的代理人

不久前在乐器商店失败的怪人

跟两个罪犯的女儿结婚

跟以前是歌女的罪犯结婚

然而，麦克阿瑟和土地先占者的强烈反对没能阻止澳大利亚的发展趋势。人们对代议制制度的需求非常强烈，难以压制。直到1823年，总督多少是按照自己的意志统治新南威尔士的。那一年，他的权力受议会的创立所限制，这是由英国政府任命的。最初，被任命者来自土地先占者和非罪犯精英，麦克阿瑟也在其中，但是这没能持续下去。1831年，总督理查德·伯克（Richard Burke）面对压力屈服了，首次允许有犯罪前科的人参加陪审团。有犯罪前科的人和许多新自由居民也想结束英国罪犯的流放，因为这造成了劳动力市场的竞争，降低了工资。土地先占者喜欢低工资，但是他们失败了。1840年向新南威尔士流放英国罪犯被终止，并且立法议会于1842年得以创立，其中2/3的成员是通过选举产生的（其余的通过任命产生）。有犯罪前科的人只要有足够的财产就可以担任公职和拥有投票权，而他们中许多人都有足够的财产。

到19世纪50年代，澳大利亚已经引入了成年白人男性选举权。在对公民权的要求上，有犯罪前科的人及其家人的要求现在已经远远超过威廉·温特沃斯最初的想象了。事实上，这时，他站在保守派一边坚持非选举的立法议会。但是，就跟之前的麦克阿瑟一样，温特沃斯无法阻止走向更加包容性政治制度的趋势。1856年，维多利亚州——它在1851年从新南威尔士独立出来——和塔斯马尼亚州成了世界上最早在选举中引入不记名投票的地方，终止了选票买卖和强制。今天，我们仍然把选举投票中不记名的标准做法称作澳大利亚投票。

悉尼、新南威尔士最初的情况跟181年前弗吉尼亚詹姆斯敦的情况非常相似，尽管詹姆斯敦的移民大部分是契约劳力而不是罪犯。在这两种情况下，最初的环境都不允许汲取性殖民制度的创立。这两个殖民地都没有密集的当地人口可供剥削，也不拥有像黄金、白银这些贵金属的资源，也不具备奴隶种植园发展的土壤和作物。在18世纪80年代，奴隶贸易仍然盛行，倘若奴隶贸易有利可图，那么新南威尔士很可能就会充满奴隶，然而它并没有。弗吉尼亚公司和管理新南威尔士的士兵与自由移民向压力屈服了，逐渐创立了与包容性政治制度同步发展的包容性经济制度。在包容性制度建立的过程中，新南威尔士的斗争甚至比弗吉尼亚的斗争还少，而且随后逆转这种趋势的努力都失败了。

跟美国一样，澳大利亚走向包容性制度的道路与英格兰的经历不同。在内战及随后的光荣革命时期的变革震动了英格兰，但美国或澳大利亚并不需要同样的革命，因为这些国家建立的环境完全不同——尽管这不意味着没有冲突就可以建立包容性制度，在这个过程中，美国推翻了英国的殖民主义。在英格兰，长期的专制统治的历史已经根深蒂固，必需一场革命才能消除。美国和澳大利亚并没有这些问题。尽管马里兰的巴尔的摩领主和新南威尔士的约翰·麦克阿瑟渴望扮演这种角色，但是他们没能足够有力地控制社会使他们的计划开花结果。在美国和澳大利亚建立起来的包容性制度意味着工业革命很快就会传遍这些地区，他们很快就开始致富。这两个国家采取的道路被加拿大或新西兰这些殖民地采用了。

走向包容性制度还有其他的道路。西欧的大部分地区在法国大革命的推动下采取了第三种走向包容性制度的道路。法国大革命推翻了法国的专制主义，随后产生了将制度改革传遍西欧大部分地区的一系列州级冲突。这些改革的经济结果导致在西欧大部分地区出现了包容性经济制度、工业革命和经济增长。

打破障碍：法国大革命

1789年之前的三个世纪，法国由专制君主统治。法国社会被分成三个阶层：贵族形成第一阶层，教士形成第二阶层，其他人形成第三阶层。不同阶层受不同的法律约束，前两个阶层拥有第三个阶层所没有的权利。贵族阶层和教士阶层不交税，而市民必须缴纳几种不同的税款，就像我们根据高度汲取性的制度所预测的。事实上，教堂不仅不交税，而且还拥有大片的土地，并能够将税收强加给农民。君主、贵族和教士过着奢侈的生活，而第三阶层的大多数人的生活极度贫困。不同的法律不仅确保了贵族和教士处于非常有利的经济地位，而且还给他们政治权力。

18世纪法国城市的生活是残酷的、反常的。制造业受权势行会所管制，这些行会给它的成员创造极佳的收入，却禁止其他人从事这些职业或开办新的实业。旧制度为了竭力维持其连续性和稳定性，绝不容忍企业家或有才能者进入新的职业而造成不稳定。如果说城市的生活是残酷的，那么乡村的生活可能更加糟糕。正如我们已经看到的，那时，农奴制的最极端形式，即将农民和土地绑在一起，强迫农民为封建主劳动并交费给封建主，在法国已经衰落了很长时间。然而，农奴的流动却受到很多限制，农民被迫向君主、贵族和教堂交大量的封建税费。

法国大革命是在这种背景下爆发的最彻底的事件。1789年8月4日，国民制宪议会提出制定新的宪法，这完全改变了法国的法律。第一条提出：

国民大会以此完全废除了封建制度。它命令，在现有的权利和税费中，无论是封建的还是全民都缴纳的，所有源于或代表真正或个人农奴的税费将毫无补偿地被废除。

第九条条款继续写道：

永远废除所有以税收形式支付的金钱上的特权，无论是个人的还是不动产的。税收将采取同样的方式和形式，在全体人民中按其能力平等地征收。计划考虑应该按照比例征收税款，甚至是本年的后6个月也应如此进行。

这样，法国大革命以一种突然的形式废除了封建制度，废除了所有的封建义务及其强加的税费，它完全消除了贵族和教士的免税现象。但是，大概其最激进，甚至那时候都不可想象的是第十一条条款：

取消旧的"等级"，所有的人都是平等的，不论出身差别，都可以担任公职。

因此，现在法律面前人人平等了，不仅在日常生活和实业中平等，而且在政治上也平等了。革命的改革从8月4日之后一直持续下去。随后，它又废除了教堂征收特别税的权力，将教士变成了国家的雇员。连同严格的政治和社会角色的废除，对经济活动的主要障碍也消除了。行会和所有的职业限制都被废除了，这在城市中创造了更加公平的环境。

这些改革是结束法国君主专制统治的第一步。在8月4号宣言之后经历了几十年的不稳定和战争。但是，专制主义和剥削制度的废除是不可逆转的，法国走向了具备包容性的政治和经济制度。经济和政治改革也紧跟其后，最终法兰西第三共和国于1870年成立，它和光荣革命后的英国一样，也走向了议会制度。法国大革命造成了非常多的暴力、苦难、动乱和战争。然而，也正是由于法国大革命，这个国家才没有因剥削制度而陷入经济发展的停顿，而专制统治下的奥匈帝国和俄国这些东欧国家却未能幸免。

法国的专制君主是如何在1789年大革命之后走向崩溃的？毕竟，我们目睹过许多专制制度即使在经济停滞和社会动乱时期，能够存续很长时间，跟大多数革命和激进变革的情形一样，多种因素的综合作用使得法国大革命最终爆发，而这些因素跟英国工业化迅速发展的事实密切相关。当然其革命道路也是视情况而定的，君主试图稳定封建专制制度的努力失败了，大革命在1789年对法国和欧洲其他国家制度方面的改变，超乎了人们的想象。

法国的许多法律和特权是中世纪的残余。他们不仅支持与广大的第三等级矛盾日益尖锐的第一等级和第二等级，而且还通过国王授予他们特权。太阳王路易十四（Louis XIV）统治法国达54年，从1661年一直到他在1715年逝世，但是他在1643年5岁的时候就早已登基了。他巩固了君主的权力，加强了几个世纪之前就开始的专制统治。许多君主通常跟国王亲手挑选的主要贵族组成的所谓"贵族大会"商讨事务。尽管主要是顾问性的，但是贵族大会仍然对君主的权力起温和的限制作用。由于这个原因，路易十四统治期间没再召开贵族大会。在他的统治下，例如通过参与大西洋和殖民地贸易，法国实现了一定的经济增长。路易十四干练的财政大臣让-巴普蒂斯特·柯尔贝尔（Jean-Baptiste Colbert）也监视着政府资助和控制的工业的发展，这是一种汲取性增长。这些有限的收益仅仅让第一等级和第二等级获利。路易十四也想使法国的税收制度合理化，因为国家在为频繁发生的战争、大规模的常驻军队和国王自己奢侈的随从、消费和宫殿筹集资金时经常面临问题。他甚至无法向小贵族征税，税收受到严格的限制。

尽管存在微弱的经济增长，到路易十六（Louis XVI）于1774年掌权时，仍然存在大规模的社会变革。而且，以前的财政问题演变成了财政危机，并且与英国于1756—1763年发生的"七年战争"使法国失去了加拿大，耗费了巨资。许多大人物试图通过重组债务和提高税收平衡皇室预算，其中就有当时最著名的经济学家安·罗伯特·雅克杜尔哥（Anne-Robert-Jacques Turgot）和查理·亚历山大·德·卡伦（Charles Alexandre de Calonne）。但是没人取得成功。作为其战略的一部分，卡伦说服路易十六召集贵族大会。国王及其建议者都希望贵族大会支持其改革，这跟英国查理一世在1640年召开议会时希望议会同意增加税收给军队同苏格兰作战完全一样。贵族大会否决了改革方案,并要求召开三级会议。

三级会议是一个跟贵族大会完全不同的机构。贵族大会由贵族组成,大部分是国王从主要贵族中亲自挑选出来的,而三级会议包括三个等级的代表。1614年后中断了的三级会议于1789年在凡尔赛召开时,没有达成任何协定。不可调和的分歧固然存在,一方面第三等级把这次议会看作是提高其政治权力的机会,并希望在三级会议中获得更多的选票;另一方面贵族和教士们对此持坚决反对的态度。这次会议在1789年5月5日结束,除了决定召集更有权力的国民议会外,未能解决任何问题,这加剧了政治危机。第三等级,特别是商人、实业家、技师和工匠们,都要求更大的权利,以达到提高他们政治影响。在国民议会中,他们因此而要求在会议中有更多的发言权,在大会中有更多的权利。这些进步使得普通市民受到鼓励,他们在全国各地获得了支持,继而又将国民议会改成了在6月9日召开的国民制宪议会。

与此同时,国家的气氛,特别是巴黎的气氛,更加激进了。为此,路易十六周围的保守派人士劝说他解除了支持改革的财政大臣内克尔(Necker)的职务,这导致各地的公愤进一步激增,最终于1789年7月14日爆发了著名的巴士底狱暴动。自此以后,革命热情开始高涨。内克尔被召回,支持革命的拉法耶特(Marquis de Lafayette)负责巴黎的国民卫队。

比巴士底狱暴动更为显著的是国民制宪议会的活跃,它在1789年8月4日满怀信心地通过了新宪法,废除了封建主义和第一等级、第二等级的特权。但是,这次激进的行动导致了国民制宪议会的分化,因为在关于社会应该如何建构的问题上存在许多相互冲突的观点。首先是地方派别的形成,最著名的是激进的雅各宾派,它后来控制了革命。同时,贵族们纷纷逃离本国——即所谓的大逃亡。许多人还鼓励国王同国民制宪议会决裂并采取行动,要么凭借自身力量,要么借助像奥地利这样的外国势力的帮助,因为奥地利是王后玛丽·安托瓦内特(Queen Marie Antoinette)的出生地和大多数逃亡贵族的逃亡地。随着大多数公众开始意识到对过去两年革命成果的主要威胁,激进主义开始集结。国民制宪议会于1791年9月29日通过了宪法的最后版本,法国成为一个君主立宪制国家,人人权利平等,没有封建义务和税费,结束行会强加的所有贸易限制。法国仍然是一个君主制国家,但是国王已成为了小角色，实际上国王失去了自由。

但是，1792年爆发的法国与奥地利为首的"第一次反法联盟"之间的战争，使蓬勃发展的革命发生了不可逆转的改变。战争增强了革命者和公众［即所谓的无套裤汉（sans-culottes），译作"没有短裤"，因为他们穿不起当时流行的那款裤子］的决心和激进主义。这一时期就是罗伯斯皮尔（Robespierre）和圣茹斯特（Saint-Just）领导的雅各宾派指挥下的所谓"恐怖"时期，他们是在路易十六和玛丽·安托瓦内特被绞死后释放出来的。这不仅导致许多贵族和反革命者被绞死，还有几个革命中的主要人物也被绞死，包括之前非常受欢迎的领导布里索特（Brissot）、丹顿（Danton）和迪斯莫林斯（Desmoulins）。

但是，恐怖时期很快就失去了控制，并最终于1794年7月将包括罗伯斯皮尔和圣茹斯特在内的领导人绞死而终结。接着就是一个相对稳定的时期，1795—1799年法国先是由低效率的理事会进行管理，然后又以杜克（Ducos）、西耶士（Sieyès）和拿破仑·波拿巴（Napoleon Bonaparte）组成的三人议会让权力更加集中。在理事会时期，年轻的将军拿破仑·波拿巴由于其军事上的成功而崭露头角，其影响力在1799年后开始扩张。三人议会很快就成为拿破仑实行独裁统治的工具。

从1799年到拿破仑统治结束时的1815年，法国取得了一系列军事胜利，包括在奥斯特里茨、耶那阿尔斯泰特和瓦格朗取得的胜利，这使得欧洲大陆国家纷纷臣服，还让拿破仑在广阔的疆域里强加自己的意志、改革和法典。拿破仑在1815年败北，他的沉落还造成了一个紧缩期，出现了更受限制的政治权力以及路易十七统治下的法国君主制度的复辟。所有这些只是减缓了包容性政治制度最终出现的速度。

1789年革命所释放出来的力量结束了法国的专制主义并不可避免地——尽管有些缓慢——导致了包容性制度的出现。这样，法国以及所有革命性改革所波及的其他欧洲国家或地区都在19世纪加入到了工业化的进程中。

输出革命

1789年法国大革命前夕，整个欧洲对犹太人的限制都颇为苛刻。例如，在德国城市法兰克福，他们的生活受到中世纪的法典所形成的秩序管理。在法兰克福有不超过500个犹太家庭，他们都不得不生活在一个狭小的、建有围墙的小区内，即犹太胡同或犹太人隔离区。他们在晚上、星期日或所有的基督节日都不能离开这个隔离区。

犹太胡同是难以置信的拥挤。它有25英里长，但是不到12英尺宽，在有些地方甚至不到10英尺宽。犹太人生活在永恒的压制和管制下。每年，最多只允许有两个新家庭加入该胡同，至多只允许12对犹太夫妇结婚，并且他们的年龄还都必须超过25岁。犹太人不能耕种，也不能从事武器、香料、酒和谷物的贸易。一直到1726年，他们都必须穿特制的衣服，男人身上有两个同圆心的黄色圆环，女人戴着有条纹的面纱。所有的犹太人都必须支付专门的人头税。

在法国大革命爆发的时候，有一位成功的年轻商人迈耶·阿姆谢尔·罗斯柴尔德（Mayer Amschel Rothschild）居住在法兰克福的犹太胡同。18世纪80年代早期时，罗斯柴尔德已经成为了法兰克福地区最大的铸币、五金和古玩交易商。但是，跟这个城市所有的犹太人一样，他不能在犹太胡同之外的地区开办商业，甚至不能居住在犹太胡同以外的地区。

所有这一切很快都变了。1791年，法国国民大会解放了法国犹太人。当时，法国军队还占领了莱茵兰地区，并解放了德国西部的犹太人。在法兰克福，这种影响更加突然，并且很可能在某种程度上是无意识的。1796年，法国炮击法兰克福，摧毁了一半的犹太胡同，大约两千犹太人无家可归，不得不搬到犹太隔离区以外的地方。罗斯柴尔德家族就在其中。自从离开犹太隔离区，并从限制他们企业家精神的禁锢中解放出来，他们就可以捕捉新的商业机会了。这包括给奥地利军队供应粮食，而此前他们是不允许做这些事情的。

18世纪90年代末，罗斯柴尔德成为法兰克福最富的犹太人之一，并已经成为一名成功的商人。全面的解放直到1811年才得以实现，这最终是由卡尔·冯达尔伯格（Karl von Dalberg）完成的，他在拿破仑1806年的德国重组中成为法兰克福公爵（Grand Duke of Frankfurt）。迈耶·阿姆谢尔告诉儿子："你现在是公民了。"

这些事件并没有为争取犹太人解放的斗争画上句号，因为随后发生了一些逆转，特别是1815年的维也纳议会，形成了后拿破仑时期的政治解决方案。但是，罗斯柴尔德家族没有回到犹太隔离区。迈耶·阿姆谢尔及其儿子们很快就拥有了19世纪欧洲最大的银行，其分支机构遍布法兰克福、伦敦、巴黎、那不勒斯和维也纳。

这并非一个孤立事件。首先，法国革命军及此后拿破仑入侵欧洲大陆的大部分地区，在他们入侵的几乎所有地区，现存的制度都是中世纪的残余，有权势的国王、王子和贵族限制城市和乡村的贸易。农奴制和封建主义在其中部分地区比法国严重得多。在东欧，包括普鲁士和奥匈帝国的匈牙利地区，农奴与土地捆绑在一起。在西欧，农奴制的这种严格形式已经瓦解，但是农民要向封建地主缴纳各种领主费、税费并提供无偿劳动。例如，在拿骚乌辛根，农民要受制于230种不同的税费和服务。税费包括动物屠宰后必须缴纳的税费，称作血液税，还有蜜蜂税和蜂蜡税。如果一件财物被买卖，领主也要收费。管理城市所有经济活动的行会在这些地区通常比在法国更加严厉。在德国西部城市科隆和亚琛，针织机器的使用受到行会的阻碍。许多城市，从瑞士的伯尔尼到意大利的佛罗伦萨，都被少数几个家族控制着。

法国大革命的领导者以及后来的拿破仑将革命输出到了这些地方，摧毁了专制主义，结束了封建土地关系，废除了行会，强制实行法律面前人人平等——这可是法律规则最重要的观念，我们将在下一章详细讨论。这样，法国大革命不仅为法国而且为欧洲的其他大部分地区创造了包容性制度并由此推动经济增长的条件。

正如我们已经看到的，在法国革命发展的威胁下，1792年以奥地利为首的几个欧洲君主国家进攻法国，表面上是为了解救国王路易十六，但实际上是为了镇压法国大革命。人们预断法国临时组成的革命军队很快就会被瓦解；但是，在经过几次失败后，新法兰西共和国的军队在一次保卫战中取得了首次胜利。有一些严重的组织问题要解决。但是，法国在主要创新方面领先于其他国家：大规模征兵。1793年，在拿破仑的军事才能显现出来之前开始大规模征兵，法国革命政府组织人民进行全面战争,并使其军事优势发挥到极致。

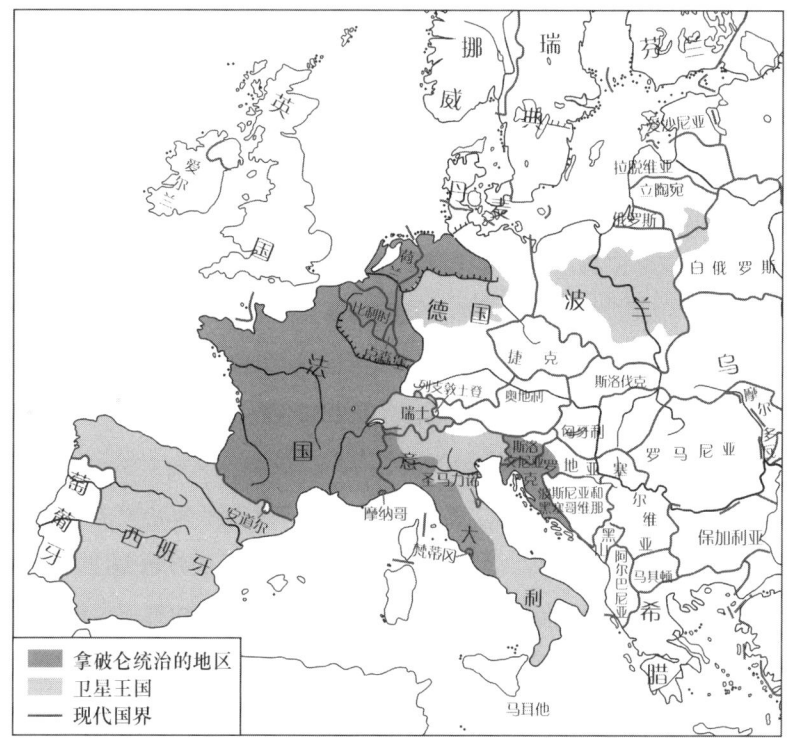

地图 17　拿破仑帝国

最初的军事胜利鼓励着共和国的领导们扩张法国的边界,期待在新共和国与敌对的普鲁士和奥地利君主国家之间形成有效的缓冲带。法国人很快就占领了奥地利统治下的荷兰和联合省——主要是现在的比利时和荷兰。法国还接管了现在瑞士的大部分地区。18 世纪 90 年代,法国对这三个地方有很强的控制力。

德国一开始顽强抵抗。但是 1795 年,法国对位于莱茵河左岸的德国西部地区莱茵兰进行了严格的控制。在巴塞尔条约下,普鲁士被迫承认这个事实。在 1795—1802 年,法国占领了莱茵兰,但是没有占领德国其他地区。1802 年,莱茵兰正式加入法国。

18 世纪 90 年代后半段,意大利仍然是战争的主力,与奥地利对峙。萨伏伊于 1792 年被法国吞并,并且到 1796 年 4 月拿破仑入侵的时候形成了僵局。到 1797 年早期拿破仑进行首次大规模大陆行动时，拿破仑已经攻占了意大利北部除威尼斯之外的所有地区，当时威尼斯被奥地利占领着。1797年10月法国迫使奥地利签署的坎波福尔米奥条约，结束了第一次反法联盟战争，并承认了法国在意大利北部的许多殖民地共和国。然而，签订条约之后，法国继续扩张其在意大利的势力范围，入侵了教皇国，并于1798年3月建立了罗马共和国。1799年1月，那不勒斯被征服，帕特诺珀共和国成立。除了奥地利控制下的威尼斯之外，法国现在控制了整个意大利半岛，有的是直接控制，就像萨伏伊一样，有的是通过卫星国控制，就像奇萨尔皮尼、利古里亚、罗马和帕特诺珀等共和国一样。

1798—1801年爆发的第二次联盟战争，又以法国取得胜利而结束。法国革命军很快就开始在它们殖民地进行激进的改革过程，废除了农奴和封建土地关系的残余，强制实施法律面前人人平等。教会被剥夺了特殊地位和权力，城市地区的行会被取消或者被削弱到最低限度。1795年法国入侵当时在奥地利统治下的荷兰，并在那里建立了巴达维亚共和国，并将其改革成与法国相似的政治制度。在瑞士，情况也相同，行会连同封建地主和教会被打败，封建特权被取消了，行会被废除和取缔。

拿破仑指挥法国革命军以各种形式继续扩张势力范围，对其征服的区域进行严格控制。但是，拿破仑的真正愿望是继续和深化革命发动的改革。最重要的是，他把罗马法和法律面前人人平等的思想编入法律制度，编纂成《拿破仑法典》。拿破仑将这个法典看作其最伟大的遗产，并希望在其控制的每个地区实施这部法典。

当然，法国大革命和拿破仑进行的改革是不可逆转的。虽然在许多地方，比如德国的汉诺威，昔日精英在拿破仑衰落之后不久又恢复了原样，法国进行的大部分改革失败了。但是，在其他许多地区，封建主义、行会和贵族被彻底弱化和破坏了。例如，在许多地区，甚至在法国离开之后，拿破仑法典依然有法律效力。

总之，法国军队造成了欧洲的巨大苦难，但是他们也激进地改变了现状。在欧洲大部分地区，封建关系，行会权力，君主和王子的专制控制，教会对经济、社会和政治权力的控制，旧制度的基础——即根据其出身将人分为不同等级并进行不平等的对待已不复存在。这些变革促成了当地的包容性经济制度，允许工业化。到19世纪中期，工业化在法国统治的几乎所有地区都快速发展，而在奥匈帝国和俄国等法国未征服的地区或波兰和西班牙等法国临时和有限控制的地区,仍然处于停滞。

寻求现代性

1867年秋天,封建日本萨摩藩的重要大臣大久保利通(Ōkubo Toshimichi),从首都江户——即现在的东京——旅行到了地方城市山口。10月14日,他会见了长州藩的统治者们,提了一个小建议:官员也将与军队一同前往江户,推翻日本的统治者——幕府将军。到这时,大久保利通已经说服土佐藩和肥前藩的统治者们出发了。只要实力强大的长州藩统治者同意,萨长秘密同盟就会形成。

日本从1600年开始就一直在德川家族的控制下,1603年德川家族获得幕府将军的称号。到1868年,日本仍属于经济欠发达国家。日本天皇没有实权,形同虚设。德川家族是对自己领地进行统治并征税的封建地主阶级的主要成员,其中,萨摩藩的地主受岛津家族(the Shimazu family)统治。这些地主,连同他们的军事家臣——即著名的武士——一起,管理着与中世纪欧洲相同的社会,严格限制职业类别,对贸易进行限制,对农民征收很高税率的税收。幕府将军在江户进行统治,他垄断并控制着对外贸易,禁止外国人进入该国家。政治和经济制度都在榨取百姓,日本很穷。

但是,幕府将军的统治范围是不完整的。即使当德川家族在1600年接管这个国家时,他们也不能控制每个人。在这个国家南部,萨摩藩仍然是完全自治的,甚至可以允许独立地通过琉球群岛同其他国家或地区进行贸易。大久保利通于1830年出生于萨摩藩首府鹿儿岛。他子承父业,成为一名武士,其才能早期被萨摩藩主岛津齐彬(Shimazu Nariakira)发现,他很快就提拔大久保利通进入幕僚中。那时,岛津齐彬就已经制定了利用萨摩军队推翻幕府将军的计划。他想扩张同亚洲和欧洲的贸易,废除旧的封建经济制度,在日本建立现代国家。该计划在1858年岛津齐彬去世后不了了之。其继任者岛津久光(Shimazu Hisamitsu)更加小心谨慎,至少一开始时是如此。

大久保利通要在日本推翻封建幕府的决心越来越大,他最终说服了岛津久光。

为了获得这次行动的支持,他们把这个计划隐藏在反对皇帝附庸的暴动中。大久保利通已经跟土佐藩签署的协议宣称:"国无二君,家无二主;政府要交给一个统治者。"但是,他们的真实目的不只是恢复天皇的权力,而是要彻底改变政治和经济制度。在土佐一边,协议的一个签署者是坂本龙马(Sakamoto Ryōma)。在萨摩藩和长州藩动员他们部队的同时,坂本龙马向幕府将军提出了八点计划,逼他签署以避免内战。计划是激进的,尽管条款 1 提到:"这个国家的政治权力应该归还给天皇,所有的命令都应该由天皇发布",但它包括的内容远不是天皇复辟那么简单。条款 2、3、4、5 提到:

  2. 应该建立两个立法机构——上院和下院,所有的政府政策都应该在整体观点的基础上决定。

  3. 地主、贵族和全体民众中有能力的人应该被雇为议员,失去职能的传统官职应该废除。

  4. 根据基于整体观点形成的合理规则来处理外交事务。

  5. 废除早期法律条令,应该选择新的恰当法典。

幕府将军德川庆喜(Shogun Yoshinobu)同意签署。1868 年 1 月 3 日,明治维新一个月之后孝明天皇(Emperor Kōmei)逝世,其儿子明治(Meiji)重掌大权。尽管萨摩藩和长州藩的武力现在占领了江户和帝国首都京都,但是他们仍然担心德川家族会试图重获权力、恢复幕府统治。大久保利通想让德川家族永远消失。他说服天皇废除了德川家族的领地,没收了他们的田地。1 月 27 日,原来的幕府将军德川庆喜攻击了萨摩藩和长州藩的军队,内战爆发了。战争一直持续到夏天,以德川家族失败而告终。

紧接着明治维新之后,在日本发生了制度性的变革。1869 年,日本废除封建专制,三百块藩地交给政府,转变县,建立中央集权政府。税收由中央控制,现代官僚国家取代了旧的封建国家。1869 年,尽管反抗仍有发生,日本引入法律面前人人平等的观念,取消对国内移民和对贸易的限制,废除武士阶层。引入个人土地财产权,人们有权自由从事任何贸易活动。国家大量参与技术设施的建设。与专制制度对铁路的态度不同，1869 年日本形成了东京到大阪之间的轮船航线，建成了东京与横滨之间的第一条铁路。它还开始发展制造业，大久保利通作为财政大臣，预测到了工业化协作的开始。萨摩藩的领主成了工业化的领导人物，建立了陶器厂、大炮厂和棉线厂，进口了英国的纺织机械并于 1861 年在日本建成了第一个现代棉纺织厂。他还建成了两个现代造船厂。到 1890 年，日本成了亚洲第一个采用成文宪法的国家，它建立了拥有选举议会、国会、独立司法的君主立宪制度。这些变化是日本成为第一个从工业革命中获益的亚洲国家的决定性因素。

19 世纪中期，中国和日本都是穷国，备受专制制度的折磨。几个世纪以来，中国的专制制度一直受到变革者的质疑。尽管在中国和日本之间存在许多共同点——17 世纪，德川幕府将军与中国皇帝一样，禁止海外贸易，抵制经济和政治变革，但是他们还是存在显著的政治差别。中国是一个封建专制统治下的中央集权国家，皇帝当然面临着对其权力的约束，其中最重要的是起义的威胁。在 1850—1864 年，整个中国南方受到太平天国运动的冲击，数百万人要么在冲突中战死，要么被大规模饿死。但是，这些起义并没有触及制度变革。

日本的政治制度结构不同。幕府将军使皇帝形同虚设，但是，德川的权力不是绝对的，像萨摩藩这样的地区仍然独立，甚至有能力自己从事海外贸易。

跟法国一样，英国工业革命对中国和日本的重要影响是军事侵略。中国在 1839—1842 年的第一次鸦片战争中被英国海军打败；日本也存在同样的威胁，美国战船在马修·佩里将军（Commodore Matthew Perry）的指挥下于 1853 年逼近江户湾。经济落后造成军事落后，这是岛津齐彬推翻幕府将军并实施计划的动力之一，这些计划也推动了明治维新的到来。萨摩藩的统治者们意识到只有通过制度改革才能实现经济增长，日本才能生存下去；但是幕府将军反对改革，因为他们的权力与当时的制度紧密相关。为强制实施改革，幕府将军必须被推翻，并且确实被推翻了。中国的情况差不多，但是最初不同的政治制度使得推翻皇帝更加困难，直到 1911 年中国的皇帝才下台。中国没有改革制度，只是通过进口现代武器试图在军事上与英国对抗。日本建立起了他们自己的军事工业。

这些初步的差异造成了不同的结果,两个国家对19世纪的挑战做出了不同的回应,在工业革命这一关键时期,日本和中国迅速分化了。日本的制度发生变化、经济开始迅速增长时,中国推动制度变革的力量还不够强大,专制制度持续存在而且毫未减弱。

世界不平等的根源

本章和前面三章已经讲完了英国的包容性经济和政治制度如何促进工业革命的发生,以及为什么有些国家从工业革命中受益并不断发展,而其他国家没有或者坚决拒绝工业化的兴起。一个国家是否工业化很大程度上都受制度的影响,美国经历了跟英国光荣革命相似的转型,并且到18世纪晚期时已经发展形成具有特色的包容性政治和经济制度。美国成为第一个利用英国新技术并快速赶超英国的国家,成为工业化和技术变革的先驱。澳大利亚采取了走向包容性制度的相同道路,只是稍晚一些,没太被注意。跟英国和美国的人民一样,澳大利亚人民不得不为建立包容性制度而奋斗。一旦条件成熟,澳大利亚就进入了经济增长的过程。澳大利亚和美国之所以能够工业化并迅速增长,是因为它们相对包容的制度没有阻碍新技术、创新或创造性破坏。

其他欧洲殖民地大多是另一番情形。其殖民地发展情况与澳大利亚和美国完全相反。澳美殖民地区人口稀少,可供殖民掠夺的资源匮乏,这使澳美地区的殖民主义与其本义截然不同。不过,当地殖民地人民还是不得不为争取政治权利、建立包容性制度进行艰苦斗争。和欧洲各国在亚洲、南美洲及加勒比地区所建的殖民地一样,摩鹿加群岛殖民地在该斗争中取胜的概率很低。欧洲殖民者在以上各殖民地强行建立新的汲取性制度,抑或接管当时全部的汲取性制度,就是为了能够攫取珍贵资源——从金银到糖和香料。同时,在有的殖民地进行一系列制度改革,使包容性制度难以建立;明令摧毁新兴工业及现存包容性经济制度,因此,以上大部分殖民地区在19世纪甚至20世纪都没能从工业化中受益。

欧洲非殖民地地区的发展也不同于澳大利亚和美国。18世纪后期,英国工业革命迅速开展。此时的欧洲各国大都受专制政权统治,为君主或贵族所控制。当时欧洲各国实行禁入壁垒，因此贵族享受贸易特权，其收入主要来源是所持土地及贸易。而工业化的进行损害了欧洲君主及贵族的贸易利益，消耗了当地资源，争夺当地劳动力，由此造成极大损失。工业化进程使贵族们的经济利益受损；更重要的是，政治利益同样受损。这是因为工业化过程无疑会产生不稳定因素，并对贵族政治权力垄断构成威胁。

但是，英国制度转型和工业革命同样为欧洲各国创造了新的机会和挑战。尽管当时西欧存在专制主义，却也出现了制度漂移，在过去千年间深刻影响着英国。然而，东欧、奥斯曼帝国和中国的情况却截然不同，而这些差异对于工业化的传播至关重要。和黑死病流行或太平洋贸易兴起等事件一样，伴随工业革命发生的关键事件加剧了许多欧洲国家现有的制度冲突。其中的一个主要因素就是1789年法国大革命。专制主义在法国的终结为包容性制度开辟了道路，法国也终于开启了工业化进程，经济进入快速增长阶段。事实上，法国大革命的影响远不止于此。在此期间，法国入侵邻国，改革其汲取性制度，向邻国输出其制度。因此，法国大革命不仅为法国的工业化开辟了道路，也为比利时、荷兰、瑞士和德国与意大利部分地区的工业化开辟了道路。而再向东，各地对法国大革命的反应和对黑死病的反应相似，封建主义制度不仅没有遭到破坏，反而愈加坚固。奥匈帝国、俄国和奥斯曼帝国在经济上十分落后，而专制君主制度一直保留到了一战爆发前夕。

和东欧一样，专制主义在世界各地死灰复燃。明清政权更迭，中国开始致力于建立一个稳定的农业社会，转而取缔国际贸易。不过，亚洲各国也存在着重要的制度差异。和法国大革命一样，日本倒幕维新运动也转变了该国制度，不过该改革是由萨摩藩、长州藩、土佐藩和肥前藩的叛变领主所领导的。这些领主推翻了幕府统治，并推行明治维新改革，将日本引上了制度改革和经济增长的道路。

专制主义同样在孤立的埃塞俄比亚死灰复燃。在非洲大陆各地，使17世纪的英国完成制度改革的国际贸易，又以奴隶贸易的形式在西非和中非许多地区建立起高度汲取性制度。对于某些国家来说，这破坏了其社会制度，也导致了汲取性奴隶国家的形成。

先前所描述的制度变化最终决定了哪些国家抓住了19世纪呈现的重大机遇，

而又有哪些国家没能抓住。如今我们看到的世界不平等的根源也可以在这一分流中有迹可循。除少数特例外,今日富强的国家大多在19世纪就开始了工业化和技术变革进程,而今天落后的国家大多没能开始这一过程。

第11章

良性循环

《布莱克法案》

温莎城堡坐落于伦敦城的正西方,是英国宏伟的皇家住所之一。18世纪早期,城堡被茂密的森林环绕,到处是小鹿,但现在非常少见了。1722年森林的守护人之一巴蒂斯特·纳恩(Baptist Nunn)被卷入一场暴力冲突。6月27日,他记录道:

> 三更半夜,黑面人来了,他们向我射击了3次,有2颗子弹穿过了我房间的窗户,我同意30号在克罗索恩支付给他们5几尼。

纳恩日记中记录了另一次闯入:"真是一件新奇事。有人好像用破坏的信号作掩护。"

向纳恩射击并威胁他要钱的这些神秘"黑面人"是谁呢?黑面人是一伙当地人,他们把脸弄黑以免在晚上被人认出。在这一时期,他们好像遍布英国南部,猎杀或滥伤小鹿和其他动物,烧毁干草堆和牲口棚,破坏篱笆和鱼塘。表面上,他们完全是目无法纪,但实际上不是。在国王或其他贵族成员所有的土地上非法猎杀(偷猎)小鹿由来已久。17世纪40年代,在内战期间,温莎城堡处的小鹿被猎杀光。1660年复辟后,查理二世登基,鹿苑得以重建。但是,黑面人不仅是为了吃而偷猎小鹿,还进行肆意破坏。他们是何居心?

1688年光荣革命的一个重要价值是议会代表利益的多元性质。与奥兰治威廉及与后来的汉诺威的君主〔他于1714年继承女王安娜（Queen Anne）王位〕结盟的商人、实业家、绅士或贵族中没有一个强大到能单方面强加自己的意志。

复辟斯图亚特王朝的努力贯穿于18世纪的大部分时间。1701年詹姆士二世去世后，法国、西班牙、罗马教皇和英国及苏格兰斯图亚特王朝的支持者——即所谓的詹姆士二世党人——认定其儿子詹姆士·弗朗西斯·爱德华·斯图亚特（James Francis Edward Stuart，即"老王位觊觎者"）为合法继承人。1708年，老王位觊觎者试图在法国军队的支持下复辟王朝，但没能成功。在随后的几十年中，詹姆士二世党人发动了数次叛乱，其中包括1715年和1719年的几次主要叛乱。1745—1746年，老王位觊觎者的儿子查理·爱德华·斯图亚特（Charles Edward Stuart），即"小王位觊觎者"，试图复辟王朝，但被英国军队打败。

正如我们之前所看到的，辉格党成立于17世纪70年代，代表新兴商人及其经济利益，该党是光荣革命背后的主要组织，辉格党人在1714—1760年控制着议会。一掌权，他们便竭力利用新的地位掠夺他人权利、吞并他人财产。他们与斯图亚特王朝的统治者没什么两样，只是他们无法拥有绝对的专制权。它一方面受到议会中竞争集团的制约，特别是针对辉格党人成立的托利党，另一方面受到他们为加强议会、防止新的专制出现和斯图亚特王朝复辟而奋力引进的制度的约束。光荣革命中涌现出社会的多元性质，这也意味着普通大众，甚至是那些在议会中没有正式代表的人，也得到了权利，而"黑面"恰好就是普通民众对辉格党人剥夺他们地位的回击。

威廉·卡多根（William Cadogan）是1701—1714年西班牙王位继承战争的胜利者，也是成功镇压詹姆士二世党人叛乱的将军，他的事例表明正是辉格党人剥夺普通民众的权利导致了"黑面"的产生。乔治一世（George Ⅰ）于1716年封卡多根为男爵，1718年又封他为伯爵。他还是上院法官摄政委员会颇有影响力的一员，负责国家主要事务，并担任总司令。他在温莎以西约20英里处的凯维森购买了大约1000英亩的土地。在那里修建了一所宏伟住宅和几座精美的花园，还修建了面积达240英亩的鹿苑。然而，这些财产是通过剥夺该庄园周围人的权利而获得的。人民被放逐，放牧家畜、采集泥炭和柴火的传统权利也被剥夺。卡多根面对的是黑面人的愤怒。1722 年 1 月 1 日，黑面人全副武装骑着马袭击了鹿苑，而且 7 月份鹿苑再次遭到突袭。在第一次袭击中，黑面人杀死了 16 头鹿。卡多根伯爵并不是唯一遭受袭击的，许多显赫地主和政客的庄园也被黑面人劫掠了。

辉格党政府不会放任不管。1723 年 5 月，议会通过了《布莱克法案》，从而创造出另外 50 种可施绞刑的新罪行。《布莱克法案》规定携带武器甚至仅仅把脸涂黑也是犯罪。事实上，该法律不久又进行了修正，规定对脸涂黑者施以绞刑。辉格党精英们乐此不疲地实施这项法律。巴蒂斯特·纳恩在温莎森林设立了情报网以查出黑面人。很快，就有几个黑面人被捕，逮捕后便直截了当地处死。毕竟，《布莱克法案》已经实施，辉格党控制了议会，议会则掌控整个国家，黑面人的行为直接违背了有权有势的辉格党人的利益。甚至当时的国务大臣后来的首相罗伯特·沃波尔爵士（Sir Robert Walpole）也卷入其中，他与卡多根一样，是上院法官摄政委员会另一位颇有影响力的成员。他在伦敦西南的里士满庄园拥有既得利益，该庄园是查理一世在公共土地上建立起来的。这个庄园也剥夺了当地居民放牧牲畜、捕猎野兔和捡拾柴火的传统权利。但是，这些权利的剥夺似乎不那么明显，在沃波尔安排自己的儿子管理庄园之前，人们仍然可以放牧和狩猎。那时，新建了一堵墙，庄园被封闭起来，还布置了不少人工陷阱。沃波尔喜欢猎鹿，他给自己在庄园内的霍顿建了一个小屋。他的这一行为很快便激起当地黑面人的愤恨。

1724 年 11 月 10 日，庄园外的一位当地居民约翰·亨特里奇（John Huntridge）被指控犯有协助盗鹿者和支持所谓的黑面人的罪行，这两个罪行都可处以绞刑。对亨特里奇的控告直接来自于上级，最初提出控告的就是沃波尔和卡多根控制的上院法官摄政委员会。沃波尔甚至亲自去搜查证据，最终从一个告密者理查德·布莱克本（Richard Blackburn）那里获得了亨特里奇犯罪的证据。罪名本该早已核定，但却没有成立。在经过八九个小时的审讯后，陪审团判定亨特里奇无罪，部分原因是在程序上，因为证据搜集的方式不合规定。

不是所有的黑面人和同情他们的人都像亨特里奇那样幸运。虽然有些人也被宣判无罪或者减免了罪行，但还是有许多人被处以绞刑，或者被流放到当时的惩罚性殖民地北美。事实上，该法律一直存于法典中，到 1824 年才被废除。然而，亨特里奇的胜利反响巨大。陪审团的成员并不是亨特里奇的同伴，而是大地主和乡绅,他们本应该支持沃波尔。然而,已经不再是17世纪了,那时皇宫法庭只遵循斯图亚特王朝的意愿,仅仅是公开压制反对者的工具,统治者会换掉哪些不听指挥的法官。但现在,辉格党人也不得不依法办事,即不能选择性地或专横地使用法律,而且任何人都不能凌驾于法律之上。

305 围绕《布莱克法案》的许多事件表明,光荣革命已经建立起了法治,并且英格兰和不列颠的法治观念更强,因此精英们受到的限制远比他们自己想象的要严厉。而且,法治不同于依法统治。即使辉格党人能够通过一项严厉、压制性的法律以清除普通民众造成的障碍,他们也不得不要与法治带来的其他限制抗争。他们的法律侵犯了光荣革命剥夺国王的"神赐"权利和精英们的特权后,在政治制度变革中已经普遍建立起来的权利。法治意味着精英和非精英同样抵制其实施。

当你从历史视角思考时,法治是一个非常奇怪的概念。为什么法律面前应该人人平等呢?如果国王和贵族拥有政治权力而其他人没有,那么很自然,只要是对国王和贵族而言公平的游戏对其他人而言都应该是禁止性的、惩罚性的。但事实上,在专制政治制度下,法治是不可想象的。它是由多元政治制度以及支持这种多元主义的广泛联盟创造出来的。只有当许多个人和团体在决策中有发言权而且他们的政治权力拥有一席之地时,人人平等的概念才有意义。到18世纪早期,不列颠已经足够多元化,法治观念被视如神谕,那时辉格党精英会发现他们也将受到法律和制度的限制。

但是,为什么辉格党和议员们会甘愿受到约束呢?他们为何不通过控制议会和国家强硬实施《布莱克法案》,判决不合心意时为何不撤销法院呢?其原因很大程度上显示了光荣革命的性质——为什么不用新的专制形式取代旧的专制——即多元主义与法治之间的联系及良性循环的动态变化。正如第7章中所述,光荣革命不是一个精英集团被另一个精英集团推翻,而是由乡绅、商人和制造业者组成的广泛联
306 盟以及辉格党和托利党共同对抗专制主义的革命。多元政治制度的出现是这次革命的结果。法治也是作为这个过程的副产品出现的。由于多个党派共同掌权,很自然地就需要有适用于所有人的法律和约束,以防某一政党集聚起过多权力并最终破坏

多元主义的特有基础。这样，对统治者存在限制和约束的观念，即法治的本质，就成为由反对斯图亚特专制主义的广泛联盟构成的多元主义的部分逻辑。

在这种背景下，法治原则以及君主没有神授权利在实质上成为反对斯图亚特专制主义的关键，这一点也不奇怪。正如英国历史学家 E. P. 汤普森（E. P. Thompson）提到的，在反对斯图亚特王朝的斗争中：

> 统治阶级做出了大量的努力……来规划其也受法治约束的形象，他们的合法性是建立在立法形式的平等性和普遍性上的。在严格的意义上，无论愿不愿意，统治阶级都已画地为牢；他们根据适用于他们的规则玩权力游戏，但是他们不能打破那些规则，否则便会满盘皆输。

放弃博弈会造成制度的不稳定，还会为广泛联盟中某一分支的专制开辟道路，甚至会面临斯图亚特王朝复辟的危险。用汤普森的话说，阻止议会建立新的专制主义的是

> 废除法律，而且皇家特权……可能会在他们财产和生命的基础上如潮水般涌回。

而且，

> 正是他们（那些同国王斗争的贵族、商人等）所选择的自卫手段所固有的性质决定了这些手段不能只为他们所用。法律在其形式和传统上都要遵循平等与普遍性原则，而这些原则又不得不适用于所有类型和阶层的人。

只要条件合适，法治观念不仅会使专制主义走投无路，而且还会创造一种良性循环：如果法律平等地适用于每个人，那么任何一个人或集团，甚至是卡多根或沃波尔都不能凌驾于法律之上，并且被指控犯有侵犯私人财产罪行的普通民众也会享有公正审判的权利。

我们已经看到包容性经济和政治制度是如何出现的。但是，它们为何能够长期存在呢？《布莱克法案》的历史及其实施的限制表明，事实上，良性循环作为保护这些制度免遭破坏的正反馈的有力过程，使其更具包容性。良性循环逻辑一部分来源于这一事实——包容性制度是建立在对权力运作限制以及政治权力在社会中多元分配的基础上。这是法治尊奉的信条。小集团不受限制地将其意志强加给其他小集团的能力也会威胁到这种平衡，即使这些其他小集团是像亨特里奇那样的普通民众。如果在农民抗议精英们侵占他们公共土地的案例中，只是暂时地被停止，如何能保证不会再次暂停呢？而且在下一次被暂停时，如何能阻止皇室和贵族收回商人、生意人和乡绅们在过去半个世纪中获得的东西呢？事实上，下一次被暂停之时，也许多元主义的整个计划都将废止，因为一部分狭隘利益的获得将以牺牲广泛联盟的利益为代价。政治制度不会冒这个险。但是，这使得多元主义及其隐含的法治成为英国政治制度的持久特征。我们将看到，一旦多元主义和法治建立起来，就会需要更广泛的多元主义和更广泛地参与政治过程。

良性循环的产生不仅源于多元主义和法治的内在逻辑，包容性政治制度倾向于支持包容性经济制度也是其原因之一。这又使收入分配更为平等，使广泛的社会阶层更有权力，使政治竞争环境更加公平。这限制了滥用政治权力带来的恶果，同时也减少重建汲取性政治制度的积极性。这些因素对英国真正民主政治制度的出现发挥了重要作用。

多元主义还创造了一种更加开放的制度，并使独立媒体得以兴旺发达，这样，对包容性制度的持续感兴趣的集团能够更容易地知道并组织起来抵抗这些制度面对的威胁。英国政府在1688年后不再对媒体进行审查，这一举动意义非凡。在美国，媒体让普通大众拥有权利并在制度持续发展的良性循环中发挥了同样重要的作用，正如我们在本章中将会看到的那样。

良性循环为包容性制度创造了一种持续下去的趋势，它既不是不可避免的又不是不可逆转的。在英国和美国，包容性经济和政治制度受到诸多挑战。1745年，小王位觊觎者带领部队到达离伦敦仅100英里之遥的德贝，试图废除光荣革命期间形成的政治制度，但以失败告终。相对于外部的挑战，内部潜在的挑战更可能导致包容性制度解体。正如我们在上文关于1819年曼彻斯特彼得卢大屠杀中所看到的，以及下文中将更详细介绍的，英国的政治精英们想通过镇压来避免进一步开放政治制度，但是他们却从边缘又回来了。同样，美国的包容性经济和政治制度也面临严重的挑战，其中的一些制度本来有把握成功，但却没有。当然，这些挑战并非注定应该被击败。英国和美国的包容性制度幸存下来并随着时间的推移越来越巩固，这不仅是由于良性循环，还得益于历史偶然道路的实现。

民主的缓慢进程

对《布莱克法案》的反应向英国普通民众表明，他们现在拥有的权利比先前意识到的要多。通过请愿和游说，他们可以在法院和议会捍卫他们的传统权利及经济利益。但是，这种多元主义还未形成有效的民主。大多数成年男子没有选举权；成年妇女也没有；在当时的民主结构中还存在许多不平等。所有这些都将变化。包容性制度的良性循环不仅能使已有的包容性得以保留，还能使更大的包容性成为可能。18世纪英国的精英们不经受严厉的挑战就保持其对政治权利的控制，这种可能性极小。精英们挑战王权并为公众打开参与政治的大门，他们也因此获得了权利，但之后，他们仅把这种权利给予少数人。会有越来越多的人要求有权参与政治过程，这只是时间问题。并且就在1831年之前，他们做到了。

19世纪的前30年，英国社会动荡日益加剧，引发动荡的原因主要是经济不平等加剧、被剥夺了权利的公众要求更多政治权利。工人们认为引入新技术会使他们的工资降低，因此，在1811年到1816年爆发了勒德动乱，之后又发生了多次明确要求政治权利的动乱，如1816年伦敦的温泉地暴动和1819年曼彻斯特的彼得卢大屠杀。在1830年的斯温暴动中，农业工人抗议的原因同样是担心新技术的引入会降低他们的生活水平。与此同时，1830年在巴黎爆发了七月革命。精英们开始达成一致意见，不满达到了顶点，平息社会动荡并扭转革命的唯一方式就是满足大多数人的要求并进行议会改革。

毫不奇怪，那么，1831年选举主要就是一个主题：政治改革。在罗伯特·沃波尔爵士后近100年来，辉格党人对于普通民众的意愿给予更多的关注，并为扩大选举权做出努力。但是，这意味着选民数量仅有小幅增加。普选权，甚至仅仅是男子的普选权，还没有提上议程。辉格党人赢得了选举，他们的领袖格雷伯爵（Earl Grey）成为首相。格雷伯爵不是激进派，甚至根本谈不上激进。他和辉格党人热切地进行改革的原因既不是他们认为更广泛的投票权会更加公平，也不是他们想要分享权力。英国的民主不是精英给予的，而主要是靠广大群众争取得到的。在过去几个世纪，人民群众一直在英格兰及大不列颠其他地区进行政治方面的斗争，他们的权力也正是在该过程中获得的。光荣革命带来的政治制度性质的变化鼓舞了他们。精英们认为改革是理所当然的，因为他们认为即使改革多多少少会削弱统治，但改革仍是确保统治延续的唯一方式。格雷伯爵在对议会发表的支持政治改革的著名演讲中，非常清楚地说明了这一点：

> 没有人比我更坚决反对一年一度的议会、普选权和投票。我的目标不是支持，而是结束这些希望和计划。……我改革的原则是避免革命的必要性……改革的目的是为了改进而不是推翻。

广大群众不仅是为了投票而投票，他们还想在议会中拥有席位以捍卫自身利益。宪章运动可以很好地解释这一点。宪章运动因实现了《人民宪章》而得名，这样命名也是为了引出一个跟《大宪章》平行的东西，宪章运动还引发了1838年后的普选权运动。宪章派的J. R. 史蒂芬斯（J. R. Stephens）清楚地表达了为何普选权和全体公民的投票权对广大群众而言很关键：

> 普选权的问题……是刀和叉的问题、面包和黄油的问题……对于普选权，我想说，每个在这块土地上劳作的人都有权利穿上好衣服，戴上好帽子，住上好房子，吃上美味的食物。

史蒂芬斯已经很好地认识到，要进一步赋予英国大众权利、保证劳动者有衣服、帽子、房子和好食物，普选权是最持久的方式。

最终，格雷伯爵不仅成功地保证了第一次改革法案的通过，而且在没有大幅度推进民众普选权的情况下就平息了革命浪潮。1832年的改革是温和的，选民人数仅翻了一番，从占成年男性人口的8%上升到了大约16%（从占总人口的2%上升到4%）。他们还废除多个腐败选区，还给予若干新兴工业城市独立代表权，如曼彻斯特、利兹、设菲尔德。然而，仍有许多问题未能解决。因此，很快就引发了对更大投票权的要求，出现了进一步的社会动荡，随后又进行了进一步的改革。

为什么英国的精英们会对这些要求作出让步呢？为什么格雷伯爵相信局部的——实际上只是非常少的一部分——改革是维持这种体制的唯一方式呢？他们为什么必须要两害相权取其轻，非要通过改革来维持权利呢？难道他们不能学学西班牙征服者在南美的做法吗？他们为什么不采用奥匈帝国和俄国君主在接下来的几十年中自己国家需要改革时的做法呢？他们为什么不能像英国人处理加勒比和印度的问题那样——即用武力平息要求？这些问题的答案来自于良性循环。英国已经发生的经济和政治改革使精英不想也不能运用武力来平息这些需求。正如 E. P. 汤普森（E. P. Thompson）所写的：

> 1790—1832年的斗争标志着这种均衡已经改变，那时英国的统治者面临着多种令人担忧的选择。他们要么摒弃法治，废除复杂的宪法结构，用武力收回他们自己说过的话和制定的规则；要么遵守他们自己制定的规则放弃霸权……他们战战兢兢地选择了前者。但最终，他们没有自毁形象废除150多年的宪法合法性，他们还是服从法律的要求。

换句话说，使英国精英们在《布莱克法案》期间不希望摧毁法治大厦的力量，同样也让他们无需用压迫与武力进行统治，而这种统治会使整个制度再次面临不稳定的风险。如果为了实施《布莱克法案》而破坏法律的基础，将会削弱商人、实业家和乡绅们在光荣革命中建立起来的制度，而且在1832年建立专制独裁统治也将会对法律基础造成完全的破坏。事实上，反对议会改革的组织者也清楚地知道法治的重要性，以及该时期它对英国政治制度的象征作用。他们用花言巧语来说明这一点。寻求议会改革的早期组织之一被称作汉普登俱乐部，该名称来源于最早反对查理一世征收船运税的议员的名字,这个重要的事件引发了反对斯图亚特王朝专制主义的第一次主要暴动,如第 7 章中所述。

包容性经济制度与政治制度之间也有着动态的正反馈,使得该做法具有吸引力。包容性经济制度促进了包容性市场的发展,包括资源分配更为高效、受教育与获得技能积极性更高、技术上进一步创新。到 1831 年时,这些力量全都在英国起到了作用。压制大众需求与采取行动反对包容性政治制度也会破坏这些收益,反对更加民主和更加包容的精英们也会发现他们自身的利益也会因该破坏而受损。

这种正反馈的另一方面说明了在包容性经济和政治制度下,掌握权力不那么重要。在奥匈帝国和俄国,正如我们在第 8 章所看到的,工业化和改革会让君主和贵族遭受巨大损失。与其相反,在 19 世纪初期的英国,由于包容性经济制度的发展,改革更不会那么利益攸关了:没有农奴,劳动力市场的强制相对减少,受进入壁垒保护的垄断几乎没有。因此,紧抓权力不放对英国的精英们意义不大。

良性循环的逻辑还意味着这些压制性措施越来越不可行,包容性经济制度和政治制度之间的正反馈也是原因之一。与汲取性制度相比,包容性经济制度能使资源分配更为公平。就其本身来讲,他们赋予广大人民权力,并因此创造了更公平的竞争环境,虽然也会导致争夺权力的斗争。对少数精英而言,这就使得压制人民群众比满足他们的要求或部分要求更加困难。英国的包容性制度已经带来了工业革命,英国已经高度城市化。运用镇压来对抗城市的、集中的、部分组织化的以及拥有权力的人民团体比镇压农民或独立农奴更加困难。

因此,良性循环在 1832 年为英国带来了第一次改革法案。但是,这仅仅是个开端。要走向真正的民主还有很长的路要走,因为在 1832 年,精英们只是给了他们认为他们必须给的权利,仅此而已。议会改革的问题通过宪章运动显现出来,他们提出的 1838 年《人民宪章》包括以下条款:

凡年满 21 岁、精神正常、未判过刑的男子,均有选举权。

实行秘密投票制——以保障选民充分行使投票权。

取消议员财产资格限制——以保证选民选举他们爱戴的人,不论贫富。

议员应领取薪金,以使诚实的商人、工人或其他人能离职充当选区代表。

选区平均分配，按照选民人数产生代表，而不允许小选区侵吞大选区代表名额。

议会每年改选，对贿赂与恐吓是最有效的检查方式。因为虽然七年内选民可能会出现一次被贿赂或恐吓的情况（即使是秘密投票制），但没人有那么多钱可以年年贿赂选民（在普选制度下）；而且任期仅为一年的议会成员更不会反抗或背叛他们的选民了，就像现在。

实行不记名投票，意味着进行秘密投票，也表示公开投票制的终结，公开投票曾助长了买卖选票和威胁选民的行为。

宪章运动组织了一系列群众游行，在这整个期间，议会都一直在讨论进一步改革的可能性。虽然宪章主义者在1848年之后解体了，但紧随其后，"全国改革同盟"与"改革联盟"在1864年和1865年相继成立。1866年7月，在海德公园发生了支持改革的动乱，再次把改革提到了政治议程上。动乱的压力催生了1867年第二次改革法案，该法案规定，全体选民数量翻番，工人阶级选民成为所有城市选区的主力。不久之后，秘密投票（不记名投票）被引入，"请客送礼"这样的腐败选举活动（给选民赠送礼品，通常是钱、食品或酒，但本质上就是购买选票）开始被彻查。1884年的第三次改革法案之后，选民人数又翻了一番，大约60%的成年男子都获得了选举权。第一次世界大战后，1918年的《人民代表法》规定，凡21岁以上的成年男子都有选举权，30岁以上的纳税妇女或跟纳税人结婚的妇女也有选举权。最终在1928年，所有妇女获得了与男子平等的选举权。1918年的条件是在战争期间谈成的，反映了政府和工人阶级之间的实力状况，政府需要工人阶级参战并生产军需品。政府也可能注意到了俄国革命的激进性。

与更加包容的政治制度逐渐发展同步进行的是走向更加包容的经济制度。第一次改革法案的主要成果之一是1846年《谷物法》的废除。正如我们在第7章看到的，《谷物法》禁止谷物进口，从而使谷物价格高昂，以确保大地主们获得高利润。来自曼彻斯特和伯明翰的新议员呼吁低价谷物和低工资。他们成功了，地主阶级利益损失惨重。

在19世纪，选民和政治制度其他层面的变革进一步加深。1871年，自由党人、首相格莱斯顿（Gladstone）开放公务员的公开招考，使其成为一种精英制度，并因此而使都铎王朝时期开始的政治集权和国家制度建立过程得以继续。这一时期的自由党和托利党政府引入了大量劳动市场立法。例如，《主仆法案》——它允许雇主运用法律限制工人的流动，后被废除了，劳动关系变得更偏向工人了。1906—1914年，自由党在H. H.阿斯奎斯（H. H. Asquith）和大卫·劳埃德·乔治（David Lloyd George）的领导下，开始通过国家提供更多的公共服务，包括卫生和失业保险、政府筹资的养老金、最低工资和再分配税收的许诺。由于这些财政改革，在19世纪的最后30年，税收占国民产出的比重翻了一番多，在20世纪的前30年中又翻了一番。税收制度也变得更为"累进"：越富有，税收负担就越重。

与此同时，教育制度更为大众化，之前，教育由宗教团体管理，主要面向精英，穷人受教育要付费；1870年的教育法案首次要求政府系统地提供普及教育。1891年，教育成为免费的。1893年，离开学校的年龄限定为11岁；1899年又提高到12岁，而且贫困家庭孩子可受到特殊照顾。由于这一系列的变革，10周岁孩子的入学比例从1870年的不足40%上升到1900年的100%。最后，1902年的教育法案促进了教育资源的大扩张，并引入了文法学校，后来成为英国中等教育的基础。

事实上，英国是包容性制度良性循环的一个例证，为"逐渐良性循环"提供了一个案例。政治变革的方向显而易见是朝着更加包容的政治制度的，政治变革也是获得权利的人民群众需求的结果。但变革是渐进发生的。每十年向民主迈进一步，有时候步伐小一点，有时候步伐大一点。每前进一步都面临冲突，每一步的结果都是偶然的。但良性循环也产生了力量，以减少获得的权利所占的比重。它还激发了法治，使得运用武力对抗那些向精英提要求的人难上加难，而他们所提的要求正是精英曾经向斯图亚特王朝所需求的东西。这种冲突转变为全面革命更不可能，而向更加包容的方向来解决却更加可能。在这类渐进变革中，存在一些突出的优点。精英面临的威胁比完全推翻这种制度要小。每一次变革都很小，屈服于小需求比造成重大的最后决战更有意义。这部分解释了《谷物法》是如何在没有引发更严重的冲突下被废除的。截止到1846年，土地所有者不再控制议会的立法权。这是第一次改革法案的结果。然而，如果在1832年，选民的扩展、衰败选区的改革和《谷法》的废除同时被提出的话,土地所有者可能会抵制得更厉害。开始只提出有限的政治改革,《谷物法》的废除后来才提上议程,从而避免了冲突。

渐进改革也避免冒险进入未知领域。用暴力推翻这种制度意味着需要建立全新的制度来取代被推翻的旧制度。法国大革命的情况是这样的,民主制度的第一次尝试导致了大的恐慌,后来又两次退回到君主体制,最终在1870年建立法兰西第三共和国。而俄国革命的情况则是,许多人希望能获得一种比俄罗斯帝国更平等的制度,但这种愿望产生的一党专政却比它所取代的制度更为恶劣。渐进改革在这些社会是困难的,恰恰是因为这些社会是高度汲取性的,缺乏多元主义。光荣革命中出现的多元主义及其所引入的法治使得渐进改革在英国成为可能并可行的方法。

英国保守派的时评家埃德蒙·伯克(Edmund Burke)是法国大革命的坚决反对者,他在1790年写道:"人们应该带着无限的谨慎冒险摧毁一栋建筑,或者在眼前还没有被认可用处的模型和模式基础上再在其上建立一座新建筑,这已经在成年人可以容忍的限度内回应了社会的普遍目的。"伯克关于大图景的论述是错误的。法国大革命取代了腐朽的制度,不仅为法国而且为整个西欧大部分国家开辟了建立包容性制度的道路。但是,伯克的谨慎不是完全没有道理。英国政治改革的渐进过程开始于1688年,在伯克逝世后30年才走向正规,英国的政治改革之所以更有效率,是因为其渐进性质使它更加强大、更难抵制,也更加持久。

打破托拉斯

美国的包容性制度扎根于殖民时期弗吉尼亚、马里兰和卡罗来纳的斗争。这些制度由美国宪法得以强化,美国宪法具有约束制度和权力分割。但是,美国宪法并不标志着包容性制度发展的结束,就像在英国,基于良性循环的正反馈过程强化了这些制度。

到19世纪中期,美国所有的白人男性都能投票,但是妇女和黑人不行。经济制度更加具有包容性——例如,1862年通过了《移居法》,规定边境土地分配给潜在的定居者而不是分配给政治精英阶层。但是,就像在英国一样,对包容性制度的挑战从来没有彻底消失过。美国内战的结束开启了北方经济快速增长的时代。随着铁路、工业和商业的扩张，少数人赚取了大量的财富。受他们经济成功的鼓舞，这些人和他们的公司更加肆无忌惮了。他们被称作"敛财大亨/强盗贵族"，因为他们的商业经营十分精明，其目标是巩固垄断并禁止任何潜在竞争者进入市场或在平等基础上经营商业。其中，最为臭名昭著的一个例子是范德比尔特（Cornelius Vanderbilt），他曾经有一个非常有名的论断："我关心法律干什么？我不是很有权力吗？"

另一个例子是约翰·D. 洛克菲勒（John D. Rockefeller），他于1870年创办了标准石油公司。他不久就淘汰了克利夫兰的竞争者，并试图垄断石油和石油产品的运输与零售。到1882年，洛克菲勒已经建立起巨大的垄断——用当时的话说就是托拉斯。到1890年，标准石油公司控制了美国88%的成品油流量，洛克菲勒于1916年成为世界上第一个亿万富翁。当时的动画片把标准石油公司描述成一个不仅缠绕着整个石油产业而且还缠绕着国会山的大章鱼。

约翰·皮尔庞特·摩根（John Pierpont Morgan）的例子同样臭名昭著，他是现代银行巨头J. P. 摩根的创建者，后来在经过几十年的多次合并最终成为摩根大通。摩根与安德鲁·卡内基（Andrew Carnegie）于1901年共同创建了美国钢铁公司，该公司是世界上第一家资本价值超过10亿美元的公司，也是最大的钢铁公司。19世纪90年代，大型托拉斯开始在每个经济部门中出现，许多托拉斯控制着其部门70%多的市场，包括几个家喻户晓的名字，如杜邦、伊斯门·柯达和国际收割机。在美国历史上，至少是美国北部和中西部具有相对竞争的市场，也比其他地区尤其是南方更加平等。但在这期间，竞争让步于垄断，财富不平等迅速加剧。

多元主义的美国政治制度已经赋予了起来反抗这种掠夺的广大社会民众权力。那些敛财大亨垄断活动的受害者或者那些反对毫不顾忌控制其所在产业者的人，开始组织起来反抗。他们形成了平民党，并在随后进行了一系列进步运动。

平民运动源于长期的农业危机，农业危机从19世纪60年代以来就使中西部备受煎熬。全国农业赞助者秩序农庄，即农民协进会，成立于1867年，该组织开始动员农民反对不公平的、差别对待的商业活动。1873年和1874年，农民协进会控制了中西部州的11个立法会，1892年人民党成立，农民的不满情绪达到了顶峰，该党获得了1892年总统选举中8.5%的直选选票。在接下来的两次选举中，威廉·詹宁斯·布赖恩（William Jennings Bryan）作为候选人进行了两次不成功的竞选活动，他把他们的许多问题弄成了他自己的问题，之后平民党落后了。民间对托拉斯扩张的抵抗当时已经组织起来试图对抗洛克菲勒和其他敛财大亨们对国家政治施加压力。

这些政治运动慢慢地开始对政治态度产生影响，后来又对立法产生了影响，特别是将国家用于管制垄断。第一项重要的法律是1887年的《州际商业法》，成立了州际商业委员会，开始了产业联邦管制的发展。紧随其后的是1890年的《谢尔曼反托拉斯法》。《谢尔曼法》现在仍然是美国反托拉斯管制的主要部分，已经成为攻击敛财大亨托拉斯的基础。许诺改革并限制敛财大亨权力的总统当选后，反托拉斯的主要行动随后便开始了，这些敛财大亨有：西奥多·罗斯福（Theodore Roosevelt，1901—1909）、威廉·塔夫脱（William Taft，1909—1913）和伍德罗·威尔逊（Woodrow Wilson，1913—1921）。

反托拉斯背后的关键政治力量和实施产业联邦管制的行动仍然是农民力量。19世纪70年代单个州对于铁路管制做出的早期努力都是来自农民组织。实际上，《谢尔曼法》通过之前，送达议会的有关托拉斯的全部59封请愿书几乎都来自农业州，都出自像农民联合会、农民联盟、农民互利协会和动物管理志愿者这样的组织。农民发现了反对工业垄断行动中的集体利益。

平民党在帮助了民主党之后严重衰落了。随着平民党的失败，进步党产生了。进步党是一场混杂改革运动，其关注的也是同样的问题。进步运动最初是围绕泰迪·罗斯福（Teddy Roosevelt）而形成的，他是威廉·麦金利（William McKinley）时期的副总统，麦金利1901年被谋杀后他接替了总统职位。罗斯福在担任国家职位之前，一直是纽约州一位立场坚定的州长，并一直致力于消除政治腐败和"机器政治"。在对国会的第一次演讲中，罗斯福将注意力转向托拉斯。他认为，美国的繁荣建立在市场经济和商人智谋的基础上，但是同时，

> 在美国人民的心目中，存在真实的、严重的罪恶……以及……普遍的罪行，以托拉斯闻名的大公司在其性质和趋势上对大众福利有害。这不是源于妒忌或不宽厚，也不是源于缺乏对巨大工业成就的自豪，这些成就使美国在众多

争夺商业霸权的国家中夺得霸主地位。它既取决于对用新方法满足正在变化和已经变化的贸易条件之必要性明智评判的缺乏,也不是由于忽视了这样一个事实,即当世界进步要求做大事时为做成大事而必须进行资本联合;而是建立在合并和集中的真实信条的基础上,这一信条不应该被禁止,但应该在合理的限度内得到控制;根据我的判断这个信条是正确的。

他继续说道:"消除满是奸诈犯罪的商业世界跟消除满是暴力犯罪的整个政体一样应该成为寻求社会改良的那些人的目标"。他的结论是:

为了全体人民的利益,国家还应该在不妨碍各州权力的条件下,行使监管和管制所有从事州际商业活动公司的权力。当公司从其所在业务中存在某些垄断因素或趋势获取利益时,尤其如此。

罗斯福提出,议会应该建立一个有权力调查大公司的事务的联邦机构,并且如果有必要,可以运用宪法修正案来建立这种机构。到 1902 年,罗斯福已经运用《谢尔曼法》拆解了北方保险公司,影响到 J. P. 摩根的利益,随后又提起了对杜邦公司、美国烟草公司和标准石油公司的诉讼。罗斯福用 1906 年的《赫本法案》加强了《州际商业法》,《赫本法案》扩大了州际商业委员会的权力,特别是允许该组织检查铁路的财务账目,并将其权力扩展到新的领域。罗斯福的继任者威廉·塔夫脱在起诉托拉斯方面更是坚持不懈,1911 年标准石油公司的解体标志其努力成果达到了顶峰。塔夫脱还推动了一些其他重要的改革,比如引入了联邦收入税,它与 1913 年第十六修正案的获准发生在同一时期。

进步改革的顶峰与 1912 年伍德罗·威尔逊当选为总统同时到来。威尔逊在他 1913 年的书《新自由》(*The New Freedom*)中记录道:"如果垄断继续存在,那么垄断将一直操纵政府。我不希望看到垄断限制自己。如果在这个国家有人强大到足以拥有美国政府,他们就将拥有它。"

1914 年,威尔逊经过努力使《克莱顿反托拉斯法》得以通过,从而加强了《谢尔曼法》,他还创立了联邦贸易委员会以执行《克莱顿法》。另外,路易斯安那议员阿塞纳·普约（Arsene Pujo）领导的普约委员会调查了"金钱托拉斯"，即垄断在金融行业的扩张，在这个调查的推动下，威尔逊开始加强对金融部门的管制。1913年，他创建了联邦储备委员会，用来管制金融部门的垄断活动。

19世纪末与20世纪初，敛财大亨及其垄断托拉斯的兴起说明市场的存在并非包容制度存在的唯一保证，正如我们在第3章已经强调的。市场能够被少数几家企业控制，他们收取过高的费用，阻止更有效率的竞争者和新技术的进入。市场就它们自身来说，不再是包容性的，而是越来越受到经济上和政治上有实力者的控制。包容性制度要求的不仅仅是市场，而且是能够为大多数人创造公平竞争环境和经济机会的包容性市场。精英政治权力支持下的普遍垄断与此相矛盾。但是，对垄断托拉斯的反应也表明，当政治制度包容时，它们能够创造出对抗偏离包容市场运动的力量。这是良性循环在起作用。包容性经济制度为包容性政治制度的繁荣提供了基础，而包容性政治制度则限制包容性经济制度的偏离。与我们在墨西哥看到的情况不同，美国托拉斯的崩溃表明了良性循环的这个方面。墨西哥不存在限制卡洛斯·斯利姆垄断的政治实体；而在美国，《谢尔曼法》和《克莱顿法》在过去的一个世纪中多次被用于限制托拉斯、垄断和卡特尔，以确保市场的包容性。

美国20世纪上半叶的经验还强调了自由媒体在给予社会广大人民权利以及良性循环中的重要作用。1906年，罗斯福在文学人物——本仁（Bunyan）的《天路历程》（*Pilgrim's Progress*）中一个搜集并揭发名人丑事的人——的基础上，创造出了术语"揭丑闻记者"来描述他认为的到处横冲直闯的新闻业。这个术语开始意指这样一些新闻工作者，他们到处横冲直闯，但也很有效率地揭露敛财大亨们的过分行为以及地方和联邦政治的腐败。最著名的揭丑闻记者可能就是艾达·塔贝尔（Ida Tarbell），她1904年的著作《标准石油公司发家史》（*History of the Standard Oil Company*）在推动舆论反对洛克菲勒及其商业利益中起了关键作用，并导致1911年标准石油公司的解体。另一名重要的揭丑闻记者是律师、作家路易斯·布兰德斯（Louis Brandeis），他后来被威尔逊总统任命为最高法院的法官。布兰德斯在其著作《其他人的钱以及银行家如何用它》（*Other People's Money and How Bankers Use It*）中概述了一系列金融丑闻，极大地影响了普约委员会。报业巨头威廉·鲁道夫·赫斯特（William Randolph Hearst）作为揭丑闻记者也发挥了重大作用。1906年,在其杂志《大世界》(The Cosmopolitan)上,他连载了大卫·格雷厄姆·菲利普斯(David Graham Phillips)的一系列名为"参议院的叛逆"(The Treason of the Senate)的文章,激发了引入直选参议员制度的运动,这是1913年美国宪法第十七修正案通过时发生的又一次关键性的进步改革。

揭丑闻记者在引发政治家采取反对托拉斯的行动中发挥了重要的作用。敛财大亨们痛恨揭丑闻记者,但是美国的政治制度使他们不可能压制这些人、不让这些人发言。包容性政治制度允许自由媒体繁荣,反过来,自由媒体又能让包容性经济制度和政治制度面临的威胁更广为人知并加以抵制。相反,这种自由在汲取性政治制度下、在专制制度下或者在独裁制度下都是不可能的,它有助于汲取性体制在一开始就禁止严肃的反对声音形成。20世纪前半期,美国自由媒体提供的信息确实非常关键;如果没有这些信息,美国公众不可能知道敛财大亨们权力及其滥用的真实程度,也不会行动起来反对他们的托拉斯。

在法院安插亲信

富兰克林·D. 罗斯福(Franklin D. Roosevelt)是民主党的总统候选人、泰迪·罗斯福的堂弟,他在1932年大萧条危机中期当选为美国总统。他在广大群众的支持下上台,雄心勃勃地实施一系列遏制大萧条危机的政策。在他1933年早期就职时,1/4的劳动力失业,许多人深陷贫困。自1929年危机开始,工业产量下降了一多之半,投资已经完全崩溃。罗斯福提出的应对此危机的政策就是广为人知的新政。罗斯福赢得了绝对的胜利,获得57%的民众选票,民主党在众议院和参议院都占有大多数席位,并足以通过新政立法。然而,某些立法遇到了宪法问题,但最终在最高法院得到了解决。在最高法院,罗斯福的选举授权的影响力就要小得多了。

新政的一个关键支柱是《国家工业复兴法》。该法第一条着眼于工业复兴。总统罗斯福及其团队相信,遏制工业竞争、在建立贸易联盟上给予工人更大的权利以及管制工作标准对实现复兴至关重要。第二条是建立公共工程管理局,其基础设施建设计划包括费城第三十街火车站、三区大桥、大古力水坝和连接西礁岛、佛罗里达和美国大陆的跨海公路这样的标志性工程。1933 年 6 月 16 日，总统罗斯福签署该法案，使其成为法律，《国家工业复兴法》开始实施。然而，它很快就遭到了法院的挑战。1935 年 5 月 27 日，最高法院全体一致通过决议称该法案的第一条违宪。他们的裁决严肃地记录道："特别条件可能要求特别补充。但是……特别条件没有创造或扩大宪法权力。"

在最高法院的裁决生效之前，罗斯福已经开始其下一步计划，也已签署了《社会保障法》，将现代福利国家引入美国：退休金、失业救济、救助需要抚养子女的家庭和公共卫生与伤残救助。他还签署了《国家劳工关系法》，进一步加强了工人组织联盟、参与集体谈判以及罢工对抗雇主的权利。这些措施也面临着最高法院的挑战。在这些措施通过司法部的同时，罗斯福于 1936 年以绝对的优势再次当选，他获得了 61% 的大众选票。

由于在群众中受欢迎度极高，罗斯福不打算让高等法院更多地偏离其政策议程。他在 1937 年 3 月 9 日收音机直播的定期广播节目《炉边谈话》中公布了他的计划。他在开始就指出，在他第一任期内，一些非常重要的政策只差那么一点点就让高等法院明白了。他继续道：

> 我想起了 4 年前 3 月份我第一次向你们进行无线广播报告的那个晚上。那时，我们正处于严重的银行危机中。不久以后，利用国会的权利，我们要求全国把所有个人持有的黄金实打实地交给美国政府。今天的复兴证明了那个政策是多么正确。但是，大约 2 年后，当这个政策提交到最高法院时，其合宪性只得到了 9 票中 5 票的支持。只要再有一票的改变就可能将这个伟大国家的所有事务抛回到毫无希望的混乱状态。事实上，有 4 位最高法院的法官认为，私人契约下强征一磅鲜肉的权利比宪法建立持久国家的主要目标更加神圣。

很显然，不应该再次冒险。罗斯福继续道：

> 上周四，我把美国政府的形式描述为美国宪法向美国人民提供的三马团队，以便他们所在的领域被照顾到。这三匹马当然是指政府的三个分支——议会、行政和法院。其中的两匹马，议会和行政现在已经齐心协力了，但是第三

匹马还没有。

之后,罗斯福又指出,美国宪法实际上没有授予最高法院挑战立法合宪性的权力,但是它在1803年的时候就承担了这个角色。那时,法官布绍尔·华盛顿(Bushrod Washington)已经规定,最高法院应该"假定支持[法律的]效力,直到有证据证明最高法院确定无疑违背了宪法"。罗斯福继续补充道:

> 在过去4年中,对这些法案进行所有合理质疑的明智规则都被废除了。法院的作用一直以来并不是一个司法实体,而是一个政策制定实体。

罗斯福宣称,他获得了选民的支持来改变这种状况。他还说:"在对要提出什么改革进行深思熟虑后,唯一明显合宪的方法……就是向我们所有的法院输送新鲜血液。"他还认为,最高法院法官工作过度,老法官承担的责任过于沉重——这些老法官恰好就是推倒他立法的那些人。他之后又提出,所有法官在70岁的时候都应该强制退休,应该允许他任命6名新法官。这个计划是罗斯福以《司法重组议案》提出来的,已经足以清除早先由更保守的行政部门任命的、最努力反对新政的那些法官。

尽管罗斯福巧妙地要争取到对其政策的普遍支持,但民意调查表明,只有40%的人支持该计划。路易斯·布兰德斯现在成了最高法院法官。尽管布兰德斯支持罗斯福的许多立法,但是他反对总统企图侵蚀最高法院权力以及法官过度工作的陈词。罗斯福所在的民主党在国会两院都占大多数。但是,众议院几乎都拒绝处理罗斯福的法案。罗斯福接着求助参议院。法案被提交到了参议院司法委员会,接着参议院举行了多次争论极大的会议,征求对这个法案的各种观点。他们最终给出了一个否定性报告并退回了该法案,他们认为,该法案是"不必要的、无关紧要的并且是对立宪规则完全危险的抛弃……没有先例或者充分的理由"。参议院以70票对20票的比例要求退回委员会重拟。所有"在最高法院安插亲信"的内容都被删掉了。罗斯福不能清除最高法院对其权力的限制。尽管罗斯福的权力仍受限制,但是存在妥协,《社会保障法》和《国家劳工关系法》都被法院裁定为合宪。

比这两个法案的命运更重要的是从这个插曲中得出一则普遍的经验。包容性政治制度不仅审查对包容性经济制度的重大偏离，而且还抵制破坏它们自身持续性的企图。在最高法院安插亲信符合民主党控制的国会和参议院的临时利益，正是这些临时利益保证了所有新政法律的生存。但是，跟 18 世纪早期英国的政治精英们明白暂停法治将危害他们从君主那里获得的利益一样，众议员和参议员也明白，如果总统破坏了司法独立的基础，那么这将破坏这种制度的权力平衡，而正是这种权力平衡保护他们免遭总统伤害，并确保多元政治制度的持续性。

大概罗斯福接下来已经明白，获得立法机关的大多数支持需要作出太大妥协，花费太多时间，他决定用命令替代规则，这完全破坏了多元主义和美国政治制度的基础。国会当然不支持这样做，但是那时罗斯福本可以求助于国民，声称国会妨碍战胜大危机的必要措施的实施。他也可以动用警察关闭国会。这听起来相当牵强吗？这正是 20 世纪 90 年代秘鲁和委内瑞拉所发生的。当时的秘鲁总统藤森和委内瑞拉总统查韦斯借助于他们的公众授权关闭了不合作的国会，随后通过改写国家的宪法大大加强了总统的权力。多元政治制度下拥有权力者对这种权力倾斜的担心正是阻止沃波尔在 18 世纪 20 年代固定议会的原因，也是阻止美国国会支持罗斯福的在最高法院安插亲信计划的原因。罗斯福遇到了良性循环的力量。

但是，这个逻辑不总是可行，特别是在具有某些包容性特征但又广泛攫取的社会。我们已经在罗马和威尼斯看到这些发展变化。另一个例证来自罗斯福在最高法院安插亲信这一企图的失败与阿根廷的类似企图的对比，在阿根廷，同样的斗争发生在汲取性经济制度和政治制度占优势的背景下。

1853 年的阿根廷宪法创建了与美国最高法院职能相似的阿根廷最高法院。1887 年的一项决议允许阿根廷最高法院在判断某些专门法律是否合宪上与美国最高法院具有相同的职责。在理论上，最高法院是作为阿根廷包容性政治制度的一个重要基础发展起来的，但是其他的政治制度和经济制度仍然是高度汲取性的，阿根廷既没有广泛社会领域的授权，也没有多元主义。跟在美国一样，阿根廷最高法院的宪法职责也受到挑战。1946 年，胡安·多明戈·庇隆（Juan Domingo Perón）通过民主选举当选阿根廷总统。庇隆此前是个上校，1943 年军事政变后他开始在全国获得了声誉，并当上劳动部长。在这个职位上，他与工会和劳工运动一起建立了政治联盟，这对其竞选总统至关重要。

在庇隆大选胜利后不久，他在众议院的支持者就对最高法院五位成员中的四位提出了控告。对最高法院的控告是严厉的。其中一人参与承认1930年和1943年两个军事政权的合法性，这违反了宪法——具有讽刺意味的是，庇隆在后一次政变中起了重要作用。其他三人的问题主要出在法院已经推翻的法律上，就跟美国高等法院所做的那样。尤其是在庇隆当选为总统之前，最高法院已经做出一项决定，认为庇隆的新全国劳工关系委员会违宪。就像罗斯福在1936年的再次选举运动中严厉批评最高法院一样，庇隆在1946年的运动中也那么做了。在启动控告程序9个月后，众议院控告了其中的三位法官，第四位已经辞职了。参议院认可了这项行动。庇隆接着任命了四名新法官。很明显，法院受到破坏，帮助庇隆从政治约束中解放出来。他现在能够行使无限制的权力了，与他总统任期期间阿根廷军事体制的行事方式一样。例如，主要反对党派激进党（the Radical Party）的领袖里卡多·巴尔宾（Ricardo Balbín）因不尊重庇隆被定罪，新任法官判该定罪合宪。庇隆可以作为一个独裁者进行有效统治了。

自从庇隆成功地在最高法院安插亲信以来，在阿根廷，新总统亲手挑选他自己的最高法院法官就成了惯例。因此，一项可能对行政机构权力施加某些约束的政治制度已经成为过去。1955年，庇隆政权在另一场政变中被推翻了，此后很长一段时间，阿根廷由军方和平民交替统治。但是，新的军事政体和平民政权都挑选他们自己的法官。然而，在阿根廷，挑选最高法院法官的举动并不仅限于军方和平民交替统治。最终在1990年，阿根廷经历了一次民主选举政府的过渡——一个民主政府之后接着另一个民主政府。然而这时，民主政府对最高法院的控制跟军事政府对最高法院的控制没有什么差别。新任总统是庇隆党的卡洛斯·萨乌尔·梅内姆（Carlos Saúl Menem）。现任最高法院成员是由激进党总统劳尔·阿方辛（Raúl Alfonsín）在1983年民主转型后任命的。既然这是一次民主转型，梅内姆应该没有理由任命他自己的法院成员。但是，在选举的预备阶段，梅内姆就已经表明了立场。虽然不太成功，但他一直鼓励（甚至是恐吓）法院成员退休。他公然给大法官卡洛斯·菲亚特（Justice Carlos Fayt）提供了一个大使职位。但是，他受到了非难。菲亚特给他送了一本自己的著作《法律和伦理》（Law and Ethics）作为回应，菲亚特在这本书的扉页上提醒道"当心我写下这一切"。梅内姆没有被吓倒,在他任职后三个月内,向众议院提交了一项法律,提议把最高法院从五位成员扩大到九位,理由跟罗斯福1937年使用的理由相同:最高法院工作过度。这项法律很快就在参议院和众议院获得通过,这就使得梅内姆可以任命四位新法官。他获得了大多数议员的支持。

梅内姆对抗最高法院的胜利将我们前面提到的那类不平衡发展付诸实践。他的下一步就是改写宪法,消除任期限制以便他能再次担任总统。再次当选之后,梅内姆又再次改写宪法,但是被制止了,但不是被阿根廷的政治制度制止的,而是被他所在的庇隆党内部同他个人统治进行斗争的其他派系所阻止的。

自从独立后,阿根廷一直受制度性问题的困扰,而这些问题绝大多数都是拉丁美洲所经历过的。它深陷恶性循环而不是良性循环。结果,像朝着创建独立最高法院迈出的第一步这样的积极发展从未获得一席之地。在多元主义下,没有哪个集团想或敢推翻另一个集团的权力,因为他们担心自己的权力随后也会受到挑战。同时,权力的广泛分配使得推翻一个集团十分困难。如果最高法院能得到愿意撤回破坏法院独立性的广泛社会成员的大力支持,它就能够拥有权力。这在美国行得通,但在阿根廷却不行。阿根廷的立法者乐于破坏最高法院,即使他们预料这会危及他们自己的职位,他们还是会那样做。一个原因就在于,在汲取性制度下,可以从推翻最高法院中获得大量收益,而且潜在的收益值得冒险一试。

正反馈和良性循环

包容性经济制度和政治制度不是自己出现的。它们通常是抵制经济增长和政治变革的精英与希望限制当前精英经济和政治权力的那些人之间产生重大冲突的结果。包容性制度出现于关键时刻,如英国光荣革命时期或北美詹姆斯敦殖民地建立时期,当时一系列因素弱化了精英阶层对权力的控制,其反对者越来越强大,为多元主义社会的形成创造激励。政治冲突的结果从来不是必然的,虽然事后我们把许多历史事件看作是不可避免的,但是历史的路径是偶然的。然而,只要条件合适,包容性经济和政治制度倾向于创建良性循环,即正反馈过程,使这些制度更可能得以持续甚至扩展。

良性循环通过几种机制起作用。首先，多元政治制度的逻辑使得独裁者、政府中的一少部分人甚至出于好的动机总统要篡夺权力也难上加难，比如富兰克林·罗斯福试图清除最高法院对其权力的审查时，以及罗伯特·沃波尔试图尽快实施《布莱克法案》时就遇到了困难。在这两个事例中，把权力进一步集中到个人或狭隘集团手中可能开始损坏多元政治制度的基础，而多元主义的真正措施正是其抵抗该企图的能力。多元主义也将法治观念看作神圣不可侵犯，即法律面前人人平等的原则，然而在专制君主制度下这是根本不可能的。但是，反过来，法治意味着法律不能简单地被一个集团适用以侵占其他集团的权利。更重要的是，法治原则为更广泛参与政治过程和更加包容打开了大门，它强有力地引入了这样一种观念，不仅在法律面前，在政治制度中人也应该是平等的。这是一个使英国政治制度在整个19世纪难以抵制强有力的更大民主要求的原则之一，它为所有成年人逐渐获得政治权利开辟了道路。

其次，正如我们在前面多次看到的，包容性政治制度与包容性经济制度之间相互支持，从而创造出良性循环的另一种机制。包容性经济制度清除了最恶劣的汲取性经济关系，比如奴隶制和农奴制，降低了垄断的重要性，创造了动态经济，所有这些都减少了人们能够通过篡夺政治权力确保获得的——至少短期——经济利益。因为到18世纪，经济制度的包容性在英国已经很充分了，精英通过牢抓权力获益很少，事实上，通过大规模镇压来对抗那些要求进一步加强民主的人反而会使精英损失更大。良性循环的这一面不仅使得19世纪英国的渐进民主进程对精英的威胁不大，而且更可能成功。这与奥匈帝国和俄国专制制度下的情形形成了对照。在奥匈帝国和俄国，经济制度仍然是高度汲取性的，最终，在19世纪后期，要求更大政治包容的群体遭到了镇压，因为分享权力会使精英损失太多。

最后，包容性政治制度允许自由媒体繁荣发展，自由媒体经常提供对包容性制度构成威胁的信息并号召对这种威胁进行控制，就像在19世纪70年代和20世纪20年代自由媒体所做的那样，当时敛财大亨们对经济的控制日益加剧，威胁到美国包容性经济制度的实质。

尽管始终存在当前冲突的结果一直是偶然的，通过这些机制，良性循环为包容性制度持续、抵制挑战并扩张创造了强有力的趋势,就像英国和美国那样。不幸的是,就像我们在下一章将要看到的,汲取性制度同样创造了它们持续不断的强大力量,即恶性循环的过程。

第12章
恶性循环

你再也不能乘火车去博城

西非国家塞拉利昂于1896年成为英国的殖民地,首都弗里敦最初是在18世纪后期作为已遣返的自由奴隶的家园而建立起来的。但是,弗里敦成为英国殖民地时,塞拉利昂内地仍由多个非洲小王国组成。19世纪后半期,英国通过跟非洲统治者签署的一系列条约,逐渐将殖民地扩展到内地。1896年8月31日,英国政府以这些条约为基础,宣布该殖民地为英国的保护国。英国任命了一些重要的统治者,并给他们一个新的名号——酋长(paramount chief)。在塞拉利昂东部,比如现在的钻石开采区科诺,他们遇到了强有力的军人国王苏鲁库。国王苏鲁库成为酋长苏鲁库,桑德尔酋长国成为保护国的一个行政单元。

尽管像苏鲁库这些国王已跟英国行政长官签署条约,但是他们并不知道这些条约将被解释为建立殖民地的全权委托书。当英国于1898年1月尝试征收小屋税(hut tax),即对每间房屋征收5先令的税的时候,首领们才起来反抗,发生了以"小屋税叛乱"(Hut Tax Rebellion)闻名的内战。内战始于北方,但是在南方最激烈,持续时间也最长,特别是在曼迪族控制的曼迪兰。小屋税叛乱很快被平息了,但却警告英国人控制塞拉利昂内陆地区将面临挑战。英国已经开始修建从弗里敦到内陆地区的铁路。这项工程始于1896年3月,铁路线于1898年修到小屋税叛乱的中心松戈城。英国1904年的议会文件记录道:

在塞拉利昂铁路案件中，1898 年 2 月当地人的叛乱导致在一段时间内工人完全罢工并解散。叛乱分子突然袭击铁路，迫使所有工人撤退到弗里敦……沿铁路线距离弗里敦 55 英里的罗特弗克当时完全被叛乱分子控制。

1894 年时，罗特弗克实际并按照沿原计划的路线建造铁路，路线在叛乱开始后就改变了，改向东北，途经罗特弗克，走博城，到达曼迪兰。英国希望如果其他叛乱爆发的话，可以快速到达叛乱中心曼迪兰及其他可能发生叛乱的内陆地区。

塞拉利昂于 1961 年独立时，英国将权力移交给密尔顿·马尔盖爵士（Sir Milton Margai）及其塞拉利昂人民党（SLPP）。该党主要是获得了南部特别是曼迪兰和东部的支持。密尔顿爵士之后，其弟艾尔伯特·马尔盖爵士（Sir Albert Margai）于 1964 年担任总理。1967 年，塞拉利昂人民党在竞争激烈的议会选举中失利，以西亚卡·史蒂文斯（Siaka Stevens）为首的全国人民大会党（APC）获胜。史蒂文斯是来自北方的林姆巴族人，全国人民大会党得到的大部分支持来自北方部族：林姆巴族、泰姆奈族和洛科族。

尽管英国人设计的通往南方的铁路最初是为统治塞拉利昂，但是在 1967 年之前，铁路主要用于发展经济，国家大部分商品的出口像咖啡、可可和钻石都靠铁路运输。种植咖啡和可可的农民是曼迪族人，这条铁路是曼迪兰通往世界的窗口。曼迪兰在 1967 年的选举中非常支持艾尔伯特·马尔盖。相比于想方设法提升曼迪兰的出口额，史蒂文斯对执掌大权更有兴趣。他的理由非常简单：对曼迪族有利的必然是对塞拉利昂人民党有利而对史蒂文斯不利。因此，他封锁了通往曼迪兰的铁路，并进一步采取措施，出售了铁轨和所有车辆，如此一来，要想再恢复铁路是完全不可能的了。现在每当从弗里敦乘车东行时，会途经黑斯廷斯和滑铁卢废弃的火车站。再也没有通往博城的火车了。当然，史蒂文斯的极端行为对塞拉利昂经济中某些最有活力的部门造成了致命性的破坏。但是，史蒂文斯跟非洲后殖民地时期的许多领导人一样，在面临巩固政权和刺激经济增长的抉择时，他选择了政权的巩固，他从来不会回过头来想这件事。今天，你再也不可能乘火车去博城了，因为就像沙皇尼古拉斯一世担心铁路将给俄国带来革命一样，史蒂文斯认为铁路会增强对手的力量。跟其他许多采取汲取性制度的统治者一样，他担心会对其政治权力造成挑战，所以宁愿牺牲经济的增长也要阻挠一切可能的挑战。

史蒂文斯的战略乍看跟英国的战略不一样。但事实上，英国的统治跟史蒂文斯的制度之间有很强的延续性，这种延续性表明了恶性循环的逻辑。史蒂文斯采取同样的方法从人民那里攫取资源来统治塞拉利昂。他一直掌权到 1985 年，他不是人民大众选举的，1967 年后，他建立起了暴力独裁，杀死并折磨其政治对手，尤其是塞拉利昂人民党的成员。他在 1971 年自封为总统，1978 年后，塞拉利昂就只剩一个政党，即史蒂文斯的全国人民大会党。史蒂文斯成功地巩固了其政权，尽管代价是使大部分内陆地区贫困不堪。

殖民地时期，英国通过间接统治制度来统治塞拉利昂，就像英国在其绝大部分非洲殖民地那样。这种制度的基础是酋长，他们收税、宣传正义、维持秩序。英国人对种植可可和咖啡的农民的统治不是通过隔离，而是通过强制他们将所有产品卖给市场委员会的方法统治他们，市场委员会是殖民政府打着帮助农民的幌子设立的。农产品的价格市场会大幅度波动，可可今年的价格可能很高，但明年可能就很低。农民的收入也紧跟着大幅波动。市场委员会对此的辩解是，委员会会受价格波动的影响，而农民并没有损失。当世界价格很高的时候，委员会支付给塞拉利昂农民的价格会低于世界价格，但是当世界价格很低的时候，他们支付给农民的价格会高于世界价格。理论上似乎是公平的。但事实却全然不同。塞拉利昂的产品市场委员会建立于 1949 年，委员会的运行当然需要一定的收益来源，榨取收益的较隐蔽的做法就是不管年景好坏都以稍低的价格购买农民的商品，榨取来的基金就可以用于日常的支出和管理。委员会一开始还是以稍低的价格购买农民的商品，但是很快会以非常低的价格购买农民的商品。殖民政府市场委员会的手段实际是对农民征收重税。

许多人预计撒哈拉以南非洲独立后，存在于该地区的最为暴虐的殖民统治会随之终止，而市场委员会对农民的过度征税也会结束。但是，暴虐的统治没有终止，过度的征税也没有结束。事实上，市场委员会对农民的压榨反而更加严重。一直到 20 世纪 60 年代中期，种植棕榈仁农民从市场委员会得到的价格仅为世界价格的 56%，种植可可农民为 48%，种植咖啡农民为 49%。1985 年史蒂文斯卸任，其亲自挑选的接班人约瑟夫·莫莫（Joseph Momoh）继任总统时，这些数字分别为

37%、19%和27%。尽管这听起来有点令人发指，但是这已经比史蒂文斯统治期间好多了。史蒂文斯统治期间，农民得到的价格通常低于世界价格的10%，也就是说，农民收入的90%都被史蒂文斯政府榨取了，而且还不提供像公路和教育这样的公共服务，只让他自己及其亲朋致富，以获得政治支持。

作为间接统治的一部分，英国还规定酋长的职位将终生保留。为了有资格成为酋长，人们必须成为公认"议院"的成员。酋长国中议员成员的身份不断发展，但是主要是某些地区国王的血脉以及于19世纪后期跟英国签署协定的精英家族。酋长选举产生，但并非民主选举。由一个叫作部落权威的机构决定谁将成为酋长，该机构的成员都是低一级的乡村首领或是由酋长任命的乡村首领或英国当局任命的成员。你可能想独立后这种殖民制度会被废除或者至少会进行改革；但是，就像市场委员会一样，这种制度并没有被废除，而且一直维持不变。今天，酋长仍然负责收税。这种税不再是小屋税，而是由该税派生出来的一种类似的人头税。2005年，桑德尔的部落权威机构选出了新的酋长。只有来自法苏鲁库统治家族的候选人才有资格参选，苏鲁库家族是唯一的统治家族。获胜者是苏鲁库国王的曾外孙舍库·法苏鲁库（Sheku Fasuluku）。

市场委员会对农民的压榨，以及传统的土地所有权制度是导致塞拉利昂和撒哈拉以南非洲的农业生产率如此低下的原因。政治学家罗伯特·贝茨（Robert Bates）在20世纪80年代开始解释为什么非洲农业效益如此低下，尽管根据标准的经济学原理，农业应该是最有活力的经济部门。他意识到农业效益的低下跟地理位置毫无关系，跟第2章所讨论的认为能够造成农业生产率低下的那些因素也没有关系，而仅仅是因为市场委员会的定价政策挫伤了农民投资、施肥和或保持水土的积极性。

市场委员会政策对农民的利益如此不利的原因在于农民没有政治权利。市场委员会的定价政策同其他基本因素相互作用，使得土地产权更没有保障，同时还进一步削弱了农民投资的积极性。在塞拉利昂，酋长不仅制定法律、维持秩序和负责司法还收税，同时他们还是土地的保管人。尽管家族、部族和王朝拥有对土地的使用权及其他按惯例享有的权利，但是谁最终耕种哪片土地，酋长拥有最终发言权。除非你跟酋长走得近，或许是来自同一统治家族，你的土地产权才有保障。土地不得买卖，不能用作贷款抵押，如果你不出生在酋长国，你就不许种植像咖啡、可可或棕榈这样的多年生作物，唯恐你会借此拥有土地的实际产权。

英国在塞拉利昂发展起来的汲取性制度，以及在其他殖民地如澳大利亚发展起来的包容性制度，两者间的不同通过矿产资源管理的方式就可以阐明。钻石于1930年1月发现于塞拉利昂东部的科诺，钻石是河水冲击形成的，也就是说，并不是深矿藏。因此，开采钻石的基本方式就是在河中装网箱。许多社会科学家称这些钻石为"大家的钻石"，因为许多人都可以公平地参与到钻石的开采中，这样就有了潜在的包容性。但塞拉利昂的矿产管理就不这么民主了。英国政府愉快地忽略掉了淘钻本身固有的民主性，对整个保护国建立起了垄断开发，称其为"塞拉利昂选矿有限托拉斯"，并将其授权给戴比尔斯这家南非最大的钻石矿业公司。1936年，戴比尔斯还获得组建钻石保护武装力量的权利，这支私人武装力量比塞拉利昂殖民政府军队还要强大。尽管如此，河水淤积钻石分布广泛，很难监督。到20世纪50年代，钻石保护武装力量被数以千计的非法钻石开采者挫败，这群非法采钻者是冲突和混乱的最大根源。1955年，英国政府向塞拉利昂选矿有限托拉斯之外得到许可的开采者开放了一些能够开采钻石的区域，然而这家公司仍然保有延盖马、科伊杜和通戈这些钻石最丰富的地区。独立后，钻石开发的垄断更加嚣张。1970年，西亚卡·史蒂文斯对塞拉利昂选矿有限托拉斯进行了有效的国有化了，创建了"（塞拉利昂）国家钻石开采有限责任公司"，其中，政府实际上也就是史蒂文斯，持有51％的股份。这是史蒂文斯接管整个国家钻石开采计划的第一步。

在19世纪的澳大利亚，1851年发现于新南威尔士和新建立的维多利亚州的黄金而非钻石吸引了每个人的注意。跟塞拉利昂的钻石一样，澳大利亚的黄金也是淤积的，必须制定相关的开采政策。有些人，像我们前面提过的土地先占者的卓著领导人约翰·麦克阿瑟的儿子詹姆士·麦克阿瑟（James Macarthur）就提出，应该环绕着采矿区建设篱笆，对垄断权进行拍卖。他们想要建立一个澳大利亚版的塞拉利昂选矿有限托拉斯。但是很多澳大利亚人希望能够自由出入淘金区。最终包容性制度获胜了，澳大利亚当局没有垄断金矿的开发，支付年度采矿许可费的人都可以找寻金矿、挖掘黄金。不久后，随着这些探险者逐渐被人们认识，这些淘金者成为澳大利亚最强大的一股政治力量，尤其是在维多利亚。他们在推进普选权和不记名投票议程方面起了重要作用。

第 12 章 恶性循环

我们已经看到了欧洲人在非洲的扩张和殖民统治所产生的两个有害影响：一是跨大西洋奴隶贸易的引进使得非洲政治和经济制度朝汲取性方向发展；二是通过殖民立法和制度抑制非洲商品农业的发展，以避免可能与欧洲人产生竞争。在塞拉利昂，奴隶当然是一股重要力量。殖民时期，内陆没有强大的集权政府，只有许多相互敌对的小王国，相互之间不断掠夺、俘获对方的男人和女人。奴隶制非常普遍，大约有50%的人口都是奴隶。塞拉利昂疾病肆虐，所以大规模的白人移民是不可能的，南非也是如此，所以不存在白人与非洲人的竞争。而且，约翰内斯堡大规模采矿经济的缺乏意味着除了白人缺乏对非洲劳动力的需求之外，不存在建立具有南非种族隔离特征的汲取性劳动力市场制度的激励。

但是，其他机制也起作用。塞拉利昂的可可和咖啡农民不与白人竞争，尽管他们的收入仍然受到政府垄断、市场委员会的盘剥。塞拉利昂也受英国的间接统治。在英国政府希望能够间接统治的许多非洲地区，他们发现在没有中央集权制度的地方，人们也受英国政府间接管理。例如，在尼日利亚东部，英国人19世纪来到时，伊博人就没有首领。随后，英国人在这里设立了首领，授权他人担任首领。英国在塞拉利昂的间接统治基于当地已有制度和权力系统之上。

然而，如果不考虑1896年立个人为酋长的历史基础，间接统治以及授予酋长的权力将完全改变塞拉利昂当时的政治。一方面，这将带来一种新的社会分层，即统治家族，这是此前都没有的制度。世袭贵族改变了权力流动过快的现状，首领不再需要得到普遍的支持。取而代之的是严格的首领制度，他们终生任职，对弗里敦和英国的支持者负责而不需要对他们统治的人民负责。英国很高兴以这种方式推翻世袭贵族制度，例如任命更加配合的人取代原先的合法首领。独立后塞拉利昂的前两任总理都出自马尔盖家族，该家族实际上是通过在小屋税叛乱中与英国合作对抗掌权的首领纳亚玛（Nyama）家族而在劳沃班达酋长国掌了权。纳亚玛家族被罢免了，马尔盖家族成为首领，并一直掌权到2010年。

让人惊异的是殖民地时期的塞拉利昂和独立后的塞拉利昂之间强大的延续性。英国建立了市场委员会并通过它向农民征税，后殖民政府甚至以更高的税率进行效仿。英国人通过酋长建立了间接统治制度，独立后的政府仍延续这种殖民制度，他们甚至还用来统治乡村。英国建立了钻石垄断，竭力不让非洲采矿者介入，独立后的政府也是如此。英国认为修建铁路是统治曼迪兰的有效手段，而西亚卡·史蒂文斯的想法则截然相反。英国信任他们的军队，相信一旦叛乱发生军队可以立马派驻到曼迪兰，而史蒂文斯就不这么信任他的军队。像其他许多非洲国家一样，强大的军队会对史蒂文斯的统治造成威胁。正是处于这个原因，他裁减军队，创建了专门只忠诚于他的准正规军，解散了原来的军队，并将暴力机关私有化了。这个过程加速了塞拉利昂弱小政府的崩溃。解散军队后，他首先建立了内部安全单位，塞拉利昂长期受其压制的人们称之为"我射死你"单位。接着又建立了专门安全部，人们称之为"西亚卡·史蒂文斯的看门狗"。缺乏军队支持的政权也不会长久，最终在1992年4月29日，瓦伦丁·斯特拉泽上校领导的一支仅30名士兵组成的队伍推翻了全国人民大会党制度。

塞拉利昂的发展或者说不发展理解为恶性循环的结果更讲得通。英国殖民当局首先建立起了汲取性制度，独立后的非洲政治家们贪图享乐，并没有真正接过指挥棒，带领人民走向富足。这种情况在整个撒哈拉以南非洲惊人地相似。独立后的加纳、肯尼亚、赞比亚和其他许多非洲国家无不如此。然而，在所有这些案例中，汲取性制度是按照恶性循环预期的模式再建的，只是随着时间的发展，这种制度越来越恶劣。在所有这些国家中，英国建立的市场委员会和间接统治都保留了下来。

这种恶性循环也有自然原因。汲取性政治制度导致汲取性经济制度，它以牺牲多数人的利益使少数人致富。因此，那些从汲取性制度中获益的人为持续掌权垄断资源而建立起他们的（私人）军队和雇佣军、收买法官、操纵选举。他们还极力捍卫这种制度。因此，汲取性经济制度为汲取性政治制度的继续存在创造了平台。汲取性政治制度统治下的政权，权力的价值是无限的，因为权力能够不受约束，能够带来财富。

汲取性政治制度也没有为防止权力滥用提供任何约束。对于权力是否会导致腐败是有争论的，但是阿克顿勋爵（Lord Acton）提出的"绝对的权力绝对导致腐败"无疑是正确的。我们在前一章看到，即使富兰克林·罗斯福认为他对总统权力的运用方式能够让社会受益，他同样还受到最高法院约束的限制，美国包容的政治制度禁止他将对其权力的约束搁置一边。在汲取性政治制度下，权力的行使几乎没有什么约束，不论权力的使用多么扭曲、对社会多么不利。1980年，时任塞拉利昂中央银行行长的萨姆·班古拉（Sam Bangura）批评西亚卡·史蒂文斯的政策太过放任。他不久就遭到了谋杀，被从中央银行大楼的顶层抛到了恰巧命名为西亚卡·史蒂文斯大街的街道上。这样，汲取性政治制度更易形成恶性循环，因为这种制度没有为那些反对政府权力被篡夺和滥用的人提供任何保护。

恶性循环还存在另一种机制，汲取性制度使权力不受约束，使收入更加不平等，这样就提高了政治博弈的潜在收益。因为不论是谁控制着国家，都是这种过度权力及这种过度权力所带来的财富的受益者。因为要夺取权力及权力所带来的收益，汲取性制度容易激起内讧。玛雅城市国家和古罗马就曾这样。从这一点来看，许多非洲国家从殖民统治者那里继承来的汲取性制度为权力争夺和内战播下了种子，也就不足为奇了。这些斗争完全不同于英国内战和光荣革命引起的冲突。它们是为改变政治制度而战，是为引入约束权力而战，或者是为创造多元政治制度而战，但不是为获得权力并以牺牲其他集团的利益而使一个集团致富而战。在安哥拉、布隆迪、乍得、象牙海岸、刚果民主共和国、埃塞俄比亚、利比里亚、莫桑比克、尼日利亚、刚果共和国（布拉柴维尔）、卢旺达、索马里、苏丹、乌干达以及塞拉利昂，这些冲突导致流血内战、经济崩溃以及空前的人类灾难，造成了国家的失败，我们在下一章将更详细地阐明。

从赐封到土地掠夺

1993年1月14日，拉米罗·德莱昂·卡皮奥（Ramiro De León Carpio）宣誓就任危地马拉总统。他任命理查德·埃特金海德·卡斯蒂略（Richard Aitkenhead Castillo）为财政部长，任命李嘉图·卡斯蒂略·西尼巴尔迪（Ricardo Castillo Sinibaldi）为发展部长。这三个人有一个共同点，他们都是16世纪早期到达危地马拉的西班牙征服者的直系后裔。德莱昂的祖先是有名的胡安·德莱昂·卡多纳（Juan De León Cardona），而卡斯蒂略家族跟伯纳尔·迪亚茨·德尔·卡斯蒂略（Bernal Díaz del Castillo）有亲属关系，他作为墨西哥征服的目击者，他所描述的最为著名。为表彰他辅佐艾尔南·柯提斯（Hernàn Cortés）有功，迪亚茨·德尔·卡斯蒂略被任命为圣地亚哥即今天的危地马拉安提瓜城的总督。卡斯蒂略和德莱昂与其他征服者像派德罗·德·艾尔瓦拉多（Pedro de Alvarado）一起建立了多个王朝。危地马拉社会学家玛塔·卡修斯·阿祖（Marta Casaús Arzú）确认危地马拉有22个核心家族集团，他们通过联姻与核心集团之外的26个家族形成密切联系。他的宗族和政治研究表明，这些家族从1531年以来就一直控制着危地马拉的经济和政治。对于精英集团家族更宽泛的界定表明，他们也仅占20世纪90年代人口的1%多一点而已。

在塞拉利昂和撒哈拉以南非洲的大部分地区，恶性循环通过殖民当局建立的汲取性制度发挥作用，独立后这种制度被领导人全盘接受。危地马拉同中美洲的许多地区一样，我们发现这种恶性循环更简单、更加赤裸裸：拥有经济和政治权力的人成功构建了能够确保他们的权力延续下去的制度。这种恶性循环使汲取性制度得以延续，使掌权精英能够继续掌权，当然一同延续下去的还有欠发达的经济。

征服时，危地马拉人口密集，大约有200万玛雅人。跟美洲其他地区一样，疾病的肆虐、政府的剥削对其造成重大打击，直到20世纪20年代，才恢复到目前水平。跟西班牙帝国的其他地方一样，当地人都作为赐封品分配给了征服者。正如我们先前在墨西哥和秘鲁殖民中看到的，赐封是一种强制劳动制度，它为其他类似的强制制度开辟了道路，特别是为托管制度开辟了道路，在危地马拉也称为赐封管理。由征服者后裔和当地主要人物组成的精英群体不仅从各种强制劳动制度中获益，而且还通过一个叫做"Consulado de Comercio"的商业行会控制并垄断贸易。绝大多数危地马拉人居住在远离海岸的山脉高处。高昂的运输成本妨碍了出口经济，而且最初的土地利用价值并不高。大部分土地还在当地人手中，他们有叫做"合作农场"的大型公社土地所有组织。其他土地大部分都没人占有，归政府所有。控制贸易并对其征税比控制土地获益更多。

跟墨西哥一样，危地马拉的精英对卡迪兹宪法抱有敌意，这激励他们宣布独立，就跟墨西哥精英们所做的那样。在跟墨西哥和中美洲联邦简单合并之后，殖民精英就在拉斐尔·卡莱拉（Rafael Carrera）的独裁下统治危地马拉，从1839年一直到1871年。这期间，征服者后裔和当地精英们保持殖民时期的汲取性经济制度基本不变，甚至连都督府都没有随独立而变化。虽然这是王室的制度，但是它在共和政府下完整延续了下来。

就跟墨西哥一样,独立只是以前当地精英们的谋权敛财的妙招,他们跟通常一样继续推行已经从中获益良多的汲取性经济制度。非常具有讽刺意味的是,在这一时期,都督府继续对这个国家的经济发展负责。但是,跟独立前的情形一样,都督府只关心自己的利益,而不关心整个国家的利益。其部分职责是负责像港口和公路这些基础设施的发展,但是跟在奥匈帝国、俄国和塞拉利昂一样,这通常会受到创造性破坏的威胁,造成制度的不稳定。因此,基础设施的发展并没有得到完善,反而经常遭到抵制。例如,那时,唯一合适的港口都在加勒比海岸,这些港口都被都督府控制着。在太平洋边上的苏奇特佩克斯海岸港口的发展很早就提上日程,但都督府在太平洋岸边什么也没做,因为那个地区的港口将为高地城镇马萨特南戈和克察尔特南戈的产品提供更为便捷的出口,如果这些产品进入不同市场就会摧毁都督府对对外贸易的垄断。这样做的压力也来自危地马拉西部和洛斯拉图斯地区的克察尔特南戈,如果洛斯拉图斯和苏奇特佩克斯海岸之间的公路得到改善的话,就可能造成商业阶层的崛起,他们会同首都领事机构商人形成竞争,所以这条公路的改善也被搁置。

这种精英控制的结果就是危地马拉仍停留在 19 世纪中期的水平,而世界其他地区正迅速发展。但是,世界其他地区的发展最终会影响危地马拉。像蒸汽火车、铁路和更新更快的轮船这样的新技术的出现,使运输成本大大下降了。而且,随着西欧和北美人收入的提高,他们对许多产品的需求大量增加,像危地马拉这样的国家就可以生产这些产品。

19 世纪早期,靠出口靛蓝和洋红这两种天然颜料获利,不过生产咖啡获利更多。危地马拉有大片适宜种植咖啡的土地,咖啡的种植开始推广开来,期间都督府并没有提供任何帮助。随着世界咖啡价格的上升和国际贸易的扩张,咖啡种植创造了大量利润,危地马拉的精英们也开始蠢蠢欲动。1871 年,独裁者卡莱拉的长期统治最终被一群自称为"自由者"的人推翻了,世界范围内的类似运动都以此命名。自由主义蕴含的意思已经随着时间的发展改变了。但是,在 19 世纪的美国和欧洲,其含义跟今天所谓的自由主义类似,主张个人自由、有限政府和自由贸易。危地马拉稍有不同,危地马拉自由运动最初由米格尔·加西亚·格拉纳多斯(Miguel García Granados)领导,1873 年之后由胡斯托·鲁菲诺·巴里奥斯

(Justo Rufino Barrios）领导，大部分危地马拉自由者并非具有民主思想的新人。总体来说，还是原来的那些家族掌权。他们延续了汲取性政治制度，并为剥夺咖啡利润对经济进行了大规模重组。他们于1871年废除都督府，但是此时经济形式已经发生了变化。现在汲取性经济制度的焦点是咖啡的生产和出口。

生产咖啡需要土地和劳动力。为了给咖啡种植开辟土地，自由党推行土地私有化政策，实际就是土地掠夺，他们占领了此前公社和政府所有的土地。尽管他们的图谋遭到了顽强的抵抗，但是由于危地马拉政治制度本身高度的汲取性以及政治权力的高度集中，精英们最终成功完成了土地的私有化。1871—1883年，有100多万英亩土地转移到精英们手中，绝大部分土地是当地公社所有的土地和边境土地，此时咖啡生产迅速发展，目标是赚取巨额财富。私有化的土地通常拍卖给传统的精英成员和跟他们有关系的人。此后，自由党又通过采用和加强强制劳动制度，帮助大地主获得劳动力。1876年，总统巴里奥斯写给危地马拉所有省长的信件中提到：

> 由于我国有大片的土地需要开垦，所以我国生产基础发展运动之外的大量劳动力也需要进行耕作，你们应竭尽全力推动出口农业的发展：
>
> 1. 从你们管辖范围内的印第安地区抽调劳动力给出口农业部的各农场主，不管他们是要50个劳动力还是100个劳动力，你们都要满足他们的要求。
>
> ……

托管即强制劳动的初步方案，从独立后就从来没有废除过，现在其规模扩大了，持续时间也延长了。强制劳动在1877年通过的《177号法令》（Decree 177）中被制度化。该法令指出，如果地主的地产在同一个地方的话，可以要求政府抽调60多个劳动力在农场劳动15天；如果地主的地产不在同一个地方，可以要求他们劳动30天。如果雇主有需要，还可以要求劳动力继续劳动一个周期。这些劳动力都是强制招募的，除非他们的个人工作簿中明确表明，他们近期已经进行过此类劳动，而且非常令人满意。所有的农村劳动力都要求随身携带工作簿，也称自由簿，上面记录着他们为谁工作过的详细信息，还有欠债记录。许多农村劳动力对地主负债，负债劳动力未经允许不得离开雇主。《177号法令》还进一步规定，避免被征募成被托管人的唯一方式就是表明你现在对雇主负有债务。劳动力被紧紧束缚在雇主身上。除了这些法律，还有许多其他非常荒唐的法律，这些法律使那些不能证明当前有工作的劳动力随时可能会被托管，或者从事其他的强制劳动，或者被迫在农场工作。同 19 世纪、20 世纪的南非一样，1871 年后的土地政策的目的也是削弱当地人自给自足的经济，强迫他们拿很低的工资。托管一直持续到 20 世纪 20 年代。自由簿制度和其他那些荒唐至极的法律一直到 1945 年才废除，那一年危地马拉经历了最初短暂的民主运动。

就在 1871 年之前，危地马拉通过强大的军队进行统治。他们在咖啡迅速发展起来后也一直靠强大的军队维持统治。任期从 1931—1944 年的总统乔治·乌维科（Jorge Ubico）的统治时间最长。乌维科在 1931 年毫无争议地赢得了总统选举，因为当时没有人强大到同他竞争。跟都督一样，他不赞同做任何可能带来创造性破坏并威胁其政治权力以及他和精英们利润的事。因此，他反对工业的原因跟奥匈帝国的弗朗西斯一世和俄国的尼古拉斯一世一样：产业工人会带来麻烦。在一部对人民的疯狂压制达到空前状态的法律中，乌维科规定禁止使用像工人、工会和罢工这样的词语。你会因为使用其中的任何一个词语而被关进监狱。尽管乌维科很有权力，但是精英们仍然限制他。对乌维科政权的反抗于 1944 年达到顶峰，不满于其统治的大学生领导并组织游行示威。人民大众的不满情绪节节攀升，6 月 24 日，有 311 人签署的请愿书公开反对乌维科政权，这 311 人中大多来自精英基层。乌维科于 7 月 1 日下台。尽管在 1945 年实行了民主制度，但是这种制度在 1954 年被军事政变推翻了，并导致了残忍的内战。危地马拉直到 1986 年才又再次民主化。

西班牙征服者对建立汲取性政治和经济制度毫不愧疚，那正是他们不辞劳苦到新世界来的目的。但是，他们建立的绝大多数制度原本都只是临时性的。例如，赐封制度就是对劳动力权利的一种临时赐予。他们并没有考虑该如何建立一个能够延续 400 多年的制度。事实上，他们建立起来的制度在实施中发生了显著的变化，但是有一点没有变，那就是制度固有的汲取性，这是恶性循环的结果。汲取的形式变了，但是汲取的本性没有变，精英们的控制没有变。在危地马拉，赐封、托管和贸易垄断为自由簿制度和土地掠夺开辟了道路。但是，当地绝大多数玛雅人一直都是廉价劳动力，辛勤劳作着，他们几乎没有受过什么教育，不享有任何权利，也不享受任何公共服务。

在危地马拉,就跟中美洲的大多数国家一样,汲取性政治制度支撑着汲取性经济制度,汲取性经济制度反过来又为汲取性政治制度提供了基础,为精英权力的延续提供了平台,这就是典型的恶性循环。

从奴隶制到黑人隔离法

在危地马拉,汲取性制度一直从殖民时期延续到现在,都是由同一精英家族控制着。制度的任何变化都源于对环境变化的适应,就像咖啡的迅速发展会刺激精英们掠夺土地的案例一样。美国南方的制度一直到内战之前同样是汲取性的,经济和政治都被南方精英控制着,他们是拥有大片土地和大量奴隶的种植园主。奴隶既没有政治权利,也没有经济权利,他们几乎没有任何权利。

南方的汲取性经济和政治制度使得19世纪中期的南方比北方穷得多。南方缺乏工业,对基础设施的投资相对少。1860年,其全部制造业产值还不如宾夕法尼亚州、纽约州和马萨诸塞州的产值高。只有9%的南方人口居住在城市,而东北部的城市人口高达35%。北方铁路的密度(用铁路里程除以土地面积)比南方各州高3倍。北方运河的里程也同样比南方高3倍。

地图18显示了1840年美国各州的奴隶占总人口的比例,表明了奴隶制的程度。很明显,奴隶制在南方占绝对地位,比如沿密西西比河的许多乡村,奴隶占到总人口的95%。地图19显示了奴隶制的结果,即1880年在制造业中工作的劳动力的比例。尽管按照20世纪的标准来衡量,南北方都不高,但是在北方和南方仍存在显著差别。在东北部的大部分地区,超过10%的劳动力从事制造业。而南方的大部分地区,特别是奴隶高度集中的地区,从事制造业的劳动力比例基本为零。

南方在其专业化的部门中甚至毫无创新:从1837—1859年,每年颁发的与谷物和小麦相关的创新专利数分别为12项和10项,南方最重要的作物棉花的专利每年也只有1项。南方没有工业化或经济增长的迹象。但是,南方在内战中被打败后,紧接着就是大刀阔斧的基本经济和政治改革。奴隶制被废除了,黑人也享有选举权了。

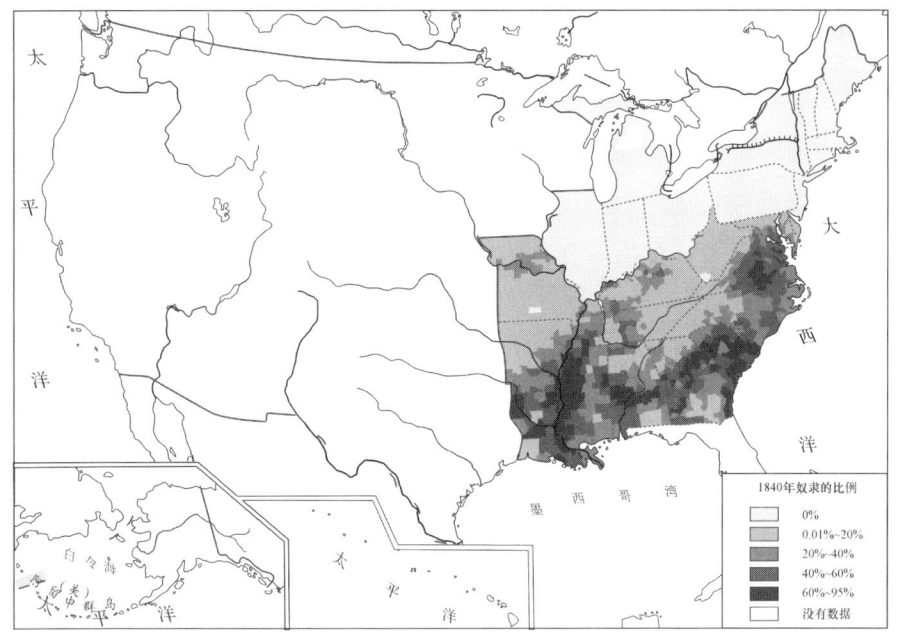

地图 18　1840 年美国全国的奴隶制

这些主要的变革应该为南方由汲取性制度向包容性制度的彻底转变开辟了道路，使南方走上了经济繁荣的道路。但是，在另一种恶性循环中，并没有发生从汲取性制度向包容性制度的转变，汲取性制度延续下来，黑人隔离法取代奴隶制出现在南方。黑人隔离一词被认为是源于"蹦跳的黑乌鸦吉姆"，这是19世纪早期讽刺白人涂黑脸扮演黑人的一种说法，后来指南方于1865年后通过的整部《种族隔离法》。这部法律延续了几乎整整1个世纪之久，直到又一次重要的巨变，民权运动将这部法律彻底废除。在这期间，黑人没有任何权利，处于被压迫地位。建立在低工资、几乎未受教育的劳动力基础上的种植园农业仍在发展，南方的收入相对美国的平均收入进一步下降。汲取性制度的恶性循环比当时预期的更加严重。

即使在奴隶制被废除、黑人有了选举权之后，南方的经济和政治发展之路却仍然没有变化的原因在于黑人的政治力量还很微弱，经济独立性还不够强。南方的种植园主在战争中失败了，但是在和平中胜利了。他们仍然是有组织的，仍然有土地。在战争中，获得自由的奴隶在奴隶制废除时，得到了承诺的40英亩土地和一

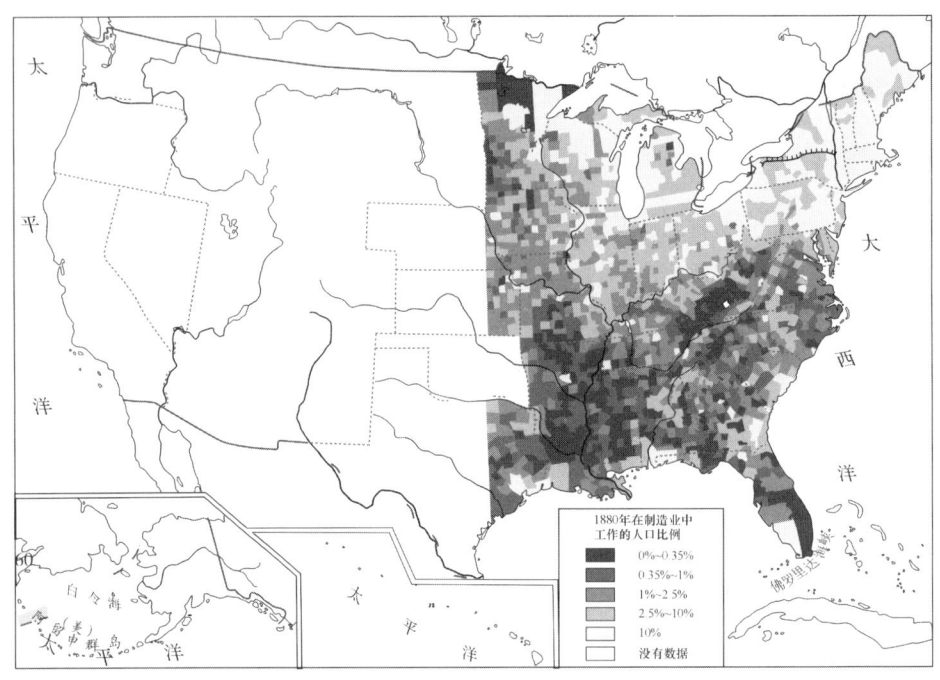

地图19　1880年美国全国的制造业就业情况

头骡子,有些人甚至在威廉·T.谢尔曼将军(General William T. Sherman)的著名运动中得到了兑现的承诺。但是,在1865年,总统安德鲁·约翰逊(President Andrew Johnson)撤销了谢尔曼将军的命令,盼望已久的土地再分配没有实现。在议会关于这个问题的辩论中,议员乔治·华盛顿·朱利安(George Washington Julian)非常有先见之明地提到:"有效的做法是议会完全废除奴隶制的法案,……如果贵族权力原有的农业基础依然保留的话。"这是对原来南方补偿的开始,是旧南方土地精英的延续。

社会学家乔纳森·威纳(Jonathan Wiener)研究了亚拉巴马州(Alabama)南部黑人带五个乡村种植业主精英的存续,该黑人带是主要的棉花产区。根据美国人口普查数据对家族进行追踪、研究,研究对象只考虑那些至少拥有10000美元不动产的家族,他在研究中发现,在1850年的236位种植业主精英成员中,有101位在1870年的时候保持了他们的地位。非常有趣的是,这个存续比例跟内战前期的比例非常接近;在1850年最富的236个种植业家族中,只有110个家族在10年后仍然保持着原来的地位。然而，在1870年拥有最大土地的25个种植业主中，有18个（72%）来自1860年的精英家族；16个来自1850年的精英集团。虽然在内战中有60多万人被杀死了，但是种植业主精英们却几乎没有死亡。由种植业主设计的以及为种植业主设计的法律，使奴隶所有者免去军队服役，只要他们拥有20个奴隶就可以。虽然数十万人为保持南方的种植园经济而死，但是许多大奴隶主和他们的儿孙们并没有参与战争，这样他们就能够确保种植业经济的延续了。

内战结束后，控制着土地的精英种植园主能够重新控制劳动力。尽管奴隶制这一经济制度已经废除，但是证据表明南方经济制度依然清晰地延续了原来的制度，南方经济基于廉价劳动力的种植园农业。这种经济制度通过各种渠道得以维持，包括当地政治力量的控制，以及暴力的使用。结果，用非裔美国学者杜波依斯（W.E.B.Du Bois）的话说，南方"只是恐吓黑人的武装营地"。

1865年，亚拉巴马州州议会通过了《黑人法》，这是镇压黑人劳动力的重要里程碑。跟危地马拉的《177号法令》相似，亚拉巴马州的《黑人法》包括许多荒谬的法律，还有镇压劳动力"骚动"的法律。制定这部法律的目的是为防止劳动力流动，降低劳动力市场的竞争，确保南方的种植园主依然有大量稳定的廉价劳动力储备。

内战后，1865—1877年被称为重建时期。在联邦军队的帮助下，北方的政治家们密谋在南方引起些社会变化。但是，南方精英们打着支持所谓的救世主的幌子进行了系统的反击，寻求南方的补偿，重新建立旧制度。在1877年的总统选举中，卢瑟福·海斯（Rutherford Hayes）需要南方选举团的支持。这种选举团制沿用至今，是美国宪法规定的总统间接选举的核心。人们不参与总统的直接选举，而是直接选举选举团，由选举团投票直接选举总统。作为交换，南方人要求联邦士兵撤出南方，由他们自己治理。海斯同意了。有了南方的支持，海斯成功当选总统，同时军队撤出南方。1877年后，是内战前种植业精英真正复出的时期。南方复兴引入了新的人头税政策，以及投票读写测试，这样就系统地剥夺了黑人和贫困白人的公民权利。这些政策成功地使南方复兴，并创造了民主党统治下的一党制，大部分的政治权力回到了种植业精英手中。

黑人隔离法促成了分离学校的成立，这些学校注定是低劣的。比如，亚拉巴马州于1901年改写宪法规定建立分离学校。令人震惊的是，直到今天，亚拉巴马州宪法第256条尽管已经失效，但是仍然写道：

> 立法机关有责任建立和维护公立学校制度，分配公立学校资金，为白人和黑人儿童分别建立学校。
>
> 立法机关为维护7～21岁孩子们的利益，将在全州建立、组织和保持自由的公立学校制度。公立学校资金将按照不同县市学龄儿童的数量比例分配到几个县市，资金将分配到各县市区和小镇上的学校，以尽可能使这些学校维持相同的上课时间。将给白人儿童和黑人儿童分别提供学校，一个种族的儿童不允许上另一个种族的学校。

从宪法中去掉256条修正案的要求在2004年被州立法机构勉强挫败了。

对公民选举权的剥夺、像亚拉巴马州黑人法这样的荒唐法律、各种黑人隔离法以及三K党的行动通常都得到了精英们的资金和支持，这些做法把内战后的南方变成了一个真正的种族隔离社会，白人和黑人过着完全不同的生活。跟在南非一样，这些法律和惯例都是为控制黑人人口及黑人劳动力。

华盛顿的南方政治家们也在努力确保南方汲取性制度的延续。例如，他们不允许任何危害南方精英对黑人劳动力控制的那些联邦计划或公共工程得到通过。结果，南方是完全以农村社会的形态进入20世纪的，教育水平低下，技术落后，手工劳动和畜力仍是主要生产力，没有机械装置的协助。尽管城市人口比例不断上升，但仍远低于北方。例如，1900年，南方城市人口占13.5%，而东北部城市人口比例为60%。

总之，美国南方的汲取性制度，是建立在土地精英的权力、种植农业的基础之上的，劳动力的工资低、教育水平低，这种制度完整地延续到20世纪。直到第二次世界大战后，这些制度才开始瓦解，直到民权运动之后这些制度的政治基础才真正被破坏。就在这些制度于20世纪50—60年代废止后，南方才开始迅速追赶北方。

美国南方显示恶性循环更有弹性的一面：跟在危地马拉一样，南方种植业精英的权力得以保持，而且他们构建相应的经济、政治制度以确保权力的延续。但是，跟危地马拉不同的是，内战失败后，南方面临着重大的挑战，内战废除了奴隶制，黑人在宪法上有参与政治决定的权利。但是，解决问题的方式不止一种，只要种植业主精英控制着大量土地的所有权，仍然有组织，他们就能够建立一套新制度，用《黑人隔离法》取代奴隶制。恶性循环比许多人想象的要强大得多，亚伯拉罕·林肯（Abraham Lincoln）也没有想到恶性循环如此之强。恶性循环是建立在通过汲取性政治制度建立汲取性经济制度的基础之上，汲取性经济制度反过来又促进汲取性政治制度，因为经济财富和权力可以购买政治权力。政府否决了给解放了的黑奴每人40英亩土地和1头骡子的承诺后，南方的种植业主精英的经济权力未受任何影响。不幸的是，南方黑人的地位没有变化，南方的经济发展依然没有起色，当然这也在意料之中。

寡头铁律

埃塞俄比亚的"所罗门王国"一直持续到1974年，直到因军事政变被推翻。该政变由一个马克思主义军官组成的集团——人民民主革命阵线——领导。被人民民主革命阵线推翻的这种政权存在已久，一直完整地延续下来，完全是一个历史错误。皇帝海尔·塞拉西（Haile Selassie）到达大皇宫所在的乡村后开始了新的生活，这座皇宫是皇帝曼尼里克二世（Menelik Ⅱ）于19世纪后期建成的。皇宫外面簇拥着参加其建成仪式的权贵们，他们向皇帝鞠躬致意，处心积虑地想要得到皇帝的接见。皇帝坐在观众厅的龙椅上接受朝拜（塞拉西是一个身材瘦小的人，他的腿太短，坐在龙椅上都够不着地，所以无论到哪里，都有人专门拿着脚垫随侍以确保皇帝脚下无论何时都有合适的脚垫。专门管脚垫的人随时准备着52个脚垫以应对各种可能情况）。塞拉西建立了一系列极端的汲取性制度进行统治，就像管理私人财产一样管理着这个国家，对有功之人会授予荣誉、给予金钱奖励，同时严惩不忠之人。所罗门王国统治下的埃塞俄比亚根本没有什么经济发展可言。

人民民主革命阵线最初由来自全国不同军事单位的108名代表组成。哈勒尔省第三师的代表是一个名叫门格斯图·海尔·马里亚姆（Mengistu Haile Mariam）的少校。尽管人民民主革命阵线的官员们在1974年7月4日最初宣誓时,誓死忠诚于皇帝,但是不久后他们就开始逮捕政府成员,政府遭到多大的反对显而易见。他们越来越坚信拥护塞拉西政权的大臣已被挖空,下一步直接对皇帝本人下手。他们于9月12日逮捕了皇帝,接着开始依法处决皇帝。许多身处旧体制核心的政治人物很快被处决。12月时,人民民主革命阵线宣布埃塞俄比亚为社会主义国家。塞拉西很可能于1975年8月27日被杀害。1975年,人民民主革命阵线开始对财产进行国有化,对象包括城市和农村所有的土地,还有大部分类型的私有财产。政权实施的新制度更加专制,引起全国各地的反对。皇帝曼尼里克二世在前面提过的阿杜瓦战役中获胜,他的政策推动了埃塞俄比亚的统一,到19世纪末20世纪初欧洲殖民扩张时,埃塞俄比亚大部分地区已经统一,包括北部的厄立特里亚和蒂格尔以及东部的欧加登。因为人民民主革命阵线政权的暴虐,厄立特里亚和蒂格尔纷纷出现独立运动,当时索马里军队正入侵讲索马里语的欧加登。人民民主革命阵线自身开始瓦解,分成了许多分支。少校门格斯图是他们中最残忍、同时也是最灵巧的。到1977年年中,他消灭了主要的反对者,并有效地掌管了该政体,因为当年11月苏联和后来的古巴运来大量武器和军队进行支援,才避免了政权的瓦解。

1978年,该政体组织国庆活动,纪念推翻海尔·塞拉西统治4周年。这时,门格斯图毫无争议地成为人民民主革命阵线领导人。他选择塞拉西的大皇宫作为其住处,而不在埃塞俄比亚,这座大皇宫自从王室被废除后一直闲置。庆典仪式上,他坐在金灿灿的龙椅上观看游行,就像古代皇帝一样。军事职能现在又被大皇宫控制了,门格斯图坐上了海尔·塞拉西原来的宝座。门格斯图开始将自己比作提沃德罗斯皇帝,提沃德罗斯在经历了大崩溃时期之后于19世纪中期重建所罗门王国。

他的一位部长达维特·沃尔德·乔治斯(Dawit Wolde Giorgis)在回忆录中写道:

> 革命开始时,我们所有人都反对与过去有关的任何事物。我们不再开汽车、穿套装,打领带被认为是犯罪行为。任何使你看上去很富足或像资产阶级、很优裕或古板的东西,都被蔑视为旧秩序的一部分。大约在1978年,所有的一切都开始变化,物质主义渐渐开始被接受,后来慢慢成为必需。由欧洲

最好的裁缝专门设计的服装成了所有政府高官和军事委员会成员的制服。我们的一切都必须是最好的，最好的住房、最好的汽车、最好的威士忌、最好的香槟和食物。这是革命理想的彻底颠覆。

乔治斯还生动地记录了门格斯图成为专制统治者之后发生了怎样的变化：

> 真实的门格斯图出现了：图谋报复、残忍、独裁……过去，我们许多人都可以随意与他交谈，他就是我们中的一员；现在我们要毕恭毕敬地站着等待接见，见到他时还要小心谨慎地表达尊敬之意。过去我们提到他时都用"你"，现在我们发现我们要尊称一声"您"。他搬到孟尼利克皇宫中更大、更奢华的办公室……他开始乘坐皇帝专用的轿车……我们一直认为我们的革命是为追求平等，但是现在他成了新的皇帝。

海尔·塞拉西和门格斯图之间转型，或者塞拉利昂英国殖民长官和西亚卡·史蒂文斯之间转型所体现的恶性循环模式非常极端，甚至在某种程度上非常特别，所以应该有专门的名称代指这种恶性循环。正如我们在第4章已经提到的，德国社会学家罗伯特·米歇尔斯（Robert Michels）称之为寡头铁律。米歇尔斯认为，寡头的内在逻辑就是掌权者能够再生，同一权力集团掌权时是这样，全新的权力集团接管时也是这样，实际上所有各层组织都是这样。米歇尔斯没想到的大概就是卡尔·马克思（Karl Marx）的观点竟然与此惊人地相似，马克思说历史会重演，第一次上演是悲剧，第二次上演就是闹剧了。

许多非洲独立后的领导人不仅跟他们所取代的殖民政体和皇帝一样搬到了同样的住所，采取相同的政商包庇政策，用同样的手段控制市场并攫取资源，他们的行径甚至更加恶劣。他们的统治的确是一场闹剧，坚决反殖民的史蒂文斯集中控制曼迪人，而此前英国人就试图控制该民族，他还是依赖原来英国任命的控制内陆的酋长，还是采用同样的方式管理经济，利用市场委员会盘剥农民，垄断钻石的开发。发动军队反对蒙博托专制统治的洛朗·卡比拉（Laurent Kabila）曾经承诺人民自由，承诺结束蒙博托统治下扎伊尔的严重腐败和压迫，但是卡比拉建立了一个同样腐败甚至更甚的政体，这就是一场闹剧，而且是一场非常糟糕的闹剧。荒唐的是，在曾担任蒙博托政府信息部长的多米尼克·萨空比·伊农戈（Dominique Sakombi Inongo）的帮助和鼓动下，他试图开始蒙博托式的个人崇拜。蒙博托政体在剥削人民大众的方式上有自己的风格，这种方式开始于1个多世纪前利奥波德国王的刚果自由省。马克思主义军官门格斯图跟海尔·塞拉西及之前的其他皇帝一样开始宫殿生活，把自己看作皇帝，让自己和亲信致富，这也是一场闹剧。

所有这些都是闹剧，不仅是因为希望的破灭，还因为这些闹剧比最初的悲剧更加悲惨。跟非洲的其他许多统治者一样，史蒂文斯和卡比拉开始谋杀他们的反对者，之后是无辜的市民。门格斯图和人民民主革命阵线的政策给埃塞俄比亚这片肥沃的土地带来了一次又一次的大饥荒。历史在以十分扭曲的形式重演。海尔·塞拉西显然并不关心1973年沃伦省发生的大饥荒，一切的一切最终导致政权的反对者越来越多。塞拉西最多就是漠不关心，而门格斯图却将大灾难视作削弱对手力量的政治工具。对埃塞俄比亚和撒哈拉以南非洲的大部分地区来讲，历史不仅是荒唐的、悲惨的，还是残酷的。

恶性循环的这个特定方面是寡头铁律的精华，推翻原来政体的新领导人承诺会进行激进变革，但是这种变革不会推翻原来的制度，反而变本加厉。在某种程度上，寡头铁律相比其他形式的恶性循环更加难以理解。美国南部和危地马拉汲取性制度的延续有清晰的逻辑。同样，一些集团一直控制经济政治达数世纪之久。即使有人质疑，他们的权力仍然保持完好无损，就像美国内战后南方的种植业主，能够继续保持并重建一整套汲取性制度，并从中获益。但是，为什么那些以激进变革为名的掌权者要重建相同的制度呢？这个问题的回答再次表明恶性循环会越来越严重。

不是所有的激进变革都注定会失败。光荣革命是激进变革，但是光荣革命很可能是过去2000年中最重要的政治革命。法国大革命甚至更加激进，虽然引起了各种混乱和暴力事件，还促成了拿破仑·波拿巴的登基，但是法国大革命并没有重建旧制度。

有三个因素大大方便了光荣革命和法国大革命之后更加包容的政治制度的出现。第一个因素是新涌现的商人和实业家，他们希望能够释放这种创造性破坏力量,这样他们自己也可以从中获益;这些新涌现的商人和实业家是革命同盟的主要成员之一,他们不希望建立另一套汲取性制度,否则他们还会继续受政府盘剥。

第二个因素是因这两大事件而促成的广泛联盟的性质。例如,光荣革命不是狭隘集团或特殊的狭隘利益的政变,而是商人、实业家、贵族和各种政治集团支持的运动。法国大革命同样如此。

第三个因素是与英国和法国政治制度的历史有关。这些制度所创造的环境不利于向更加包容的方向发展。在这两个国家,存在着可以追溯到英国大宪章和法国贵族理事会的议会与权力分割传统。而且,这两个革命都是发生在专制制度渐弱的过程中,或者有抱负的专制者对权力的控制开始弱化的过程中。在这两个案例中,这些政治制度并没有使统治者或狭隘集团能够轻易地控制国家,攫取现有的经济财富,并建立不受约束的能够延续的政治权力。法国大革命之后,罗伯斯皮尔(Robespierre)和圣茹斯特(Saint-Just)领导下的一个狭隘集团确实取得了控制,造成了灾难性的后果,但是时间不长,而且没有偏离走向更具包容性的制度的轨道。所有这些都跟长时期采用汲取性经济和政治制度、对统治者权力没有约束的社会情况不同。在这些社会中,没有为反对现存制度以部分保护更包容经济制度的力量提供支持和资金的新的强大商人或实业家,没有引入对每个成员权力进行约束的广泛联盟,没有阻止统治者试图篡夺和攫取权力的政治制度。

结果,在塞拉利昂、埃塞俄比亚和刚果,恶性循环更难以抵抗,要走向包容性制度更不可能。没有传统或历史制度来平衡那些控制着国家的权贵。这些制度已经在非洲的有些地区存在,甚至有些地区从殖民时期就存在,比如博茨瓦纳。但是,在整个塞拉利昂的历史中,其作用并不明显,而且它们虽然在一定程度上存在,但却被间接统治扭曲了。在英国的其他非洲殖民地,如肯尼亚和尼日利亚,同样如此。它们从来没有在专制的埃塞俄比亚王国存在过。在刚果,当地制度被比利时的殖民统治和蒙博托的专制政策废除了。在所有这些社会中,也没有新商人、实业家或企业家来支持建立新制度,要求保护产权,并结束此前的汲取性制度。事实上,殖民地时期的汲取性经济制度意味着根本不可能有企业家精神或实业能够留存下来。

国际社会认为,后殖民时期的非洲独立将通过国家计划和私有部门培育发展的过程实现经济增长。但是，私有部门不存在，除了在农村地区，他们在新政府中没有代表，所以成为新政府的首要猎物。最重要的可能是，在大多数这些案例中，掌控权力能谋取巨大的利益。这些利益吸引了最肆无忌惮的人，像史蒂文斯，他希望垄断这种权力，而他们一旦掌权又会导致最糟糕的情况。没有什么能够打破恶性循环。

负反馈和恶性循环

富国之所以富，主要是因为它们在过去300年中的某个点上尽力发展出了包容性制度。这些制度通过良性循环得以延续。既然包容只是在有限意义上开始的，有时候很脆弱，它们形成了创造正反馈的动态变化，逐渐提高了它们的包容性。英国1688年光荣革命后没有变为民主国家，而且远不是民主国家，只有一小部分人有正式代表；但重要的是，英国的制度是多元主义的。一旦多元主义被看作神圣而不可侵犯，制度会随时间的发展变得更加包容，尽管这是一个坎坷、不确定的过程。

在这一点上，英国是良性循环的代表：包容性政治制度能够约束权力的行使，防止权力的篡夺。包容性的政治制度容易产生包容性的经济制度，这反过来能够使包容性政治制度更有可能延续下去。

在包容性经济制度下，财富不会集中在少数人手中，所以也就不会出现依靠经济实力提升政治权力的现象。而且，在包容性经济制度下，政治权力能够获得的收益非常有限，所以对每个集团和有雄心抱负的人来讲，他们对于掌控国家权力并不十分感兴趣。在关键时刻，多种因素的综合，包括现存制度与关键时刻某些机会和挑战的相互作用，一起促成了包容性制度的建立，就像英国。但是一旦这些包容性制度合适，我们不需要维持这些因素，它就可以存续下去。尽管良性循环也会受到重大偶然因素的影响，但良性循环能够使制度存续下去，甚至能够推动社会向更加包容的方向发展。

就像良性循环能够使包容性制度延续一样，恶性循环具有能够使汲取性制度存续下去的强大力量。历史不是注定的，恶性循环不是打不破的，我们在第14章将论述这一点。但是，它们是弹性的。它们创造了负反馈的强大过程，汲取性政治制度形成汲取性经济制度，汲取性经济制度反过来又为汲取性政治制度的存续提供了基础。危地马拉的案例最为典型，从一开始的殖民统治到后来危地马拉独立，同一群精英掌权达4个多世纪之久，汲取性制度使精英们致富了，而他们的财富又构成了权力延续的基础。

恶性循环在美国南方种植园经济的延续中也很明显，同时该案例也体现了恶性循环在面对挑战时所产生的巨大弹性。内战失败后，南方种植园主正式失去了对经济和政治制度的控制，作为种植园经济基础的奴隶制被废除了，黑人获得了平等的政治、经济权利。然而，内战并没有破坏种植园主精英们的政治权力及其经济基础，虽然他们以另一种伪装重建起这种制度，但是他们对当地的政治控制没有改变，目标也没有改变，即获取大量低成本劳动力以发展种植园经济。

这种恶性循环延续了原来的汲取性制度，因为精英阶层控制着国家权力并从权利的延续中获益，但是恶性循环并不仅仅只有这一种形式。首先，负反馈的一种更加令人费解但并非更不真实、更不恶性的形式推动了许多国家的政治和经济发展，并且以撒哈拉以南非洲许多国家经验为典型，特别是塞拉利昂和埃塞俄比亚。按照社会学家罗伯特·米歇尔斯所定义的寡头铁律，旧汲取性制度的废除预示着同样有害的新的汲取性制度的到来，新的掌权者依然靠汲取性制度获益。

这类恶性循环的逻辑事后也很容易理解：汲取性政治制度几乎没有构成对权力行使的约束，因此推翻之前的独裁者并控制国家的那些人根本不受任何制度的限制，可以随便使用权力，滥用权力；汲取性经济制度意味着仅仅通过控制权力、征用他人财产和建立垄断就有大量的利润和财富可赚。

当然，在物理学定律的意义上，寡头铁律并不是一条真正的规律。它是可以避免的，就像英国的光荣革命和日本的明治维新。

这些事件验证了向包容性制度大转变的关键要素，就是通过广泛联盟来反对专制主义，并用更加包容的多元制度取代专制制度。广泛联盟的革命促进了多元政治制度的出现。在塞拉利昂和埃塞俄比亚，更有可能发展为寡头铁律，不仅是因为现存的制度是高度汲取性的，而且还因为先前的独立运动和后来的人民民主革命阵线的政变都不是由这种广泛联盟领导的，而是由寻求权力以便他们能够进行攫取的人和集团领导的。

然而，恶性循环甚至还有更具毁灭性的一面，在第 5 章关于玛雅城市国家的讨论中就预示到这一点。汲取性制度创造了巨大的社会不平等，并且给控制权力者创造了巨大的财富和不受约束的权力，这时可能有许多人希望通过斗争来控制国家和制度。接着，汲取性制度不仅为下一个甚至更加攫取的体制开辟了道路，而且还会造成持久的内讧和内战。随后，这些内战会给人民带来更大的痛苦，甚至会破坏这些社会已经达到的较低程度的国家集权，通常会变得越来越目无法纪，导致国家失败，政局混乱，经济繁荣的所有希望破灭——我们将在下一章做具体阐述。

第13章
现在为什么有些国家失败了?

在津巴布韦如何中得彩票?

2000年1月,在津巴布韦哈拉雷,司仪法洛特·查瓦瓦(Fallot Chawawa)在主持一次由津巴布韦银行(Zimbank)组织的国家性彩票抽奖活动,所有在1999年12月期间在银行账户中存有5000津巴布韦元以上的顾客都可参加抽奖。当查瓦瓦抽取彩票时,他被惊得目瞪口呆。正如津巴布韦银行的公开声明中指出的,"当10万津元大奖的彩票递给司仪法洛特·查瓦瓦时,他几乎不相信自己的眼睛,他看到总统罗伯特·加布里埃尔·穆加贝(RG Mugabe)的名字写在上面"。

罗伯特·穆加贝总统自1980年以来不择手段地采用铁腕来统治津巴布韦。他中了价值10万津元的彩票,这相当于该国人均年收入的5倍。津巴布韦银行称,穆加贝先生的名字是从数以千计符合条件的顾客中抽出来的。多么幸运的人啊!不用说,他根本不需要那笔钱。实际上穆加贝就在最近刚奖赏了自己,其内阁成员的工资提高了200%。

彩票事件只是津巴布韦汲取性制度的一个例子。人们可以称其为腐败,但它确实是津巴布韦制度缺陷的一个症状。穆加贝想中就能中得彩票,从这一事实中我们可以看出他对津巴布韦的事务有多大的控制,全世界也见识到了这个国家汲取性制度的程度。

今天有些国家失败的最普遍原因就是它们都有汲取性制度。穆加贝体制下的津巴布韦非常鲜明地表明了经济和社会后果。尽管津巴布韦的国民统计非常不可靠,最好的估计是在 2008 年。那一年,津巴布韦的人均收入大约是该国在 1980 年获得独立时人均收入的一半。这听起来非常具有戏剧性,但它事实上没有反映津巴布韦生活水平的恶化。这个国家已经崩溃了,几乎已经不再提供基本公共服务。在 2008—2009 年,卫生体系的崩溃导致了全国霍乱的爆发,2010 年 1 月 10 日,报告了 98741 个病例,4293 人死亡,这是 15 年来非洲爆发的最致命的霍乱。与此同时,大规模失业也达到了前所未有的水平。2009 年早些时候,联合国人道主义事务协调办公室宣称,津巴布韦的失业率达到了 94%,简直令人难以置信。

跟撒哈拉以南非洲的情况一样,津巴布韦许多经济和政治制度的根源可以追溯到殖民时期。在 1890 年,塞西尔·罗德斯(Cecil Rhodes)的英国南非公司派一支军队远征到了当时的恩德贝莱王国,在马塔贝莱兰建立了基地,还远征到了相邻的马绍纳兰。他们先进的武器装备很快就打垮了非洲的抵抗,到 1901 年,以罗德斯命名的南罗德西亚殖民地已经在现在的津巴布韦地区形成了。既然英国南非公司私人拥有了这个地区的特权,罗德斯期望通过在那里探测并开采极具价值的矿藏赚取钱财。这个冒险活动从未付诸实施,但是非常富饶的农田开始吸引白人移民。这些移民很快就占领了大部分土地。1923 年,他们从英国南非公司的统治中解放出来,并说服英国政府授权他们自治。当时发生的那一幕像极了南非在大约 10 年前发生的事件。1913 年的《原住民土地法》造成了南非的二元经济。罗德西亚通过了非常相似的法律,并深受南非模式的激发,1923 年之后不久就建立了一个只有白人的种族隔离州。

欧洲殖民帝国在 20 世纪 50 年代后期、20 世纪 60 年代早期崩溃,那时大约占人口总数 5% 的罗德西亚白人精英在伊恩·斯密(Ian Smith)的领导下,于 1965 年宣布从英国独立。几乎没有国际政府承认罗德西亚的独立,联合国对其进行了经济和政治制裁。黑人市民在邻国莫桑比克和赞比亚的基地组织了游击战。国际压力以及穆加贝的 ZANU(津巴布韦非洲国家联盟)和乔舒亚·恩科莫(Joshua Nkomo)领导的 ZAPU(津巴布韦非洲人民联盟)发动的叛乱,致使白人统治以协议的方式结束。津巴布韦建国于 1980 年成立。

在独立后,穆加贝很快就建立起个人统治。对于异己,他要么非常残暴地消除,要么拉拢。最恶劣的一次暴力行动发生在马塔贝莱兰,这里是支持 ZAPU 的中心地带，20世纪80年代早期大约有2万多人被杀死。到1987年，ZAPU跟ZANU合并，建立了ZANU-PF（津巴布韦非洲民族联盟），乔舒亚·恩科莫在政治上靠边站。当初宪法作为独立谈判的一部分被继承下来，穆加贝能够改写宪法，且让自己成了总统（他开始时是首相），废除了作为独立协定一部分的白人投票权，最终在1990年完全废除了参议院，并在立法机关引入了他有权任命的职位。结果就是建立了以穆加贝为首的实际上的一党制国家。

在独立时，穆加贝接管了白人政体创立的一系列汲取性经济制度。这其中包括许多对价格和国际贸易的管制、对国有工业和强制性农业市场委员会的规定。国家就业率迅速提高，ZANU-PF的支持者也有了工作。对经济的严格管制很适合ZANU-PF的精英阶层，因为这样一来，那些有可能会挑战精英阶层政治垄断的独立的非洲商人阶级就难以出现。这非常类似于我们在第2章看到的加纳在20世纪60年代的情形。当然，非常具有讽刺意味的是，这使得白人成了主要的商业阶级。在这段时期，白人经济的主要力量，特别是高生产力的农业出口部门，并未被触动。但是，穆加贝失利之后，情况就不是这样子了。

管制和市场干预的模式渐渐地不可持续了，1991年，经历了一次严重的财政危机后，在世界银行和国际货币基金组织的支持下，津巴布韦开始进行制度变迁。不断恶化的经济绩效最终导致了对ZANU-PF一党专治的强烈的政治反对：民主变革运动（MDC）爆发了。1995年的议会选举毫无悬念，ZANU-PF赢得了81%的选票和120个席位中的118个，有55个议会成员以全票当选。次年的总统选举甚至展现出了更多的肆无忌惮和欺诈行为。穆加贝获得了93%的选票，但是他的两个竞选对手埃布尔·穆佐雷瓦（Abel Muzorewa）和恩达班宁基·西托莱（Ndabaningi Sithole）在投票前就退出了候选，他们控告政府的高压政治和舞弊行为。

2000年之后，尽管腐败处处存在，但是ZANU-PF的控制仍减弱了。它只获得了49%的大众选票和63个席位。所有这些都受到了MDC的竞争，他们获得了首都哈拉雷的所有席位。在2002年的总统选举中，穆加贝只获得了56%的选票，勉强保住了职位。在这些选举中，ZANU-PF由于暴力和恐吓加上选举舞弊，越来越不占优势了。

为应对其政治控制的垮台，穆加贝加紧了镇压，运用政府政策去博得支持。他发动了对白人土地所有者的全面攻击。从 2000 年开始，他鼓励和支持了大量的土地占领和征用。这些征用和占领活动通常由退伍军人团体领导，据说，这些团体由以前参加过独立战争的军人组成。许多被征用的土地给了这些团体，但是也有许多被征用的土地流向了 ZANU-PF 精英们。穆加贝和 ZANU-PF 造成的产权不安全导致了农业生产和农业生产力的崩溃。随着经济的崩溃，现行政府唯一能做的事情就是大量印刷货币以获取民众的支持，这就导致了严重的高通货膨胀。2009 年 1 月，津巴布韦可以合法使用南非兰特等其他国家的货币，津巴布韦元从流通中消失了，成了毫无价值的废纸。

1980 年之后，津巴布韦所发生的事情在独立之后的撒哈拉以南非洲地区普遍出现。津巴布韦在 1980 年继承了一系列高度攫取的政治和经济制度。在前 15 年，这些制度相对来说并未受到触动。虽然进行了选举，但是政治制度毫无包容性。经济制度有一定的变化，例如，不再有对黑人的明显歧视了。但是，制度在总体上仍然是汲取性的，唯一的差别就是进行攫取的不再是伊恩·斯密和白人，而是装满自己腰包的罗伯特·穆加贝和 ZANU-PF 的精英们。随着时间的推移，制度的汲取性甚至变得更加严重，津巴布韦的收入迅速下降。津巴布韦的经济和政治失败是寡头铁律的又一个例证，在这个例子中，伊恩·斯密的汲取性的、压迫性的制度被罗伯特·穆加贝的汲取性的、腐败的、压迫性的制度取代了。2000 年穆加贝伪造的彩票中奖只是腐败的冰山一角而已，而这一腐败是由历史形成的。

现在国家失败是因为他们的汲取性经济制度没有给人们创造储蓄、投资和创新所需要的激励。汲取性政治制度通过固化那些汲取性制度中获益者的权力，来支持汲取性经济制度。汲取性经济和政治制度的细节在不同环境中有所不同，但通常都是国家失败的根源。在许多情况下，比如，就像我们在阿根廷、哥伦比亚和埃及看到的，这种失败表现为缺乏充分的经济活动，因为政治家们只乐于攫取资源，或者挤压任何种类的、可能威胁他们自己和经济精英们的、独立的经济活动。在有些极端案例中，就像我们接下来要讨论的津巴布韦和塞拉利昂，汲取性制度造成了全面的政府失灵，不仅破坏了法律和制度，甚至破坏了最基本的经济激励。结果就是经济停滞,以及近代发生在安哥拉、喀麦隆、乍得、刚果民主共和国、海地、利比里亚、尼泊尔、塞拉利昂、苏丹和津巴布韦的内战、大量的政府更迭、饥荒和流行疾病——这使得其中许多国家现在比20世纪60年代更加贫穷。

儿童的圣战?

1991年3月23日,一队武装人员在福戴·桑科(Foday Sankoh)的领导下,从利比里亚越过边境线进入塞拉利昂,并袭击了南部边陲小镇凯拉洪。桑科以前是塞拉利昂部队的一名下士,1971年他参加了反对西亚卡·史蒂文斯政府的政变,失败后被捕入狱。被释放后,他最终进入了利比亚,在那里他加入了利比亚独裁者卡扎菲上校为非洲革命而建立的训练营。在训练营里,他遇到了查尔斯·泰勒(Charles Taylor),泰勒一直计划推翻利比里亚政府。当泰勒在1989年圣诞节前夕带领他的人——主要是利比里亚人和布基纳法索人(布基纳法索的市民)——入侵塞拉利昂时,桑科也在其中。他们自称革命联合阵线(RUF),并宣称,他们的目标就是为了推翻塞拉利昂腐败、残暴的APC政府。

正如我们在前一章看到的,跟津巴布韦的穆加贝和ZANU-PF一样,西亚卡·史蒂文斯及其全国人民大会党(APC)接受并强化了塞拉利昂殖民统治的汲取性制度ZANU-PF。到1985年,当身患癌症的史蒂文斯让约瑟夫·莫莫(Joseph Momoh)接替他的时候,经济正在崩溃。史蒂文斯,毫无讽刺之意,经常引用格言"奶牛拴到哪儿吃到哪儿"。史蒂文斯之前是剥削,而莫莫现在则是大肆剥削。道路中断,学校解散。发射器被信息部长倒卖,国家广播电视台于1987年停播;1989年,向弗里敦以外发送无线电信号的无线信号塔倒塌,已无法向首都之外发送无线电信号。1995年发表在首都弗里敦的一份报纸上的一篇分析写得非常真实:

到莫莫统治结束的时候,他已经不再向公务员、教师甚至酋长们支付工资了。中央政府崩溃了,接着当然我们遭到了边境入侵,叛乱者和各种自动武器从利比里亚越过边境大批流入。NPRC和"叛乱者"及"士兵叛乱者"所有这一切形成了人们在无政府状态下所能预期到的混乱。他们都不是我们问题的根源，但他们都是症状。

莫莫统治下国家的崩溃，是史蒂文斯统治下极端汲取性制度所造成的恶性循环的又一个结果，这意味着没有什么能够阻止 RUF 于 1991 年越过边境线进入塞拉利昂。国家没有能力抵抗。史蒂文斯已经削弱了军队，因为他担心他们可能推翻他。那时，较少量的武装人员很容易就在全国大多数地区造成混乱。他们甚至有了一个称做"通往民主之路"的宣言，这个宣言的开头引用了黑人知识分子弗朗兹·法农（Frantz Fanon）的一段话："每一代人都必须走出相对的混沌不清，发现自己的使命，要么实现自己的使命，要么背叛自己的使命。""我们为什么而战？"部分开头写道：

> 我们继续战斗，因为我们厌倦了国家连年的独裁统治和军国主义造成的贫困、人性堕落这些重复不停的牺牲。但是，我们将不断克制自己，继续耐心等待和平的到来——那样我们都是胜利者。我们一定要和平，为获得和平，我们可以采取任何必要的手段，但是我们绝不能成为和平的牺牲品。我们知道我们的动机是合理的，在重建新塞拉利昂的斗争中，上帝/真主永远不会抛弃我们。

尽管桑科及其他 RUF 领导人可能开始于政治上的不满，但是人们在 APC 汲取性制度下遭受的苦难可能激发他们早日采取行动，情况很快就变了，很快就失去了控制。RUF 的"使命"使国家陷入困境，就像一个来自塞拉利昂南部的 Geoma 的十几岁小孩的证言所说的那样：

> 他们把我们中的一些人集中起来……他们挑选了我们的一些朋友，杀死了他们，他们中的两人的父亲是首领，他们家里有士兵靴和财产。他们被枪决了，除了被控告藏匿士兵外没有其他原因。首领作为政府的一部分也被杀了，他们选择了某人为新的首领。他们仍然说他们是来自 APC 解放我们的。后来，他们没再选择人杀死，只是直接向人们开火。

在入侵的第一年，RUF 可能有的任何情报来源都被彻底消灭了。桑科处决了那些批评独裁趋势不断上升的人。不久之后，几乎没有人自愿加入 RUF 了，他们转而强制征兵，特别是对儿童。实际上，所有各方都在这样做，包括军队。如果塞拉利昂内战是为了建立更好社会的一场圣战的话，那么它最后就成了孩童们的圣战。大屠杀和大规模的侵犯人权——包括大肆的强奸和割手、割耳，使得冲突不断升级。当 RUF 接管这些地区的时候，他们同样进行经济剥夺。这在钻石采矿区最为明显，在那里，他们强征人们进行钻石开采，这种情况在其他地方也很普遍。

不只 RUF 自己实行独裁、屠杀和组织强制劳动，政府也这样做。法律和制度的崩溃如此严重，以致难以分清谁是士兵、谁是叛乱者。军事纪律完全消失了。2001 年战争结束时，大概死了 8 万人，整个国家已经彻底垮掉了。道路、房屋和建筑完全被破坏了。现在，如果去塞拉利昂东部主要的钻石生产地科伊杜，你仍然可以看到那些成排的、满是弹孔的、被烧毁的房屋。

到 1991 年，塞拉利昂政府完全垮台了。回想一下夏艾姆国王是如何从班图开始的：他建立了巩固其权力的汲取性制度，并攫取其他社会成员生产的产品。但是，相对没有法律秩序、中央权威或产权的状况——这是凯塞河对岸乐乐社会的特征，有中央权威的汲取性制度要好得多。最近几十年，这种秩序和中央权威的缺乏就是非洲许多国家的命运，这一部分是因为政治集权过程在撒哈拉以南非洲许多地方由于历史原因被推后了，还因为汲取性制度的恶性循环逆转了已经存在的国家集权，造成了国家的失败。

塞拉利昂从 1991—2001 年血腥内战的 10 年是一个失败国家的典型案例。它在开始时仅是一个采用汲取性制度的国家，尽管采取了特别差、特别没有效率的形式。许多国家成为失败国家并非因为它们的地理或文化，而是因为汲取性制度的遗产，它将权力和财富集中到了控制国家的人手中，为动乱、冲突和内战开辟了道路。汲取性制度忽视在最基本公共服务部门的投资，直接促进了国家的逐渐失败，这正是在塞拉利昂所发生的。

征用人们财产，使人们致贫，阻碍经济发展的汲取性制度在非洲、亚洲和南美洲相当普遍。查尔斯·泰勒促进了塞拉利昂内战的开始，与此同时开启了利比里亚的残忍冲突，这也导致了利比里亚国家的失败。汲取性制度演变成内战和国家失败的模式在非洲其他地方也有发生,例如在安哥拉、象牙海岸、刚果民主共和国、莫桑比克、刚果共和国、索马里、苏丹和乌干达。攫取造成了冲突,这与近1000年以前玛雅城市国家的高度汲取性制度所造成的冲突并无二致。冲突预示着政府的失败。因此,现在国家失败的另一个原因就是政府失败。这反过来又是由数十年汲取性经济和政治制度引发的。

谁是政府?

津巴布韦、索马里和塞拉利昂的案例尽管在非洲的穷国很典型,甚至在亚洲的有些国家也很典型,但是很极端。拉丁美洲就肯定没有失败的政府?他们的总统就肯定不会厚颜无耻到中彩票?

在哥伦比亚,安第斯山脉绵延向北跟毗邻加勒比海的巨大滨海平原连为一体。哥伦比亚人称这个地区为"高山暖温带",即"热带地区",以区别于"高山寒带",即"寒带地区"。最近50年,哥伦比亚被大多数政治学家和政府看作民主国家。美国跟其谈成了潜在的自由贸易协定,十分高兴,对其进行各种援助,特别是军事援助。哥伦比亚的军事政府很短暂,1958年就结束了;后来选举一直有规则地举行,甚至直到1974年时保守党和自由党这两大传统政党轮流掌权、担任总统。国民阵线这个协定本身是哥伦比亚人民通过全民公投批准的,这看起来足够民主了。

然而,尽管哥伦比亚有长期的民主选举的历史,但是它没有包容性制度。相反,其历史劣迹斑斑,包括侵犯公民自由、法外处决、对抗百姓的暴力和内战。这不是我们预期的民主会产生的那类结果。哥伦比亚内战不同于塞拉利昂的内战,在塞拉利昂,政府和社会垮掉了,混乱占了主导。但是,这毕竟是一场内战,且造成了更多的人员伤亡。20世纪50年代的军事统治本身就是对在西班牙语中简单称为"暴力冲突"的内战的部分回应。从那时起便有大量的叛乱团体,主要是共产主义革命,席卷乡村,到处充满了绑架和谋杀。为了避免在哥伦比亚农村遭受这两种厄运,你将不得不为"免遭"——字面意思就是"疫苗"——付钱,这意味着你将不得不通过每月付钱给某些武装起来的恶棍团体来免受谋杀或绑架。

在哥伦比亚,不是所有的武装团体都是共产主义的。1981年,哥伦比亚主要共产主义游击队——哥伦比亚革命武装力量（FARC）的成员，绑架了一个普通农民 Jesus Castaño，他住在安蒂奥基亚省东北部热带地区一个名叫阿马尔菲的小镇上。FARC 要 7500 美元的赎金，那在哥伦比亚农村可是一大笔钱。Jesus Castaño 的家人将农田抵押出去，筹到了这笔钱，但是只找回了他们父亲的尸体，尸体被绑在一棵树上。Castaño 的三个儿子卡洛斯（Carlos）、菲德尔（Fidel）和文森特（Vicente）忍无可忍了。他们建立了一个准军事性质的团体 Los Tangueros，到处追捕 FARC 的成员，以报复他们的所作所为。其兄弟们善于组织，不久之后，他们的团体越来越大，并且开始发现跟其他由于类似原因发展起来的准军事组织有共同利益。许多地区的哥伦比亚人遭受着左翼游击队及其对立的右翼准军事团体的控制。土地所有者用准军事团体来保卫自己，对抗游击队，但是他们自己也卷入了毒品交易、敲诈勒索、绑架和对普通百姓的谋杀。

到 1997 年，这个准军事团体，在 Castaño 兄弟们的领导下，已经形成了一个称作"哥伦比亚联合自卫军（AUC）"的全国性准军事组织。AUC 扩展到了哥伦比亚的大部分地区，特别是科尔多瓦省、苏克雷省、马格达莱纳省和塞萨尔省的热带乡村。到 2001 年，AUC 可能已经有 3 万武装人员，并组成了不同的编队。在科尔多瓦省，准军事组织 Bloque Catatumbo 由萨尔瓦多·曼库索（Salvatore Mancuso）领导。随着 AUC 权力的持续增长，他做出了参与政治的战略性决策。这些准军事组织和政治人物相互讨好。AUC 的几个领导人跟一些重要的政治人物在科尔多瓦省的 Santa Fé de Ralito 城举行了一次会议，发布了一份协议，那是一份呼吁"重建国家"的联合文件。这份文件是由 AUC 的主要成员——如"Jorge 40"（Rodrigo Tovar Pupo 的诨名）、Adolfo Paz（Diego Fernando "Don Berna" Murillo 的假名）和 Diego Vecino（真名：Edwar Cobo Téllez）——与政治人物——包括全国参议员 William Montes 和 Miguel de la Espriella——联合签署的。这时，AUC 经营了哥伦比亚的大片土地，他们很容易决定谁会在 2002 年的众议院和参议院选举中当选。例如，在苏克雷省的圣奥诺弗雷市，选举是由准军事组织的领导人物 Cadena 安排的。一位目击者对所发生的事情做了如下描述：

Cadena 派出的卡车行驶在圣奥诺弗雷市的周边地区、市镇辖区和农村地区接送人。根据一些参加 2002 年选举的居民的要求，成百上千的农民被带到市镇辖区 Plan Parejo，以便能够辨认出他们在议会选举中不得不投票支持的候选人的面孔：Jairo Merlano 选参议员，Muriel Benito Rebollo 选众议员。

Cadena 把市议会成员的名单装入一个口袋，拿出了两个，然后说，如果 Muriel 没有当选，他就杀死这两个人和随机挑选出来的其他人。

威胁好像起作用了：每个候选人在整个苏克雷省都获得了 4 万张选票。毫不奇怪，圣奥诺弗雷市长签署了 Santa Fé de Ralito 联合协议。大约 1/3 的众议员和参议员把他们在 2002 年的当选归功于准军事组织的支持，地图 20 显示了哥伦比亚准军事组织控制的地区，表明他们所控制的地区是多么大。萨尔瓦多·曼库索本人在一次采访中是这么说的：

在拥有自卫军的地区，选出了 35% 的议员。在那些地区，我们收税，我们主持正义，我们拥有军队，可以对那些地区进行区域控制，所有想参政的人都必须跟我们在那里所拥有的政治代表谈判。

不难想象准军事组织的政治和社会对经济制度和公共政策的控制所产生的影响。AUC 的扩张并非和平的事情。这个团体不仅跟 FARC 作战，而且还杀害无辜的平民，使数十万普通百姓受到威胁而居无定所。根据挪威难民委员会的国内移居检测中心（IDMC）的报告，在 2010 年早期，大约 10% 的哥伦比亚人，即近 450 万人，在国内移居。正如曼库索提议的，议会接管了政府及其全部职能，不同的是，他们收的税仅是装进自己口袋的剥夺物。在准军事组织领导人 Martín Llanos（真名：Héctor Germán Buitrago）和哥伦比亚东部的卡萨纳雷省的陶拉梅纳、舒巴坦水、曼尼、维拉努埃瓦、蒙特雷和萨巴纳拉加市的市长们签署的一份特别协议中，列出了市长们必须根据"卡萨纳雷省准军事农民组织"的命令所遵守的以下规则：

9）把 50% 的市政预算交给卡萨纳雷省准军事农民组织管理。

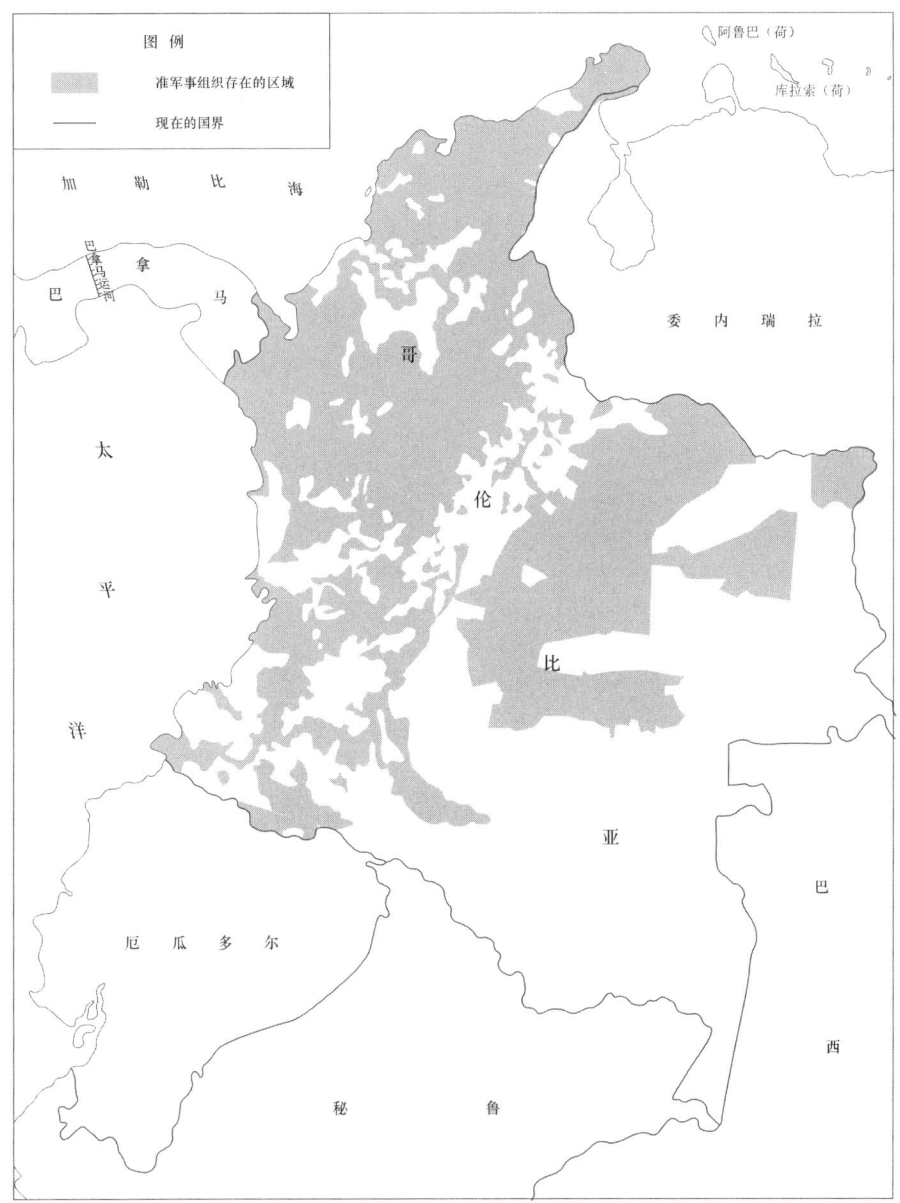

地图 20　哥伦比亚全国准军事组织分布情况，1997—2005

10）市政当局将每份契约的 10%（交给卡萨纳雷省准军事农民组织）。

11）必须资助卡萨纳雷省准军事农民组织召集的一切会议。

12）卡萨纳雷省准军事农民组织参与每项基础设施工程。

13）接纳卡萨纳雷省准军事农民组织形成的新政党。

14）实施他/她的治理计划。

卡萨纳雷省不是一个穷省。相反，它在哥伦比亚所有省份中是人均收入水平最高的，因为它有丰富的石油矿藏，就是这种资源吸引了准军事组织。事实上，准军事组织一旦获得权力，他们就会加紧对财产的系统剥夺。据说，曼库索本人已经积累了价值2500万美元的城市和乡村资产。准军事组织在哥伦比亚征用的土地估计高达整个农村土地的10%。

哥伦比亚不是即将崩溃的失败国家的案例。但它是对其所有领土没有充分集权和完全权威的国家。尽管这个国家能够给像波哥大和巴兰基亚这些大城市提供安全和公共服务，但是有大量的地区几乎得不到公共服务，也几乎没有法律和秩序。相反，其他一些团体或人员，比如曼库索，控制着政治和资源。在这个国家的有些地区，经济制度的功能发挥得相当好，拥有高水平的人力资本和企业家技能；在其他地区，制度是高度汲取性的，甚至无法提供最低限度的国家权威。

可能难以理解，这种状况怎么能够延续了数十年甚至数个世纪。但事实上，这种状况有自身的逻辑，是恶性循环的一种类型。暴力肆虐，再加上没有此类的集权国家制度，所以这一情况与管理社会的政治家建立了一种共生关系。这种共生关系的发展是因为国家的政治家们钻了外围地区法律缺失的空子，而准军事组织则根据国家政府的意志遗留下来。

这种模式在21世纪初尤其明显。2002年，阿尔瓦罗·乌韦（álvaro Uribe）赢得了总统选举。乌韦跟Castaño兄弟们有相同的境遇：他的父亲也是被FARC杀害的。乌韦否认以前的行政机构，尽力与FARC和平相处。2002年，他在有准军事组织地区获得的选票份额比没有这类组织地区的选票份额高3%。2006年，当他再次竞选时，他的选票份额在这些地区比原来高了11%。如果曼库索及其同伙可以给众议院和参议院投票，他们在总统选举中也会这样做，特别是对与他们的世界观高度一致、可能对他们宽宏大量的总统。正如萨尔瓦多·曼库索的副手和AUC Sinú和San Jorge集团的前领导人Jairo Angarita在2005年9月所宣称的，能为

"我们曾经有过的最好的总统的再次竞选"而工作他感到自豪。

当选之后，准军事组织的参议员和众议员就开始投票支持乌韦想要的一切，特别是改变宪法以便能够在2006年再次竞选，而这在他于2002年初次竞选的时候是不允许的。作为交换，总统乌韦发布了一项高度宽宏大量的法律，允许准军事组织解散。解散并不意味着准军事主义的结束，这只是其在哥伦比亚的大多数地区和哥伦比亚政府中制度化了，准军事组织已经接管了这些地区和政府，并被允许一直保持。

在哥伦比亚，经济和政治制度的许多方面随着时间的进展越来越包容了；但是，某些主要的汲取性因素还存在。法律缺失和不安全的产权是这个国家的许多地区特有的，这是国家政府在许多地区缺乏控制的结果，是哥伦比亚政府集权缺乏的特定形式。但是，这种状况并非不可避免的结果。它自身是反映恶性循环动态变化的结果：哥伦比亚的政治制度没有为政治人物在国家的大部分地区保障公共福利和法律秩序提供激励，也没有对他们施加足够的限制，以禁止他们跟准军事组织和恶棍流氓进行隐性的或显性的交易。

小牲口棚

阿根廷在2001年年末遭受了经济危机，三年中，收入持续下降，失业率一直上升，国家深陷巨额的国际债务。1989年后卡洛斯·梅内姆（Carlos Menem）政府为抑制高通货膨胀和稳定经济而采取的政策，造成了这种局面。在一段时间内，这些政策还是成功的。

1991年，梅内姆将阿根廷比索（the Argentine peso）与美元挂钩。根据法律，1比索等于1美元，汇率将不再变化。故事结束了，几乎非常完美。为了让人们相信政府真的愿意遵守这条法律，它说服人们开设美元银行账号。美元可以在首都布宜诺斯艾利斯的商店中使用，可以在全国的所有提款机上提取。这项政策可能的确有助于稳定经济，但是它有一个巨大的缺陷。它使得阿根廷的出口品非常昂贵，使得从外国的进口品很便宜。出口接近停止，而进口品大量涌入。支付如此大进口的唯一方式就是借钱。这是不可持续的。正当越来越多的人开始担心比索的可持续性时,他们把大部分财富换成美元存入银行。毕竟,如果政府不遵守那条法律让比索贬值的话,他们持有的美元账号还是安全的吧?他们担心比索是对的。但是,他们对美元太乐观了。

2001年12月1日,政府冻结了所有银行账号,最初是冻结了90天。每周只允许提取非常少量的现金。一开始,是250比索,还值250美元;后来是300比索。但是,这只允许从比索账户中提取。不允许任何人从美元账户中提钱,除非他同意将美元兑换成比索。没有人愿意这样做。阿根廷人给这种状况起了个绰号,叫做El Corralito,意为"小牲口棚":储户们都像奶牛一样被圈进一个小牲口棚中,无处可去。1月,最终实行了比索贬值,1比索不再兑换1美元了,很快就是4比索兑换1美元。这理应证实了那些认为应该存美元的人的想法。但是,事实不是这样,因为政府随后强制将所有美元账户换成比索账户,而且是按照原来1美元兑换1比索的汇率。一个原来存了1000美元的人立即就发现自己只有250美元。政府剥夺了人民储蓄的3/4。

对经济学家来讲,阿根廷是一个令人困惑的国家。为了阐明理解阿根廷是多么困难,诺贝尔经济学奖得主西蒙·库茨涅兹(Simon Kuznets)曾经做了一个非常著名的评论,他认为有四类国家:发达国家、发展中国家、日本和阿根廷。库茨涅兹之所以这样想,是因为在第一次世界大战时,阿根廷是世界上最富的国家之一。接着,相对于西欧和北美的其他富裕国家,它开始稳步下滑,到20世纪70年代、20世纪80年代,它开始了绝对下滑。表面上看,阿根廷的经济绩效令人不解,但是当通过包容性制度和汲取性制度的透镜来审视时,阿根廷下滑的原因就一目了然了。

确实,在1914年之前,阿根廷经历了大约50年的经济增长,但这是汲取性制度下增长的一个经典案例。那时,阿根廷由一个大量投资于农业出口经济的狭隘精英统治,通过出口牛肉、兽皮和谷物等经济迅速增长,当时正处于这些产品世界价格飞速上涨时期。跟所有这类汲取性制度下增长的经历一样,它没有卷入创造性毁灭,也没有创新,它不是可持续的。在第一次世界大战时,愈演愈烈的政治不稳定和武装叛乱促使阿根廷精英尽力扩展政治制度,但是这动员起一股力量,一股他们无法控制的力量,1930年发生了第一次军事政变。从那时到1983年,阿根廷一直在独裁和民主之间、在不同的汲取性制度之间反复摇摆。军事统治下，镇压肆虐，在 20 世纪 70 年代达到了顶峰，至少有 9000 人——也许要多得多——被非法处决，数十万人被囚禁、迫害。

在平民统治期间，也有选举——民主选举。但是，政治制度远不是包容性的。自从庇隆在 20 世纪 40 年代崛起以来，民主的阿根廷就一直在他创建的政党社会正义党——通常只称作庇隆主义党——的控制下。庇隆主义者赢得选举要归因于巨大的政治机器，其成功是通过购买选票、分配捐助、搞腐败——包括政府为换得政治支持而签订的合同和提供的工作——而实现的。在某种意义上，这是民主，但不是多元主义民主。权力高度集中于庇隆主义党，它要做什么几乎没有任何约束，至少在这个用军队保障其权力不被推翻的时期是如此。正如我们在前面看到的，如果最高法院挑战政策的话，最高法院的境遇可能会糟糕得多。

20 世纪 40 年代，庇隆培育了劳工运动作为政治基础。当它由于 20 世纪 70 年代和 20 世纪 80 年代的军事镇压而被削弱的时候，其政党继而转向从其他人那里购买选票。经济政策和制度设计出来是为了给其支持者分发收入，而不是为了创造公平竞争的环境。当总统梅内姆在 20 世纪 90 年代面临着阻止其再次竞选的条件限制时，他只是修改了宪法，消除了条件限制。正如 El Corralito 所表明的，即使阿根廷有选举，有大众选举出来的政府，政府也完全有能力践踏产权、剥夺民众，而不会受到任何惩罚。对阿根廷总统和政治精英们几乎没有约束，当然也没有多元主义。

库茨涅兹和访问过布宜诺斯艾利斯的其他许多人感到困扰的是，阿根廷的城市完全不同于利马、危地马拉的城市，甚至墨西哥的城市。你看不到土生土长的当地人，也看不到以前奴隶们的后裔。你最可能看到的是鼎盛时期——即汲取性制度下迅速增长的年代——建立起来的辉煌建筑。但是，在布宜诺斯艾利斯，你看到的只是阿根廷的一部分。例如，梅内姆并非出生在布宜诺斯艾利斯。他出生在拉里奥哈省的阿尼利亚科镇，这是一个在布宜诺斯艾利斯东北部很远的山区。他在拉里奥哈省当了三个任期的省长。在美洲被西班牙征服的时代，阿根廷是印加帝国的边陲地区，有着非常密集的当地人口。西班牙人在这里创造了赐封，一种高度汲取性制度为北方波多西的采矿主们培育出了迅速成长的食物和杂交的骡子。事实上，与其说拉里奥哈省像布宜诺斯艾利斯，不如说它更像秘鲁和玻利维亚的波多西地区。在19世纪，拉里奥哈省出了著名的军阀法昆多·基罗加，他无法无天地统治着这个地区，并将军队开到了布宜诺斯艾利斯。关于阿根廷政治制度发展的故事是诸如拉里奥哈省这些内陆省份如何与布宜诺斯艾利斯达成协定的故事。这些协定就是休战：拉里奥哈省的军阀们同意独自离开布宜诺斯艾利斯以便它能够赚钱。作为回报，布宜诺斯艾利斯的精英们放弃改革"内陆"的制度。因此，阿根廷最初好像是不同于秘鲁或玻利维亚的一个世界，但是你一旦离开布宜诺斯艾利斯优美的林荫道，它就并非如此不同了。内陆地区的偏好和制度深嵌在阿根廷的制度中，就是阿根廷经历了跟其他拉美国家的汲取性制度完全相同路径的根源。

选举既没有带来包容性政治制度，也没有带来包容性经济制度，这是拉美国家的典型特征。在哥伦比亚，准军事组织绑架了1/3的国民选举。在现在的委内瑞拉，跟阿根廷一样，民主选举的乌戈·查韦斯政府袭击其反对者，从公共部门工作中开除他们，关闭他不喜欢其社论的报社，并剥夺财产。无论在哪些方面，查韦斯都比18世纪20年代英国的罗伯特·沃波尔爵士（Sir Robert Walpole）更有权力、更不羁。那时，沃波尔无法在《布莱克法案》下宣判约翰·亨特里奇（John Huntridge）。如果在现在的委内瑞拉或阿根廷，亨特里奇就没有那么幸运了。

阿根廷出现的民主在原则上直接与精英统治相抵触，在语言上、行动上，它都尽力从至少一部分精英那里再分配出一些权利和机会，在两方面意义上加固了汲取性制度的根基。首先，持续了数个世纪的汲取性制度下的不平等，使选民在新出现的民主中投票支持持极端政策的政治家。阿根廷人天真地认为胡安·庇隆或者更近的像梅内姆或基什内尔夫妇这样的庇隆主义政治家是无私的，是为他们寻找利益的，委内瑞拉人也把查韦斯看作他们的救世主。相反，许多阿根廷人或委内瑞拉人认识到，所有其他政治家和政党长期以来都没能给他们发言权，没能给他们提供像道路和教育这些最基本的公共服务，也没能保护他们免受当地精英阶层的剥夺。尽管查韦斯采取的政策导致了腐败和浪费，现在还是有非常多的委内瑞拉人支持这些政策，这跟许多阿根廷人在20世纪40年代和20世纪70年代支持庇隆的政策一样。其次，对于庇隆和查韦斯这样的人，基本的汲取性制度，而非做出社会所需抉择的有效政党制度，使得政治变得十分有吸引力。庇隆、查韦斯和拉丁美洲的其他许多强势人物只是寡头铁律的另一个方面,正像这个名称所表明的,这个铁律的根源在于精英控制的基本制度。

棉花国王

棉花大约占乌兹别克斯坦出口的45%,自苏联于1991年解体该国家独立以来,棉花就成为其最重要的作物。在苏联时期,乌兹别克斯坦所有的农田都在2048个国有农场的控制下。这些农场都解散了,土地在1991年后分散了。但是,这不意味着农民可以独自行事。棉花对乌兹别克斯坦的首任——到目前为止也是唯一一任——总统伊斯兰·卡里莫夫(Ismail Karimov)来说,太有价值了。所以,国家制定了规定农民种植品种和种植数量的制度。棉花是非常有价值的出口品,支付给农民的只是世界市场价格的一小部分,政府拿走其他部分。没有人愿意按照支付的价格种棉花,因此政府强制他们种植,每个农民现在必须拿出35%的土地种棉花。这引起了许多问题,如难以机械化就是一个问题。在独立时,大约40%的收成是联合收割机完成的。毫不奇怪,1991年后,鉴于总统卡里莫夫政权没有给农民创造激励,他们不愿意购买这些机器或不愿意维护这些机器了。意识到这个问题后,卡里莫夫提出了一个解决办法,实际上是比联合收割机更廉价的一种选择:学校的儿童采摘。

棉花在9月初期开始成熟、准备采摘,这时孩子们开学了。卡里莫夫给地方官员发布命令,给学校分派棉花采摘任务。9月初,270万名(2006年的数据)孩子全部离开学校。老师不再是教师了,成了劳工招募者。一位拥有两个孩子的母亲Gulnaz讲述了发生的事情:

> 大约在9月初,新学年开始,学校就会暂停课程,孩子们不去上课而是被派去采摘棉花。没有人去征求学生家长的同意。他们没有周末假期(在收获季节)。如果有孩子以任何理由请假回家,其老师或班级管理者就会来指责父母。他们给每个孩子指定计划,根据孩子的年龄,每天采摘20千克到60千克。如果有孩子完不成计划,第二天早晨就会在全班面前受到斥责。

棉花采摘持续 2 个月。如果幸运的话，有些农村孩子会被分到离自家近的地方，他们可以走着或坐公共汽车去工作。离家远的或城市地区的孩子就不得不跟机器设备和牲畜睡在库棚中。库棚中没有卫生间，也没有厨房，孩子们只能自己带午饭。

总统卡里莫夫领导的政治精英们是所有这些强制劳动的主要受益者，而卡里莫夫则成了名副其实的乌兹别克棉花国王。据说，学生们会得到劳动报酬，但仅仅是据说而已。2006 年，当世界棉花价格为每千克 1.4 美元的时候，孩子们每天采摘 20 千克到 60 千克棉花得到的报酬为 0.03 美元。现在大约 75% 的棉花是孩子们采摘的。春天，学校关闭，孩子们要进行义务锄地、薅草和移苗。

怎么会这样呢？乌兹别克斯坦与其他苏联社会主义共和国一样，在苏联解体后理应获得独立，发展市场经济和民主制度。然而，就像在很多其他苏维埃共和国一样，这却没有发生。总统卡里莫夫是在原苏联的共产党里开始其政治事业的，他在 1989 年柏林墙被推倒的那个时候升到了乌兹别克斯坦第一书记的职位，尽力把自己打造成一个民族主义者。在安全部队的关键支持下，1991 年 12 月，他赢得了乌兹别克斯坦的首届总统选举。掌权之后，他镇压了独立的政治异己力量。反对者现在有的被关进监狱了，有的被放逐了。乌兹别克斯坦没有自由媒体，也不允许存在非政府组织。加紧镇压的最高点发生在 2005 年，当时大约 750 名——也许更多——游行示威者在安地占被警察和军队杀害。

掌控安全部队和对媒体的全面控制，卡里莫夫首先通过全民投票，将总统任期延长了 5 年，2000 年以 91.2% 的选票再次赢得了选举的胜利，开始了新的 7 年任期。他唯一的反对者宣称，自己投票支持卡里莫夫！在 2007 年那场普遍认为存在欺诈行为的再次选举中，他赢得了 88% 的选票。乌兹别克斯坦的选举类似于斯大林在苏联全盛时期通常举办的那些选举。《纽约时报》记者哈罗德丹尼用共产党报纸普拉达的一个翻译，报道了 1937 年的一次有名的选举，旨在传达苏维埃选举的紧张与兴奋。

在卡里莫夫的统治下，乌兹别克斯坦成为一个具有高度汲取性的政治制度和经济制度的国家。它很穷，大约 1/3 的人口生活在贫困中，人均年收入大约为 1000 美元。并不是所有的发展指标都不好，根据世界银行的数据，入学率为

100%……那么,可能要将棉花采摘季节除外。识字率也非常高,尽管除了控制所有的媒体之外,这个国家还查禁图书、控制互联网。尽管大多数人在每天采摘棉花时只得到非常少的报酬,但是卡里莫夫家族以及1989年后将自己重塑为乌兹别克斯坦新的经济和政治精英的前执政党干部已经富裕得令人难以置信。

家族经济利益是由卡里莫夫的女儿古尔娜拉(Gulnora)管理,她有望接替她父亲担任总统。在一个如此不透明、如此秘密的国家,没有人确切地知道卡里莫夫家族控制着多少财产或者每年赚取多少财产,但是美国公司因特斯潘(Interspan)的经历表明了在过去20年中乌兹别克经济发生了什么。棉花不是独一无二的农作物;这个国家的许多地区很适合种植茶叶,因特斯潘公司决定投资。到2005年,它已经占领了30%的当地市场,但接下来,它陷入了麻烦。古尔娜拉觉得茶叶生产业在经济上很有前途。不久,因特斯潘的地方代表开始遭到逮捕、拷打、处死。它经营不下去了,2006年8月,该公司退出了。其资产被卡里莫夫家族迅速扩张的茶叶利益集团接收了,从几年前2%的市场份额迅速增长到67%的市场份额。

乌兹别克斯坦在很多方面看上去都像一个过去的遗迹,一个被遗忘的年代。它是一个单一家族及其周围的亲信专制统治的渐渐衰弱的国家,其经济建立在强制劳动上——事实上,是对孩童的强制劳动。它是汲取性制度下失败社会的当代样板,不幸的是,它具有从亚美尼亚和阿塞拜疆到吉尔吉斯斯坦、塔吉克斯坦、土库曼斯坦等其他苏联社会主义共和国的共性。这提醒我们,即使在21世纪,汲取性经济和政治制度仍然可以采取厚颜无耻、残酷攫取的形式。

把公平竞争的环境搁置一边

20世纪90年代是埃及改革时期。自从1954年发生废黜君主的军事政变以来,埃及一直是作为一个准社会主义社会在运行,政府在经济上发挥着中心作用,经济的许多领域被国有企业控制着。在过去的几年中,社会主义的论调减少了,市场开放了,私有部门发展了。然而,包容性市场却不存在,政府控制着市场,与国家民主党——由总统安瓦尔·萨达特(Anwar Sadat)于1978年创建的政党——联合的少量商人控制着市场。在胡斯尼·穆巴拉克(Hosni Mubarak)政府下,商人们进一步卷入政党，政党也越来越多地卷入商业活动。穆巴拉克在安瓦尔·萨达特被刺杀后于 1981 年成为总统，跟国家民主党一起统治埃及，直到 2011 年 2 月在群众抗议和武装力量强制之下交出政权，正如我们在序言中讨论的那样。

大商人都被任命担任与他们经济利益密切相关的主要政府职位。拉希德·穆罕默德·拉希德（Rasheed Mohamed Rasheed）是联合利华 AMET（非洲、中东和土耳其）的前总裁，成为外贸与工业部长；穆罕默德·Z. W. 加兰那（Mohamed Zoheir Wahid Garana）是埃及最大公司之一加兰那旅行公司的所有者和总经理，担任旅游部长；阿巴扎（Amin Ahmed Mohamed Osman Abaza）是埃及最大的棉花出口公司尼罗河棉花贸易公司的创建者，任农业部长。

在经济的许多领域，商人们说服政府通过国家调节限制准入，这些领域包括媒体、钢铁、汽车、酒水饮料和水泥。每个领域都有很高的准入壁垒，以保护有政治关系的商人和企业。与政府关系密切的大商人，比如艾哈默德·埃兹（Ahmed Ezz，钢铁业）、萨维里斯家族（the Sawiris family，多媒体、饮料和电信）、穆罕默德·纳赛尔（Mohamed Nosseir，饮料和电信）不仅得到政府的保护，还可以得到政府的合同以及无需担保抵押的巨额银行贷款。艾哈默德·埃兹（Ahmed Ezz）既是埃及最大的钢铁公司埃兹钢铁——该公司生产埃及 70% 的钢铁——的董事长，又是 NDP 的高级成员，还是人民大会预算与计划委员会的主席，是总统穆巴拉克的儿子贾迈勒·穆巴拉克（Gamal Mubarak）的密友。

20 世纪 90 年代，由国际金融机构和经济学家们发动的经济改革目标是为了放开市场，降低政府在经济中的作用。各个国家的这种改革的一个关键支柱是国有资产的私有化。墨西哥私有化，不是提高竞争，而只是将国有垄断变成了私有垄断，在这个过程中，使像卡洛斯·斯利姆这样具有政治关系的商人致富了。完全相同的事情也发生在埃及。在政府部门有关系的商人能够大大地影响埃及私有化计划的实施，以致私有化计划有利于富裕的商业精英——他们在当地被称呼为"巨头"。在私有化开始的时候，经济被 32 个这样的巨头控制着。

其中一个是艾哈默德·扎伊特（Ahmed Zayat），卢克索集团（the Luxor Group）的掌门人。1996 年，政府决定将埃及啤酒的垄断制造商艾尔·阿拉姆饮料公司（ABC）私有化。一个投标者来自房地产开发商法里德·萨德（Farid Saad）

领导的埃及金融公司和1995年在埃及成立的第一家风险资本公司结成的联盟。该联盟包括前旅游部长弗艾德·苏坦（Fouad Sultan）、穆罕默德·纳赛尔和另一个精英商人穆罕默德·拉加布（Mohamed Ragab）。该集团有关系，但是关系不够好，4亿埃及镑的投标被认为太低了。扎伊特有很好的关系，他没有钱购买ABC，但是他制订了一个卡洛斯·斯利姆般天才的计划。ABC的股票首次在伦敦证券交易所上市，卢克索集团以每股68.5埃及镑的价格获得了74.9%的股票。3个月后，股票拆股被一分为二，卢克索集团以每股52.5镑的价格将股票全部卖掉了，净获36%的利润，这样扎伊特就能够为下个月购买ABC筹集到2.31亿镑的资金了。与此同时，ABC获得了大约4130万埃及镑的年利润，有9300万埃及镑的现金储备。这确实是个大便宜。1999年，新私有化的ABC通过购买私有化的国家酒水垄断企业Gianaclis，将垄断从啤酒业扩展到酒水业。Gianaclis是利润非常丰厚的公司，依靠对进口酒水征收的3000%的关税而受益良多，它出售酒水可以获得70%的利润。2002年，扎伊特以130亿埃及镑将ABC卖给了荷兰的海尼根，垄断权换手了。5年间，他就获得了563%的利润。

穆罕默德·纳赛尔并不总是失败方。1993年，他购买了私有化的艾尔·纳斯尔瓶装公司，该公司拥有可口可乐在埃及进行瓶装的垄断权。当时的国有企业部部长阿提夫·奥贝德（Atef Ebeid）让他在这家公司的购买上，几乎没有竞争对手。纳赛尔两年后以超过购买价格3倍的价格出售了这家公司。另一个例子是20世纪90年代后期在国有电影产业中引入私有部门的行动。政治关系再次表明，只有两个家族允许投标并开办电影业——其中一个就是萨维里斯家族。

今天的埃及是一个穷国——虽然不像撒哈拉以南非洲的那些国家一样穷，但是其仍然有大约40%的人口很穷，每天靠不到2美元生活。具有讽刺意味的是，正如我们在前面看到的，在19世纪，埃及是在穆罕默德·阿里（Muhammad Ali）领导下进行制度变革和经济现代化最初取得成功的地方，在埃及真正成为英帝国的附属国之前，阿里开创了汲取性经济增长的时期。从英国殖民时期开始，一系列的汲取性制度出现了，在1954年后被军人政府延续下来。确实有一些经济增长和教育投资，但是大多数人口几乎没有经济机会，而新的精英阶层可以从他们与政府的关系中得到好处。

这些汲取性经济制度也得到了汲取性政治制度的支持。总统穆巴拉克计划开始一个政治王朝，推荐其儿子贾迈勒接替他。他的计划在 2011 年年初被汲取性制度的崩溃彻底打断了，当时发生了大规模的动荡和游行示威，即所谓的"阿拉伯之春"。在纳赛尔（Nasser）担任总统期间，经济制度有一些包容的方面，国家确实开放了教育体系，并且提供了以前法鲁克国王（King Farouk）没有提供的机会。但是，这只是一个例子而已，汲取性政治制度与经济制度的某些包容方面不稳定地联合在一起。

随穆巴拉克统治而来的不可避免的结果就是经济制度越来越具有汲取性，这反映了政治权力在社会的分配。在某种意义上，阿拉伯之春就是对此做出的反应，就像埃及和突尼斯。当突尼斯总统本·阿里（Ben Ali）及其家族从经济中获得的利益越来越多时，突尼斯在汲取性政治制度下 30 年的增长开始逆转了。

国家为什么会失败？

国家在经济上的失败是因为汲取性制度。这些制度使穷国一直贫穷，阻止它们走上经济增长的道路，如非洲的津巴布韦和塞拉利昂、南美的哥伦比亚和阿根廷、亚洲的朝鲜和乌兹别克斯坦、中东的埃及。这些国家存在显著的差异。有些是热带国家，有些是温带国家。有些是英国的殖民地，其他一些是日本、西班牙和俄国的殖民地。它们具有完全不同的历史、语言和文化。它们共有的就是汲取性制度。在所有案例中，这些制度的基础是设计经济制度的精英阶层，他们为了使自己致富并保持权力长久不变，不惜牺牲社会大多数人的利益。这些国家不同的历史和社会结构造成了精英的性质和汲取性制度在细节上存在差异。但是，这些汲取性制度保持不变的原因通常与恶性循环有关，从使人民致贫的意义上说，这些制度的影响是相同的——尽管它们的强度不同。

比如，在津巴布韦，精英包括罗伯特·穆加贝和 ZANU-PF 的核心成员，他们都是 20 世纪 70 年代反殖民斗争的先锋。在朝鲜，他们都是金正日和执政党周围的人。在乌兹别克斯坦，精英是总统伊斯兰·卡里莫夫家族和重塑的苏联时代的亲信。这些集团明显不同，这些差异，连同他们治理的完全不同的政体和经济，意味着汲取性制度采取的特定形式不同。例如，朝鲜就采取了一党制政权。尽管穆加贝在 20 世纪 80 年代请求朝鲜军队进入津巴布韦屠杀其在马塔贝莱兰的反对者，但是朝鲜这种汲取性政治制度模式在津巴布韦是不适用的。相反，由于穆加贝是在反殖民斗争中掌权的，他不得不用选举掩盖其统治，尽管他曾经确实想策划宪法许可的一党制政府。

相反，哥伦比亚有长期的选举史。在历史上，选举是作为从西班牙独立时期在自由党和保守党分享权力的一种方法出现的。不仅精英阶层的性质不同，而且他们的数量不同。在乌兹别克斯坦，卡里莫夫能够操纵苏维埃政府的残余力量，这给了他镇压和屠杀异己精英的充分理由。在哥伦比亚，中央政府在国内许多地区缺乏权威，这自然就造成了精英们的分帮结派——事实上，分裂得如此厉害，他们有时候会相互谋杀。然而，尽管存在这些不同形式的精英和政治制度，但是这些制度通常会稳固和再造那些创造此种制度的精英的权力。但是，有时候他们引起的内讧会造成国家的崩溃，就像塞拉利昂。

不同的历史和结构意味着精英们的身份和汲取性政治制度的细节不同，同样，精英们建立起来的汲取性经济制度的细节也不同。在朝鲜，攫取的工具是：私有产权的废除、国有企业和工业。

在埃及，在纳赛尔上校 1952 年后创建的公开社会主义军事政权下，情况完全相同。纳赛尔在冷战中与苏联站在一边，剥夺外国投资，比如英国所有的苏伊士运河，在大多数经济领域引入公有制。然而，埃及 20 世纪 50 年代、20 世纪 60 年代的情况跟朝鲜 20 世纪 40 年代的情况完全不同。对于朝鲜来说，创造更加彻底的共产主义经济更加容易，因为它们能够剥夺之前日本的资产。

相反，埃及革命更多的是一群军官发动的政变。埃及在冷战中改变立场、转向支持西方时，埃及军队从中央命令转向裙带资本主义作为攫取的方法，相对容易也更加有利。尽管如此，埃及很有限的汲取性质使得埃及比朝鲜拥有更好的经济绩效。一方面，埃及制度没有朝鲜执政党那样的严密控制，它用和朝鲜不同的方式安抚人民。另一方面，甚至裙带资本主义还为投资创造了一些激励，至少给支持这种制度的那些精英创造了激励，而在朝鲜则完全不存在。

尽管这些细节都很重要、很有趣，但是更重要的教训是，在一幅显示所有这些案例的巨幅图片中，汲取性政治制度已经创造了汲取性经济制度，把财富和权力转移给了精英。

在这些不同的国家，攫取的程度明显不同，这对繁荣具有重要的影响。例如，在阿根廷，宪法和民主选举对推进多元主义起不到很好的作用，但是它们比在哥伦比亚能发挥更好的作用。至少，阿根廷政府能够声称本国存在暴力垄断。与津巴布韦和塞拉利昂相比，这两个国家的政治制度能够更好地限制精英，结果，津巴布韦和塞拉利昂就比阿根廷和哥伦比亚穷得多。

恶性循环还意味着，尽管汲取性制度导致了国家的崩溃，像塞拉利昂和津巴布韦一样，但是这并无法结束这些制度的统治。我们已经看到，尽管内战和革命可能发生在关键时刻，但未必会导致制度变革。塞拉利昂自2002年内战结束以来的事件生动地表明了这种可能性。

2007年，在一次民主选举中，西亚卡·史蒂文斯的原党派APC重新掌权。尽管赢得总统选举的欧内斯特·巴伊·科罗马（Ernest Bai Koroma）跟APC原政府没有关系，但是其内阁中却有很多人与APC原政府有牵连。史蒂文斯的两个儿子博凯里（Bockarie）和贞戈（Jengo）甚至还做了驻美大使和驻德大使。在一定意义上，这是我们在哥伦比亚看到的更不稳定的版本。在那里，因其符合部分政治精英的利益而受到许可，许多地区缺乏政府权威的现象延续了很多年，但是中央政府的制度也很强大，足以阻止这种无秩序变成完全的混乱。在塞拉利昂，部分是由于经济制度更强的汲取性，部分是由于这个国家高度汲取性政治制度的历史，社会不仅在经济上遭其影响，而且踌躇于完全无序和某种秩序之间。然而，长期的影响是相同的：政府仍然缺位，制度仍然是汲取性的。

在所有这些案例中，从至少19世纪以来，就一直存在长期的汲取性制度。每个国家都陷入了恶性循环。哥伦比亚和阿根廷是源于西班牙的殖民统治制度。津巴布韦和塞拉利昂是源于英国在19世纪后期建立起来的殖民制度。在塞拉利昂，没有白人移民，这些制度广泛地建立在政治权力的前殖民攫取结构的基础上，并得到了加强。这些结构本身是长期恶性循环的结果，其特征是缺乏政治集权和奴隶贸易的灾难性影响。在津巴布韦，也构建出了汲取性制度的更多新形式，因为英国南非公司造成了二元经济。乌兹别克斯坦能够延续苏联的汲取性制度，并且跟埃及一样把他们改造成裙带资本主义。苏联的汲取性制度本身在许多方面是沙皇汲取性制度的延续，又是寡头铁律预示的一种形式。在过去的 250 年间，这些不同形式的恶性循环在世界不同地区产生影响的同时，世界不平等出现了，延续下来了。

现在国家经济和政治失败的解决方案是把他们的汲取性制度转变成包容性制度。恶性循环意味着这并不容易，但不是不可能的，寡头铁律并不是不可避免的。在制度中先前存在的包容性因素，或者对抗现存制度的广泛联盟的存在，或者仅仅是历史的偶然性质，就能够打破恶性循环，就像塞拉利昂的内战一样。1688 年的光荣革命也是争夺权力的斗争，但是，它是跟塞拉利昂内战性质完全不同的斗争。令人信服的是，在光荣革命中觉醒的为废黜詹姆士二世进行斗争的某些议会成员认为他们自己是新专制者的角色，就像奥利佛·克伦威尔（Oliver Cromwell）在英国内战后那样。但是，议会已经很有权力而且是由包含不同经济利益和不同观点的广泛联盟组成的，这使寡头铁律在 1688 年不太可能适用。由于运气在议会一边而不是詹姆士二世一边，这一事实得到了加强。在下一章中，我们将看到其他一些国家的案例，这些国家在经历了长期的汲取性制度后，已设法打破旧模式，并将其制度向更好的方向发展。

第14章
打破僵局

三名非洲首领

1895年9月6日,远洋定期客轮坦特伦古堡号(*Tantallon Castle*)在英国南部海岸普利茅斯(Plymouth)靠岸,三名非洲首领——恩瓦托的卡马(Khama of the Ngwato)、恩瓦凯策的巴瑟恩(Bathoen of the Ngwaketse)和昆纳的塞贝尔(Sebele of the Kwena)——登岸后,搭乘8:10的特快列车去伦敦的帕丁顿车站。这三位首领来英国肩负着重要使命:要从塞西尔·罗德斯(Cecil Rhodes)手里拯救他们以及其他的五个茨瓦纳(Tswana)部族。恩瓦托(Ngwato)、恩瓦凯策(Ngwaketse)和昆纳(Kwena)是八个茨瓦纳部族中的三个,这八个茨瓦纳部族包括那时著名的贝专纳(Bechuanaland),它在1966年独立后成为博茨瓦纳(Botswana)。

这些部族在19世纪的大部分时间里一直跟欧洲有贸易往来。19世纪40年代,著名的苏格兰传教士大卫·李文斯顿(David Livingstone)在贝专纳广泛游历,并使昆纳的席凯勒(Sechele)王皈依了基督教。《圣经》翻译成的第一种非洲语言就是塞茨瓦纳语,即茨瓦纳语言。1885年,英国宣布贝专纳为保护国。茨瓦纳人对这个协定很满意,因为他们认为这将保护他们免受欧洲的进一步入侵,特别是来自布尔人的入侵。茨瓦纳人跟布尔人自1835年大移民以来一直冲突不断,当时数以千计的布尔人为了逃避英国的殖民统治,移居到了内地。另一方面,英国想控制这个地区以阻止波尔人的进一步扩张和德国人的可能扩张,与今天纳米比亚对应的西南非洲地区，已在这种扩张下成为德国的附属国。英国认为全面殖民化是不值得的。高级专员雷（Rey）在1885年非常清楚地概述了英国的态度："我们对摩罗普（即贝专纳保护国）以北的国家没有兴趣，除了作为通往内陆的道路；因此目前我们的任务就是，阻止保护国的那部分地区被掠夺者或外国势力占领，尽可能少依照行政管理或殖民的方式做事。"

但是，当塞西尔·罗德斯的英国南非公司开始从南非向北扩张的时候，茨瓦纳的情况在1889年发生了变化：他征用了大片的土地，最终形成了北罗德西亚和南罗德西亚，即现在的赞比亚和津巴布韦。到1895年，即三位首领造访伦敦的那一年，罗德斯觊觎罗德西亚西南的疆土，即贝专纳。首领们知道，如果他们陷入罗德斯的控制，那片疆土就只剩下灾难和剥削了。尽管他们以武力是不可能打败罗德斯的，但他们仍然决定以他们所擅长的方式与之对抗。他们决定两害相权取其轻：宁可接受英国更大的控制也不接受罗德斯的并吞。在伦敦传教士团体的帮助下，他们来到伦敦，试图说服维多利亚女王（Queen Victoria）和当时的殖民大臣约瑟夫·张伯伦（Joseph Chamberlain）对贝专纳进行更大的控制，并保护它免遭罗德斯并吞。

1895年9月11日，他们与张伯伦进行了首次会晤。首先发言的是塞贝尔，接着是巴瑟恩，最后卡马·张伯伦宣布，英国政府会考虑施加控制以保护那些部族免受罗德斯并吞。与此同时，首领们立即开始了全国性的演讲巡游，以鼓动公众支持他们的请求。他们造访并进行演讲的地方有：靠近伦敦的温莎（Windsor）和雷丁（Reading）；南部海岸南安普顿（Southampton）、莱斯特（Leicester）和伯明翰；以及张伯伦的政治支持基地内陆地区。他们向北到达了工业城市约克郡、设菲尔德、利兹、哈利法克斯（Halifax）和布拉德福德（Bradford）；他们还向西去了布里斯托尔（Bristol），然后又去了曼彻斯特和利物浦。

与此同时，塞西尔·罗德斯回到南非，正在为灾难性的"詹姆森突袭"（the disastrous Jameson Raid）做准备，这是一次对德兰士瓦的布尔共和国（Boer Republic of the Transvaal）的武装袭击，尽管这遭到了张伯伦的强烈反对。这些事件很可能使张伯伦比之前更加同情三位首领的境遇了。11月6日，他们又一次在伦敦与张伯伦会面。三位首领通过翻译进行了会谈。

张伯伦：我将会谈到首领们的土地、铁路以及在首领们的领土上将会遵守的法律……现在，我们来看一下地图……我们将征用我们计划修建铁路的土地，其他的不再征用。

卡马：我要说，如果张伯伦先生自己征用土地，我都会同意。

张伯伦：告诉他，我要在我派出的人的监视下建造铁路，我只征用我需要的土地，并根据我征用土地的价值给予补偿。

卡马：我想知道铁路是什么走向（即途经哪里）。

张伯伦：它将穿过整个领土，将会被篱笆包围，除此之外不再征收其他土地。

卡马：我相信你会像我一样尽心尽力地做这件事情，并且会在这件事上一视同仁。

张伯伦：我会保护你们的利益。

第二天，爱德华·费尔菲尔德（Edward Fairfield）在殖民办公室对张伯伦的观点进行了更详细的解释：

三位首领卡马、塞贝尔、巴瑟恩都将在他们自己居住的地方有一个国家，就像现在一样，一直处于女王的保护之下。女王将指派一名官员与他们同住。首领们将能保持现状，继续统治自己的人民。

罗德斯对三位非洲首领的策略性制胜行动的反应可想而知。他给他的一位雇员发电报说："我绝不会答应被三位伪善的原住民打败。"

事实上，首领们手中还握有一种法宝，可以保护他们免受罗德斯并吞，并且避免随后受英国的间接统治。到 19 世纪，茨瓦纳各部族已建立核心政治制度。按照撒哈拉以南非洲的标准，这些包括程度不同寻常的政治集权以及甚至可被看作多元主义初期原始形式的集体决策过程。正如《大宪章》（*Magna Carta*）允许男爵参与政治决策过程，并对英国君主的活动施加的某些限制一样，茨瓦纳的政治制度，特别是哥特拉（kgotla），也鼓励政治参与和约束首领行为。南非人类学家伊萨卡·夏佩拉（Isaac Schapera）对哥特拉的运作模式进行了如下描述：

> 最终，在首领的哥特拉（集会地），所有部族政策事务都要摆到成年男子的全体大会上。这种会议召开得非常频繁……所讨论的主题……是部族争端、首领跟亲属的争吵、新税的征收、新公共工程的承包以及首领新法令的颁布……部族大会并非不知道可以驳回首领的希望。既然任何人都可以畅所欲言，这些会议能够使他明确人们的普遍感受，并为后者提供发牢骚的机会。如果情况需要，首领及其谏言者就会严肃对待这项任务，因为人们几乎不害怕公开且坦率地发言。

除了哥特拉，茨瓦纳的首领并非遵循严格的世袭制，而是可以接纳具有卓越天资和超凡能力的人才。人类学家约翰·库玛罗夫（John Comaroff）详细研究了茨瓦纳另一个部族——罗龙——的政治史。他表明，尽管从表面上看茨瓦纳有明确的规则规定首领是如何世袭的，但事实上这些规则被诠释为：废除差的统治者并允许有才能的候选人成为首领。他表明，赢得首领选举是一种成就，但是接着又能理性地看待这件事，使成功的竞争者看上去像合法的继承人。茨瓦纳用一则谚语解释了这个思想，带有一点立宪君主的意味，即"国王是人们恩准的国王"（kgosi ke kgosi ka morafe）。

茨瓦纳的首领们在伦敦之行后，继续努力保持对英国的独立并实行当地的制度。他们容许在贝专纳修建铁路，但是限制英国对经济和政治生活其他方面的干预。他们不反对修建铁路，并不是出于与奥匈帝国和俄国君主们阻碍修建铁路的同样的原因。他们只是意识到，跟英国的其他政策一样，只要茨瓦纳还在殖民控制下，铁路就不会促进贝专纳的发展。博茨瓦纳独立后1980—1998年的总统奎特·马西雷（Quett Masire）的早期经历解释了个中缘由。马西雷在20世纪50年代是一位事业心很强的农民。他发明了新的高粱栽培技术，并在弗雷堡磨坊找到了潜在客户，该公司位于南非边境。他去贝专纳洛巴策火车站站长那里，要求租两节车厢把他的粮食运到弗雷堡。火车站站长拒绝了他。接着，他让一位白人朋友介入了此事。车站站长勉强同意了，但是报给马西雷的价格是给白人价格的4倍。马西雷放弃了并得出结论："阻止了黑人在贝专纳发展企业的，是白人的所作所为，而不仅仅是法律禁止非洲人拥有自由持有的土地或者持有贸易许可。"

总之，首领们和茨瓦纳人民一直很幸运。大概是对逆境的抗争，他们成功地阻止了罗德斯的并吞。贝专纳仍然是英国关注的边缘，在那里间接统治的建立并没有造成像在塞拉利昂发生的那类恶性循环。他们也避免了进入南非内陆的那类殖民扩张，这会将那些地区变成白人矿主或农民们的廉价劳动力储备地。殖民化过程的早期阶段对大多数社会来说是关键时刻，在这个关键时期，对经济和政治发展具有长期重要影响的事情将会发生。正如我们在第9章所讨论的，撒哈拉以南非洲的大多数社会，与南美和南亚的许多社会一样，见证了殖民时期汲取性制度的建立或强化。相反，如果罗德斯成功吞并了茨瓦纳，茨瓦纳人民既避免了严密的间接统治，也避免了更加悲惨的命运。然而，这可不是盲目幸运。它也是由茨瓦纳人民的制度漂移所形成的现存制度与殖民主义带来的关键时刻相互作用的结果。三位首领采取的主动行动，以及造访伦敦为他们带来了好运，他们之所以能够这样做是因为，他们拥有不同寻常的权威——当然这是与撒哈拉以南非洲的其他部落的首领相比，这要归功于茨瓦纳部落已经达到了较高的政治中央集权程度；并且他们很可能还拥有不同寻常的合法性，因为他们部落制度中有一点多元主义。

殖民时期结束时的另一个关键时刻对博茨瓦纳的成功起着主导作用，使它能够建立起包容性制度。1966年贝专纳以博茨瓦纳的名字独立时，首领塞贝尔、巴瑟恩和卡马的侥幸成功已经是过去很长时间的事情了。在进行干预的那些年，英国几乎没有在贝专纳进行投资。独立时，博茨瓦纳是世界上最穷的国家之一：铺筑的公路仅有12千米，共有22名大学毕业生、100名中学毕业生。更有甚者，它几乎完全被南非、纳米比亚和罗德西亚（Rhodesia）的白人制度所包围，所有这些国家都对黑人统治的独立非洲国家怀有敌意。只有少数人认为博茨瓦纳在最可能成功的国家名单中。然而，在接下来的45年中，博茨瓦纳成为世界上发展最快的国家之一。如今，博茨瓦纳在撒哈拉以南非洲国家中拥有最高的人均收入，与爱沙尼亚和匈牙利这些成功的东欧国家，以及哥斯达黎加这些最成功的拉美国家处在同一个水平上。

博茨瓦纳是如何打破僵局的呢？是通过独立后迅速发展的包容性经济和政治制度。从那以后，它一直是采用民主制，举行定期的竞争性选举，从来没有发生过内战或军事干预。政府建立了经济制度，保护私有产权，确保宏观经济的稳定性，并鼓励包容性市场经济的发展。但是，更具挑战性的问题是，博茨瓦纳如何建立起了稳定的民主和多元主义制度，如何选择了包容性经济制度，而其他大多数非洲国家却反其道而行之？为了回答这个问题，我们必须要理解，关键时刻，即殖民统治结束的时刻——是如何与博茨瓦纳现存的制度相互影响的。

在撒哈拉以南非洲绝大多数地区——例如塞拉利昂和津巴布韦——虽然独立了，却错失独立所带来的机遇。这些国家独立后，重新建立了跟殖民时期类似的汲取性制度。然而，博茨瓦纳在独立早期阶段的表现却完全不同，这主要是归因于茨瓦纳的历史制度所创造的环境。在这一点上，博茨瓦纳显示出与光荣革命（Glorious Revolution）即将发生时的英国相似的特征。在都铎王朝的统治下，英国实现了快速的政治中央集权，确立了《大宪章》和议会传统，至少有希望限制君主权力，确保某种程度上的多元主义。博茨瓦纳还有一定程度的国家中央集权，以及在殖民主义下幸存下来的相对多元的部落制度。英国形成了新的广泛联盟包括大西洋贸易者、实业家和具有商业头脑的乡绅，他们都支持实施得很好的产权。博茨瓦纳有支持安全的程序权利的联盟、茨瓦纳的首领和拥有经济中主要资产——牲口——的精英们。尽管土地是公有的，但是牲口在茨瓦纳的许多地方属于私有财产，精英们同样支持实施私有产权制度。所有这些当然不是否定历史的偶然性。如果议会领袖和新君主都试图利用光荣革命攫取权力的话，英国的情况将会变得完全不同。同样，博茨瓦纳幸运地拥有像塞莱茨·卡马（Seretse Khama）或奎特·马西雷这样的领导人，他们决定通过选举竞争获得权力，而不是颠覆选举制度（撒哈拉以南非洲许多国家独立后的领导人选择了后者）。若非如此，博茨瓦纳的情况也会变得完全不同。

在独立时，茨瓦纳具有首领受约束和首领要在一定程度上为人民负责的制度传统。茨瓦纳当然不是非洲唯一具有这种制度的国家，但却是经过殖民时期这些制度还能够完好无损地保留下来的唯一的国家。英国的统治对茨瓦纳的影响几乎不见了。南非的马菲金（Mafeking）管理着贝专纳，就是在20世纪60年代向独立转型时期，提出计划将首都确定在哈博罗内（Gaborone）。首都和那里的新结构并非意味着废除当地制度，而是要在它们的基础上建设；在建设哈博罗内时，新的哥特拉也与其一起建设。

独立相对而言也是一件非常有秩序的事情。1960年由奎特·马西雷和塞莱茨·卡马建立的博茨瓦纳民主党（BDP）领导了这场独立运动。卡马是国王卡马三世（King Khama Ⅲ）的孙子；他的名字塞莱茨（Seretse）意为"黏合在一起的黏土"。这是一个特别恰当的名字。卡马是恩瓦托（Ngwato）的世袭首领，茨瓦纳的大部分首领和精英都加入了博茨瓦纳民主党。博茨瓦纳没有市场委员会，因为英国对这片殖民地不是很感兴趣。1967年，博茨瓦纳民主党建立了博茨瓦纳肉品委员会（Botswana Meat Commission）。但是，该肉品委员会不仅没有剥夺大农场主和牲畜所有者的财产，而且在发展畜牧经济中发挥了核心作用。它采取措施控制口蹄疫，提高了出口量，既有利于经济发展，又提高了对包容性经济制度的支持。

尽管博茨瓦纳早期的增长依赖肉食出口，但在发现钻石后情况发生了改变。博茨瓦纳对自然资源的管理与其他非洲国家有明显的不同。在殖民时期，茨瓦纳的首领们竭尽全力妨碍贝专纳采矿业的繁荣发展，因为他们知道，如果欧洲人发现了贵金属或钻石，他们的自治就结束了。第一次钻石大发现是在恩瓦托的土地下，这是塞莱茨·卡马传统意义上的祖国。在宣告发现之前，卡马对法律进行了修改，所有地下矿产权都归属于国家，而非部落。这就确保了钻石财富不会在博茨瓦纳造成极大的不平等。这还进一步推动了政府中央集权的进程，如今，钻石收益可用于建立国家官僚制度，建设基础设施，也投资于教育。在塞拉利昂和许多其他撒哈拉以南非洲国家，钻石引发了不同集团之间的冲突，造成了持续的内战。为争夺钻石控制权，发生过多场战争，造成了大屠杀，这里出产的钻石也获得了"血钻"（Blood Diamonds）的称号。在博茨瓦纳，钻石收益被用于整个国家的利益。

改变地下矿藏的权属并不是塞莱茨·卡马政府实施的国家建设的唯一政策。在独立前，立法大会通过了1965年的《首领法》（Chieftaincy Act），1970年又通过了《首领法修正案》（Chieftaincy Amendment Act），继续推进政治中央集权的进程，通过剥夺首领分配土地的权力，总统在必要时可以免除首领职务，使得国家和当选总统的权力神圣不可侵犯。政治中央集权的另一作用是进一步统一国家，例如，法律保障在学校只教授塞茨瓦纳语和英语。如今的博茨瓦纳看上去像一个同质的国家，不像非洲许多其他国家那样，一直存在种族和语言的分裂。但是，这是在学校只教授英语和塞茨瓦纳语这一种民族语言的结果，这一措施使得社会中不同部族和集团的冲突最小化了。最后一次涉及种族问题的人口普查是在1946年，那次普查反映出博茨瓦纳的巨大差异。例如，在恩瓦托（Ngwato），只有20%的人口认为他们自己是纯恩瓦托人；尽管存在其他茨瓦纳部族，但是还有许多母语不是塞茨瓦纳语的非茨瓦纳团体。独立后政府的政策以及茨瓦纳部族相对包容的制度调整了这些基础性的差别，方式与英国一样，例如英国政府调整了英格兰和威尔士之间的差异。博茨瓦纳政府进行了相同的调整。自从独立之后，博茨瓦纳的人口普查不再询问有关种族的问题，因为在博茨瓦纳人人都是茨瓦纳人。

由于塞莱茨·卡马、奎特·马西雷及博茨瓦纳民主党领导博茨瓦纳走上了一条包容性经济和政治制度的道路，博茨瓦纳在独立后实现了显著的增长。20世纪70年代开始大量开采钻石没有导致内战，而是为政府提供了雄厚的财政基础，政府将这些收入投资于公共服务。没有多少激励因素导致人们想去颠覆或推翻政府并控制国家。包容性政治制度带来了政治稳定并支持包容性经济制度。按照第11章描述的良性循环相同的模式，包容性经济制度提高了包容性政治制度的可行性和持久性。

由于抓住了后殖民时期独立这个关键时刻并建立包容性制度，博茨瓦纳打破了旧有的模式。博茨瓦纳民主党和传统精英们——包括卡马自己，都没有尽力形成独裁制度或建立牺牲社会使他们致富的汲取性制度。这也是关键时刻与现存制度相互作用的结果。正如我们所看到的，与撒哈拉以南非洲的其他任何地方不同，博茨瓦纳原本就有的部族制度已有一定程度的中央权威并包含至关重要的多元主义特征；而且，该国家的经济精英可以从安全的产权中获益。

同样重要的是，历史的偶然路径也有利于博茨瓦纳的发展。由于塞莱茨·卡马和奎特·马西雷不是西亚卡·史蒂文斯和罗伯特·穆加贝，博茨瓦纳因而特别幸运。前者努力工作，诚实地在茨瓦纳部族制度的基础上建立包容性制度。所有这一切都使博茨瓦纳更有可能成功地走上通向包容性制度的道路，而撒哈拉以南非洲的许多其他国家甚至还没有尝试就已经彻底失败了。

南方攫取的终结

时间是 1955 年 12 月 1 日。亚拉巴马州的蒙哥马利市，逮捕令上的时间表明，违法行为发生在下午六点零六分。詹姆斯·布莱克（James Blake）是一位公交车司机，他遇到了麻烦，打电话给警察，警官德伊（Day）和米克松（Mixon）抵达现场。他们在报告中记录道：

> 我们接到电话后立即赶到了现场，公共汽车司机说有一位黑人妇女坐在了公共汽车的白人区，不愿意坐到后面。我们……也看到了她。司机为她签署了担保书。根据《蒙哥马利城市法典》（Montgomery City Code）第 6 章第 11 条罗萨·帕克斯（Rosa Parks）被起诉。

罗萨·帕克斯的罪名是坐在了克利夫兰大街公共汽车为白人预留的座位上，这是亚拉巴马《种族隔离法》中的一项罪名。帕克斯被罚款 10 美元，以及另外 4 美元的诉讼费。罗萨·帕克斯虽然只是一个无名之辈，但她已经是全国有色人种协进会（NAACP）蒙哥马利地区的秘书，该组织长期以来致力于改变美国南方的制度。她被逮捕激起了大规模抵制蒙哥马利公共汽车的运动，这是由马丁·路德·金精心策划的。到 12 月 3 日，金和其他几位黑人领袖已经组织了统一的抵制公共汽车运动（the Montgomery Bus Boycott），说服所有黑人不在蒙哥马利乘坐任何一辆公共汽车。抵制运动一直持续到 1956 年 12 月 20 日，以美国最高法院宣判亚拉巴马和蒙哥马利按种族划分公共汽车座位的法律违宪而获胜。

抵制蒙哥马利的公共汽车运动是美国南方民权运动的关键事件。这场运动最终打破南方僵化局面并引起了基本制度的一系列变化。正如我们在第 12 章看到的，内战后，南方拥有土地的精英阶层尽力重建了汲取性经济和政治制度，这些制度在内战前占统治地位。尽管这些制度的细节发生了变化，例如，奴隶制已被废除，不可能再实施了，但是基本制度对南方经济的激励和繁荣的负面影响是相同的。南方明显比美国其他地方要穷得多。

从 20 世纪 50 年代开始，南方的制度开始使这个地区走上快速增长的道路。最后在美国南方被废除的那类汲取性制度，不同于博茨瓦纳独立前的殖民制度。引发它们衰败过程的关键时刻的类型也不同，但是有几点共性。从 20 世纪 40 年代开始，那些憎恶南方种族歧视和汲取性制度的人，像罗萨·帕克斯，在与这些制度的抗争中开始变得越来越有组织性。与此同时，美国最高法院和联邦政府最后对改革南方的汲取性制度进行了系统的干预。这样，为南方变化创造关键时刻的一个主要因素就是，黑人开始有了权利，南方精英不受挑战的主导地位被终结。

南方的政治制度，无论是内战前还是内战后，都有清晰的经济逻辑，与美国南方的种族隔离制度没有太大的不同：确保为种植园主提供廉价劳动力。但是，到 20 世纪 50 年代，这个逻辑越来越不令人信服。一方面，大规模黑人正在从南方外迁，这是大萧条和第二次世界大战的遗留问题。在 20 世纪 40—50 年代，外迁的人口每年平均都有十几万人。与此同时，农业的技术革新，虽然采用得很慢，但也降低了种植园主对廉价劳动力的依赖程度。此前，种植园中的大多数劳动力都被用来采摘棉花。1950 年，南方几乎所有的棉花都是手工采摘。但是，棉花采摘的机械化降低了对这种工作的需求。到 1960 年，在亚拉巴马、路易斯安那和密西西比这些主要的州，几乎一半的生产都变成了机械化的。而这一变化，恰逢南方黑人越来越难以控制的时候，对种植园所有者而言他们也不再是不可或缺了。这样，精英们就没有多少理由为保持旧的汲取性经济制度而奋力抗争了。然而，这并不意味着他们愿意接受制度的变化。相反，一场持久的冲突随后发生了。一个不同寻常的联盟，即南方黑人和美国包容的联邦制度之间的联盟，创造了一个强大的力量要废除南方的汲取性制度，为南方黑人争取平等的政治权利和公民权利，这最终为美国南方的经济增长清除了主要障碍。

变化的最重要推动力来自民权运动。起主导作用的是获得权利的南方黑人，就像在蒙哥马利那样，他们采取的措施是挑战他们周围的汲取性制度，强烈要求他们的权利，并为获得这些权利进行抗议和游行等。但是，他们不是孤立的，因为美国南方不是一个独立的国家，南方的精英不像危地马拉的精英那样拥有完全的行动自由。作为美国的一部分，南方受制于美国宪法和联邦立法机构。美国南方的基本改革最终得到了美国行政、立法和最高法院的支持，部分原因是民权运动能够让南方以外的地方听到他们的声音,因此动员了联邦政府。

联邦政府对南方改变制度的干预源于最高法院1944年判决只有白人参加的大选初选是违宪的。正如我们所看到的,通过运用人头税和文化测试,在19世纪90年代黑人被剥夺了政治权利。此时仍然有人利用这些测试歧视黑人,但却允许贫穷而且文盲的白人投票。20世纪60年代早期一个著名例子,在路易斯安那,一名白人申请者回答了一个有关州宪法问题,给出了"FRDUM FOOF SPETGH"(是一个答非所问,错误百出的回答——译者注)的回答后就被判定为是一位有文化的人。1944年最高法院的决议拉开了之后长期斗争的序幕,黑人由此开始要求对他们开放政治体系,最高法院也了解放松白人对不同政党控制的重要性。

1954年,上述判例发生后,在布朗诉教育委员会案(Brown v. Board of Education)中,最高法院裁定,州一级政府批准的学校和其他公共地点进行种族隔离是违宪的。1962年,最高法院摧毁了白人精英操纵政治的另一个支柱:立法机构中代表名额分配的不公平。当立法机构中代表名额分配不公平的时候,就像英国第一次改革法案(the First Reform Act)之前的"衰败选区",根据他们的相关人口比例,有些地区或区域分得的代表数要多得多。南方立法机构中代表名额分配不公平意味着,相对于城市地区,作为南方种植业主精英核心地区的农村地区,代表人数过多,超出了比例。1962年,最高法院通过贝克诉卡尔案(Baker v. Carr)的判决,引入了"一人一票"制,结束了这一局面。

但是,如果最高法院的判决不能得到有效实施的话,其效果也就微乎其微了。事实上,在19世纪90年代,赋予南方黑人选举权的联邦立法没有得到实施,因为南方精英和民主党控制着地方法律的实施,并且联邦政府乐于任其发展。但是,就在黑人奋起反抗南方精英的时候,支持《种族隔离法》的这座堡垒崩塌了,在民主党中的非南方精英成员的领导下,转向反对种族隔离。同时,发生转变的南方民主党人,在"国家权利民主党"的旗号下重新组织起来,并参与了1948年的总统竞选。他们的候选人斯特罗姆·瑟蒙德(Strom Thurmond)得到了四个州的支持,并在选举团中获得39票。但是,这远不是统一的民主党在全国政治中渴求权力的表现,只是表明南方精英对民主党仍有控制力。斯特罗姆·瑟蒙德竞选运动的核心是对联邦政府干预南方制度能力的挑战。他强有力地表明了他的立场:"我想告诉你们,女士们、先生们,军队没有足够的武装力量强迫南方人打破种族隔离,并允许黑人们进入我们的戏剧院,进入我们的游泳池,进入我们的家园,进入我们的教堂。"

事实证明,他是错误的。最高法院的判决意味着南方的教育设施必须废除种族隔离,包括位于奥克斯福(Oxford)的密西西比大学。1962年,在经过长期的立法斗争后,联邦法院判决,詹姆斯·梅雷迪斯(James Meredith),一名年轻的空军退役士兵,必须被密西西比大学录取。所谓的"市民委员会"对这个判决精心策划了一场反抗。最初是1954年在密西西比的印地亚诺拉(Indianola)组织起来反抗南方废除种族隔离制度,州长罗斯·巴内特(Ross Barnett)在9月13日的电视讲话中公开反对最高法院判决废除种族隔离制度,宣布在他们同意废除种族隔离制度之前关闭州大学。最终,经过巴内特与总统约翰·肯尼迪(John Kennedy)和司法部长罗伯特·肯尼迪(Attorney General Robert Kennedy)在华盛顿的多次谈判后,联邦政府强有力地干预并实施了这项判决,时间定格在美国司法官们将梅雷迪斯带到奥克斯福的那一天。预料之中的,白人至上主义者开始组织起来。9月30日,即梅雷迪斯应该入校的前一天,美国司法官进入大学校园,包围了主要的行政大楼。大约2500人开始抗议,不久暴乱发生了。司法官们使用催泪弹驱散了暴乱者,但是很快又交火了,晚上10点,联邦军队开赴那个城市维持秩序。不久,20000名军人和11000名国家预备役士兵进入了奥克斯福,共逮捕了300人。梅雷迪斯决定留在校园,美国司法官和300名士兵保护他免受死亡威胁,他最终毕业了。

在南方制度改革的过程中,联邦立法机构起到了关键性的作用。1957年第一个《民权法案》通过时,当时是参议员的斯特罗姆·瑟蒙德不停歇地演讲了24小时18分钟,企图阻止、延后法案的通过。在演讲中,他不停歇地朗读《独立宣言》(Declaration of Independence)到各种电话簿中的内容。但是他的挣扎是徒劳的。1964年的《民权法案》进一步发展,宣布所有实行种族隔离主义的州立法和活动为非法。1965年的《投票权法案》(Voting Rights Act)宣布用于剥夺南方黑人权利的文化测试、人头税和其他方法为非法。它还把大量的联邦审查扩展到州选举中。

所有这些事件的影响使南方经济和立法制度产生了重大变化。例如，在密西西比，大约只有5%的合格黑人在1960年参与了投票，到1970年，这个数字上升到50%；在亚拉巴马和南卡罗来纳，黑人投票率从1960年的10%左右上升到1970年的50%。这些模式改变了选举的性质，包括地方职位的选举和国家职位的选举。更重要的是，占主导地位的民主党减少了对歧视黑人的汲取性制度的政治支持。接着，为大规模经济制度的变革开放了道路。20世纪60年代制度改革之前，黑人几乎完全被排除在纺织业工作之外。1960年，南方纺织业工厂中大约只有5%的就业者是黑人。民权立法结束了这种歧视。到1970年，这个比例上升到15%；到1990年，上升到25%。对黑人的经济歧视开始减弱，黑人的受教育机会得到显著改善，南方的劳动力市场越来越具有竞争性。伴随包容性制度而来的是南方越来越快的经济复苏。1940年，南方各州的人均收入大约只有美国人均收入的50%。这种状况在20世纪40年代后期和50年代开始改变。到1990年，这一差距基本消失。

与在博茨瓦纳一样，美国南方的关键是包容性政治和经济制度的发展。这伴随着黑人在南方汲取性制度下日益强烈的不满，和民主党在南方一党制统治的崩溃同时发生。现存的制度再一次形成了变迁的道路。在这个案例中，最重要的一点是，南方的制度是美国包容性的联邦制度之内的次一级制度，这使得南方黑人最终可以为他们的诉求动员联邦政府和机构。这整个过程也受到了以下事实的推动，即随着黑人大规模从南方迁出和棉花生产的机械化，经济条件得以改变，以致南方精英们越来越不愿意参与斗争。

中国大陆的复兴

在1978年11月和12月，中国共产党中央委员会第十一届三中全会有了重大突破。全会决定，从那时起，党的中心不再是阶级斗争而是经济现代化。全会宣布了像在某些省份试行家庭联产承包责任制这样的一些试探性试验，家庭联产承包责任制是结束集体农业、在农作中引入经济激励的尝试。到第二年，中央委员会确立了"实事求是"观念的中心地位。在1982年第十二次党的全国代表大会及1985年9月中共全国代表大会上，实现了对党的领导和高级干部的调整，上来的都是具有改革思想的年轻人。

邓小平和改革者们开始发动经济制度的一系列进一步改革。他们从农业开始：1983年，根据胡耀邦的思想，给农民提供经济激励的家庭联产承包责任制被普遍推行。1985年，国家对谷物的强制购买被废除，取而代之的是更自愿的合同制度。对农业价格的行政控制在1985年也大大放松。在城市经济中，给予国有企业更大的自主权，设立了14个"沿海开放城市"并赋予它们吸引外资的能力。

农村经济首先迅速发展。激励的引入导致了农业生产率的迅速提高。到1984年，谷物产量比1978年提高了1/3，尽管农业人口更少了。许多人到新建立的农村工业——即所谓的乡镇企业——中就业。这些企业是1979年之后在国有工业计划体制之外得到允许发展起来的，从那时开始，新企业进入并与国有企业竞争被接受了。渐渐地，经济激励还被引入到了工业部门中，特别是引入到国营企业中，尽管在这个阶段还没有私有化的迹象。

中国大陆的复兴是伴随着摆脱高度集中的经济制度并转向更包容的经济制度而来的。在农业和工业中的市场激励，以及随之而来的外国投资和技术，使中国走向了经济快速增长的道路。

博茨瓦纳、美国南方，就跟英国的光荣革命、法国大革命和日本的明治维新一样，都是历史并非天定的生动例子。尽管存在恶性循环，汲取性制度还是被包容性制度取代了。但是，它并非自动也并非容易。多种因素的综合作用，特别是关键时刻连同推动改革和其他有利现存制度的广泛联盟，通常是一个国家走向更包容制度所必需的。除此之外，幸运也是关键的，因为历史总是会按照偶然方式前行。

第15章
理解繁荣与贫困

历史根源

世界各地的生活水平存在巨大差异,即使是美国最穷的人也比生活在撒哈拉以南非洲、南亚和中美洲的大多数人收入更高,并享受优越得多的医疗保健、教育、公共服务和经济与社会机会。韩国和朝鲜的差距、两个诺加利斯的差距、美国和墨西哥的差距提醒我们,这些都是相对近期出现的现象。500年前,墨西哥,即阿兹特克国家所在地,肯定比北方的国家富裕,直到19世纪美国才超过墨西哥。两个诺加利斯的差距更是近来发生的事情。韩国和朝鲜在第二次世界大战之后被三八线分开之前,在经济、社会和文化上,没有任何差别。同样,今天我们在周围观察到的大部分的巨大经济差距都是在过去200年间出现的。

所有这些必然如此吗?在过去大约200年间,西欧、美国和日本发展得比撒哈拉以南非洲、拉丁美洲和中国富裕得多,这是历史——地理,文化或者种族——决定的吗?18世纪工业革命先在英国爆发后来扩展到西欧及欧洲在北美和澳大利亚的殖民地是必然的吗?秘鲁先发生光荣革命和工业革命然后对西欧殖民并使白人成为奴隶是不可能的吗?或者说只是一种虚构的历史科幻小说吗?

要回答这些问题——事实上是要对这些问题做出合理的推理,我们需要一个理论:为什么有些国家繁荣而有些国家失败并贫困。这个理论既需要阐述创造并阻碍繁荣的因素,也需要追溯他们的历史根源。本书提出了这样一个理论。任何复杂的社会现象,比如世界上几百个政体不同经济和政治路径的起源,都可能有多方面的原因，这使绝大多数社会科学家避免寻找单一原因的、简单的、广泛适用的理论，而是对在不同时期、不同地区出现的看似相同结果做出不同解释。相反，我们已经提供了一个简单理论，并用它来解释新石器革命以来世界经济和政治发展的概况。我们的选择不是因为我们简单认为一个理论能够解释所有问题，而是认为一个理论能使我们关注类似事物，有时会以牺牲某些有趣的细节为代价。一个成功的理论不会如实地再造细节，但是会对一系列过程提供适用的、在经验上具有充分根据的解释，也同时使起作用的主要因素更明晰。

我们的理论试图通过两个层次的研究实现这一点。第一个层次是汲取性和包容性经济政治制度的区分；第二个层次是我们解释了为什么汲取性制度出现在某些地区而没有出现在其他地区。我们理论的第一个层次是关于历史的制度解释，第二个层次是关于历史如何形成了国家的制度轨迹。

我们理论的核心是包容性经济和政治制度与繁荣之间的联系。比起由少数人建立、从多数人那里攫取资源却无法保护产权或者刺激经济活动的汲取性制度，实施产权、创造公平竞争环境并鼓励在新技术和新技能投资的包容性经济制度，更有利于经济增长。包容性经济制度和包容性政治制度是相互支持的，也就是说，以多元主义方式广泛分配政治权力并能够实现一定政治集权以建立法律和秩序的制度是安全的产权和包容性市场经济的基础。同样，汲取性经济制度跟汲取性政治制度是协同联系的，权力集中在少数人手中，他们会为自己的利益保持并发展汲取性经济制度，运用他们获得的资源，巩固对政治权力的控制。

这些趋势并不意味着汲取性经济和政治制度与经济增长不一致。相反，在其他条件相同的条件下，为了攫取更多的利益，精英阶层都想尽量多地鼓励增长。在已实现至少最低限度的政治集权的条件下，汲取性制度通常能够产生某种程度的增长。然而，关键是汲取性制度下的增长不可持续，这有两个关键原因。第一，持续的经济增长要求创新，而创新必然伴随创造性破坏，在经济领域内就是新的取代旧的，在政治领域内就是破坏已经建立起来的权力关系。由于控制汲取性制度的精英阶层担心创造性破坏，他们将会抵制它，汲取性制度下萌生的任何增长最终都是短命的。第二，控制汲取性制度的那些人以牺牲社会其他人的利益获得大量收益的能力，意味着汲取性制度下的政治权力是非常令人渴求的，这使得许多集团和个人为获得它而斗争。因此，在汲取性制度下，许多强大的力量推动社会走向政治动荡。

汲取性经济制度和政治制度的共生创造恶性循环，汲取性制度一旦合适就会一直持续。同样，也存在与包容性经济制度和政治制度相关的良性循环。但是，无论是恶性循环还是良性循环都不是绝对的。事实上，当前许多国家实行包容性制度，因为尽管汲取性制度在历史上已经成为惯例，但是有些社会能够打破惯例，向包容性制度转变。我们对这些转变的解释是历史的原因，但是不是历史先验决定的。主要的制度变革、对主要经济变迁的要求是作为现存制度和关键事件相互作用的结果发生的。关键事件是打破一个或多个社会现存政治和经济平衡的重要事件，比如黑死病，在14世纪夺走了欧洲大部分地区约一半人口的生命；比如大西洋贸易路线的开辟，为西欧许多国家创造了大量的获利机会；再比如工业革命，为世界经济结构的快速且破坏性的变化提供了潜在可能性。

不同社会之间现存的制度差异是过去制度变化的结果。为什么制度变革的路径在社会之间完全不同呢？答案在于制度转变。跟两个独立生物群体的基因在所谓的演化或基因漂移过程中由于随机变异而渐行渐远一样，两个本来相同的社会也会在制度上渐行渐远——当然过程比较缓慢。收入和权力以及间接的制度冲突是所有社会的常态。虽然发生的环境不同，但是这种冲突通常具有偶然结果。这种冲突的结果导致制度转变。但是，这未必是一个累积性过程。这并不是说在某些点上出现的微小差别必然会越来越大。相反，正如我们在第6章中对罗马统治下的英国的讨论所表明的，微小的差别出现，然后消失，然后又再出现。然而，当关键时刻到来时，由于制度转变而产生的这些微小差别可能就会起作用，使本来完全相同的社会迅速分化。

我们在第7章、第8章看到，尽管在英国、法国和西班牙存在许多相似性，但是大西洋贸易这个关键事件对英国产生了最具转变性的影响，就是因为这些微小差别，即这样一个事实：由于15、16世纪的发展，英国皇室不能够控制所有的海外贸易，而这些贸易在法国和西班牙主要是由王室垄断。结果，在法国和西班牙，王室及与其联盟的集团是大西洋贸易和殖民扩张创造的巨额利润的主要获益者；而在英国，是强烈反对王室的集团从这一关键事件创造的经济机会中受益。尽管制度转变会造成微小差异，但是它与关键事件的相互作用导致了制度分化，而这种分化又创造出一个现在更重要的制度差异,后来发生的关键事件也影响了这一差异。

历史很关键,因为是历史过程通过制度转变创造出了关键时刻可能起决定作用的差异。关键时刻本身就是历史的转折点。恶性循环和良性循环意味着,要理解历史形成的制度差异的性质就必须研究历史。然而,我们的理论并不意味着历史决定论——或者其他类型的决定论。就是由于这个原因,我们在本章开头所提出来问题的答案是"不":秘鲁比西欧或美国贫穷得多并不具有历史必然性。

与地理和文化假说相对比,由于其地理或文化原因,秘鲁也注定不会贫穷。根据我们的理论,秘鲁今天之所以比西欧和美国贫穷是因为其制度,为了理解这一原因,我们需要理解秘鲁制度发展的历史进程。正如我们在第2章所看到的,500年前,现在秘鲁所在地的印加帝国比现在北美的那些较小的政体要富得多、技术上要先进得多、政治上要集权得多。转折点就是这个地区被殖民的方式以及这种殖民方式与北美殖民方式的差异。这并非源于历史先验决定的过程,而是关键时刻几个关键制度发展的偶然结果。至少有三个因素已经改变了这一轨迹并导致了完全不同的长期模式。

首先,15世纪美洲内部的制度差异决定了这些地区是如何被殖民的。北美洲采取了与秘鲁不同的制度轨迹,因为它在殖民前人口稀少,并吸引了欧洲的移民,这些移民后来成功地起义,反抗像弗吉尼亚公司和英国皇室这些实体试图创造的精英。相反,西班牙殖民者在秘鲁发现了一个可以接管的集权型中央政府,以及可以投到矿山和种植园工作的大量人口。在欧洲人来到时,关于美洲内部的状况是地理先验无法决定的。就像在第5章讲到的,夏艾姆国王在布松领导的集权政府的出现主要源于制度创新甚或政治革命,秘鲁印加文明和这个地区的大量人口源于主要的制度创新。相反,这些本来可以发生在北美如密西西比流域甚或美国东北部地区。如果事实确实如此,欧洲人就可能在安第斯山脉发现空旷的土地,而在北美发现集权政府,秘鲁和美国的角色很可能会互换。欧洲人那时已经移民到秘鲁周围地区,大量移民人口和精英之间的冲突可能导致在那里而不是在北美创建包容性制度。随后经济发展的路径很可能不同。

第二,印加帝国可能抵制了欧洲的殖民主义,就像佩里船长的船只到达江户湾时日本所做的那样。虽然印加帝国比德川家族具有更高的汲取性,与日本明治维新相似的政治革命更不可能出现在秘鲁，但是印加帝国完全屈服于欧洲的统治却没有历史必然性。如果他们能够以制度现代化来抵制和回应这些威胁，新世界整个的历史路径及其整个历史，将完全不同。

第三，也是最激进的一点，不是历史先验、地理先验或者文化先验决定欧洲成为了新世界的殖民者。新世界的殖民者也可能是中国甚或印加。当然，如果我们从15世纪那个有利的时期来观察世界的话，这种结果是不可能的，那时西欧开始超过美洲，而中国开始转向闭关锁国。但是，15世纪的西欧本身就是制度转变的偶然结果，这一制度转变是由关键事件中断的，完全是可以避免的。没有几个历史性转折点，西欧不可能迅速发展并征服世界。这些转折点包括封建主义采取特定方式取代奴隶制并弱化君主权力；第一个千禧年之后的几个世纪，欧洲见证了独立的商业自治城市的发展；不像中国明朝皇帝，西欧君主没有受到海外贸易的威胁而没有极力反对海外贸易；黑死病的爆发撼动了封建秩序的基础。如果这些事件以另一种方式发生，我们就可能生活在一个完全不同的世界里，在这个世界中，秘鲁很可能比西欧或美国富裕得多。

当然，如果一个理论中，微小差异和偶然性起关键作用，那么该理论的预测力将是非常有限的。几乎没有人会在15世纪甚或16世纪——更不要说罗马帝国崩溃后的那几个世纪——预测向包容性制度转变的重大突破会发生在英国。这是因为制度转变的特殊过程以及开放大西洋贸易所创造的关键事件的性质。也没有多少人在20世纪70年代的"文化大革命"中期会相信，中国会很快走上经济制度激进变革及随之而来的令人难以相信的快速增长的道路。同样谁都不可能肯定地预测未来500年的情况。然而，我们的理论没有缺陷。目前我们提出的历史解释表明，基于历史决定论——基于地理、文化甚或其他历史因素——的任何方法都是不充分的。微小差异和偶然性不只是我们理论的一部分；他们是历史形态的一部分。

尽管很难准确预测哪些社会会更加富裕，但是我们在全书中已经看到，我们的理论很好地解释了世界范围内国家之间巨大的贫富差异。我们在本章其余部分将会看到，我们的理论也可以提供某些指导，指出在接下来的几十年中哪些类型的社会更可能实现经济增长。

首先,恶性循环和良性循环产生了大量的延续和萧条。在未来50年甚或100年中,建立在包容性经济和政治制度基础上的美国与西欧,将会比撒哈拉以南非洲、中东、中美洲和东南亚的许多国家更富裕,很可能是富裕得多;这应该是毋庸置疑的。然而,在这些广泛模式中,在下一个世纪将会出现重大的制度变化,很多国家将会打破固有的模式,从贫穷走向富裕。

一些国家几乎没有实现政治集权,像索马里和阿富汗,或者一些国建经历了政府崩溃,像几十年前的海地——在2010年大地震造成整个国家的基础设施破坏前,不可能在汲取性政治制度下实现增长,包容性制度也不可能发生重大转变。相反,在接下来的几十年中最可能增长的国家——虽然很可能是在汲取性制度下实现增长——是那些实现了某种程度政治集权的国家。在撒哈拉以南非洲,包括布隆迪、埃塞俄比亚、卢旺达都是具有长期集权政府历史的国家,还有独立后的坦桑尼亚也尽力建成了这种集权,或者至少具备了集权的某些先决条件。在拉丁美洲,包括巴西、智利和墨西哥不仅实现了政治集权,而且向初期多元主义做出了重大转变。我们的理论表明,持续的经济增长很可能不会发生在哥伦比亚。

我们的理论还表明,汲取性政治制度下的增长可能难以持续。除了这些例子之外,将有很多不确定性。例如,古巴可能转向包容性制度并经历重大经济转型,也可能在汲取性政治和经济制度下持续落后。亚洲的朝鲜和缅甸也同样如此。所以,虽然我们的理论可以帮助思考制度如何变化及其变化的结果,但是这一变化的本质——微小差异和偶然性的作用——意味着很难做出更准确的预测。

要从这种关于贫富根源的宽泛解释中得出政策建议需要更加谨慎。与关键事件的影响依赖于现存制度的方式相同,一个社会将如何对同样的政策干预做出反应依赖于所存在的制度。当然,我们的理论完全是关于国家如何采取措施走向繁荣的——通过把他们的制度从汲取性转向包容性。但是,从开始就非常清楚,要实现这种转型没有简单的秘诀。首先,改变了的制度比一开始使用的制度更困难。特别是,汲取性制度会在不同的伪装下再创造自身,就像我们在第12章的寡头铁律所看到的。因此,2011年2月群众抗议推翻了穆巴拉克总统的汲取性体制,但这并不能保证埃及将会走上更加包容性制度的道路。反而,尽管存在一些有力的充满希望的支持民主的运动,汲取性制度可能会自我再创造。第二,由于历史的偶然路径难以预料,关键事件和现存制度差异之间的特殊互动是会带来更加包容性的制度或更加汲取性的制度,要形成鼓励转向包容性制度的一般政策建议是需要勇气的。然而,我们的理论对政策分析仍然有用,它能够使我们分辨,基于对制度如何变化的错误假定或不充分解释所提出来的不好的政策建议。在这一点上,就像在绝大多数情况下一样,避免最差的错误跟尽力发展简单方法一样重要——甚至更有用。

你不能创造繁荣

跟我们在本书中阐述的理论不同,无知假说欣然提出如何"解决"贫困问题的建议:如果无知困扰我们,给统治者和政策制定者提供教育和信息就能使我们走出困境,我们应该可以通过提供正确建议并且让他们相信真正好的经济学,从而创造全世界的繁荣。在第2章中,我们讨论了这个假说并表明,加纳总理布西亚(Kofi Busia)在20世纪70年代早期的经历是如何强调以下事实的,即阻碍降低市场失灵并鼓励经济增长的政策的主要障碍不是政治家的无知,而是他们在其社会从政治和经济制度中受到的激励和约束。然而,无知假说仍然统治着西方决策圈中的高层,他们几乎不干其他事情,集中研究如何创造繁荣。

这些创造繁荣的努力以两种方式实施。第一,通常是由国际货币基金组织这些国际组织鼓吹,他们认为穷国的发展是由不良的经济政策和制度造成的,接着就提出了一系列改进方案,并劝说这些国家采用(华盛顿共识就提出了一系列方案)。这些改进方案集中于像宏观稳定这些明智之举,以及像缩减政府规模、浮动汇率和资本账户自由化等看上去很有吸引力的宏观经济目标。他们也集中于一些微观经济目标,如私有化、提高公共服务效率,大概还有关于如何通过强调反腐败措施来改进政府自身职能的政策建议。尽管站在他们自己的角度上看,这些改革可能是明智的,但是华盛顿、伦敦、巴黎和其他地方国际组织的方法仍然是从错误的角度上看问题的,他们没有意识到政治制度的作用及其对决策施加的约束。国际机构通过威胁穷国采用更好政策和制度来刺激经济增长的努力并不成功,因为它们不是在解释了不良的政策和制度为什么会存在的背景下提出来的,而是只假定穷国领导人无知。结果就是这些政策没有被采用、没有得到实施,或者只是在名义上实施。

例如,全世界许多在表面上实施这些改革的经济体,主要是在拉丁美洲,从 20 世纪 80 年代到 20 世纪 90 年代都停滞了。事实上,这些改革是按照政治通常的方式强加给这些国家的。这样,尽管改革被采用了,但是他们的意图被破坏了,或者政治家采用其他方式弱化这些政策的影响。所有这些都体现在实施国际机构的一个目标——该目标旨在实现宏观经济稳定、中央银行独立。这样做在理论上或许可行,但是现实中不可行,或者会因为使用其他政策工具而弱化。它在原则上是相当明智的。世界上许多政治家的花费比他们通过征税得到的收入要多,这就迫使他们的中央银行通过印钞票来填补不足,随之造成的通货膨胀会引发不稳定和怀疑。像德意志联邦银行那样的独立中央银行会抵制政策压力,避免通货膨胀。津巴布韦的总统穆加贝决定听从国际建议,他在 1995 年宣布津巴布韦中央银行独立。在此之前,津巴布韦的通货膨胀率高达 20%;2002 年,达到了 140%;2003 年,几乎达到了 600%;2007 年,达到了 66000%;2008 年,竟然达到了百分之 23 亿!当然,在一个总统中彩票的国家,通过一项使中央银行独立的法律毫无意义,一点也不令人吃惊。津巴布韦中央银行的行长很可能知道塞拉利昂中央银行行长在跟西亚卡·史蒂文斯达不成一致时是如何从中央银行大楼的顶层"坠落"的。不论独立还是不独立,满足总统的要求尽管不利于经济的健康发展,但是对总统个人的健康有好处。不是所有国家都像津巴布韦。在阿根廷和哥伦比亚,中央银行在 20 世纪 90 年代也独立了,并且它们实际上在降低通货膨胀。但是,既然这两个国家的政治都没有变化,政治精英阶层就可以运用其他方式购买选票,维护他们的利益,并使他们自己和他们的追随者得到好处。既然他们不能再通过印刷货币做到这一点,他们就不得不采用其他方式。在这两个国家,中央银行独立性的引入跟政府的巨大支出同时发生,通过借债大量融资。

创造繁荣的第二种方法在当今更流行。该方法认为,没有任何简单的方法能够使一个国家在一夜之间甚或在几十年的过程中从贫困走向富裕。相反,它主张,有许多"微观市场失灵"可以通过好建议得到修正,如果政策制定者利用这些机会,繁荣就会到来——这同样说明,在经济学家和其他人的帮助和建议下,繁荣可以实现。小的市场失灵在穷国到处都是,这种方法主张,比如,在教育制度、卫生保健服务以及市场建立的方式上。这无疑是正确的。但是问题在于,这些小市场失灵可能只是冰山一角,是汲取性制度起作用的社会中具有更深层原因的问题的症状。就像穷国有不良的宏观经济政策不符合事实一样,其教育制度不能很好地发挥作用也不符合事实。这些市场失灵不可能只是由于无知。被认为按照良好意图建议行事的决策者和官员们可能是造成问题的主要原因,许多改进这些无效率状况的尝试可能会适得其反,因为当事者首先就没有抓住造成贫困的制度根源。

这些问题可以通过印度非政府组织(NGO)Seva Mandir 对改进拉贾斯坦邦卫生保健服务的干预来阐述。印度的卫生保健服务可谓是效率奇差,是彻底的失败。政府提供的卫生保健,至少从理论上讲,应该是惠及全民的、廉价的,个人一般都有资格得到。但是,即使是最穷的印度人也不使用政府的卫生保健设施;相反,他们更偏向更昂贵、不受管制、有时甚至存在缺陷的私人提供者。这不是由于某类非理性:人们不能够从政府机构中得到任何卫生保健,政府中无人管理这一块。如果一个印度人到政府经营的机构去,那里不仅没有护士,而且很可能连门都进不去,因为卫生保健机构大多数时间都关着门。

2006 年,Seva Mandir 和一群经济学家一起设计了一个鼓励护士到拉贾斯坦邦的乌代浦尔(Udaipur)工作的激励方案,想法很简单:Seva Mandir 引入打卡钟,以记录护士们在这些机构工作的日期和时间。护士应该一天打三次卡,以确保他们按时到达、在岗工作并按时离开。如果这个方案起作用的话,将提高卫生保健供给的质量和数量,将有力地支持这一理论,即用简单方法解决发展中的关键问题。

结果,干预暴露出了某些完全不同的问题。在计划实施后不久,出勤率急剧提高。但是,这种状况持续的时间很短。在之后一年多的时间里,这个地区的地方卫生管理部门故意破坏了 Seva Mandir 引入的这项激励方案。旷工率又回到通常水平,然而"豁免日"急剧增加,这说明护士实际上都不到岗——但这是得到地方卫生管理部门正式批准的。随着打卡机方案遭到破坏,"机器问题"也急剧上升。但是,Seva Mandir 不能够更换它们,因为地方卫生管理局长不合作。

迫使护士一天打三次卡好像不像一种创新思想。实际上,这是一个在整个工业中甚至印度的工业中的现实做法,它肯定会作为卫生管理部门解决他们问题的潜在方法出现。然而,这好像不太可能,这种简单激励方案的愚昧首先阻止其被使用。

在这个计划实施期间所发生的一切只是证实了这一点。卫生行政管理部门的官员暗中破坏这项计划,因为他们跟护士合谋,在地方性的缺勤问题上串通一气。他们不希望有一个激励方案迫使护士出勤或不出勤就减工资。

这个小故事阐明了一个大道理:如果问题的根源在一开始就是制度原因,那么要实行重大变化就难上加难。在这个案例中,不是腐败的政治家或实力强大的实业破坏了制度变革的基础,而是地方卫生管理部门和护士能够蓄意破坏 Seva Mandir 组织和发展经济学家们的激励方案。这表明,许多明显容易固化的微观市场失灵可能是虚幻的:造成市场失灵的制度结构也会在微观层次上妨碍实施改进激励的干预措施。根本原因是汲取性制度和政治学,如果不解决这些根本原因,那么一味地努力发动繁荣就会徒劳无果。

对外援助的失败

2001 年 9 月 11 日基地组织发动袭击后,美国领导的武装力量迅速推翻了塔利班在阿富汗的强制统治,该组织已经进入安全地带,拒绝交出基地组织的关键成员。跟美国武装力量合作的阿富汗反塔利班派别代表在 2001 年 12 月签署的波恩协定,制订了建立民主制度的计划。第一步就是全国范围内的大国民会议,选举卡尔扎伊领导过渡政府。事情对阿富汗人有利。大多数阿富汗人渴望脱离塔利班。国际社会认为,阿富汗人现在需要的就是大量的外国援助。联合国和几个主要的非政府组织的代表很快就访问了阿富汗首都喀布尔。

随之发生的事情本来也没什么可奇怪的,尤其是在过去半个世纪中对贫穷国家和失败国家的外援都以失败告终。无论是否在意料之中,历史又一次重演。大量的外援工人和随行人员乘坐他们的私人喷气式飞机到达了小镇,五花八门的非政府性国际组织涌入,执行各自的计划,政府和国际社会代表之间进行高层谈话。几十亿美元现在流入了阿富汗,但是,一点也没有用于建设对包容性制度发展甚或恢复法律秩序异常重要的基础设施、学校和其他公共服务。虽然大量的基础设施仍然很破旧,但是第一笔钱用于建设联合国和其他国际官员往返飞行的航线。他们需要的第二样东西是司机和翻译。因此,他们雇佣了少数几个会讲英语的官员和阿富汗学校留任的老师当司机并一直陪伴左右，支付给他们的工资是当时阿富汗工资的几倍。就在少数有技能的官僚转向服务外国援助团体的工作时，援助不是建设阿富汗的基础设施，而是破坏原本要建立并巩固的阿富汗政府。

阿富汗中央谷遥远地区的村民通过收音机广播获知，有数百万美元的新项目重建家园。很长时间以后，前著名军阀、阿富汗政府成员伊斯米尔·卡恩（Ismail Khan）的货车从卡特尔运来一些木梁发给了村民。但是，它们太大，在那个地区毫无用处，村民们只能当柴火用。那么，许诺给村民的数百万美元干什么了呢？在许诺的货币中，20%用作了日内瓦联合国总部的费用；20%用作该组织在布鲁塞尔总部的费用，剩下的部分分包给了一个非政府性国际组织，再经过三层分包，每一方都拿走大约剩下部分的20%，阿富汗分到的那一点钱用于从伊朗购买木材，而且大部分都支付给了伊斯米尔·卡恩的货车运输卡特尔木材。那些巨大的木梁能够运到这村庄，倒真是个奇迹！

在阿富汗中央谷发生的并非是一个孤立事件。许多研究估计，只有10%～20%的援助能够得其所用。对联合国和地方官员侵吞援助款的起诉有很多持续不断的欺骗性调查。但是，外国援助造成的浪费不是欺诈，而是能力不足，甚至只是援助组织的常规活动。

与其他国家相比，阿富汗的援助经验事实上很可能可以被认为是成功的。在过去50年中，数千亿美元作为"发展"援助支付给了世界各地的政府，大部分就像阿富汗一样都以经费和腐败的形式浪费掉了。更糟糕的是，大量的援助款进了像蒙博托这样的独裁者的腰包，他们依靠西方国家提供的外国援助，争取选民支持他们的政权并使自己发家致富。撒哈拉以南非洲其他大部分国家的情况相似。在危机时期，临时救灾的人道主义援助当然更加有用，不过其分发方式也遇到了同样的问题——例如最近给海地和巴基斯坦的援助。

尽管"发展"援助有这些不良记录，但是对外援助仍然是西方政府、联合国等国际组织以及各类非政府国际组织推荐在世界范围内同贫困作斗争最流行的政策之一。当然，对外援助失败的循环不断重复。认为解决撒哈拉以南非洲、加勒比、中美洲和南亚的贫困问题，富裕的西方国家应该提供大量的"发展援助"的观念对贫困的根源产生了错误的理解。像阿富汗这些国家之所以贫困是因为它们的汲取性制度——它造成的产权、法律秩序或者起良好作用的立法制度的缺乏,导致了国家、更通常是地方精英对政治和经济生活的强力控制。同样的制度问题意味着,对外援助是无效率的,是被掠夺的,不可能分发到应该分发到的地方。在最坏情况下,它还会支持造成这些社会问题的最根源的制度。如果持续的经济增长依赖包容性制度,那么给控制汲取性制度的政权以援助就不可能解决问题。不可否认的是,在人道主义援助之外,来自于具体援助项目的大量物资用于在没有学校的地方修建学校、给没有援助就得不到工资的老师支付工资。虽然流入喀布尔的大量援助没有改善普通阿富汗人的生活,但是其在修建学校、特别是为女孩修建学校方面取得了显著的成功(在塔利班政权及以前的政权下女孩完全被排除在教育之外)。

一个解决办法最近开始越来越流行,部分是建立在制度与繁荣甚至援助的发放有关系这一认识基础上——使援助成为"有条件的"。根据这种观点,持续的外援应该取决于接受国家政府满足某些条件——例如,自由化市场或者走向民主。在有条件性援助方面,乔治·布什政府更进一步,设立了千年挑战账户。千年挑战账户使未来的援助支付依赖于经济和政治发展层面数量上的改进。但是,有条件援助的效果好像并不比无条件援助的效果更好,不符合这些条件的国家跟符合这些条件的国家得到了同样多的援助。原因很简单:它们对发展类援助和人道主义类援助都有更大的需要。并且,可以预见的是,有条件援助好像对一个国家的制度没有什么影响。毕竟,对像塞拉利昂的西亚卡·史蒂文斯或刚果的蒙博托这样的人物来说,仅仅为了得到多一点的外国援助而突然开始瓦解他们所依赖的汲取性制度,是非常令人吃惊的。甚至在外援占政府总预算很大一部分的撒哈拉以南非洲地区,以及在提高了约束性程度的千年挑战账户设立之后,独裁者即使削弱自己的权力基础,能够获得的额外外国援助的数量也非常少,根本不值得冒险丧失对国家的持续控制甚至牺牲自己的生命。

但是,所有这些并不意味着,除人道主义援助外,外国援助就应该停止。结束对外援助是不可行的,很可能会导致更多的人类苦难。之所以不可行,是因为许多西方国家的人民对世界范围内的经济和人类灾难感到内疚和不安,对外援助使他们相信,正在做一些事来解决这些问题。尽管做的这些事不是非常有效,但是他们仍然愿意继续做这些事,这样对外援助也在继续。国际组织和非政府性国际组织这些巨大的综合体也不停地需要并调动资源以确保这种状况持续。而且，切断给最需要帮助的国家的援助将是非常不人道的。的确，大部分援助都被浪费掉了。但是，如果用作援助的每一美元中，有10美分能够给世界上最穷的人，那么他们就比以前多了10美分，可以改善一贫如洗的状况，这仍然比什么都不做要好。

这里有两个重要的经验。第一，对外援助不是解决当前世界范围内国家失败的一种非常有效的方式。那些国家需要包容性经济和政治制度打破贫困循环。对外援助在这方面毫无作用，当然这跟其当前的组织方式无关。认识造成世界不平等和贫困的根源确实非常重要，我们便不会将希望寄托在错误的许诺上。由于那些根源在于制度，在接受援助国给定的制度框架下，对外援助不会刺激持续的增长。第二，既然包容性经济和政治制度的发展是至关重要的，对外援助至少会部分地刺激发展，那么运用已有的对外援助可能是有用的。正如我们看到的，制约性于事无补，当前统治者必须做出让步。使对外援助结构化以便其使用和管理，并让那些被排除在权力之外的集团和领导人参与决策过程，使广大人民获得权力，可能是一个更好的选择。

授　　权

1978年5月12日，对巴西圣保罗州圣伯纳多市的斯卡尼亚拖拉机厂而言，好像就是很平常的一天。但是，工人们无法安宁。在巴西，罢工从1964年就被禁止了，当时军队推翻了总统若昂·古拉特（João Goulart）的民主政府。但是，新闻报道称，政府一直控制国家的通货膨胀数字以致低估了生活成本的增加。早晨7点换班开始，工人们放下工具停止工作。早晨8点，这家工厂工会组织者吉尔森·梅尼茨（Gilson Menezes）召集了工会。圣伯纳多金属工人工会的会长是一个名叫卢拉（Luiz Inácio Lula da Silva，"Lula"）的33岁的活动家。到中午的时候，卢拉已经到了工厂。公司要求他说服工人们回去工作，他拒绝了。

斯卡尼亚罢工是席卷巴西罢工浪潮的第一波。从表面上看，这些罢工都要求增加工资，但是正如卢拉后来说的那样：

我认为,我们不能将经济和政治分开。斗争是要求增加工资,但是在要求增加工资的斗争中,工人阶级赢得了政治胜利。

巴西劳工运动的兴起只是对过去15年军事统治的一种更广泛的社会反应。与民主化后成为巴西总统的卢拉一样,左翼知识分子卡多索(Fernando Henrique Cardoso)1973年就提出,在巴西,许多反对军事统治的社会集团将联合起来创建民主。他说,最需要的是"再现民权社会……专业团体、贸易联盟、教堂、学生组织、研究团体和辩论圈子、社会运动",换句话说,就是以再现民主化和改变巴西社会为目标的广泛联盟。

斯卡尼亚工厂预示着这一联盟的形成。到1978年年末,卢拉已经形成了创建一个新政党——工人党——的想法。然而,这不只是工会会员的政党。卢拉认为,它应该是所有挣工资者和所有穷人的政党。这时,工会领袖努力组织政治平台,开始与许多迅速发展的社会运动联合起来。1979年8月18日,在圣保罗举行了一次会议讨论创建工人党,这次会议将以前的反对派政治家、工会领袖、学生、知识分子和20世纪70年代开始巴西组织的100多个不同社会运动的代表聚在了一起。1979年10月工人党在圣伯纳多的圣加达斯·塔迪奥宾馆成立,代表所有这些不同的集团。

军队不愿意重组,所以该政党很快就从这一政治机遇中获益。在1982年的地方选举中,首次实行候选人制度,工人党赢得了两场市长选举。在整个20世纪80年代,随着民主在巴西的逐渐重建,工人党开始接管越来越多的地方政府。到1988年,它控制了36个自治市政府,包括像圣保罗和阿雷格里港这些大城市。1989年,在军事政变后的首次自由总统选举中,卢拉作为工人党的候选人,在第一轮就赢得了16%的选票,在接下来跟费尔南多·科洛尔(Fernando Collor)的决胜选举中,他赢得了44%的选票。

在接管许多地方政府时,某些事情在20世纪90年代加快发展,工人党开始了与许多地方社会运动的共生关系。在阿雷格里港,1988年后工人党的首届政府就引入了"参与式预算",这是一种让普通市民参与城市支出顺序形成的机制。它创造了一种已经成为世界模式的地方政府问责制和响应能力的制度,它大大改善了公共服务供给和城市生活质量。该政党在地方层次上的成功治理结构预示了在国家层次上的更大政治活力和成功。尽管在 1994 年和 1998 年的总统选举中，卢拉被卡多索（Fernando Henrique Cardoso）打败，但是他在 2002 年当选为巴西总统。工人党从那时起一直掌权。

形形色色的社会运动和有组织的劳动力共同行动创建了广泛的联盟，已经对巴西经济产生了显著影响。自 1990 年以来，经济增长一直很快，贫困人口的比例从 45% 下降到了 2006 年的 30%。在军事统治下急速加剧的不平等现象也迅速下降，特别是在工人党掌权之后，教育有了巨大发展，人口的平均入学年限从 1995 年的 6 年上升到了 2006 年的 8 年。巴西现在已经成为"金砖四国"（巴西、俄罗斯、印度和中国）的成员国，成为首个在国际外交圈中具有举足轻重地位的拉美国家。

20 世纪 70 年代以来巴西崛起，不是因为巴西采取了国际组织的经济学家提出的建议（那些经济学家们试图指导巴西的决策者们如何制定更好的政策或是避免市场失灵），也不是因为外国援助的大量涌入，更不是现代化的自然结果；相反，它是不同集团的人勇敢构建包容性制度的结果。最终，带来了更加包容的经济制度。就像 17 世纪英国的转型一样，巴西的转型，是从创建包容性政治制度开始的。但是，社会如何构建包容性政治制度呢？

正如我们已经看到的，历史充满了改革运动的案例，这些改革屈从于寡头铁律以及一系列汲取性制度，并且被甚至更残酷的汲取性制度取代。我们已经看到，1688 年的英国、1789 年的法国和 1868 年明治维新时期的日本都是从政治革命开始形成包容性政治制度的过程。但是，这些政治革命普遍造成了大量的破坏和困难，它们的成功有很大的偶然性。纳塞尔发誓要在埃及建立一个现代的平等社会，但是这只带来了胡斯尼·穆巴拉克的腐败制度，正如我们在第 13 章中所看到的。罗伯特·穆加贝曾被许多人看作是废黜伊恩·斯密的种族主义和高度汲取性的罗德西亚制度的自由斗士，但是，津巴布韦的制度的汲取性与之前相比毫无改进，其经济绩效甚至比独立前更加糟糕。

为北美、19 世纪的英国和独立后的博茨瓦纳的包容性制度和渐进制度的变迁成功开辟道路的政治革命——还造成了包容性政治制度显著加强——的共同点在于，它们成功地赋予社会成员相当广泛的权力。多元主义，包容性政治制度的基础，要求构成社会政治权力的多元化，并且从权力赋予狭隘精英的汲取性制度开始改革，需要一个权力赋予的过程。正如我们在第 7 章中所强调的，这是为一个阶级推翻另一个阶级的光荣革命做准备的过程。在光荣革命中，多元主义体现在包括商人、实业家、乡绅甚至与皇室没有联系的英国新贵族的广泛联盟领导的推翻詹姆士二世的政治革命中。正如我们看到的，光荣革命由广泛联盟的优先动员和授权推进，更重要的是，它接着又导致了社会更广泛成员得到更进一步权利——尽管这部分成员不代表整个社会，在接下来的 200 多年里，英国仍然并非真正的民主社会。在北美殖民地，导致包容性制度出现的因素也相同，正如我们在第 1 章所看到的。在美国，开始于弗吉尼亚、卡罗来纳、马里兰和马萨诸塞并导致独立宣言和巩固包容性政治制度的道路也是越来越多的社会成员获得权力的道路。

法国大革命，也是一个更广泛的社会成员得到权利的例子，法国大革命反对法国的旧制度并试图为更加多元的政治制度开辟道路。但是，法国大革命，特别是罗伯斯皮尔领导的都铎王朝时期非常残忍的镇压性制度也表明，授权的过程不会一帆风顺。然而，罗伯斯皮尔及其雅各宾派骨干最终被推翻了，从法国大革命中得到的最重要的遗产不是断头台，而是革命在法国和欧洲其他地方实行的广泛改革。

这些授权的历史过程和 20 世纪 70 年代巴西开始发生的变化有许多共同点。尽管工人党的基础之一是工会运动，从其早期就是偏右的，像卢拉这样的领袖人物，连同许多支持工人党的知识分子和反对派政治家，试图将权力分配给一个广泛联盟。这些想法开始与全国的地方社会运动融合，随着工人党接管地方政府，鼓励民众参与并在全国范围内引发了治理革命。与 17 世纪的英国或走向 18 世纪的法国不同，巴西没有爆发迅速转变政治制度的激进革命。但是，在圣伯纳多工厂开始的授权过程是有效果的，部分原因是国家层次发生了基础性的政治变革——例如，军事统治转变为民主统治。更重要的是，确保巴西底层的授权向民主的转变与走向包容性政治制度的行动是一致的，并因此成为政府许诺提供公共服务、发展教育扩张和真正公平竞争环境的关键因素。正如我们已经看到的，民主并非是多元主义存在的保证，巴西多元主义制度的发展和委内瑞拉经验的对比就说明了这一点。委内瑞拉在1958年也转向了民主制度，但是民主的出现并没有实现底层授权，也没有创造政治权力的多元分配。相反，腐败政治、庇荫网络和冲突一直持续，结果，当选民进行投票选举的时候，他们甚至宁愿支持像查韦斯这样有能力的暴君，最可能的原因是他们认为他能够独自对抗委内瑞拉已经存在的精英阶层。结果，委内瑞拉仍然在汲取性制度下受苦受难，而巴西打破了这一模式。

怎样才能迅速启动或促进授权过程及发展包容性政治制度呢？坦白地说，建立这种制度没有良方。很自然，有一些明显的因素使授权的过程更可能开始。因素之一就是某种程度的集权秩序，这样挑战现有机制的社会运动就不会立即造成法律秩序的缺失；还有先前已出现的多元主义的政治制度，比如博茨瓦纳的传统政治制度，使广泛联盟能够形成并延续；以及能够协调人们需求的公民社会机构，使反抗运动不会被当权的精英阶层轻易地镇压，也不会不可避免地沦为另一个集团控制当前汲取性制度的工具。但是，这其中的许多因素都是历史注定的，并且只能缓慢地变化。巴西的案例展示了公民社会机构和相关的政党组织是从头建立的，但是这个过程很缓慢，不同环境下成功概率多大尚未可知。

另一个或一些因素能够在授权过程中起转变性作用：媒体。只有社会广泛获得当权者滥用经济和政治权利的信息后，社会才能获得权力，并且在很大范围协调及维持。我们在第11章看到了，在美国，媒体在给公众提供信息和协调他们对抗破坏包容性制度中发挥的作用。正如我们在第11章的讨论中曾经阐明的，媒体起到了关键的作用，可以将社会广大成员的授权转变成更持久的政治改革，特别是在英国民主化的环境中。

在英国光荣革命、法国大革命以及19世纪英国向民主行进期间，向公众提供信息并激发民众斗志的小册子和图书起了重要作用。同样，媒体，特别是建立在信息和通信技术进步基础上的新形式，如网络博客、匿名聊天、Facebook和Twitter，在伊朗2009年反对艾哈迈迪内贾德的欺骗性选举及随后的镇压中起到了核心作用，在随后的"阿拉伯之春"抗议活动中好像也同样起到了核心作用。

威权政权通常知道自由媒体的重要性，并尽他们所能与之对抗。一个极端的例子就是藤森谦也对秘鲁的统治。尽管藤森最初是民主当选的，但是他很快就在秘鲁建立起了独裁政权，并在其1992年当权期间发动了政变。从那以后，虽然选举仍在进行，但是藤森建立了腐败制度并通过镇压和贿赂进行统治。在这一点上，他严重依赖于其得力助手韦迪米洛·蒙特西诺斯（Valdimiro Montesinos），这个人领导秘鲁强大的国家情报机构。蒙特西诺斯是一个非常有组织性的人，因此他详细记录了当局为收买人心而支付给他们多少钱，甚至将许多贿赂的现场活动录到了录像带上。他这么做是有原因的：除了记录之外，这些证据还可作为他们受贿的证据，如果藤森和蒙特西诺斯被判有罪的话，他们也脱不了干系。政权垮台后，这些记录落到了记者和当局手中。行贿金额显示了媒体在独裁者眼中的价值：最高法院法官为每月5000～10000美元，同一个党或不同党的政治人物得到的钱差不多；但是，当说到报纸和电视台的时候，数目就以百万计了。藤森和蒙特西诺斯有一次花了900万美元控制电视台，另一次花了1000多万美元。他们付给主流报纸100多万美元，给其他报纸每个头条3000～8000美元。藤森和蒙特西诺斯认为，控制媒体比控制政治人物和法官更重要。蒙特西诺斯的心腹之一贝罗将军（General Bello）在其中一盘录像带中总结了这一点，他说："如果我们不能够控制电视，我们就什么也做不了。"

但是，自由媒体和新的通信技术只在边缘起作用，给那些为更加包容的制度而斗争的人提供信息或者协调需求和行动。只有当广泛的社会成员为影响政治变革而动员组织起来的时候，并且这样做不是为了宗派原因或控制汲取性制度，而是为了把汲取性制度转变为包容性制度的时候，他们的帮助才会转变为有意义的变化。正如我们在许多不同的情况下看到的那样，能否开始这个过程、是否为进一步的授权打开大门并最终成为持久的政治改革，将依赖于经济和政治制度的历史，依赖于许多起作用的微小差别，依赖于非常偶然的历史路径。

致　　谢

本书是 15 年合作研究的结晶，在这一过程中，我们积累了大量的实践与智慧。我们获得的最大智慧是我们长期的合作者西蒙·约翰逊（Simon Johnson）给予的，他跟我们合作完成的几篇关键的科学论文，形成了我们对比较经济发展的解释。

我们跟其他合作者一起做了相关的几项研究，他们在我们观点的发展中起了重要作用，在这方面，我们要特别感谢 Philippe Aghion，Jean-Marie Baland，María Angélica Bautista，Davide Cantoni，Isaías Chaves，Jonathan Conning，Melissa Dell，Georgy Egorov，Leopoldo Fergusson，Camilo García-Jimeno，Tarek Hassan，Sebastián Mazzuca，Jeffrey Nugent，Neil Parsons，Steve Pincus，Pablo Querubín，Rafael Santos，Konstantin Sonin，Davide Ticchi，Ragnar Torvik，Juan Fernando Vargas，Thierry Verdier，Andrea Vindigni，Alex Wolitzky，Pierre Yared 和 Fabrizio Zilibotti。

其他许多人在过去数年中在鼓励、挑战并批判我们方面起了非常重要的作用。我们要特别感谢 Lee Alston，Abhijit Banerjee，Robert Bates，Timothy Besley，John Coatsworth，Jared Diamond，Richard Easterlin，Stanley Engerman，Peter Evans，Jeff Frieden，Peter Gourevitch，Stephen Haber，Mark Harrison，Elhanan Helpman，Peter Lindert，Karl Ove Moene，Dani Rodrik 和 Barry Weingast。

有两个人在形成我们的观点和鼓励我们的研究中起了尤其重要的作用，我们要借这个机会向他们表达我们欠下的智力债务和我们诚挚的感谢：Joel Mokyr 和 Ken Sokoloff。然而在本书完成之前，他们就不幸逝世了。我们二人对他们非常怀念。

2010 年 2 月，我们在哈佛数量社会科学研究所就本书初稿的早期版本组织了一次研讨会，我们也非常感谢出席该次研讨会的学者。我们要特别感谢共同组织者Jim Alt 和 Ken Shepsle 以及研讨会上的讨论者：Robert Allen，Abhijit Banerjee，Robert Bates，Stanley Engerman，Claudia Goldin，Elhanan Helpman，Joel Mokyr，Ian Morris，S. evket Pamuk，Steve Pincus，and Peter Temin。我们也要感谢Melissa Dell，Jesús Fernández-Villaverde，Sándor László，Suresh Naidu，Roger Owen，Dan Trefler，Michael Walton 和 Noam Yuchtman，他们在这次研讨会及其他许多场合给了我们广泛的评议。

我们还要感谢 Charles Mann，Leandro Prados de la Escosura 和 David Webster 提供的专家建议。

在本书研究和写作过程的大部分时间里，我们都是加拿大高级研究所（CIFAR）关于制度、组织和增长项目的成员。我们在 CIFAR 会议上多次提交与本书相关的论文，这个绝妙组织及其学者给予的支持使我们获益良多。

在多次讲座和研讨会上，我们收到了成百上千人对本书结论的评论，我们在这里不能一一地感谢提出建议、观点或洞见的学者而深表歉意。

我们还非常感谢 María Angélica Bautista，Melissa Dell，以及 Leander Heldring 在该项目中提供的杰出研究帮助。

最后，不得不说，我们非常幸运地遇到了一个杰出的、有深刻洞见的并特别给予帮助的编辑 John Mahaney。John 的评论和建议使我们这本书有了很大的改进，他对本项目的支持和热情，让我们感到出人意料的愉快和轻松。

引文资料来源

序言

穆罕默德·巴拉迪（Mohamed El Baradei）的观点可在 twitter. com/♯！/ElBaradei 找到。

摩萨比·艾尔·莎米（Mosaab El Shami）和诺哈·韩米德（Noha Hamed）的引语来自 2011 年 2 月 6 日的 Yahoo 新闻，网址为：news. yahoo. com/s/yblog _ exclusive/20110206/ts _ yblog _ exclusive/egyptian-voices-from-tahrir-square。

关于贴在维尔·哈利（Wael Khalil）博客上的 12 个即刻需求，见 alethonews. wordpress. com/2011/02/27/egypt-reviewing-the-demands/。

里德·麦特维（Reda Metwaly）的话引自半岛电视台（Al Jazeera），2/1/2011，网址为：english. aljazeera. net/ news/middleeast/2011/02/2011212597913527. html。

第 1 章 如此近邻却如此不同

对于西班牙人在普拉特河探险的一个很好的讨论是 Rock（1992），第 1 章。对于瓜拉尼人（Guarani）的发现和殖民，见 Ganson（2003）。对 de Sahagún 的引语引自 de Sahagún（1975），第 47—第 49 页。Gibson（1963）论述了西班牙人征服墨西哥及他们所构建的制度。对 de las Casas 的引语分别来自 de las Casas（1992），第 39 页、第 117 页—第 118 页和第 107 页。

关于秘鲁的皮萨罗（Pizarro），见 Hemming（1983）。第 1 章—第 6 章包含了卡哈马卡会议（the meeting at Cajamarca）、向南行进和对印加首都（the Inca capital）库斯科（Cuzco）的占领。关于德·托拉多（de Toledo），见 Hemming（1983）第 20 章。Bakewell（1984）给出了波托西米塔（the Potosí mita）功能的概述；Dell（2010）提供了表明其如何长期持续起作用的统计证据。

对阿瑟·杨（Arthur Young）的引文又见 Sheridan（1973），第 8 页。有许多很好的著作描述了詹姆斯敦（Jamestown）的早期历史：例如，Price（2003）和 Kupperman（2007）。我们的处理深受

Morgan（1975）和 Galenson（1996）的影响。对阿纳斯·陶德吉尔（Anas Todkill）的引文来自 Todkill（1885）第 38 页。对约翰·斯密（John Smith）的引文来自 Price（2003）：第 77 页（"食物……"）、第 99 页（"如果贵国家的国王"）和第 96 页（"如果你要再派……"）。马里兰宪章（The Charter of Maryland）、卡罗来纳的基本宪法（the Fundamental Constitutions）和其他殖民宪法都已经被耶鲁大学（Yale University）的阿瓦隆项目（Avalon Project）放到了互联网上，网址为：avalon. law. yale. edu/17th_century。

Bakewell（2009）第 14 章讨论了墨西哥的独立和宪法。关于独立后的政治不稳定和总统见 Stevens（1991）和 Knight（2011）。Coatsworth（1978）是墨西哥独立后经济衰落证据的重要论文。Haber（2010）提供了墨西哥和美国银行业发展的比较。Sokoloff（1988）和 Sokoloff and Khan（1990）提供了美国提出专利申请的创新者社会背景的证据。关于托马斯·爱迪生（Thomas Edison）的传记见 Israel（2000）。Haber，Maurer，and Razo（2003）提出了对波费里奥·迪亚斯（Porfirio Díaz）政权政治经济学的解释，跟我们讨论的思想高度一致。Haber，Klein，Maurer，and Middlebrook（2008）将对墨西哥政治经济的这种解释扩展到了 20 世纪。关于北美和拉美边界土地的不同分配，见 Nugent and Robinson（2010）和 García-Jimeno and Robinson（2011）。Hu-DeHart（1984）在第 6 章中讨论了雅基族人（the Yaqui people）被放逐的情况。关于卡洛斯·斯利姆（Carlos Slim）的财富及其如何赚得的这些财富，见 Relea（2007）和 Martinez（2002）。

我们关于美洲比较经济发展的解释建立在我们之前跟西蒙·约翰逊（Simon Johnson）合作研究的基础上，特别是 Acemoglu，Johnson，and Robinson（2001，2002），也受到了 Coatsworth（1978，2008）和 Engerman and Sokoloff（1997）的深刻影响。

第 2 章 不起作用的理论

贾雷德·戴蒙德关于世界不平等的观点是在其著作《枪炮、病菌和钢铁》（Guns, Germs and Steel）（1997）中提出来的。Sachs（2006）提出了他自己关于地理决定的看法。关于文化的观念在整个学术文献中广泛传播，但是从来没有在一项研究中聚拢在一起。Weber（2002）认为，新教改革可以解释为什么在欧洲发生了工业革命。Landes（1999）提出，北欧发展出了独一无二的一套文化态度，使他们努力工作、储蓄和创新。Harrison and Huntington, eds.（2000）是文化对比较经济发展具有重要作用的强有力论述，观点就是：英国优越的文化或优越的制度广泛传播，并用来解释美国的卓越（Fisher，1989）以及更普遍的比较发展模式（La Porta，Lopez-de-Silanes，and Shleifer，2008）。Banfield（1958）和 Putnam，Leonardi，and Nanetti（1994）的成果是非常有影响力的文化解释，它解释了文化的一个方面——即他们所谓的"社会资本"——是如何使意大利南部贫困的。对于经济学家如何使用文化观念的考察，见 Guiso，Sapienza，and Zingales（2006）。Tabellini（2010）检验了西欧人之间相互信任的程度与人均年收入之间的相关性。Nunn and Wantchekon（2010）表明非洲信任和社会资本的缺乏与奴隶贸易的历史强度是如何相关的。

刚果的相关历史是由 Hilton（1985）和 Thornton（1983）提供的。关于非洲技术的历史背景，见 Goody（1971），Law（1980）和 Austen and Headrick（1983）。

罗宾斯（Robbins）提出的经济学定义来自 Robbins（1935），第 16 页。对阿巴·勒纳（Abba Lerner）的引用见 Lerner（1972），第 259 页。用无知来解释比较发展的观点隐含在经济发展和政策改革经济学的分析中，例如 Williamson（1990）；Perkins，Radelet，and Lindauer（2006）；and Aghion and Howitt（2009）。最近关于这个观点最强有力的版本是由 Banerjee and Duflo（2011）发展出来的。

Acemoglu，Johnson，and Robinson（2001，2002）提供了关于制度、地理和文化相对作用的统计分析，表明制度在解释当前人均收入差异方面胜过其他两个方面。

第 3 章 贫富的形成

关于汲取性制度的概念最初是在 Acemoglu，Johnson，and Robinson（2001）中提出的。包容性制度（inclusive institutions）的术语是贝斯利（Tim Besley）给我们的建议。经济失利者（economic losers）这个术语及其与政治失利者（political losers）之间的差别来自 Acemoglu and Robinson（2000b）。关于巴巴多斯（Barbados）的数据来自 Dunn（1969）。我们对于苏联经济的处理是基于 Nove（1992）和 Davies（1998）。阿兰（2003）提供了关于苏联经济史更正面的另一个解释。

在社会科学文献中，有大量的研究与我们的理论和论点相关。见 Acemoglu，Johnson，and Robinson（2005b）对这些文献及我们贡献的回顾。比较发展的制度观点建立在大量重要研究的基础上。特别注明的是诺思（North）的著作，见 North and Thomas（1973），North（1982），North and Weingast（1989）和 North，Wallis，and Weingast（2009）。Olson（1984）也提供了一个经济增长政治经济学的非常有影响力的解释。Mokyr（1990）是将世界历史经济失利者和相当技术变革联系起来的重要著作。经济失利者的概念在社会科学中作为对有效制度和政策结果没有出现的解释非常盛行。我们的解释建立在 Robinson（1998）和 Acemoglu and Robinson（2000b，2006b）的基础上，跟强调包容性制度出现的最重要障碍是精英们担心失去其政治权力的观点不同。Jones（2003）提供了强调这种观点的丰富历史；Engerman and Sokoloff（1997）关于美洲的重要著作也强调这些观点。对非洲不发达最基本的政治经济学解释是由 Bates（1981，1983，1989）发展的，这些著作深深地影响了我们。Dalton（1965）和 Killick（1978）的基础研究强调政治在非洲发展中的作用，特别是对失去政治权力的担心是如何影响经济政策的。政治失利者的概念此前隐含在政治经济学的其他理论著作中，例如 Besley and Coate（1998）和 Bourguignon and Verdier（2000）。政治集权和国家制度在发展中的作用被许多追随马克斯·韦伯（Max Weber）著作的历史社会学家强调得最厉害，最著名的是 Mann（1986，1993），Migdal（1988）

和 Evans（1995）。在非洲，关于国家与发展联系的著作受到了 Herbst（2000）和 Bates（2001）的强调。经济学家最近开始对这方面文献做出贡献，例如 Acemoglu（2005）和 Besley and Persson（2011）。最后，Johnson（1982），Haggard（1990），Wade（1990）和 Amsden（1992）强调了东亚国家特殊的政治经济是如何让他们在经济上取得如此成功的。Finley（1965）提出的一个基本观点认为，奴隶制要对古典世界技术变化的缺乏负责。

汲取性制度下的增长是可能的，但也是不可能持续的，这个观点在 Acemoglu（2008）中有所强调。

第4章 微小差别和关键节点：历史的重要性

Benedictow（2004）提供了关于黑死病的确定性概观，尽管他对这场瘟疫杀死了多少人的估计存在争议。对薄伽丘（Boccaccio）和什鲁斯伯里的拉夫（Ralph of Shrewsbury）的引用来自 Horrox（1994）的重印。Hatcher（2008）提供了英格兰关于这场瘟疫预测和到来的有力记述。《劳工法案》的文本可以从阿瓦隆项目（the Avalon Project）网站上找到，网址为：avalon.law.yale.edu/medieval/statlab.asp。

黑死病对东欧和西欧差距影响的基础性研究是 North and Thomas（1973）和 Brenner（1976），他们对政治权力的最初分配如何影响黑死病后果的分析极大地影响了我们的观点。关于东欧第二次农奴制，见 Du Plessis（1997）。Conning（2010）和 Acemoglu and Wolitzky（2011）发展了布伦南（Brenner）观点的正式模型。对詹姆士·瓦特（James Watt）的引用来自 Robinson（1964），第223页—第224页的重印。

在 Acemoglu, Johnson, and Robinson（2005a）中，我们首次提出了是大西洋贸易和最初制度差异之间的相互作用导致了英国制度的分化，并最终导致了工业革命（the Industrial Revolution）。寡头铁律的观点来自 Michels（1962）。关键节点（a critical juncture）的概念最初是由 Lipset and Rokkan（1967）发展的。

关于制度在奥斯曼帝国长期发展中的作用，Owen（1981），Owen and Pamuk（1999），and Pamuk（2006）的研究是基础性的。

第5章 "我已经看到未来，会很美好"：汲取性制度下的增长

关于史蒂芬斯（Steffens）出访苏联和他对巴鲁克（Baruch）说的话，见 Steffens（1931），第18章，第790页—第802页。对于20世纪30年代饿死的人数，我们使用的是 Davies and Wheatcroft（2004）的数字。关于1937年人口普查的数字，见 Wheatcroft and Davies（1994a, 1994b）。苏联经济中创新的性质在 Berliner（1976）中有所研究。我们关于斯大林主义特别是经济计划实际上如何运行的讨论是以 Gregory and Harrison（2005）为基础的。关于美国经济学教科书作者如何持续使苏联经济增长是错误

的，见 Levy and Peart (2009)。

我们对乐乐和布松的处理与解释以 Douglas (1962，1963) and Vansina (1978) 的研究为基础。

关于长夏（the Long Summer）的概念，见 Fagan (2003)。关于纳图夫人（Natufians）可以得到的介绍和我们提到的考古学地址可以在 Mithen (2006) 和 Barker (2006) 中找到。关于阿布胡赖拉（Abu Hureyra）的基础性研究是 Moore，Hillman，and Legge (2000)，他记录了定居生活和制度革新是如何先于农耕出现的。对于定居生活先于农耕出现证据的总概览，见 Smith (1998)；对纳图夫人案例的研究见 Bar-Yosef and Belfer-Cohen (1992)。我们对新石器革命的关注，受到了 Sahlins (1972) 的启发，Sahlins (1972) 还有关于伊尔伊龙特人（Yir Yoront）的逸闻趣事。

我们对于玛雅历史的讨论参考了 Martin and Grube (2000) 和 Webster (2002)。对于库潘（Copán）人口史的重述来自 Webster，Freter，and Gonlin (2000)。标注日期的纪念碑数目来自 Sidrys and Berger (1979)。

第6章 渐行渐远

关于威尼斯案例的讨论参考 Puga and Trefler (2010) 以及 Lane (1973) 的第8章和第9章。

关于罗马的资料包含在任何标准史中。我们对罗马经济制度的解释参考了 Finlay (1999) 和 Bang (2008)。我们对罗马衰落的解释参考了 Ward-Perkins (2006) 和 Goldsworthy (2009)。关于罗马帝国后期的制度变迁，见 Jones (1964)。关于提比略（Tiberius）和恺撒（Hadrian）的故事来自 Finley (1999)。

船只失事的证据最初是由 Hopkins (1980) 采用的。关于船只失事和格陵兰冰芯计划（the Greenland Ice Core Project）的概述，见 De Callata (2005) and Jongman (2007)。

文德兰达石碑可以在网址 vindolanda. csad. ox. ac. uk/得到。我们使用的引文来自 TVII Pub. no.：343。

对于导致罗马统治下的英国衰落因素的讨论参考了 Cleary (1989) 第4章、Faulkner (2000) 第7章和 Dark (1994) 第2章。

关于阿克苏姆（Aksum），见 Munro-Hay (1991)。关于欧洲封建主义及其起源的基础研究是 Bloch (1961)；关于埃塞俄比亚封建主义，参考了 Crummey (2000)。Phillipson (1998) 比较了阿克苏姆的衰落和罗马帝国的衰落。

第7章 转折点

李（Lee）的机器及其与伊丽莎白一世女王会面的故事可在 calverton. homestead. com/willlee. html上得到。

Allen（2009b）运用《戴克里先最高价格法令》（*Diocletian's Edict on Maximum Prices*）提出了实际工资的数据。

我们关于工业革命（the Industrial Revolution）根源的论点深受 North and Thomas（1973），North and Weingast（1989），Brenner（1993），Pincus（2009）和 Pincus and Robinson（2010）论点的影响。这些学者又都受到了马克思在更早时候对英国制度变革和资本主义出现解释的启发；见 Dobb（1963）和 Hill（1961，1980）。关于亨利八世（Henry Ⅷ）的国家建设计划如何改变英国社会结构的论述，可见 Tawney（1941）。

《大宪章》（*the Magna Carta*）的文本可在阿瓦隆项目（the Avalon Project）网站上找到，网址为：avalon. law. yale. edu/medieval/magframe. asp。

Elton（1953）是亨利八世（Henry Ⅷ）统治下国家制度发展的基础研究，Neale（1971）将这些与议会的演变关联起来了。

关于农民起义，见 Hilton（2003）。对希尔（Hill）关于垄断的引语来自 Hill（1961）第 25 页。关于查理一世（Charles Ⅰ）"个人统治"时期，我们参考了 Sharp（1992）。我们关于不同集团和地区是站在支持议会还是反对议会一边的证据来自 Brunton and Pennington（1954），Hill（1961）和 Stone（2001）。对于光荣革命（the Glorious Revolution），Pincus（2009）是基础性的；Pincus（2009）讨论了政策和经济制度的许多专门变化，例如，火炉税（the Hearth Tax）的废除和英格兰银行（the Bank of England）的创建。又见 Pincus and Robinson（2010）。Pettigrew（2007，2009）讨论了对垄断——包括对皇家非洲公司——的攻击，我们关于请愿的数据就来自其论文。Knights（2010）强调了请愿的政治重要性。我们关于霍尔银行（Hoare's Bank）的信息来自 Temin and Voth（2008）。

我们关于检察官考普维特和特许税局的信息来自 Brewer（1988）。

关于工业革命经济史的概述依赖于 Mantoux（1961），Daunton（1995），Allen（2009a）和 Mokyr（1990，2009），他们提供了我们所讨论的著名发明家和发明的详细信息。关于鲍德温家族的故事来自 Bogart and Richardson（2009，2011），他们强调了光荣革命（the Glorious Revolution）、产权重组与公路和运河的建造之间的关系。关于《白棉布法案》（*the Calicoe Acts*）和《曼彻斯特法案》（*Manchester Acts*），见 O'Brien, Griffiths, and Hunt（1991），这是对立法引用的来源。关于新人们在工业中的控制力，见 Daunton（1995）第 7 章和 Crouzet（1985）。

我们对于主要制度变迁首先发生在英格兰的解释以 Acemoglu, Johnson, and Robinson（2005a）和 Brenner（1976）为基础。关于独立商人数据及他们政治偏好的资料来自 Zahedieh（2010）。

第 8 章　我们力所不及：发展的障碍

关于奥斯曼帝国对印刷机的抵制，见 Savage-Smith（2003）第 656 页—第 659 页。比较历史文献来自 Easterlin（1981）。

我们关于西班牙政治制度的讨论来自 Thompson（1994a，1994b）。关于这一时期西班牙经济衰落的证据，见 Nogal and Prados de la Escosura（2007）。

我们关于奥匈帝国经济发展障碍的讨论参考了 Blum（1943），Freudenberger（1967）和 Gross（1973）。对玛丽娅·特蕾西娅的引语来自 Freudenberger（1967），第 495 页。所有其他对哈蒂格伯爵（Count Hartig）和弗朗西斯一世（Francis Ⅰ）的引语都来自 Blum（1943）。弗朗西斯对来自蒂罗尔代表的反复引自 Jászi（1929）第 80 页—第 81 页。弗里德里希·冯·根茨对罗伯特·欧文（Robert Owen）的评论也引自 Jászi（1929）第 80 页。奥地利罗斯柴尔德家族（the Rothschilds）的经历在 Corti（1928）第 2 章中有所讨论。

我们对俄国的分析参考了 Gerschenkron（1970）。对克鲁泡特金（Kropotkin）的引语来自这本书 2009 年版的第 60 页。尼古拉斯（Nicholas）和米哈伊尔（Mikhail）之间的对话引自 Saunders（1992）第 117 页。阚克林关于铁路的引语在 Owen（1991）第 15 页—第 16 页。

尼古拉斯对制造业者的演讲重印于 Pintner（1967），第 100 页。

对 A. A. 扎科沃斯基（A. A. Zakrevskii）的引语来自 Pintner（1967），第 235 页。

关于郑和船长，见 Dreyer（2007）。现代中国早期的经济史包含在 Myers and Wang（2002）中。对陈堂（T'ang Chen）的引语来自 Myers and Wang（2002），第 564 页—第 565 页。

对埃塞俄比亚相关历史的概述，见 Zewde（2002）。埃塞俄比亚在历史上极富汲取性的资料来自 Pankhurst（1961），我们在本书中重印的所有引语都来自这本书。

对于索马里制度和历史的描述参考 Lewis（1961，2002）。对于哈桑·伍加斯（Hassan Ugaas）的《赫尔》（heer）重印于 Lewis（1961）第 177 页；我们关于一场世仇（feud）的描述来自 Lewis（1961）第 8 章，在那本书中他报告了很多其他案例。关于塔克里王国及其文字书写，见 Ewald（1988）。

第 9 章　逆转发展

我们关于安汶和班达被荷兰东印度公司接管的讨论及该公司对东南亚发展的负面影响参考了 Hanna（1978）以及 Reid（1993）的第 5 章。对托迈·皮雷斯（Tomé Pires）的引语来自 Reid（1993）第 271 页；荷兰人在马京达瑙（Maguindanao）造访时，见第 299 页；马京达瑙的苏丹，见第 299—第 300 页。关于荷兰东印度公司对香料价格影响的资料来自 O'Rourke and Williamson（2002）。

对非洲社会奴隶制的结论性概览和奴隶贸易的影响见 Lovejoy（2000）。Lovejoy（2000）第 47 页表 31 报告了奴隶贸易程度的一致估计。Nunn（2008）第一次提供了奴隶贸易对非洲经济制度和经济增长影响的数量估计。枪支弹药进口的资料来自 Inikori（1977）。弗朗西斯·摩尔（Francis Moore）的证词引自 Lovejoy（2000），第 89—第 90 页。Law（1977）对奥约州的扩张进行了最初的研究。奴隶贸易对非洲人口影响的估计引自 Manning（1990）。Lovejoy（2000）第 8 章、Law（1995）中的论文和 Austin（2005）这部重要著作是我们对"合法商业"时期分析讨论的基础。在非洲，非洲人中奴隶比重的资料来自 Lovejoy（2000），第 192 页表 9.2。

关于利比里亚劳动力的资料来自 Clower，Dalton，Harwitz，and Walters（1966）。

二元经济思想是由 Lewis（1954）发展的。Fergusson（2010）发展了二元经济的数学模型。殖民主义的创造的观念最初是在 Palmer and Parsons（1977）编辑的论文集中提出来的。我们对南非的研究以 Bundy（1979）和 Feinstein（2005）为基础。

摩拉维亚（Moravian）传教士引自 Bundy（1979）第 46 页；约翰·海明（John Hemming）引自 Bundy（1979）第 72 页。在东格利夸兰土地所有权的扩散来自 Bundy（1979）第 89 页；斯蒂芬·宋吉卡（Stephen Sonjica）的开采来自 Bundy（1979）第 94 页；对马修·比莱斯（Matthew Blyth）的引语来自 Bundy（1979）第 97 页；对芬果兰 1884 年欧洲观察家的引语来自 Bundy（1979）第 100 页—第 101 页。乔治·阿尔布（George Albu）引自 Feinstein（2005）第 63 页；当地事务秘书引自 Feinstein（2005）第 45 页；沃尔沃德引自 Feinstein（2005）第 159 页。非洲黄金矿工实际工资的资料来自 Wilson（1972）第 66 页。G. 芬德利（G. Findlay）引自 Bundy（1979）第 242 页。西方富国的发展是对世界上其他国家不发达镜像的观点最初是由 Wallertsein（1974—2011）提出的，尽管他强调的跟我们所强调的是完全不同的机制。

第 10 章　繁荣的扩散

本章主要建立在我们之前跟西蒙·约翰逊和戴维·坎同尼（Davide Cantoni）合作研究的基础上：Acemoglu，Johnson，and Robinson（2002）and Acemoglu，Cantoni，Johnson，and Robinson（2010，2011）。

我们对澳大利亚早期制度发展的讨论参考了 Hirst（1983，1988，2003）and Neal（1991）的基础性研究。下达给法官科林斯（Judge Collins）文书的最初原稿［这要感谢澳大利亚麦考瑞大学法学院（the Macquarie University Law School）］见 www.law.mq.edu.au/ scnsw/html/Cable％ 20v％ 20Sinclair,％201788. htm。

麦克阿瑟（Macarthur）对温特沃斯（Wentworth）支持者的特征描述引自 Melbourne（1963）第 131 页—第 132 页。

我们关于罗斯柴尔德家族（the Rothschilds）起源的讨论参考了 Ferguson（1998）；迈耶·罗斯柴尔德对其儿子的评价重印于 Ferguson（1998）第 76 页。

我们关于法国对欧洲制度影响的讨论引自 Acemoglu，Cantoni，Johnson，and Robinson（2010，2011）及相关参考文献。关于法国大革命的标准概述见 Doyle（2002）。拿骚-乌辛根（Nassau-Usingen）

封建税费的信息来自 Lenger（2004）第 96 页。Ogilivie（2011）概述了行会对欧洲发展的历史影响。

对于大久保利通（Ōkubo Toshimichi）生活的处理见 Iwata（1964）。坂本龙马（Sakamoto Ryūma）的八点计划重印于 Jansen（2000）第 310 页。

第 11 章　良性循环

我们关于《布莱克法案》（the Black Act）的讨论参考 Thompson（1975）。巴蒂斯特·纳恩（Baptist Nunn）6 月 27 日的报告来自 Thompson（1975）第 65 页—第 66 页。其他引文来自 Thompson（1975）关于法治的章节，第 258 页—第 269 页，这一部分非常值得作为一个整体来阅读。

我们关于英国民主化的讨论以 Acemoglu and Robinson（2000a，2001，and 2006a）为基础。格雷伯爵（Earl Grey）的演讲引自 Evans（1996）第 223 页。史蒂芬斯关于民主的评论引自 Briggs（1959）第 34 页。对汤普森的引语来自 Thompson（1975）第 269 页。

《人民宪章》（the People's Charter）的全文可在 Cole and Filson（1951）和 web.bham.ac.uk/1848/document/peoplech.htm 找到。

对伯克（Burke）的引语来自 Burke（1790/1969）第 152 页。

Lindert（2004，2009）对过去 200 年间民主和公共政策的协同演进做了基础性研究。

Keyssar（2009）对美国政治权利的演进做了基础性介绍。范德比尔特（Cornelius Vanderbilt）引自 Josephson（1934），第 15 页。罗斯福（Roosevelt）演讲的全文见 www.theodore-roosevelt.com/sotul.html。

对伍德罗·威尔逊（Woodrow Wilson）的引语来自 Wilson（1913）第 286 页。

罗斯福总统（President Roosevelt）炉边谈话（Fireside Chat）的全文可在 miller-center.org/scripps/archive/speeches/detail/3309 找到。

关于阿根廷和美国最高法院法官的相对长期聘用的资料是在 Iaryczower, Spiller, and Tommasi（2002）中提出的。Helmke（2004）讨论了阿根廷法院安插亲信的历史，引用了大法官卡洛斯·菲亚特（Justice Carlos Fayt）的话。

第 12 章　恶性循环

本章主要依赖于我们关于制度延续的理论和经验研究，特别是 Acemoglu, Johnson, and Robinson（2005b）和 Acemoglu and Robinson（2008a）。Heath（1972）和 Kelley and Klein（1980）对寡头铁律适用于 1952 年玻利维亚革命进行了基础性研究。

对英国议会文本的引用重印于下议院（House of Commons，1904）第 15 页。对塞拉利昂独立后的早期政治史在 Cartwright（1970）中有很好的讲述。尽管对西亚卡·史蒂文斯（Siaka Stevens）为什么停运铁路线的解释迥异,但是显著的原因是他这样做是为了孤立曼迪兰(Mendeland)。在这一点上,我们参考了 Abraham and Sesay (1993) 第 120 页; Richards (1996) 第 42 页—第 43 页和 Davies (2007) 第 684 页—第 685 页。Reno (1995, 2003) 是对史蒂文斯政权的最好研究。关于农业市场委员会(the agricultural marketing boards)的资料来自 Davies (2007)。关于萨姆·班古拉(Sam Bangura)被扔出窗外谋杀,见 Reno (1995) 第 137 页—第 141 页。Jackson (2004) 第 63 页和 Keen (2005) 第 17 页,讨论了首字母缩略词 ISU 和 SSD。Bates (1981) 对市场委员会如何破坏了独立后非洲的农业生产率进行了基础性分析,关于加纳首领的政治联系如何决定土地产权的研究见 Goldstein and Udry (2009)。

对于 1993 年政治家和征服者之间的关系,见 Dosal (1995) 第 1 章和 Casaús Arzú (2007)。我们关于 the Consulado de Comercio 政策的讨论参考 Woodward (1966)。对总统巴里奥斯(Barrios)的引语来自 McCreery (1994) 第 187—第 188 页。我们关于豪尔赫·乌维科(Jorge Ubico)政权的讨论参考 Grieb (1979)。

我们对美国南方不发达的讨论参考 Acemoglu and Robinson (2008b)。关于内战前奴隶经济的发展,见 Wright (1978); 关于工业的稀少,见 Bateman and Weiss (1981)。Fogel and Engerman (1974) 给出了富有争议的不同解释。Wright (1986) 和 Ransom and Sutch (2001) 对 1865 年后南方经济实际变化的程度给出了概览。对议员乔治·华盛顿·朱利安(George Washington Julian)的引语引自 Wiener (1978) 第 6 页。同一本书包含了对内战后南方土地精英们持续存在的分析。Naidu (2009) 检验了南方各州 19 世纪 90 年代引入人头税和文化测试的影响。对杜波依斯(W. E. B. Du Bois)的引语来自其著作 Du Bois (1903) 第 88 页。《亚拉巴马州宪法》(*the Alabama constitution*) 第 256 条可在 www. legislature. state. al. us/ CodeOfAlabama/Constitution/1901/CA-245806. html 找到。

Alston and Ferrie (1999) 讨论了南方政治人物们是如何阻止他们认为会破坏南方经济的联邦法律的。Woodward (1955) 对《种族隔离法》(*Jim Crow*) 的形成给出了基础性概述。

对埃塞俄比亚革命(the Ethiopian revolution)的概述是由 Halliday and Molyneux (1981) 提供的。关于皇帝的坐垫,见 Kapuściński (1983)。对维特·沃尔德·乔治斯(Dawit Wolde Giorgis)的引语分别来自 Dawit Wolde Giorgis (1989) 第 49 页和第 48 页。

第 13 章 现在为什么有些国家失败了?

对于 BBC 关于穆加贝(Mugabe)成功中彩票的报道,包括津巴布韦银行(Zimbank)的公开声明,见 news. bbc. co. uk/2/hi/africa/621895. stm。

我们对罗德西亚(Rhodesia)白人统治形成的处理,参考了 Palmer (1977) 和 Alexander (2006)。Meredith (2007) 提供了最近津巴布韦政治的很好概述。

我们对塞拉利昂内战的记述参考了 Richards (1996),Truth and Reconciliation Commission (2004)

和 Keen（2005）。1995 年在首都城市弗里敦（Freetown）报纸上发表的分析引自 Keen（2005）第 34 页。RUF"通往民主之路（Footpaths to Democracy）"的全文可在 www. sierra-leone. org/AFRC-RUF/footpaths. html 找到。

对 Geoma 十几岁孩子证言的引用来自 Keen（2005）第 42 页。

我们关于哥伦比亚准军事组织的讨论参考了 Acemoglu，Robinson，and Santos（2010）和 Chaves and Robinson（2010），这主要依赖于哥伦比亚学者的广泛研究，特别是 Romero（2003）、Romero（2007）中的论文和 López（2010）。León（2009）是对哥伦比亚现代冲突性质的可以接受的平衡记述。周报 Semana 的网址也很重要，www. verdadabierta. com/。所有的引语来自 Acemoglu，Robinson，and Santos（2010）。Martín Llanos 和卡萨纳雷省（Casanare）市长们的契约可以用西班牙语在 www. verdadabierta. com/victimarios/los-jefes/714-perfil-hector-german-buitrago-alias-martinllanos 找到。

关于 El Corralito 的起源和后果在《经济学家》（*The Economist*）杂志的系列论文中有很好的阐述，网址为：www. economist. com/ search/apachesolr _ search/corralito。

关于内陆在阿根廷发展中的作用，见 Sawers（1996）。

关于豪华宫殿和白兰地酒的消费，见 Post（2004）第 12 章。

我们对乌兹别克斯坦（Uzbeksitan）童工及用于采摘棉花的讨论参考 Kandiyoti（2008），网址为：www. soas. ac. uk/cccac/events/cottonsector-in-central-asia-2005/file49842. pdf. 对 Gulnaz 的引语来自 Kandiyoti（2008）第 20 页。关于安地占的暴动，见 International Crisis Group（2005）。

我们关于埃及"裙带资本主义（crony capitalism）"的分析参考 Sfakianakis（2004）。

第 14 章　打破僵局

我们对博茨瓦纳（Botswana）的研究参考 Acemoglu，Johnson，and Robinson（2003）；Robinson and Parsons（2006）和 Leith（2005）。Schapera（1970）和 Parsons，Henderson，and Tlou（1995）是基础性成果。高级专员雷（Rey）的话引自 Acemoglu，Johnson，and Robinson（2003）第 96 页。三位首领造访伦敦的讨论参考 Parsons（1998），所有相关的引语都来自这本书：张伯伦（Chamberlain）的，第 206 页—第 207 页；费尔菲尔德（Fairfield）的，第 209 页；罗德斯（Rhodes）的，第 223 页。对夏佩拉（Schapera）的引语来自 Schapera（1940）第 72 页。对奎特·马西雷（Quett Masire）的引语来自 Masire（2006）第 43 页。关于茨瓦纳部族种族合并，见 Schapera（1952）。我们对于美国南方变化的研究参考 Acemoglu and Robinson（2008b）。关于美国南方的人口迁出运动，见 Wright（1999）；关于棉花采摘的机械化，见 Heinicke（1994）。"FRDUM FOOF SPETGH"引自 Mickey（2008）第 50 页。史卓姆·瑟蒙德（Strom Thurmond）1948 年的演讲引自 www. slate. com/id/2075151/，你也可以听声音记录。关于詹姆斯·梅雷迪斯（James Meredith）和密西西比牛津（Oxford, Mississippi），见 Doyle

(2001)。关于民权立法对南方黑人投票的影响，见 Wright（1999）。

第 15 章　理解繁荣与贫困

现代化假说是在 Lipset（1959）中清楚提出的。反对这个假说的证据在 Acemoglu，Johnson，Robinson，and Yared（2008，2009）中有详细讨论。乔治·布什（George H. W. Bush）的引语来自 news.bbc.co.uk/2/hi/business/752224.stm。

我们对 2001 年 12 月之后阿富汗 NGO 活动和外国援助的讨论来自 Ghani and Lockhart（2008）。关于对外援助的问题，又见 Reinikka and Svensson（2004）和 Easterly（2006）。

我们对津巴布韦宏观经济改革和通货膨胀问题的讨论来自 Acemoglu，Johnson，Robinson，and Querubín（2008）。对 Seva Mandir 的讨论来自 Banerjee，Duflo，and Glennerster（2008）。

关于巴西工人党的形成来自 Keck（1992）；关于斯堪尼亚罢工（Scânia strike），见第 4 章。对卡多索（Cardoso）的引语来自 Keck（1992）第 44 页—第 45 页；对卢拉（Lula）的引语，来自 Keck（1992）第 65 页。

对藤森（Fujimori）和蒙特西诺斯（Valdimiro Montesinos）控制媒体努力的讨论来自 McMillan and Zoido（2004）。

地图的来源

地图 1：印加帝国（The Inca Empire）和公路体系（road system）引自 John V. Murra (1984), "Andean Societies before 1532," in Leslie Bethell, ed., *The Cambridge History of Latin America*, vol. 1 (New York: Cambridge University Press)。米塔集水区的地图来自 Melissa Dell (2010), "The Persistent Effects of Peru's Mining Mita," *Econometrica* 78: 6, 1863—1903。

地图 2：是运用下面论文的资料绘制的：Miriam Bruhn and Francisco Gallego (2010), "The Good, the Bad, and the Ugly: Do They Matter for Economic Development?", 即将发表于 *the Review of Economics and Statistics*。

地图 3：是运用 World Development Indicators (2008), the World Bank 的资料绘制的。

地图 4：野猪的地图来自 W. L. R. Oliver; I. L. Brisbin, Jr.; and S. Takahashi (1993), "The Eurasian Wild Pig (Sus scrofa)," in W. L. R. Oliver, ed., Pigs, *Peccaries, and Hippos: Status Survey and Action Plan* (Gland, Switzerland: IUCN), pp. 112—121；野牛的地图来自 Cisvan Vuure (2005), *Retracing the Aurochs* (Sofia: Pensoft Publishers) 第 41 页的野牛地图。

地图 5：引自 Daniel Zohary and Maria Hopf (2001), *The Domestication of Plants in the Old World*, 3rd edition (New York: Oxford University Press)，小麦的，第 56 页，地图 4；大麦的，第 55 页，地图 5。水稻分布的地图引自 Te-Tzu Chang (1976), "The Origin, Evolution, Cultivation, Dissemination, and Diversification of Asian and African Rices," *Euphytica* 25, 425—441, 第 433 页图 2。

地图 6：库巴王国以 Jan Vansina (1978), *The Children of Woot* (Madison: University of Wisconsin Press) 第 8 页的地图 2 为基础。刚果的以 Jan Vansina (1995), "Equatorial Africa Before the Nineteenth Century," in Philip Curtin, Steven Feierman, Leonard Thompson, and Jan Vansina, *African History: From Earliest Times to Independence* (New York: Longman) 第 228 页地图 8.4 为基础。

地图 8：根据以下著作中的资料构造：Jerome Blum (1998), *The End of the Old Order in Rural Europe* (Princeton: Princeton University Press)。

地图 9：来自以下著作中的地图：Colin Martin and Geoffrey Parker (1988), *The Spanish*

Armada (London： Hamilton)，pp.i—ii，243。

地图10：来自以下著作：Simon Martin and Nikolai Gribe (2000)，*Chronicle of the Maya Kings and Queens： Deciphering the Dynasties of the Ancient Maya* (London： Thames and Hudson)，p.21。

地图11：引自以下文献中的地图：Mark A. Kishlansky，Patrick Geary，and Patricia O'Brien (1991)，*Civilization in the West* (New York： HarperCollins Publishers)，p.151。

地图12：索马里部族引自下列文献中的地图：Ioan M. Lewis (2002)，*A Modern History of Somalia* (Oxford： James Currey)，map of "Somali ethnic and clan-family distribution 2002"；阿克苏姆（Aksum）的地图来自：Kevin Shillington (1995)，*History of Africa*，2nd edition (New York： St. Martin's Press)，map 5.4，p.69。

地图13：J. R. Walton (1998)，"Changing Patterns of Trade and Interaction Since 1500," in R. A. Butlin and R. A. Dodgshon，eds.，*An Historical Geography of Europe* (Oxford： Oxford University Press)，figure 15.2，p.326。

地图14：来自 Anthony Reid (1988)，*Southeast Asia in the Age of Commerce，1450—1680： Volume 1，The Land Below the Winds* (New Haven： Yale University Press)，map 2，p.9。

地图15：根据以下论文中的资料绘制：Nathan Nunn (2008)，"The Long Term Effects of Africa's Slave Trades," *Quarterly Journal of Economics* 123，no. 1，139—176。

地图16：地图是以以下地图为基础的：南非的，A. J. Christopher (2001)，*The Atlas of Changing South Africa* (London： Routledge)，figure 1.19，p.31；津巴布韦的，Robin Palmer (1977)，*Land and Racial Domination in Rhodesia* (Berkeley： University of California Press)，map 5，p.245。

地图17：引自 Alexander Grab (2003)，*Napoleon and the Transformation of Europe* (London： Palgrave Macmillan)，map 1，p.17；map 2，p.91。

地图18：运用美国1840年人口普查的数据绘制出来，数据可以在国家历史地理信息系统（the National Historical Geographic Information System）下载，网址为：http：//www.nhgis.org/。

地图19：运用美国1880年人口普查的数据绘制出来，数据可以在国家历史地理信息系统（the National Historical Geographic Information System）下载，网址为：http：//www.nhgis.org/。

地图20：Daron Acemoglu，James A. Robinson，and Rafael J. Santos (2010)，"The Monopoly of Violence： Evidence from Colombia," at http：//scholar.harvard.edu/jrobinson/files/jr_formationofstate.pdf。

参考文献

Abraham, Arthur, and Habib Sesay (1993). "Regional Politics and Social Service Provision Since Independence." In C. Magbaily Fyle, ed. The State and the Provision of Social Services in Sierra Leone Since Independence, 1961—1991. Oxford, U.K.: Codesaria.

Acemoglu, Daron (2005). "Politics and Economics in Weak and Strong States." Journal of Monetary Economics 52: 1199—1226.

——(2008). "Oligarchic Versus Democratic Societies." Journal of European Economic Association 6: 1—44.

Acemoglu, Daron, Davide Cantoni, Simon Johnson, and James A. Robinson (2010). "From Ancien Régime to Capitalism: The Spread of the French Revolution as a Natural Experiment." In Jared Diamond and James A. Robinson, eds. Natural Experiments in History. Cambridge, Mass.: Harvard University Press.

——(2011). "Consequences of Radical Reform: The French Revolution." American Economic Review, forthcoming.

Acemoglu, Daron, Simon Johnson, and James A. Robinson (2001). "The Colonial Origins of Comparative Development: An Empirical Investigation." American Economic Review 91: 1369—1401.

——(2002). "Reversal of Fortune: Geography and Institutions in the Making of the Modern World Income Distribution." Quarterly Journal of Economics 118: 1231—1294.

——(2003). "An African Success Story: Botswana." In Dani Rodrik, ed. In Search of Prosperity: Analytic Narratives on Economic Growth. Princeton, N. J.: Princeton University Press.

——(2005a). "Rise of Europe: Atlantic Trade, Institutional Change and Economic Growth." American Economic Review 95: 546—579.

——(2005b). "Institutions as the Fundamental Cause of Long-Run Growth." In Philippe Aghion and

Steven Durlauf, eds. Handbook of Economic Growth. Amsterdam: North-Holland.

Acemoglu, Daron, Simon Johnson, James A. Robinson, and Pablo Querubín (2008). "When Does Policy Reform Work? The Case of Central Bank Independence." Brookings Papers in Economic Activity, 351—418.

Acemoglu, Daron, Simon Johnson, James A. Robinson, and Pierre Yared (2008). "Income and Democracy." American Economic Review 98: 808—842.

——(2009). "Revaluating the Modernization Hypothesis." Journal of Monetary Economics 56: 1043—1058.

Acemoglu, Daron, and James A. Robinson (2000a). "Why Did the West Extend the Franchise? Growth, Inequality and Democracy in Historical Perspective." Quarterly Journal of Economics 115: 1167—1199.

——(2000b). "Political Losers as Barriers to Economic Development." American Economic Review 90: 126—130.

——(2001). "A Theory of Political Transitions." American Economic Review 91: 938—963.

——(2006a). Economic Origins of Dictatorship and Democracy. New York: Cambridge University Press.

——(2006b). "Economic Backwardness in Political Perspective." American Political Science Review 100: 115—131.

——(2008a). "Persistence of Power, Elites and Institutions." American Economic Review 98: 267—293.

——(2008b)."The Persistence and Change of Institutions in the Americas." Southern Economic Journal 75: 282—299.

Acemoglu, Daron, James A. Robinson, and Rafael Santos (2010). "The Monopoly of Violence: Evidence from Colombia." Unpublished.

Acemoglu, Daron, and Alex Wolitzky (2010). "The Economics of Labor Coercion." Econometric, 79: 555—600.

Aghion, Philippe, and Peter Howitt (2009). The Economics of Growth. Cambridge, Mass.: MIT Press.

Alexander, Jocelyn (2006). The Unsettled Land: State-making and the Politics of Land in Zimbabwe, 1893—2003. Oxford, U. K.: James Currey.

Allen, Robert C. (2003). Farm to Factory: A Reinterpretation of the Soviet Industrial Revolution.

Princeton, N. J.: Princeton University Press.

——(2009a). The British Industrial Revolution in Global Perspective. New York: Cambridge University Press.

——(2009b). "How Prosperous Were the Romans? Evidence from Diocletian's Price Edict (301 AD)." In Alan Bowman and Andrew Wilson, eds. Quantifying the Roman Economy: Methods and Problems. Oxford, U. K.: Oxford University Press.

Alston, Lee J., and Joseph P. Ferrie (1999). Southern Paternalism and the Rise of the American Welfare State: Economics, Politics, and Institutions in the South. New York: Cambridge University Press.

Amsden, Alice H. (1992). Asia's Next Giant, New York: Oxford Universty Press.

Austen, Ralph A., and Daniel Headrick (1983). "The Role of Technology in the African Past." African Studies Review 26: 163—184.

Austin, Gareth (2005). Labour, Land and Capital in Ghana: From Slavery to Free Labour in Asante, 1807—1956. Rochester, N. Y.: University of Rochester Press.

Bakewell, Peter J. (1984). Miners of the Red Mountain: Indian Labor in Potosi, 1545—1650. Albuquerque: University of New Mexico Press.

——(2009). A History of Latin America to 1825. Hoboken, N. J.: Wiley-Blackwell.

Banerjee, Abhijit V., and Esther Duflo (2011). Poor Economics: A Radical Rethinking of the Way to Fight Global Poverty. New York: Public Affairs.

Banerjee, Abhijit V., Esther Duflo, and Rachel Glennerster (2008). "Putting a Band-Aid on a Corpse: Incentives for Nurses in the Indian Public Health Care System." Journal of the European Economic Association 7: 487—500.

Banfield, Edward C. (1958). The Moral Basis of a Backward Society. Glencoe, N. Y.: Free Press.

Bang, Peter (2008). The Roman Bazaar. New York: Cambridge University Press.

Barker, Graeme (2006). The Agricultural Revolution in Prehistory: Why Did Foragers Become Farmers? New York: Oxford University Press.

Bar-Yosef, Ofer, and Avner Belfer-Cohen (1992). "From Foraging to Farming in the Mediterranean Levant." In A. B. Gebauer and T. D. Price, eds. Transitions to Agriculture in Prehistory. Madison, Wisc.: Prehistory Press.

Bateman, Fred, and Thomas Weiss (1981). A Deplorable Scarcity: The Failure of Industrialization in the Slave Economy. Chapel Hill: University of North Carolina Press.

Bates, Robert H. (1981). Markets and States in Tropical Africa. Berkeley: University of California Press.

——(1983). Essays in the Political Economy of Rural Africa. New York: Cambridge University Press.

——(1989). Beyond the Miracle of the Market. New York: Cambridge University Press.

——(2001). Prosperity and Violence: The Political Economy of Development. New York: W. W. Norton.

Benedictow, Ole J. (2004). The Black Death, 1346—1353: The Complete History. Rochester, N. Y.: Boydell Press.

Berliner, Joseph S. (1976). The Innovation Decision in Soviet Industry. Cambridge, Mass.: Harvard University Press.

Besley, Timothy, and Stephen Coate (1998). "Sources of Inefficiency in a Representative Democracy: A Dynamic Analysis." American Economic Review 88: 139—156.

Besley, Timothy, and Torsten Persson (2011). Pillars of Prosperity: The Political Economics of Development Clusters. Princeton, N. J.: Princeton University Press.

Bloch, Marc L. B. (1961). Feudal Society. 2 vols. Chiacgo: University of Chicago Press.

Blum, Jerome (1943). "Transportation and Industry in Austria, 1815—1848." The Journal of Modern History 15: 24—38.

Bogart, Dan, and Gary Richardson (2009). "Making Property Productive: Reorganizing Rights to Real and Equitable Estates in Britain, 1660 to 1830." European Review of Economic History 13: 3—30.

——(2011). "Did the Glorious Revolution Contribute to the Transport Revolution? Evidence from Investment in Roads and Rivers." Economic History Review. Forthcoming.

Bourguignon, François, and Thierry Verdier (1990). "Oligarchy, Democracy, Inequality and Growth." Journal of Development Economics 62: 285—313.

Brenner, Robert (1976). "Agrarian Class Structure and Economic Development in Preindustrial Europe." Past and Present 70: 30—75.

——(1993). Merchants and Revolution. Princeton, N. J.: Princeton University Press.

Brenner, Robert, and Christopher Isett (2002). "England's Divergence from China's Yangzi Delta: Property Relations, Microeconomics, and Patterns of Development." Journal of Asian Studies 61: 609—662.

Brewer, John (1988). The Sinews of Power: War, Money and the English State, 1688—1773. Cambridge, Mass.: Harvard University Press.

Briggs, Asa (1959). Chartist Studies. London: Macmillan.

Brunton, D., and D. H. Pennignton (1954). Members of the Long Parliament. London: George Allen and Unwin.

Bundy, Colin (1979). The Rise and Fall of the South African Peasantry. Berkeley: University of California Press.

Burke, Edmund (1790/1969). Reflections of the Revolution in France. Baltimore, Md.: Penguin Books.

Cartwright, John R. (1970). Politics in Sierra Leone 1947—1967. Toronto: University of Toronto Press.

Casaús Arzú, Marta (2007). Guatemala: Linaje y Racismo. 3rd ed., rev. y ampliada. Guatemala City: F&G Editores.

Chaves, Isaías, and James A. Robinson (2010). "Political Consequences of Civil Wars." Unpublished.

Cleary, A. S. Esmonde (1989). The Ending of Roman Britain. London: B. T. Bats-ford Ltd.

Clower, Robert W., George H. Dalton, Mitchell Harwitz, and Alan Walters (1966). Growth Without Development: an Economic Survey of Liberia. Evanston: Northwestern University Press.

Coatsworth, John H. (1974). "Railroads, Landholding and Agrarian Protest in the Early Porfiriato." Hispanic American Historical Review 54: 48—71.

——(1978). "Obstacles to Economic Growth in Nineteenth-Century Mexico." American Historical Review 83: 80—100.

——(2008). "Inequality, Institutions and Economic Growth in Latin America." Journal of Latin American Studies 40: 545—569.

Cole, G. D. H., and A. W. Filson, eds. (1951). British Working Class Movements: Select Documents 1789—1875. London: Macmillan.

Conning, Jonathan (2010). "On the Causes of Slavery or Serfdom and the Roads to Agrarian Capitalism: Domar's Hypothesis Revisited." Unpublished, Department of Economics, Hunter College, CUNY.

Corti, Egon Caeser (1928). The Reign of the House of Rothschild. New York: Cosmopolitan Book Corporation.

Crouzet, François (1985). The First Industrialists: The Problem of Origins. New York: Cambridge

University Press.

Crummey, Donald E. (2000). Land and Society in the Christian Kingdom of Ethiopia: From the Thirteenth to the Twentieth Century. Urbana: University of Illinois Press.

Dalton, George H. (1965). "History, Politics and Economic Development in Liberia." Journal of Economic History 25: 569—591.

Dark, K. R. (1994). Civitas to Kingdom: British Political Continuity 300—800. Leicester, U. K.: Leicester University Press.

Daunton, Martin J. (1995). Progress and Poverty: An Economic and Social History of Britain, 1700—1850. Oxford, U. K.: Oxford University Press.

Davies, Robert W. (1998). Soviet Economic Development from Lenin to Khrushchev. New York: Cambridge University Press.

Davies, Robert W., and Stephen G. Wheatcroft (2004). The Years of Hunger: Soviet Agriculture, 1931—1933. New York: Palgrave Macmillan.

Davies, Victor A. B. (2007). "Sierra Leone's Economic Growth Performance, 1961—2000." In Benno J. Ndulu et al., eds. The Political Economy of Growth in Africa, 1960—2000. Vol. 2. New York: Cambridge University Press.

Dawit Wolde Giorgis (1989). Red Teas: War, Famine and Revolution in Ethiopia. Trenton, N. J.: Red Sea Press.

De Callataÿ, François (2005). "The Graeco-Roman Economy in the Super Long-run: Lead, Copper, and Shipwrecks." Journal of Roman Archaeology 18: 361—372.

de las Casas, Bartolomé (1992). A Short Account of the Destruction of the Indies. New York: Penguin Books.

Dell, Melissa (2010). "The Persistent Effects of Peru's Mining Mita." Econometrica 78: 1863—1903.

Denny, Harold (1937). "Stalin Wins Poll by a Vote of 1005." New York Times, December 14, 1937, p.11.

de Sahagún, Bernardino (1975). Florentine Codex: General History of the Things of New Spain. Book 12: The Conquest of Mexico. Santa Fe, N. M.: School of American Research.

Diamond, Jared (1997). Guns, Germs and Steel. New York: W. W. Norton and Co.

Dobb, Maurice (1963). Studies in the Development of Capitalism. Rev. ed. New York: International Publishers.

Dosal, Paul J. (1995). Power in Transition: The Rise of Guatemala's Industrial Oligarchy, 1871—1994. Westport, Conn.: Praeger.

Douglas, Mary (1962). "Lele Economy Compared to the Bushong." In Paul Bohannan and George Dalton, eds. Markets in Africa. Evanston, Ill.: Northwestern University Press.

——(1963). The Lele of the Kasai. London: Oxford University Press.

Doyle, William (2001). An American Insurrection: The Battle of Oxford Mississippi. New York: Doubleday.

——(2002). The Oxford History of the French Revolution. 2nd ed. New York: Oxford University Press.

Dreyer, Edward L. (2007). Zheng He: China and the Oceans in the Early Ming Dynasty, 1405—1433. New York: Pearson Longman.

Du Bois, W. E. B. (1903). The Souls of Black Folk. New York: A. C. McClurg & Company.

Dunn, Richard S. (1969). "The Barbados Census of 1680: Profile of the Richest Colony in English America." William and Mary Quarterly 26: 3—30.

DuPlessis, Robert S. (1997). Transitions to Capitalism in Early Modern Europe. New York: Cambridge University Press.

Easterly, William (2006). The White Man's Burden: Why the West's Efforts to Aid the Rest Have Done So Much Ill and So Little Good. New York: Oxford University Press.

Elton, Geoffrey R. (1953). The Tudor Revolution in Government. New York: Cambridge University Press.

Engerman, Stanley L. (2007). Slavery, Emancipation & Freedom: Comparative Perspectives. Baton Rouge: University of Lousiana Press.

Engerman, Stanley L., and Kenneth L. Sokoloff (1997). "Factor Endowments, Institutions, and Differential Paths of Growth Among New World Economies." In Stephen H. Haber, ed. How Latin America Fell Behind. Stanford, Calif.: Stanford University Press.

——(2005). "The Evolution of Suffrage Institutions in the New World." Journal of Economic History 65: 891—921.

Evans, Eric J. (1996). The Forging of the Modern State: Early Industrial Britain, 1783—1870. 2nd ed. New York: Longman.

Evans, Peter B. (1995). Embedded Autonomy: States and Industrial Transformation. Princeton, N. J.: Princeton University Press.

Ewald, Janet (1988). "Speaking, Writing and Authority: Explorations in and from the Kingdom of Taqali." Comparative Studies in History and Society 30: 199—224.

Fagan, Brian (2003). The Long Summer: How Climate Changed Civilization. New York: Basic Books.

Faulkner, Neil (2000). The Decline and Fall of Roman Britain. Stroud, U. K.: Tempus Publishers.

Feinstein, Charles H. (2005). An Economic History of South Africa: Conquest, Discrimination and Development. New York: Cambridge University Press.

Ferguson, Niall (1998). The House of Rothschild: Vol. 1: Money's Prophets, 1798—1848. New York: Viking.

Fergusson, Leopoldo (2010). "The Political Economy of Rural Property Rights and the Persistance of the Dual Economy." Unpublished. http://economia.uniandes.edu.co.

Finley, Moses (1965). "Technical Innovation and Economic Progress in the Ancient World." Economic History Review 18: 29—34.

——(1999). The Ancient Economy. Berkeley: University of California Press.

Fischer, David H. (1989). Albion's Seed: Four British Folkways in America. New York: Oxford University Press.

Fogel, Robert W., and Stanley L. Engerman (1974). Time on the Cross: The Economics of American Negro Slavery. Boston: Little, Brown.

Foley, James A. (2003). Korea's Divided Families: Fifty Years of Separation. New York: Routledge.

Freudenberger, Herman (1967). "The State as an Obstacle to Economic Growth in the Hapsburg Monarchy." Journal of Economic History 27: 493—509.

Galenson, David W. (1996). "The Settlement and Growth of the Colonies: Population, Labor and Economic Development." In Stanley L. Engerman and Robert E. Gallman, eds. The Cambridge Economic History of the United States, Volume I: The Colonial Era. New York: Cambridge University Press.

Ganson, Barbara (2003). The Guaraní Under Spanish Rule in the Río de la Plata. Palo Alto, Calif.: Stanford University Press.

García-Jimeno, Camilo, and James A. Robinson (2011). "The Myth of the Frontier." In Dora L. Costa and Naomi R. Lamoreaux, eds. Understanding Long-Run Economic Growth. Chicago: University of Chicago Press.

Gerschenkron, Alexander (1970). Europe in the Russian Mirror. New York: Cambridge University Press.

Ghani, Ashraf, and Clare Lockhart (2008). Fixing Failed States: A Framework for Rebuilding a Fractured World. New York: Oxford University Press.

Gibson, Charles (1963). The Aztecs Under Spanish Rule. New York: Cambridge University Press.

Goldstein, Marcus, and Christopher Udry (2008). "The Profits of Power: Land Rights and Agricultural Investment in Ghana." Journal of Political Economy 116: 981—1022.

Goldsworthy, Adrian K. (2009). How Rome Fell: Death of a Superpower. New Haven, Conn.: Yale University Press.

Goody, Jack (1971). Technology, Tradition and the State in Africa. New York: Cambridge University Press.

Gregory, Paul R., and Mark Harrison (2005). "Allocation Under Dictatorship: Research in Stalin's Archives." Journal of Economic Literature 43: 721—761.

Grieb, Kenneth J. (1979). Guatemalan Caudillo: The Regime of Jorge Ubico, 1931—1944. Athens: Ohio University Press.

Gross, Nachum T. (1973). "The Habsburg Monarchy, 1750—1914." In Carlo M. Cipolla, ed. The Fontana Economic History of Europe. Glasgow, U. K.: William Collins Sons and Co.

Guiso, Luigi, Paola Sapienza, and Luigi Zingales (2006). "Does Culture Affect Economic Outcomes?" Journal of Economic Perspectives 20: 23—48.

Haber, Stephen H. (2010). "Politics, Banking, and Economic Development: Evidence from New World Economies." In Jared Diamond and James A. Robinson, eds. Natural Experiments of History. Cambridge, Mass.: Belknap Press of Harvard University Press.

Haber, Stephen H., Herbert S. Klein, Noel Maurer, and Kevin J. Middlebrook (2008). Mexico Since 1980. New York: Cambridge University Press.

Haber, Stephen H., Noel Maurer, and Armando Razo (2003). The Politics of Property Rights: Political Instability, Credible Commitments, and Economic Growth in Mexico, 1876—1929. New York: Cambridge University Press.

Haggard, Stephan (1990). Pathways from the Periphery: The Politics of Growth in the Newly Industrializing Countries. Ithaca, N. Y.: Cornell University Press.

Halliday, Fred, and Maxine Molyneux (1981). The Ethiopian Revolution. London: Verso.

Hanna, Willard (1978). Indonesian Banda: Colonialism and Its Aftermath in the Nutmeg Islands. Philadelphia: Institute for the Study of Human Issues.

Harding, Harry (1987). China's Second Revolution: Reform After Mao. Washington, D. C.: Brookings Institution Press.

Harrison, Lawrence E., and Samuel P. Huntington, eds. (2000). Culture Matters: How Values Shape Human Progress. New York: Basic Books.

Hassig, Ralph C., and Kongdan Oh (2009). The Hidden People of North Korea: Everyday Life in the Hermit Kingdom. Lanham, Md.: Rowman and Littlefield Publishers.

Hatcher, John (2008). The Black Death: A Personal History. Philadelphia: Da Capo Press.

Heath, Dwight (1972). "New Patrons for Old: Changing Patron-Client Relations in the Bolivian Yungas." In Arnold Strickton and Sidney Greenfield, eds. Structure and Process in Latin America. Albuquerque: University of New Mexico Press.

Heinicke, Craig (1994). "African-American Migration and Mechanized Cotton Harvesting, 1950—1960." Explorations in Economic History 31: 501—520.

Helmke, Gretchen (2004). Courts Under Constraints: Judges, Generals, and Presidents in Argentina. New York: Cambridge University Press.

Hemming, John (1983). The Conquest of the Incas. New York: Penguin Books.

Herbst, Jeffrey I. (2000). States and Power in Africa. Princeton, N. J.: Princeton University Press.

Hill, Christopher (1961). The Century of Revolution, 1603—1714. New York: W. W. Norton and Co.

——(1980). "A Bourgeois Revolution?" In Lawrence Stone, ed. The British Revolutions: 1641, 1688, 1776. Princeton, N. J.: Princeton University Press.

Hilton, Anne (1985). The Kingdom of Kongo. New York: Oxford University Press.

Hilton, Rodney (2003). Bond Men Made Free: Medieval Peasant Movements and the English Rising of 1381. 2nd ed. New York: Routledge.

Hirst, John B. (1983). Convict Society and Its Enemies: A History of Early New South Wales. Boston: Allen and Unwin.

——(1988). The Strange Birth of Colonial Democracy: New South Wales, 1848—1884. Boston: Allen and Unwin.

——(2003). Australia's Democracy: A Short History. London: Allen and Unwin.

Hopkins, Anthony G. (1973). An Economic History of West Africa. New York: Addison Wesley Longman.

Hopkins, Keith (1980). "Taxes and Trade in the Roman Empire, 200 BC—400 AD." Journal of Roman Studies LXX: 101—125.

Horrox, Rosemary, ed. (1994). The Black Death. New York: St. Martin's Press.

House of Commons (1904). "Papers Relating to the Construction of Railways in Sierra Leone, Lagos and the Gold Coast."

Hu-DeHart, Evelyn (1984). Yaqui Resistance and Survival: The Struggle for Land and Autonomy, 1821—1910. Madison: University of Wisconsin Press.

Iaryczower, Matías, Pablo Spiller, and Mariano Tommasi (2002). "Judicial Independence in Unstable Environments: Argentina 1935—1998." American Journal of Political Science 46: 699—716.

Inikori, Joseph (1977). "The Import of Firearms into West Africa, 1751—1807." Journal of African History 18: 339—368.

International Crisis Group (2005). "Uzbekistan: The Andijon Uprising," Asia Briefing No. 38, www.crisisgroup.org/en/regions/asia/central-asia/uzbekistan/B038-uzbekistan-the-andijon-uprising.aspx.

Israel, Paul (2000). Edison: A Life of Invention. Hoboken, N. J.: John Wiley and Sons.

Iwata, Masakazu (1964). Ōkubo Toshimichi: The Bismarck of Japan. Berkeley: University of California Press.

Jackson, Michael (2004). In Sierra Leone. Durham, N. C.: Duke University Press.

Jansen, Marius B. (2000). The Making of Modern Japan. Cambridge, Mass.: Harvard University Press.

Jászi, Oscar (1929). The Dissolution of the Habsburg Monarchy. Chicago: University of Chicago Press.

Johnson, Chalmers A. (1982). MITI and the Japanese Miracle: The Growth of Industrial Policy, 1925—1975. Palo Alto, Calif.: Stanford University Press.

Jones, A. M. H. (1964). The Later Roman Empire. Volume 2. Oxford, U. K.: Basil Blackwell.

Jones, Eric L. (2003). The European Miracle: Environments, Economies and Geopolitics in the History of Europe and Asia. 3rd ed. New York: Cambridge University Press.

Jongman, Willem M. (2007). "Gibbon Was Right: The Decline and Fall of the Roman Economy." In O. Hekster et al., eds. Crises and the Roman Empire. Leiden, the Netherlands: BRILL.

Josephson, Matthew (1934). The Robber Barons. Orlando, Fla.: Harcourt.

Kandiyoti, Deniz (2008). "Invisible to the World? The Dynamics of Forced Child Labour in the Cotton Sector of Uzbekistan." Unpublished. School of Oriental and Africa Studies.

Kapuściński, Ryszard (1983). The Emperor: Downfall of an Autocrat. San Diego: Harcourt Brace Jovanovich.

Keck, Margaret E. (1992). The Workers' Party and Democratization in Brazil. New Haven, Conn.: Yale University Press.

Keen, David (2005). Conflict and Collusion in Sierra Leone. New York: Palgrave Macmillan.

Kelley, Jonathan, and Herbert S. Klein (1980). Revolution and the Rebirth of Inequality: A Theory of Inequality and Inherited Privilege Applied to the Bolivian National Revolution. Berkeley: University of California Press.

Keyssar, Alexander (2009). The Right to Vote: The Contested History of Democracy in the United States. Revised Edition. New York: Basic Books.

Killick, Tony (1978). Development Economics in Action. London: Heinemann.

Knight, Alan (2011). Mexico: The Nineteenth and Twentieth Centuries. New York: Cambridge University Press.

Knights, Mark (2010). "Participation and Representation Before Democracy: Petitions and Addresses in Premodern Britain." In Ian Shapiro, Susan C. Stokes, Elisabeth Jean Wood, and Alexander S. Kirshner, eds. Political Representation. New York: Cambridge University Press.

Kropotkin, Peter (2009). Memoirs of a Revolutionary. New York: Cosimo.

Kupperman, Karen O. (2007). The Jamestown Project. Cambridge, Mass.: Belknap Press of Harvard University Press.

Landes, David S. (1999). The Wealth and Poverty of Nations: Why Some Are So Rich and Some So Poor. New York: W. W. Norton and Co.

Lane, Frederick C. (1973). Venice: A Maritime Republic. Baltimore, Md.: Johns Hopkins University Press.

La Porta, Rafael, Florencio Lopez-de-Silanes, and Andrei Shleifer (2008). "The Economic Consequences of Legal Origins." Journal of Economic Literature 46: 285—332.

Law, Robin C. (1977). The Oyo Empire, c. 1600—c. 1836: West African Imperialism in the Era of the Atlantic Slave Trade. Oxford, UK: The Clarendon Press.

——(1980). "Wheeled Transportation in Pre-Colonial West Africa." Africa 50: 249—262.

———, ed. (1995). From Slave Trade to "Legitimate" Commerce: The Commercial Transition in Nineteenth-century West Africa. New York: Cambridge University Press.

Leith, Clark J. (2005). Why Botswana Prospered. Montreal: McGill University Press.

Lenger, Friedrich (2004). "Economy and Society." In Jonathan Sperber, ed. The Shorter Oxford History of Germany: Germany 1800—1870. New York: Oxford University Press.

León, Juanita (2009). Country of Bullets: Chronicles of War. Albuquerque: University of New Mexico Press.

Lerner, Abba P. (1972). "The Economics and Politics of Consumer Sovereignty." American Economic Review 62: 258—266.

Levy, David M., and Sandra J. Peart (2009). "Soviet Growth and American Textbooks." Unpublished.

Lewis, I. M. (1961). A Pastoral Democracy. Oxford, U. K.: Oxford University Press.

———(2002). A Modern History of the Somali. 4th ed. Oxford, U. K.: James Currey.

Lewis, W. Arthur (1954). "Economic Development with Unlimited Supplies of Labour." Manchester School of Economic and Social Studies 22: 139—191.

Lindert, Peter H. (2004).Growing Public. Volume 1: Social Spending and Economic Growth Since the Eighteenth Century. New York: Cambridge University Press.

———(2009). Growing Public. Volume 2: Further Evidence: Social Spending and Economic Growth Since the Eighteenth Century. New York: Cambridge University Press.

Lipset, Seymour Martin (1959). "Some Social Requisites of Democracy: Economic Development and Political Legitimacy." American Political Science Review 53: 69—105.

Lipset, Seymour Martin, and Stein Rokkan, eds. (1967). Party System and Voter Alignments. New York: Free Press.

López, Claudia, ed. (2010). Y Refundaron la Patria ... de cómo mafiosos y políticos reconfi guraron el Estado Colombiano. Bogotá: Corporación Nuevo Arco Iris: Intermedio.

Lovejoy, Paul E. (2000). Transformations in Slavery: A History of Slavery in Africa. 2nd ed. New York: Cambridge University Press.

MacFarquhar, Roderick, and Michael Schoenhals (2008). Mao's Last Revolution. Cambridge, Mass.: Harvard University Press.

Mann, Michael (1986). The Sources of Social Power. Volume 1: A History of Power from the Beginning to A. D. 1760. New York: Cambridge University Press.

——(1993). The Sources of Social Power. Volume 2: The Rise of Classes and Nation-states, 1760—1914. New York: Cambridge University Press.

Manning, Patrick (1990). Slavery and African Life: Occidental, Oriental, and African Slave Trades. New York: Cambridge University Press.

Mantoux, Paul (1961). The Industrial Revolution in the Eighteenth Century. Rev. ed. New York: Harper and Row.

Martin, Simon, and Nikolai Grube (2000). Chronicle of the Maya Kings and Queens: Deciphering the Dynasties of the Ancient Maya. New York: Thames and Hudson.

Martinez, José (2002). Carlos Slim: Retrato Inédito. Mexico City: Editorial Oceano.

Masire, Quett K. J. (2006). Very Brave or Very Foolish? Memoirs of an African Democrat. Gaborone, Botswana: Macmillan.

McCreery, David J. (1994). Rural Guatemala, 1760—1940. Palo Alto, Calif.: Stanford University Press.

McGregor, Richard (2010). The Party: The Secret World of China's Communist Rulers. New York: Harper.

McMillan, John, and Pablo Zoido (2004). "How to Subvert Democracy: Montesinos in Peru." Journal of Economic Perspectives 18: 69—92.

Melbourne, Alexander C. V. (1963). Early Constitutional Development in Australia: New South Wales 1788—1856; Queensland 1859—1922. With notes to 1963 by the editor. Edited and introduced by R. B. Joyce. 2nd ed. St. Lucia: University of Queensland Press.

Meredith, Martin (2007). Mugabe: Power, Plunder, and the Struggle for Zimbabwe's Future. New York: Public Affairs Press.

Michels, Robert (1962). Political Parties: A Sociological Study of the Oligarchical Tendencies of Modern Democracy. New York: Free Press.

Mickey, Robert W. (2008). Paths out of Dixie: The Democratization of Authoritarian Enclaves in America's Deep South, 1944—1972. Unpublished book manuscript.

Migdal, Joel S. (1988). Strong Societies and Weak States: State-Society Relations and State Capabilities in the Third World. Princeton, N. J.: Princeton University Press.

Mithen, Stephen (2006). After the Ice: A Global Human History 20000—5000 BC. Cambridge, Mass.: Harvard University Press.

Mokyr, Joel (1990). The Lever of Riches: Technological Creativity and Economic Progress. New

York: Oxford University Press.

——(2009). The Enlightened Economy. New York: Penguin.

Moore, Andrew M. T., G. C. Hillman, and A. J. Legge (2000). Village on the Euphrates: From Foraging to Farming at Abu Hureyra. New York: Oxford University Press.

Morgan, Edmund S. (1975). American Slavery, American Freedom: The Ordeal of Colonial Virginia. New York: W. W. Norton and Co.

Munro-Hay, Stuart C. (1991). Aksum: An African Civilisation of Late Antiquity. Edinburgh: Edinburgh University Press.

Myers, Ramon H., and Yeh-Chien Wang (2002). "Economic Developments, 1644—1800." In Willard J. Peterson, ed. The Cambridge History of China. Volume 9, Part 1: The Ch'ing Empire to 1800. New York: Cambridge University Press.

Naidu, Suresh (2009). "Suffrage, Schooling, and Sorting in the Post-Bellum South." Unpublished. Department of Economics, Columbia University. Available at tuvalu. santafe. edu/~snaidu/papers/suffrage_sept_16_2010_combined. pdf.

Narayan, Deepa, ed. (2002). Empowerment and Poverty Reduction: A Sourcebook. Washington, D. C.: The World Bank.

Neal, David (1991). The Rule of Law in a Penal Colony. New York: Cambridge University Press.

Neale, J. E. (1971). Elizabeth I and Her Parliaments, 1559—1581. London: Cape.

Nogal, C. Álvarez, and Leandro Prados de la Escosura (2007). "The Decline of Spain (1500—1850): Conjectural Estimates." European Review of Economic History 11: 319—366.

North, Douglass C. (1982). Structure and Change in Economic History. New York: W. W. Norton and Co.

North, Douglass C., and Robert P. Thomas (1973). The Rise of the Western World: A New Economic History. New York: Cambridge University Press.

North, Douglass C., John J. Wallis, and Barry R. Weingast (1989). Violence and Social Orders: A Conceptual Framework for Interpreting Recorded Human History. Princeton, N. J.: Princeton University Press.

North, Douglass C., and Barry R. Weingast (1989). "Constitutions and Commitment: Evolution of Institutions Governing Public Choice in 17th Century England." Journal of Economic History 49: 803—832.

Nove, Alec (1992). An Economic History of the USSR 1917—1991. 3rd ed. New York: Penguin

Books.

Nugent, Jeffrey B., and James A. Robinson (2010). "Are Endowments Fate? On the Political Economy of Comparative Institutional Development." Revista de Historia Económica (Journal of Iberian and Latin American Economic History) 28: 45—82.

Nunn, Nathan (2008). "The Long-Term Effects of Africa's Slave Trades." Quarterly Journal of Economics 123: 139—176.

Nunn, Nathan, and Leonard Wantchekon (2011). "The Slave Trade and the Origins of Mistrust in Africa," forthcoming in the American Economic Review.

O'Brien, Patrick K., Trevor Griffiths, and Philip Hunt (1991). "Political Components of the Industrial Revolution: Parliament and the English Cotton Textile Industry, 1660—1774." Economic History Review, New Series 44: 395—423.

Ogilvie, Sheilagh (2011). Institutions and European Trade: Merchant Guilds 1000—1500. New York: Cambridge University Press.

Olson, Mancur C. (1984). The Rise and Decline of Nations: Economic Growth, Stagflation, and Social Rigidities. New Haven, Conn.: Yale University Press.

O'Rourke, Kevin H., and Jeffrey G. Williamson (2002). "After Columbus: Explaining the Global Trade Boom 1500—1800." Journal of Economic History 62: 417—456.

Owen, E. Roger (1981). The Middle East in the World Economy, 1800—1914. London: Methuen and Co.

Owen, E. Roger, and Şevket Pamuk (1999). A History of Middle East Economies in the Twentieth Century. Cambridge, Mass.: Harvard University Press.

Owen, Thomas C. (1991). The Corporation Under Russian Law, 1800—1917. New York: Cambridge University Press.

Palmer, Robin H. (1977). Land and Racial Domination in Rhodesia. Berkeley: University of California Press.

Palmer, Robin H., and Q. Neil Parsons, eds. (1977). The Roots of Rural Poverty in Central and Southern Africa. London: Heinemann Educational.

Pamuk, Şevket (2006). "Estimating Economic Growth in the Middle East Since 1820." Journal of Economic History 66: 809—828.

Pan, Philip P. (2008). Out Of Mao's Shadow: The Struggle for the Soul of a New China. New York: Simon & Schuster.

Pankhurst, Richard (1961). An Introduction to the Economic History of Ethiopia, from Early Times to 1800. London: Lalibela House.

Parsons, Q. Neil (1998). King Khama, Emperor Joe and the Great White Queen. Chicago: University of Chicago Press.

Parsons, Q. Neil, Willie Henderson, and Thomas Tlou (1995). Seretse Khama, 1921—1980. Bloemfontein, South Africa: Macmillan.

Perkins, Dwight H., Steven Radelet, and David L. Lindauer (2006). Development Economics. 6th ed. New York: W. W. Norton and Co.

Pettigrew, William (2007). "Free to Enslave: Politics and the Escalation of Britain's Transatlantic Slave Trade, 1688—1714." William and Mary Quarterly, 3rd ser., LXIV: 3—37.

——(2009). "Some Underappreciated Connections Between Constitutional Change and National Economic Growth in England, 1660—1720." Unpublished paper. Department of History, University of Kent, Canterbury.

Phillipson, David W. (1998). Ancient Ethiopia: Aksum, Its Antecedents and Successors. London: British Museum Press.

Pincus, Steven C. A. (2009). 1688: The First Modern Revolution. New Haven, Conn.: Yale University Press.

Pincus, Steven C. A., and James A. Robinson (2010). "What Really Happened During the Glorious Revolution?" Unpublished. http://scholar.harvard.edu/jrobinson.

Pintner, Walter M. (1967). Russian Economic Policy Under Nicholas I. Ithaca, N. Y.: Cornell University Press.

Post, Jerrold M. (2004). Leaders and Their Followers in a Dangerous World: The Psychology of Political Behavior. Ithaca, N. Y.: Cornell University Press.

Price, David A. (2003). Love and Hate in Jamestown: John Smith, Pocahontas, and the Heart of a New Nation. New York: Knopf.

Puga, Diego, and Daniel Trefler (2010). "International Trade and Domestic Institutions: The Medieval Response to Globalization." Unpublished. Department of Economics, University of Toronto.

Putnam, Robert H., Robert Leonardi, and Raffaella Y. Nanetti (1994). Making Democracy Work: Civic Traditions in Modern Italy. Princeton, N. J.: Princeton University Press.

Ransom, Roger L., and Richard Sutch (2001). One Kind of Freedom: The Economic Consequences of Emancipation. 2nd ed. New York: Cambridge University Press.

Reid, Anthony (1993). Southeast Asia in the Age of Commerce, 1450—1680. Volume 2: Expansion and Crisis. New Haven, Conn.: Yale University Press.

Reinikka, Ritva, and Jacob Svensson (2004). "Local Capture: Evidence from a Central Government Transfer Program in Uganda." Quarterly Journal of Economics, 119: 679—705.

Relea, Francesco (2007). "Carlos Slim, Liderazgo sin Competencia." In Jorge Zepeda Patterson, ed. Los amos de México: los juegos de poder a los que sólo unos pocos son invitados. Mexico City: Planeta Mexicana.

Reno, William (1995). Corruption and State Politics in Sierra Leone. New York: Cambridge University Press.

——(2003). "Political Networks in a Failing State: The Roots and Future of Violent Conflict in Sierra Leone," IPG 2: 44—66.

Richards, Paul (1996). Fighting for the Rainforest: War, Youth and Resources in Sierra Leone. Oxford, U. K.: James Currey.

Robbins, Lionel (1935). An Essay on the Nature and Significance of Economic Science. 2nd ed. London: Macmillan.

Robinson, Eric (1964). "Matthew Boulton and the Art of Parliamentary Lobbying." The Historical Journal 7: 209—229.

Robinson, James A. (1998). "Theories of Bad Policy." Journal of Policy Reform 1, 1—46.

Robinson, James A, and Q. Neil Parsons (2006). "State Formation and Governance in Botswana." Journal of African Economies 15, AERC Supplement (2006): 100— 140.

Rock, David (1992). Argentina 1516—1982: From Spanish Colonization to the Falklands War. Berkeley: University of California Press.

Romero, Mauricio (2003). Paramilitares y autodefensas, 1982—2003. Bogotá: Editorial Planeta Colombiana.

——, ed. (2007). Para Política: La Ruta de la Expansión Paramilitar y los Acuerdos Políticos, Bogotá: Corporación Nuevo Arco Iris: Intermedio.

Sachs, Jeffery B. (2006). The End of Poverty: Economic Possibilities for Our Time. New York: Penguin.

Sahlins, Marshall (1972). Stone Age Economics. Chicago: Aldine.

Saunders, David (1992). Russia in the Age of Reaction and Reform, 1801—1881. New York: Longman.

Savage-Smith, Emily (2003). "Islam." In Roy Porter, ed. The Cambridge History of Science. Volume 4: Eighteenth-Century Science. New York: Cambridge University Press.

Sawers, Larry (1996). The Other Argentina: The Interior and National Development. Boulder: Westview Press.

Schapera, Isaac (1940). "The Political Organization of the Ngwato of Bechuanaland Protectorate." In E. E. Evans-Pritchard and Meyer Fortes, eds. African Political Systems. Oxford, U. K.: Oxford University Press.

——(1952). The Ethnic Composition of the Tswana Tribes. London: London School of Economics and Political Science.

——(1970). Tribal Innovators: Tswana Chiefs and Social Change 1795—1940. London: The Athlone Press.

Schoenhals, Michael, ed. (1996). China's Cultural Revolution, 1966—1969. Armonk, N. Y.: M. E. Sharpe.

Sfakianakis, John (2004). "The Whales of the Nile: Networks, Businessmen and Bureaucrats During the Era of Privatization in Egypt." In Steven Heydemann, ed. Networks of Privilege in the Middle East. New York: Palgrave Macmillan.

Sharp, Kevin (1992). The Personal Rule of Charles Ⅰ. New Haven, Conn.: Yale University Press.

Sheridan, Richard B. (1973). Sugar and Slaves: An Economic History of the British West Indies 1623—1775. Baltimore, Md.: Johns Hopkins University Press.

Sidrys, Raymond, and Rainer Berger (1979). "Lowland Maya Radiocarbon Dates and the Classic Maya Collapse." Nature 277: 269—277.

Smith, Bruce D. (1998). Emergence of Agriculture. New York: Scientific American Library.

Sokoloff, Kenneth L. (1988). "Inventive Activity in Early Industrial America: Evidence from Patent Records, 1790—1846." Journal of Economic History 48: 813—830.

Sokoloff, Kenneth L., and B. Zorina Khan (1990). "The Democratization of Invention During Early Industrialization: Evidence from the United States, 1790—1846." Journal of Economic History 50: 363—378.

Steffens, Lincoln (1931). The Autobiography of Lincoln Steffens. New York: Harcourt, Brace and Company.

Stevens, Donald F. (1991). Origins of Instability in Early Republican Mexico. Durham, N. C.: Duke University Press.

Stone, Lawrence (2001). The Causes of the English Revolution, 1529—1642. New York: Routledge.

Tabellini, Guido (2010). "Culture and Institutions: Economic Development in the Regions of Europe." Journal of the European Economic Association 8, 677—716.

Tarbell, Ida M. (1904). The History of the Standard Oil Company. New York: Mc-Clure, Phillips.

Tawney, R. H. (1941). "The Rise of the Gentry." Economic History Review 11: 1—38.

Temin, Peter, and Hans-Joachim Voth (2008). "Private Borrowing During the Financial Revolution: Hoare's Bank and Its Customers, 1702—1724." Economic History Review 61: 541—564.

Thompson, E. P. (1975). Whigs and Hunters: The Origin of the Black Act. New York: Pantheon Books.

Thompson, I. A. A. (1994a). "Castile: Polity, Fiscality and Fiscal Crisis." In Philip T. Hoffman and Kathryn Norberg, eds. Fiscal Crisis, Liberty, and Representative Government 1450—1789. Palo Alto, Calif.: Stanford University Press.

——(1994b). "Castile: Absolutism, Constitutionalism and Liberty." In Philip T. Hoffman and Kathryn Norberg, eds. Fiscal Crisis, Liberty, and Representative Government 1450—1789. Palo Alto, Calif.: Stanford University Press.

Thornton, John (1983). The Kingdom of Kongo: Civil War and Transition, 1641—1718. Madison: University of Wisconsin Press.

Todkill, Anas (1885). My Lady Pocahontas: A True Relation of Virginia. Writ by Anas Todkill, Puritan and Pilgrim. Boston: Houghton, Mifflin and Company.

Truth and Reconciliation Commission (2004). Final Report of the Truth and Reconciliation Commission of Sierra Leone. Freetown.

Vansina, Jan (1978). The Children of Woot: A History of the Kuba People. Madison: University of Wisconsin Press.

Wade, Robert H. (1990). Governing the Market: Economic Theory and the Role of Government in East Asian Industrialization. Princeton, N. J.: Princeton University Press.

Wallerstein, Immanuel (1974—2011). The Modern World System. 4 Vol. New York: Academic Press.

Ward-Perkins, Bryan (2006). The Fall of Rome and the End of Civilization. New York: Oxford University Press.

Weber, Max (2002). The Protestant Ethic and the Spirit of Capitalism. New York: Penguin.

Webster, David L. (2002). The Fall of the Ancient Maya. New York: Thames and Hudson.

Webster, David L., Ann Corinne Freter, and Nancy Gonlin (2000). Copan: The Rise and Fall of an Ancient Maya Kingdom. Fort Worth, Tex.: Harcourt College Publishers.

Wheatcroft, Stephen G., and Robert W. Davies (1994a). "The Crooked Mirror of Soviet Economic Statistics." In Robert W. Davies, Mark Harrison, and Stephen G. Wheatcroft, eds. The Economic Transformation of the Soviet Union, 1913—1945. New York: Cambridge University Press.

——(1994b). "Population." In Robert W. Davies, Mark Harrison, and Stephen.

G. Wheatcroft, eds. The Economic Transformation of the Soviet Union, 1913—1945. New York: Cambridge University Press.

Wiener, Jonathan M. (1978). Social Origins of the New South: Alabama, 1860—1885. Baton Rouge: Louisiana State University Press.

Williamson, John (1990). Latin American Adjustment: How Much Has Happened? Washington, D. C.: Institute of International Economics.

Wilson, Francis (1972). Labour in the South African Gold Mines, 1911—1969. New York: Cambridge University Press.

Wilson, Woodrow (1913). The New Freedom: A Call for the Emancipation of the Generous Energies of a People. New York: Doubleday.

Woodward, C. Vann (1955). The Strange Career of Jim Crow. New York: Oxford University Press.

Woodward, Ralph L. (1966). Class Privilege and Economic Development: The Consulado de Comercio of Guatemala, 1793—1871. Chapel Hill: University of North Carolina Press.

Wright, Gavin (1978). The Political Economy of the Cotton South: Households, Markets, and Wealth in the Nineteenth Century. New York: Norton.

——(1986). Old South, New South: Revolutions in the Southern Economy Since the Civil War. New York: Basic Books.

——(1999). "The Civil Rights Movement as Economic History." Journal of Economic History 59: 267—289.

Zahedieh, Nuala (2010). The Capital and the Colonies: London and the Atlantic Economy, 1660—1700. New York: Cambridge University Press.

Zewde, Bahru (2002). History of Modern Ethiopia, 1855—1991. Athens: Ohio University Press.

Zohary, Daniel, and Maria Hopf (2001). Domestication of Plants in the Old World: The Origin and Spread of Cultivated Plants in West Asia, Europe, and the Nile Valley Third Edition, New York: Oxford University Press.

索 引

A

absolutist institutions, 专制制度, 80, 86, 89—91; 在非洲, 115, 116, 178; 和集权, 216—217, 244; 定义, 216; 东欧与西欧的, 107—108, 294; 新专制主义, 388—390; 的反对者, 106, 208—209, 210, 212, 244

Abu Hureyra, village of 阿布胡赖拉, 村庄, 138, 141, 174, 184

Abyssinia, see Ethiopia 阿比西尼亚, 见埃塞俄比亚

Acheampong, Ignatius Kutu, 阿瑾庞, 英格纳提斯·库图, 67

Afghanistan: foreign aid in 阿富汗: 外国援助, 450—453; 政治分权, 216, 244, 435; 贫困, 45, 46, 47, 115; 塔利班, 450—451

Africa: cheap labor in 非洲: 廉价劳动力, 264—265, 267, 268, 269; 和文化假说, 57, 58—60; 疾病, 49, 51, 260, 274, 341, 369; 欧洲殖民, 59—60, 90, 116, 236—237, 257, 264, 267, 341, 369, 404; 被强制的劳动力, 256; 和地理假说, 50, 53—54; 和无知假说, 66—67; 和工业革命, 59—60, 115; 不稳定, 115, 238, 376; 和制度漂移, 115; 伊斯兰, 175; 合法商业, 256, 257; 瘟疫, 96; 独立后政府, 60, 112, 116, 338, 343, 363—364, 369—370; 贫困, 42, 45, 46, 47, 57, 115; 奴隶贸易, 见奴隶制(slavery); 撒哈拉以南非洲, 见撒哈拉以南非洲(sub-Saharan Africa) 部落制度, 363; 恶性循环, 360—361; 福利和冲突, 252—253, 255, 273, 344; 又见"特定国家"

Agricola, Roman governor of Britain 阿格里科拉, 罗马驻英国总督, 172

agriculture: collectivization of 农业: 集体化, 126; 和驯化, 137—139, 141; 和汲取性制度, 143—149; 和地理假说, 3, 51—52; 和土地所有权, 339—340; 和新石器革命, 132, 137; 植物和动物物种, 51—52, 54, 138; 种植园, 75, 77, 79, 81, 92, 94, 353—355, 357, 365, 415—416; 生产率, 52, 136, 339, 415, 426; 钉针产品, 19—20; 和斯温暴动(1830), 310; 转型, 140—142, 143, 149; 和热带土壤, 49

索引

Ahmadinejad, Mahmoud 艾哈迈迪内贾德，穆罕默德，461

Ahmed Ⅲ, Sultan 苏丹王艾哈迈德三世，214

Aksum, Ethiopia 阿克苏姆，埃塞俄比亚，51，176—177，*177*，234，237

Alabama 亚拉巴马，354—356，414—416，419

Alaric (Goth leader) 阿拉里克（哥特领导人），166

Albu, George 阿尔布，乔治，264—265

Alfonsín, Raúl 劳尔·阿方辛，331

Ali, Muhammad 阿里，穆罕默德，61，397

Allen, Paul 艾伦，保罗，43

Allen, Robert 艾伦，罗伯特，184

Almeida, Manoel de 阿尔梅达，曼努埃尔·德，235—236

Al Qaeda 基地组织，450

Alvarado, Pedro de 艾尔瓦拉多，派德罗·德，345

Álvares, Francisco 阿尔瓦雷斯，弗朗西斯科，235

Ambon 安汶，*246*，247—248

Americas：美洲：专制制度，80；宪法危机，29；文化假说，57；民主制度，38，387；发现，50，105—106，175，220；贫富分化，46，48；经济改革，447—448；赐封，13—14，16，18，19，29，76，346，350，386；英国殖民地，19—22，23—28，210，274，282，433；欧洲殖民，11，114，179，299，386，433—434；资源的攫取，10—11，19，76，81，114，179，219—220，350，387，433；强制劳动力，10—11，14，16，18，19，29，76，77；边境土地，36—37；和地理假说，48—53，55；和全球化，36；独立，29，274；寡头铁律，387—388；法律制度，76；米塔制度，16—18，*17*，19，76，77，115；路径依赖的变迁，36—38；政治集权，436；人口密度（1500），*24*，25；缩编，16—17；产品赐封，18—19，76，346，350；西班牙殖民，9—19，26，52，79，105，114—115，218—221，346，350，402，433；恶性循环，345—351；文字书写系统，53；又见专门国家

Angevin family 安茹家族，108

Angola 安哥拉，251，252，*252*，344，373，376

Arabia, spice trade with 阿拉伯，香料贸易，245

Arab Spring 阿拉伯之春，1，2—3，398，436，461

Argentina：阿根廷：中央银行，448；改写的宪法，331；和文化假说，62；经济崩溃，120，372，383—385，398；经济增长，48，385；选举，401；汲取性制度，329，372，385，387，398，401，402，445；布宜诺斯艾利斯的建立，9—11；和地理假说，50，55；印加帝国，386；大规模屠杀，38；彭巴斯草原，10；政治制度，385—387，401；繁荣，46，*47*，63，114—115，445；最高法院，329—332，385；恶性循环，331

Arkwright, Richard 阿克赖特，理查德，103，105，204，208

Armenia 亚美尼亚，394

Asante, Ghana 阿散蒂，加纳，254—255，256，257

Ashley-Cooper, Sir Anthony 安东尼·阿什利-库

371

珀爵士，27，279

Asquith, H. H. 阿斯奎斯，H. H.，316

Atahualpa 阿塔瓦尔帕，15

Atlantic trade 大西洋贸易，158；和英国，110—111，113，188，205，208，209，210，212，219，432，434；作为关键节点，110—111，113，212，300，431，432，434

Attila the Hun 匈奴王，167

Augustus Caesar 奥古斯都·恺撒，164，168，179

aurochs, distribution of 野牛，分布，54，55

Australia 澳大利亚，274—282；农业，278，279；经济增长，299；包容性制度，279—280，282，299；工业革命，282；法律，276，281；采矿，340—341；原住民，50，141，277；繁荣，42，45，46，47，50，62；作为移民殖民地，114，274—277，299；强占者，278—281，341；投票权，281，341

Austria 奥地利，288，292

Austro-Hungarian empire 奥匈帝国，86，222—226，229，231，243，290，300，314，333，346—347，408

authoritarian growth 威权增长，437—446；和媒体，461—462；和现代化理论，443—445

Ayolas, Juan de 阿约拉斯，胡安·德，10，11

Aztec civilization 阿兹特克文明，22，50，52，53，146；和西班牙入侵，11—13，114

B

Baker v. Carr 贝克诉卡尔，417

Balbín, Ricardo 巴尔宾，里卡多，330

Baldwyn, Sir Timothy 蒂莫西·鲍德温爵士，198

Ballmer, Steve 鲍尔默，史蒂夫，43

Baltimore, Cecilius Calvert, Lord 巴尔的摩领主，塞西利厄斯·卡夫特，26—27，279，282

Banda Islands 班达群岛，245，*246*，248—249，271—272

Bangura, Sam，班古拉，萨姆 344

Barbados: as English colony 巴巴多斯：作为英国殖民地，106；汲取性制度，75，77，79，81，82，126—127，131；种植园，75，77，79，81，92，94；人口，75；奴隶制，75，77，81，92

Barnett, Ross 巴内特，罗斯，418

Barragán, Miguel 巴拉冈，米格尔，31

Barrios, Justo Rufino 巴里奥斯，胡斯托·鲁菲诺，348

Baruch, Bernard 巴鲁克，贝纳德，125

Batavian Republic 巴达维亚共和国，293

Bathoen, king of the Ngwaketse 巴瑟恩，恩瓦凯策的国王，404—409

Bayezid II, Sultan 巴耶塞特二世，苏丹王，213

Belgium, industrialization in 比利时：工业化，300

Belize, Maya city-states in 伯利兹，玛雅城市国家，143

Ben Ali, Zine El Abidine 本·阿里，Zine El Abidine，1，398

Berlin Wall 柏林墙，49

Bezos, Jeff 贝佐斯，杰夫，43，78

Bigge, John 比格，约翰，279

Bismarck, Otto von 俾斯麦，奥托·冯，237

Black Death (plague) 黑死病（瘟疫），96—101，108，110，113，158，175，176，180，209，300，431，434

Bligh, William 布莱, 威廉, 277—278

Blyth, Matthew 比莱斯, 马修, 263

Boccaccio, Giovanni 薄伽丘, 乔万尼, 96—97

Boer Republic of the Transvaal 布尔人（南非白人），德兰士瓦共和国, 405

Boers: Great Trek (1835) 布尔人（南非白人）：大迁徙（1835），404；詹姆森·雷德，405；在南非，260—261

Bolivar, Simón 玻利瓦尔, 西蒙, 30

Bolivia, 16, 29；agrarian reform in 玻利维亚, 16, 29；农业改革, 37；汲取性制度, 77, 115, 179；和地理假说, 50；贫困, 46, 47, 63, 115；革命（1952），37

Bonaparte, Napoleon 波拿巴, 拿破仑, 4, 28, 29, 61, 214, 221, 288, 290, 362；帝国，*291*, 291, 293；垮台, 294

Bonn Agreement 伯恩协定（2001），450—451

Botswana (Bechuanaland) 博茨瓦纳（贝专纳），5, 117, 260, 363, 404—409, 411；打破僵局, 409—414, 426；首领造访伦敦, 404—409；酋长法案, 412；偶然性, 117；钻石发现, 411—412, 413；经济增长, 49, 113, 116—117, 409, 413；选举, 410, 411；包容性制度, 409, 410, 413—414, 460；独立, 408, 409, 411；多元主义, 410, 413；散人, 108；茨瓦纳民族, 404—413；和良性循环, 413

Bourke, Richard 伯克, 理查德, 281

Brandeis, Louis 布兰德斯, 路易斯, 324, 328

Brazil, 11: agrarian reform in 巴西, 11；农业改革, 37；劳工运动, 455—457, 459；政治转型, 5, 436, 457, 459—461；繁荣, 46, 47

Brin, Sergey 布林, 谢尔盖, 43, 78

Brindley, James 布林德利, 詹姆士, 205

Britain, see Great Britain 英国, 见大不列颠

British South Africa Company 英国南非公司, 369, 402, 405

Brown v. Board of Education 布朗与教育委员会, 417

Bruce, John 布鲁斯, 约翰, 235

Brunel, Isambard Kingdom 布鲁内尔, 伊桑巴德·金德姆, 103

Bryan, William Jennings 布赖恩, 威廉·詹宁斯, 320

Buenos Aires, founding of 布宜诺斯艾利斯, 发现, 9—11

Buffett, Warren 巴菲特, 沃伦, 38

Bullitt, William 蒲立德, 威廉, 125

Burke, Edmund 伯克, 埃德蒙, 318

Burkina Faso 布基纳法索, 373

Burma (Myanmar) 高棉（缅甸），436

Burundi 布隆迪, 344, 435, 441

Bush, George H. W. 布什, 乔治 H. W., 444

Bush, George W. 布什, 乔治 W., 453

Bushong people 布松人, 59, 133—136, 142, 146, 376, 433

Busia, Kofi 布西亚, 科菲, 66—67, 446

Byzantine Empire 拜占庭帝国, 175

C

Cable, Henry and Susannah 库伯, 亨利和苏珊

娜，275—276，279

Cadogan, Lady 卡多根，拉迪，275

Cadogan, William 卡多根，威廉，304，305

Calonne, Charles Alexandre de 卡伦，查理·亚历山大·德，286

Cambodia 哥伦比亚，46，47，50，390，441

Cameroon, poverty in 喀麦隆，贫困，373

Canada：British acquisition of 加拿大：英国获得，286；法国殖民地，106；和地理假说，50；繁荣，45，46，47，62，179，282；作为移民殖民地，114

Cão, Diogo 迭戈·卡奥，58

Cardoso, Fernando Henrique 卡多索，Fernando Henrique，455，457

Caribbean Islands：colonization of 加勒比群岛：殖民化，106，271，299，312；汲取性制度，126，149；奴隶贸易，92，149，251；甜菜种植业主，251

Carnegie, Andrew 卡内基，安德鲁，320

Carolina (colony) 卡罗来纳（殖民地），27，279，459

Carrera, Rafael 卡莱拉，拉斐尔，346，348

Cartwright, Edmund 卡特赖特，埃德蒙，205

Castaño, Jesus，378，382

cattle, distribution of 牲口，分配，54，55，138

Caxton, William 卡克斯顿，威廉，213

central bank independence 中央银行独立性，447—448

Chad 乍得，344，373

Chamberlain, Joseph 张伯伦，约瑟夫，405—406

Charlemagne 查理曼大帝，152，176

Charles Ⅰ, king of England 查理一世，英国国王，26，188—190，286，304

Charles Ⅱ, king of England 查理二世，英国国王，190，191，193，302

Charles Stuart "Young Pretender," Jacobite pretender to the crown of England 查理斯图亚特"小觊觎者"，觊觎英国王位的詹姆士二世党人，303，309

Charles Ⅴ, Holy Roman Emperor 查理五世，神圣罗马帝国皇帝，218，219，221

Charles Ⅹ, king of France 查理十世，法国皇帝，207

Charrúas people 查鲁亚人，10

Chávez, Hugo 查韦斯，雨果，387，460

Chawawa, Fallot 查瓦瓦，法洛特，368

Chile：agrarian reform in 智利：农业改革，37；和地理假说，50，54，55；大规模的压迫和谋杀，38；政治集权，436；繁荣，46，47，63，114—115

China：威权增长，437—443，444，445；和文化假说，57；经济增长，45，48，62—63，67—68，93—94，119，150—151，423—424，439—440，442—443，445；鸦片战争，118，119，273，298；瘟疫，96；产权，439；太平军起义，297；技术创新，231；乡镇企业，426；贸易，199，232—234，245，424，434，442，444

Ciskei 西斯凯，259—263，265，268

civil rights movement 民权运动，357，414—419

Civil War, U. S. 美国内战，U. S.，31，319，351，352，354，355，357，365，415

索 引

Classic Era 古典时期，143，146，148—149，150

Claudius, emperor of Rome 克劳狄乌斯，罗马皇帝，172

Coen, Jan Pieterszoon 昆，占·彼得逊，248

Colbert, Jean-Baptiste 柯尔贝尔，让-巴普蒂斯特，285

Collins, David 科林斯，大卫，275—276

Colombia: agrarian reform in 哥伦比亚：农业改革，37；中央银行，448；内战，37，377—383，*380*；和文化假说，63；选举，377，382，387，399，401；汲取性制度，372，398，401，402；独立，399；国家集权的缺失，383，399，401，436；和繁荣，46，*47*

colonialism, end of 殖民主义，结束，111—112，410，413

Columbus, Christopher 哥伦布，克里斯托弗，11，50，218

Comaroff, John 库玛罗夫，约翰，407

Confucian values 儒学价值，57

Congo, Democratic Republic of, 刚果，民主共和国，58—60，*59*，133—136；比利时的殖民统治，363；教育，78—79；汲取性制度，83—84，87—91，116，361；独立，90；贫困，87—91，373；国家失败，90，91，344，376；恶性循坏，363；扎伊尔化（1973），90

Constantine, emperor of Rome 康斯坦丁，罗马皇帝，176

Continental Congress, First (1774) 第一次大陆议会 (1774)，28

contingencies 偶然性，110—113，117，402，427

Cook, Captain James 库克，詹姆士船长 274

Copán, city of 科潘市，144—145，147，148

Cort, Henry 科特，亨利，203

Cortés, Hernán 柯提斯，艾尔南，11，13，20，22，37，65，218，345

Côte d'Ivoire 象牙海岸，344，376

Cowperthwaite, George 考普维特，乔治，196—197

creative destruction 创造性毁灭，84—86，154—155；担心，84，92，121，183，208，215，216，217，226，228—229，232，233，430；和增长，86，94，150，154，442；和政治权力，85，206—207，441；和革命，362；和技术革命，94，183—184，202—203，206，300，430

Crimean War (1853—1856) 克里米亚战争 (1853—1856)，231

critical junctures: Atlantic trade routes 关键节点（时刻、事件）：大西洋贸易线路，110—111，113，212，300，431，432，434；黑死病，110，113，175，176，180，209，300，431，434；和广泛联盟，427；民权运动，415—419；和内战，401；殖民化过程，408—409，432；偶然性，110—113；定义，431；美洲的发现，175，222；殖民主义的结束，111—112，410，413；和汲取性制度，113，116，184；和封建主义，176，209，434；法国大革命，114，300；工业革命，217，222，243，244，300；制度发展，433；和制度漂移，109—110，115，178，180，431，432，434；国际贸易，106—107，110—111；长夏，142；和运气，427；和微小差异，106—110，113，

157—158，175，209，222，431，432

Crompton, Samuel 克朗普顿，萨缪尔，204

Cromwell, Oliver 克伦威尔，奥利佛，190，211，402

Cuba 古巴，13，37，92，94，126，436，458

culture hypothesis 文化假说，3，56—63

Cusco：Spanish capture of 库斯科：西班牙占领，15—16，17；西班牙殖民，18

D

Dahomey, slavery in 达荷美，奴隶制，254，256，257

Dalberg, Karl von 达尔伯格，卡尔·冯，290

Dale, Sir Thomas 托马斯·戴尔爵士，23，25

Darby, Abraham 达比，亚伯拉罕，203

Dark Ages 黑暗时代，175

David, Jacques-Louis, *Oath of the Horatii* 大卫，雅克·路易，荷拉斯兄弟之誓，159

Davis, W. J. 戴维斯，W. J.，263

De Beers diamond mining company 戴比尔斯钻石采矿公司，340

De León Cardona, Juan 德莱昂·卡多纳，胡安，345

De León Carpio, Ramiro 德莱昂·卡皮奥，拉米罗，345

Deng Xiaoping 邓小平，63，68

Diamond, Jared 戴蒙德，贾雷德，51—54，141

Dias, Bartolomeu 迪亚士，巴尔托洛梅乌，245

Díaz, Porfirio 迪亚斯，波费里奥，34—35，36，37，66，82

Díaz del Castillo, Bernal 迪亚斯·德尔·卡斯蒂略，伯纳尔，345

Diocletian, emperor of Rome 戴克里先，罗马皇帝，170，184

domestication 驯养（驯化），137—139，141

Dominican Republic 多米尼加共和国，46，47

Douglas, Mary 道格拉斯，玛丽，133，134

dual economy 二元经济，258—271；和土地所有制，262—263，265，*266*；现代与传统部门，258，265，267；南非，258—261，263，265，267—271；津巴布韦，402

Du Bois, W. E. B. 杜波依斯，W. E. B.，355

Dutch East India Company 荷兰东印度公司，106，247—250，260，271—272

E

economic institutions：choice of 经济制度：选择，83—87；冲突，86—87；包容性与汲取性，76—79，81，429—431；和政治制度，42，43—44，68—69，81—83，87，91，94

economic stagnation 经济停滞，372—373，390

Ecuador 厄瓜多尔，46，47，63

Edison, Thomas A. 爱迪生，托马斯 A.，33，77，78

Edward Ⅲ, king of England 爱德华三世，英国国王，97，99

Egypt：and Arab Spring 埃及：和阿拉伯之春，1，2—3，398，436；和英国殖民主义，4，397；和文化假说，3，61；经济问题，2，398；经济改革，395—398，436；汲取性制度，372，397—398，400，402，458；和奥斯曼帝国，4；贫困，1—4，46，61；印刷机，214；吉萨的金

字塔，174；和前苏联，400；和苏伊士运河，400

Egyptian Revolution（1952）埃及革命（1952），61，400

Eisenhower, Dwight D. 艾森豪威尔，德怀特·D.，34—35

Elizabeth Ⅰ, queen of England 伊丽莎白一世，英国女王，105，106，111，182—183，187

El Salvador, civil war in 萨尔瓦多，内战，37

empowerment 授权，455—457，458—462

England, see Great Britain 英国，见大不列颠

English East India Company 英国东印度公司，106，199—200，247，272—273

Eritrea, Italian colony in 厄立特里亚，意大利殖民地，237

Estonia 爱沙尼亚，409

Ethiopia 埃塞俄比亚，176—178，*177*；专制制度，178，234—238，243，301，363；阿杜瓦战役（1896），237；汲取性制度，237—238，243，366，441；饥荒，361；寡头铁律，358—361；和意大利，237；政治集权，435；贫困，42，237—238；权力斗争，344，358—359；和奴隶贸易，236；恶性循环，360，363，366

euro, introduction of 欧元，引入，388

Europe：aristocracies of 欧洲：贵族，85—86，300；黑死病，见黑死病；关键时刻，434；和文化假说，62；东欧与西欧，100—101，107—110，*109*，113，114，157，209，223，290，300；封建主义/农奴制度，98—101，107—108，*109*，176，294；包容性制度，181，282，*291*；工业增长，247，282，294；和工业革命，114，122，282；利益冲突，282，286，288，292—294；拿破仑入侵，290—292，*291*；繁荣，42，46，*47*，48，86；道路，*230*，231；革命，229，231

evolutionary or genetic drift 基因漂移的演化，431

extractive economic institutions 汲取性经济制度，73—76，216；特征，430，453；和汲取性政治制度，400—402，430；和失败国家，398—403

extractive political institutions 汲取性政治制度，79—83；专制主义的，216，271；和关键时刻，113，116；和分权，271；和汲取性经济制度，400—402，430；……下的增长，91—95，128，132，136，143—146，150，151，184，430，436，439—443，444—446；内讧，95，150；不稳定，150，430；和寡头铁律，402，436；和权力，343—344，399—400，430；阻止工业化，243，271；和恶性循环，343，344，345，350—351，353，357，362—363，365—366，376，399，401—402，430，436

Ezana, king of Aksum 埃扎那，阿克苏姆国王，176

F

Fanon, Frantz 法农，弗朗兹，374

Farouk, king of Egypt 法鲁克，埃及国王，398

Fasuluku, Sheku 法苏鲁库，舍库，339

Fayt, Carlos, *Law and Ethics* 菲亚特，卡洛斯，法律和伦理，331

Federal Trade Commission 联邦贸易委员会，38—39

Ferdinand, king of Spain 费迪南德，西班牙国王，28，218，219，220

Ferdinand Ⅶ, king of Spain 费迪南德七世，西班牙国王，29

Fertile Crescent, agriculture in 肥沃的新月地区，农业，52，53

feudalism 封建主义，98—101，107—108，109，110，158，176，180—181，209，283—284，287，290，293，294，434

Fingoland 芬果兰，261—264

First Welfare Theorem 第一福利定理，64

Flabianico, Domenico 弗拉边尼克，多门尼克，153

Flavius Aetius 弗拉维乌斯·埃提乌斯，166—167

Florentine Codices 佛罗伦萨法典，12

foreign aid, failure of 外国援助的失败，450—455

Foster, John 福斯特，约翰，206

France：absolutist institutions in 法国：专制制度，188，210，283，284—285，289；旧制度，283，294；军队，292—294；贵族议会，285，286，362；黑死病，96；殖民，61，106，285；作为立宪君主制，287—288；宪法，283—284，287；货币改革，388；雾月十八政变，288；授权，459；三级议会，105，107，286—287；弗伦德起义（1648—1652），106；包容性制度，289，318，362—363，458；国际竞争，272，432；雅各宾派，287，288，459；七月革命（1830），207，310；媒体，461；和墨西哥，34；国民立宪大会，287，289；繁荣，60；"恐怖"时期统治，288，459；共和国，292；大革命（1789），4，114，207，282，283—289，291—293，300，318，362—363，426，458，459，461；和莱茵兰，292；七年战争，286；入侵西班牙，28；巴士底风暴，287；税收，283，284；第三共和国，285，318

Francis Ⅰ, Holy Roman Emperor 弗朗西斯一世，神圣罗马帝国皇帝，223—226，350

Freter, Ann Corinne 弗利特，安库林，145

Fujimori, Alberto 藤森谦也，461—462

G

Gabon, natural resources in 加蓬，自然资源，445

Gadsden purchase 加兹登购买协议（1853），8

Gagarin Yuri, 加加林，128

Gama, Vasco da 伽马，瓦斯科·达，105，245

Gates, Bill 盖茨，比尔，38，43，44，78

Gates, Sir Thomas 盖茨，托马斯爵士，23

Geiseric, king of Vandals 盖塞里克，汪达尔人的王，167

Gentz, Friedrich von 根茨，弗里德里希·冯，225

geography hypothesis 地理假说，3，48—56

Germany：African colonies of 德国：非洲殖民，404；东德和西德的差距，49；法国控制，292，294；工业化，300；国家社会党（纳粹），445；农奴，100

Ghana：economic decline in 加纳：经济衰落，64—65；和无知假说，66—67，446；独立后，343，370；奴隶制，251，254—255

Gibbon, Edward 吉本，爱德华，236；罗马帝国衰落史，166

Giorgis, Dawit Wolde 乔治斯, 达维特·沃尔德, 359—360

Gladstone, William 格莱斯顿, 威廉, 316

globalization 全球化, 36, 40

global warming, eras of 全球变暖, 时代, 136—137, 142

Glorious Revolution, England 光荣革命, 英国（1688）, 4, 106, 186, 197, 272, 311, 362; 和包容性制度, 102—104, 113, 195, 208, 332; 和媒体, 461; 和议会, 285, 303, 402—403, 410; 和多元主义, 110, 195, 209, 210—211, 303, 306—309, 318, 364, 366, 410, 458; 和法治, 305, 306, 318

Gómez Farías, Valentín 戈麦斯·法里亚斯, 瓦伦丁, 31

Gonlin, Nancy 龚琳, 南希, 145

Gorbachev, Mikhail 戈尔巴乔夫, 米哈伊, 132

Goths 哥特人, 166, 167

Goulart, João 若昂·古拉特, 455

grains, distribution of 谷物, 分配, 54, 56, 138

Grant, Ulysses 格兰特, 尤利塞斯 S., 34

Great Britain: and Atlantic trade 大不列颠: 和大西洋贸易, 110—111, 113, 188, 209, 210, 212, 219, 432, 434; 英格兰银行, 195;《布莱克法案》(1723), 302—305, 308, 310, 313, 332, 387; 黑死病, 97—100;《白棉布法案》, 200—201, 272; 终止的审查制度, 309; 大宪章运动, 311, 314—315; 内战, 19, 102, 106, 186, 189—190, 193, 210, 302, 402; 殖民地, 4, 19—22, 23—28, 45, 61, 62, 104, 106, 113—114, 200, 260, 261, 263, 335—344, 433;《谷物法》, 206, 207, 316, 317—318; 权利宣言, 191; 经济增长, 45, 113; 经济机会, 4, 219; 教育法案 (1870, 1902), 317; 民主的出现, 310—318, 333; 人民的授权, 309, 314; 授权, 458—459;《第一次改革法案》, 207, 314, 316, 417; 光荣革命, 见光荣革命; 包容性制度, 102—104, 157, 175, 180, 181, 195, 208, 308—310, 313—314, 317, 332, 362—363, 364, 434, 458; 工业革命, 见工业革命; 制度漂移, 209—212, 300, 434; 詹姆士二世党人, 303—304; 劳动力市场, 100; 识字率, 215; 勒德派暴动 (1811—1816), 310; 大宪章, 185, 186, 189, 191, 209, 311, 362, 407, 410;《曼彻斯特法案》(1736), 201, 211; 媒体, 461; 商人阶级, 219, 303; 垄断, 32, 187—190, 193—194, 197, 199, 200, 202, 208, 209; 国家改革联盟, 315;《航海法》, 201—202; 议会, 105, 107, 108, 185—187, 188—196, 199, 201, 207, 209—211, 217, 238, 272, 303, 304, 306, 310, 311, 315, 318, 402—403, 410; 农民暴动 (1381), 99, 187, 209; 刑事惩罚殖民地, 274—277, 279; 人民宪章, 311—312, 314—315; 彼得罗大屠杀, 207, 309, 310; 多元主义, 见多元主义; 和政治集权, 186—187, 195—196, 217; 产权, 192, 195, 197—199, 202, 208, 410; 繁荣, 3, 60; 公共卫生, 51; 再分配性的国家, 316—317;《人民代表法》(1918), 316; 复辟 (1660), 302; 罗马时代, 172—175, 180; 法治, 305—310, 313, 317, 318, 328—329,

379

333；七年战争，286；和奴隶制，255；社会骚动，310—312；温泉地暴动（1816），310；西班牙舰队，111，*112*；史前巨石柱，174；节约法令（禁奢令），200；斯温暴动（1830），310；税收，196—197，221，317；托利党，303，306，316；贸易保护，199—202，272；1707 年联盟，192，274；良性循环，306，308—310，312，314，317；投票权，192—193，310，311—312，315—316，318，333；辉格党，210，303—306，311；工人抗议，206—207

Great Depression 大危机，325，329，415

Greenland Ice Core Project 格陵兰冰芯计划，161

Grey, Earl 格雷伯爵，311，312

Grube, Nikolai 格鲁贝，尼库拉，147

Guarani people 瓜拉尼人，10—11

Guatemala: agrarian reform in 危地马拉：农业改革，37；内战，37，350；咖啡生产，347—348，350，351；独立，346，365；大规模镇压和谋杀，38；玛雅城市国家，143，146，147，345，350，366；贫困，46，47；恶性循环，345—351，362，365

guilds 行会，225，283，284，288，291，293，294

Gutenberg, Johannes 古腾堡，约翰尼茨，213

H

Habsburg rule 哈布斯堡统治，218—219，222—226

Hadrian, emperor of Rome 哈德里安，罗马皇帝，169，173

Haile Selassie 海尔·塞拉西，358—361

Haiti: education in 海地：教育，78—79；汲取性制度，92，94，126；政治分权，216，244；贫困，45，46，*47*，115，373；国家崩溃，435

Hannibal 汉尼拔，159

Harappa civilization 哈拉巴文明，51

Hargreaves, James 哈格里夫斯，詹姆斯，85，204

Hayes, Rutherford B. 海斯，卢瑟福 B.，355

Hearst, William Randolph 赫斯特，威廉·鲁道夫，324

Hemming, John 海明，约翰，261—262

Henry II, king of France 亨利二世：法国国王，105

Henry VII, king of England 亨利七世，英国国王，186，196

Henry VIII, king of England 亨利八世，英国国王，187，196，217

Hidalgo, Father Miguel 大公，米格尔之父，29

Hill, Christopher 希尔，克里斯托弗，187—188

Hispaniola 伊斯帕尼奥拉，13

historical determinism 历史决定论，435

history, turning points in 历史上的，转折点，432—434

Holy Roman Empire 神圣罗马帝国，222

Homestead Act《移居法》(1862)，37

Honduras, Maya city-states in 洪都拉斯，玛雅城市国家，143

Hong Kong, and culture hypothesis 香港，和文化假说，57

Hongwu, emperor of China 洪武，中国皇帝，232

Humbolt, Alexander von 洪堡，亚历山大·

冯，32

Hungary 匈牙利，409；农奴，100—101，108；又见奥匈帝国

Huns 匈奴人，166—167，175，177

hunter-gatherers 狩猎-采摘者，108，137，138—140，260

Huntridge, John 亨特里奇，约翰，305，308，387

Hussein, Saddam 侯赛因，萨达姆，444

I

Ice Age 冰河时代，136

Igbo peoples 伊戈博族人，341—342

ignorance hypothesis 无知假说，63—68，446

Inca Empire 印加帝国，15—19，17，21，22，50，52，53，114，386，432，433

inclusive economic institutions 包容性制度，73—79；特征，429—430；和创造性毁灭，84—85，154—155，430；创造的教育和技能，313，317；和对外援助，454—455；和包容性政治制度，309，314，324，333，364；形成，102—104；和市场经济，113，313，323；和繁荣，75，76—79，83—87，429；逆转，157，180；和持续经济增长，453；和技术进步，313

inclusive political institutions 包容性政治制度，79—83；集权，216，243—244，430，460；特征，430；光荣革命（1688），102—104，113，195，208，332；和包容性经济制度，309，314，324，333，364；抵制，217；和良性循环，308—310，334，364—365，430—431

India：印度：种姓制度，118；和东印度公司，272；作为英国殖民地，118，312；和地理假说，50，54；卫生保健，449—450；制度漂移，118；莫卧儿统治者，118，272；香料贸易，245；纺织品生产者，199—200，272—273

Industrial Revolution 工业革命，4，102—104；在英国，32—34，45，54，84—86，103，113，122，157，174，179，180，192，194，197，208—212，215，222，298—299，300，314；和创造性毁灭，84—86，206，300；作为关键节点，217，231，243，244，300，431；影响，215，244，298—299，300；创新，32—34，78，202—206；反对者，85—86，213—244；和繁荣，48，59—60，271；扩散，113，114，122，157，282；技术突破，32，84，103，105，182—183，197，202—206，213，215，226，243；in U. S.，32—34，45，172，282，299；和工人抗议，206—207

Inongo, Dominique Sakombi 伊农戈，多米尼克·萨空比，361

institutional drift 制度漂移，108—110，115，157，175，178，180，209—212，300，409，431，434

International Monetary Fund 国际货币基金（IMF），66—67，371，446—447

international trade 国际贸易，36，37，106—107，110—111，113，178，188，205，220；竞争，199—202；制度漂移，209；奴隶的，见奴隶制；关税保护，199—202

inventions 发明，32，34，36，77，182—183，197

Iran 伊朗，461

Iraq 伊拉克，55，444

iron law of oligarchy 寡头铁律，111—112，358—362，366，372，387—388，402，403，436，457—458

Isabella, queen of Spain 伊莎贝拉，西班牙王后，218，219，220

Islam 伊斯兰，61，175，214

Israel, prosperity of 以色列，繁荣，142—143

Italy 意大利，60，237，300；黑死病，96—97；拿破仑入侵，292—293

Iturbide, Augustín de 伊图尔维德，奥古斯丁·德，30，31，34—35

J

Jamaica 牙买加，92，94，126，131

James Ⅰ, king of England 詹姆士一世，英国国王，20，22，183，187—188，189

James Ⅱ, king of England 詹姆士二世，英国国王，190，193，194，195，199，210，211，303，402—403，458

James "Old Pretender," Jacobite pretender to the crown of England 詹姆士"老王位觊觎者"，觊觎英国王位的詹姆士二世党人，303

Jamestown: English settlement at 詹姆斯敦：英国移民，20—22，106，277，433，459；大会，26，28，82；包容性制度，281—282，332；当地人封港，22，23；自治政府，82，279 日本，5；专制统治，118—119，297；立宪君主制，297；议会，297；经济增长，119，301；和文化假说，50；工业化，297；制度改革，119，301；国际贸易，118，298，433；明治维新，119，296，298，301，366，426，433，458；繁荣，42，45，46，47，50，62；武士，294—297；萨长同盟，294；萨摩藩，294—298，301；岛津家族，295；幕府将军，294—298，301；领地扩张，445；德川家族，294—295，296，297，298；土佐藩，295；和第二次世界大战，70

Jasmine Revolution 茉莉革命，1

Java 爪哇，245，248，249

Jericho, city of, 耶利哥市，141，174

Jews 犹太人，219，289—290

João Ⅰ, king of Kongo 阿方索一世，刚果国王，58，60

Jobs, Steve 乔布斯，史蒂夫，43，78

John, king of England 约翰，英国国王，185，191

Johnson, Andrew 约翰逊，安德鲁，354

Johnson, Joseph 约翰逊，约瑟夫，207

Jordan, poverty in 约旦，贫困，46

Joseph Ⅱ, Emperor of Austria-Hungary 约瑟夫二世，奥匈帝国皇帝，223

Juche system 自力更生制度，72—73

Julius Caesar 尤里乌斯·恺撒，164，179

K

Kabila, Laurent 卡比拉，洛朗，83，361

Kangxi, emperor of China 康熙，中国皇帝，233

Kankrin, Count Egor 厄格尔·阚克林公爵，228—230

Karimov, Ismail 卡里莫夫，伊斯兰，390—394，399

Karimova, Gulnora 卡里莫夫，古尔娜拉，394

Kasai River 凯塞河，133—136，376

Kay，John 卡伊，约翰，85，204

Kennedy，John F. 肯尼迪，约翰·F.，418

Kennedy，Robert F. 肯尼迪，罗伯特·F.，418

Kenya 肯尼亚，343，363

Khalil，Wael 哈利，维尔，2

Khama，king of Botswana and Ngwato 卡马，博茨瓦纳和恩瓦托的国王，116—117，404—409，411

Khama，Seretse 卡马，塞莱茨，116—117，411—412，413

Khan，Ismail 卡恩，伊斯米尔，451，452

Khoikhoi people 科伊科伊人，260

Killick，Tony 基里科，托尼，64—65

King，Martin Luther，Jr. 金，马丁·路德，小，414

K'inich Yax，Mayan chief 亚克库毛，玛雅首领，144—145

Knight，John 奈特，约翰，207

Kongo，Kingdom of 刚果，王国，58—60，59，83—84，87—91，115，134，225，234，251，254

Korean War 朝鲜战争，58，71

Koroma，Ernest Bai 科罗马，欧内斯特·巴伊，401

Kropotkin，Peter 克鲁泡特金，彼得，227

Kuba Kingdom 古巴王国，59，134—135，149

Kuwait，oil in 科威特，石油，46，61

Kuznets，Simon 库兹涅茨，西蒙，384，386

L

Lafayette，Marquis de 拉法耶特，287

Land Ordinance (1785) 土地条例（1785），37

Laos，poverty in 老挝，贫困，46，47

las Casas，Bartolomé de 堪萨斯，Bartolomé de，13—15；《印第安人毁灭简史》，13

Latin America 拉丁美洲，又见美洲的法律和秩序；和政治集权，87，94；法治，43，75，305—310，313，317，318，333；国家实施，80

Lee，William 李，威廉，182—183，187，206

Leibniz，Gottfried 莱布尼茨，戈特弗里德，203

Lele people 乐乐人，59，133—136，376

Lenin 列宁，V. I.，125，389

Leopold Ⅱ，king of Belgium 利奥波德二世，比利时国王，90，361

Lewis，Sir Arthur 刘易斯，阿瑟，爵士，65，258—259，265，267，269，270

liberalism，changed meanings of 自由主义，已经改变的意思，348

Liberia 利比里亚，258，344，373

libertarianism 新自由主义，348

Lincoln，Abraham 林肯，亚伯拉罕，357

Lipset，Seymour Martin 李普塞特，西摩·马丁，443

Livingstone，David 李文斯顿，大卫，404

Livy 李维，162

Lloyd George，David 劳埃德·乔治，大卫，316

Locke，John 洛克，约翰，27

Long Summer 长夏，136—143

Louisiana 路易斯安那，415，416

Louis ⅩⅣ king of France (Sun King) 路易十四，法国国王（太阳王），107，285—286

383

Louis Ⅹ Ⅵ，king of France 路易十六，法国国王，286，287，288，292

Louis Ⅹ Ⅶ 路易十七，288

Lucius Aemilius Paullus 卢奇乌斯·埃米利乌斯·保路斯，159

Lucius Cornelius Sulla 卢奇乌斯·科尔涅利乌斯·苏拉，164

Luddites 勒德派，85，183，310

Lula da Silva，Luiz Inácio，455—457，459

M

Macarthur，James 麦克阿瑟，詹姆士，340

Macarthur，John 麦克阿瑟，约翰，278，279，281，282

Madagascar 马达加斯加，116

Magna Carta，大宪章，185，186，189，191，209，311，362，407，410

maize，domestication of 玉米，驯化，137，179

Malaysian Peninsula 马来西亚半岛，49，245，*246*

Mali 马里，42，251

Mancuso，Salvatore 曼库索，萨尔瓦多，378—382

Marcus Aurelius 马可·奥里利乌斯，166，169

Margai，Sir Albert 艾尔伯特·马尔盖爵士，336—337

Margai，Sir Milton 密尔顿·马尔盖爵士，336，342

Maria Theresa，Empress 玛丽娅·特蕾西娅，皇后，223，224

Marie Antoinette，queen of France 玛丽·安托瓦内特，法国王后，287，288

market economy 市场经济：定义，64；invisbls hand of，看不见的手，130

market failure：definition of 市场失灵：定义，64；微观市场失灵，448—450

Martin，Simon 马丁，西蒙，147

Marx，Karl 马克思，卡尔，360，389

Maryland，Charter of 马里兰，宪章，26—27，279，282，459

Masire，Quett 马西雷，奎特，408，411，413

Matabeleland 马塔贝莱兰，369，370，399

Maximilian，emperor of Mexico 马克西米利安，墨西哥皇帝，34

Maximilian Ⅰ，Holy Roman Emperor 马克西米利安一世，神圣罗马帝国皇帝，218

Mayan cities：Classic Era of 玛雅城市：古典时代，143，146，148—149，150；崩溃，95，147—149，158，168；持续不断的战争，146—147，148，*148*；和经济增长，132，146；汲取性制度，143—150，179，345，350，366，376；语言，144；西班牙入侵，114

McAdam，John 麦克亚当，约翰，205

McKinley，William 麦金利，威廉，321

media：censorship of 媒体：审查，309；和授权，461—462；在秘鲁，461—462；和革命，461；在美国，309，324，325，333—334

Mehmet Ⅱ，Sultan 穆罕默德二世，苏丹王，120

Meiji Restoration 明治维新，119，296，298，301，366，426，433，458

Melaka 马六甲，245—246

Memphis，Egypt 孟菲斯，埃及，174

Mendeland 曼迪兰，335—337，342，361

Mendoza, Pedro de 门多萨，Pedro de，10，11

Menelik Ⅱ, king of Ethiopia 曼尼里克二世，埃塞俄比亚国王，237，358—359

Menem, Carlos Saúl 梅内姆，卡洛斯·萨乌尔，331，383，386，387

Mengistu Haile Mariam 门格斯图·海尔·马里亚姆，358—361

Meredith, James 梅雷迪斯，詹姆斯，418

Mesopotamia 美索不达米亚，174，242

Metternich, Klemens von 梅特涅亲王，克莱门斯·冯，224

Mexican-American War（1846—1848）美墨战争（1846—1848），8，31

Mexican Revolution 墨西哥革命，34，37

Mexico：banking in 墨西哥：银行，34，35；特考克战役，34；宪法，28—30，35，40；与美国之间的差距，7—9，28—32，34—42，49，63，65—66；和文化假说，57；经济停滞，37；汲取性制度，32，82，179；和法国，34；和地理假说，50，53，55；Grupo Corso in，39，40；大公起义（1810），29；和无知假说，65—66，67；受到限制的激励，32，39，42；从西班牙独立出来，8，28，29—30，32，346；国际贸易，37，41；玛雅城市国家，143；垄断，32，39—40，396；自然资源，36；路径依赖的变化，36—38；伊瓜拉计划，30；政治不稳定，30，31—32，34，37；政治制度，8，34，37，436；人口密度（1500），24，25；贫困，52，67；产权，35；繁荣，46，47；豁免权，40；作为西班牙殖民地，23，26，29，36，218；西班牙征服，11，15

Michels, Robert 密歇尔斯，罗伯特，111，112，360，366

Microsoft Corporation 微软公司，38—39

Middle East 中东：威权政权，61；贫富分化，46，48；欧洲殖民化，121；和地理假说，55—56；Hilly Flanks，137，138，141；伊斯兰，61；新石器革命，157，174；石油，46，61；和奥斯曼帝国，56，61，120—121

Millennium Challenge Accounts 千年挑战账户，453—454

Ming dynasty 明朝，117—118，231—234，300—301，434

Mississippi 密西西比，415，418

Missouri Compromise 密苏里妥协，31

Mobutu, Joseph 蒙博托，约瑟夫，83—84，90，361，454

Moctezuma 蒙特苏玛，12—13

modernization theory 现代化理论，443—445

Mohenjo Daro civilization 亨佐·达罗文明，51

Moluccan Archipelago 摩鹿加群岛，245—247，*246*，250，299

Momoh, Joseph 莫莫，约瑟夫，338，373—374

Montesinos, Valdimirov 蒙特西诺斯，韦迪米洛，461—462

Montesquieu, Baron de 孟德斯鸠，男爵，49

Moore, Francis 摩尔，弗朗西斯，253

Morgan, J. P. 摩根，J. P.，320，322

Mozambique 莫桑比克，344，370，376

Mubarak, Gamal 穆巴拉克，贾迈勒，396，398

Mubarak, Hosni 穆巴拉克，胡斯尼，1，2，3，

4，395，398，436，458

Mugabe, Robert 穆加贝, 罗伯特, 368—372, 373，399，447，458

N

NAACP (National Association for the Advancement of Colored People) NAACP（全国有色人种协进会），414

Namibia 纳米比亚，116，404，409

Napoleon, Louis 拿破仑, 路易, 362

Napoleonic Code《拿破仑法典》, 288, 293—294

Napoleonic Wars 拿破仑战争，260

Napoleon Ⅱ, emperor of France 拿破仑二世, 法国皇帝，34

Nariakira, Shimazu 岛津齐彬, 295, 298

Nasser, Gamal Abdel 纳赛尔, 贾迈勒·阿比德尔, 61, 398, 400, 458

Natal, state of 纳塔尔州，259，261，270

Natufian culture 纳图夫文化, 137—143, 146, 149，179

Ndebele people 恩德贝莱人，369

Necker, Jacques 内克尔, 雅克奎斯, 286, 287

Need, Samuel 尼德, 塞缪尔, 204

negative feedback 负反馈，364—367

Neolithic Revolution 新石器革命, 55—56, 132, 137，141，142，149，157，174，175，179

Nepal 尼泊尔，45，115，216，244，373

Netherlands 尼德兰（荷兰）, 60, 100, 300; 荷兰东印度公司, 106, 247—250, 260, 271—272; 法国占领，292，293

Newcomen, Thomas 纽科门, 托马斯, 202

New France 新法国，106

New Granada 新格兰纳达，14，220

Newport, Christopher 纽波特, 克里斯托弗, 20, 21—22，23

New South Wales 新南威尔士, 274, 277—282, 340; 包容性制度, 279—280, 282; 朗姆起义（1806），277—278；强占者，278—281

New Spain 新西班牙，13—15

New World 新世界，13—19，27；又见美洲

New Zealand 新西兰，42，45，50，282

NGOs (nongovernmental organizations) NGOs（非政府组织），449—450，451—452，454

Nicaragua 尼加拉瓜，13—14，37

Nicholas Ⅰ, tsar of Russia 尼古拉斯一世, 俄国沙皇，227—229，337，350

Nicholas of Upton, Brother 厄普顿的尼古拉斯, 兄弟，98

Nigeria; British rule in 尼日利亚; 英国统治, 341—342；经济崩溃，257；阿罗出克瓦的著名神谕，253—254；贫困，62；权力斗争，344；和奴隶贸易，254；部落制度，363

Nkomo, Joshua 恩科莫, 乔舒亚, 370

Nkrumah, Kwame 恩克鲁玛, 克瓦米, 64—65, 66

Nogales, Arizona 诺加莱斯, 亚利桑那州, 7—9, 38，40，41，42，63；和地理假说，49，51，53；公共卫生，51

Nogales, Mexico 诺加莱斯, 墨西哥, 7—9, 38, 40，41，42，49；和文化假说，57，63

Norfolk Island 诺福克岛，277

North America: democratic institutions in 北美:

民主制度，26，27，82；授权，458；英国殖民，19—22，23，25—28，106，305，432—433；政治权利，27；繁荣，36，42，46，47；又见特定殖民地

Nosseir, Mohamed 纳赛尔，穆罕默德，396—397

Nunn, Baptist 纳恩，巴蒂斯特，302，304

Nzinga a Nkuwu, king of Kongo 恩济加·恩库武，刚果国王，58

O

Opium Wars 鸦片战争，118，119，273，298

Orange Free State 奥兰治自由州，260—261，270

Ottoman Empire 奥特曼帝国，4，56，61；专制制度，215，216，231，243，300；发展的障碍，213—216，300；崩溃，216；汲取性制度，120—121；贸易路线，245

Owen, Robert 欧文，罗伯特，224—225

P

Page, Larry 佩奇，拉里，43，78

Palestine 巴勒斯坦，121，142

Papin, Dionysius 巴品，狄奥尼修斯，202—203

Paraguay 巴拉圭，10，46，47

Parks, Rosa 帕克斯，罗萨，414，415

Parthenopean Republic 帕尔瑟诺佩共和国，293

patent systems 专利制度，32—34，182—183，202—206，208，352

Paul, Lewis 保罗，刘易斯，204

People's Republic of China 中华人民共和国，见中国

Perón, Juan Domingo 裴隆，胡安·多明戈，330，385，387

Perry, Matthew C. 佩里，马修·C.，118，298，433

Peru: agrarian reform in 秘鲁：农业改革，37；内战，37；宪法修改，329；欧洲人探险，11；汲取性制度，77，115，179，432，433；和地理假说，50，53；当地人，63；媒体，461—462；米塔制度，17—18，115，133；人口密度（1500），24，25；贫困，42，52，63，67，115，432；和繁荣，46，47；西班牙征服，15，16，23，218，432—433；技术，52—53

Peter the Great, emperor of Russia 彼得大帝，俄国皇帝，107，217，227，238

Petronius Maximus 佩特罗尼乌斯·马克西姆斯，167

Philip II, king of Spain 菲利普二世，西班牙国王，19，105，111，219，221

Philip III, king of Spain 菲利普三世，西班牙国王，219

Phillips, David Graham 菲利普斯，大卫·格雷厄姆，324

pigs, distribution of 猪，分布，54，55，138

Pinochet Ugarte, Augusto 皮诺切特·乌加尔特，奥古斯托，38

Pizarro, Francisco 皮萨罗，弗朗西斯科，11，15，16，20，22，37

Pliny the Elder 老普林尼，171

pluralism 多元主义，80，86—87，159；和光荣革命，110，195，209，210—211，303，306—309，318，364，366，410，458；和包容性制度，81，186—187，308—310，333，364，

460;和君主制度，104，105，185—187，307，458；和议会，185—187，193，196，199，201，211；和政治集权，87，186—187，196，221，460；和法治，306—309，318，333

Plutarch 普鲁塔克，163

Pocahontas 宝嘉康蒂，21

Poland, serfs in 波兰，农奴，100

Poland-Lithuania, kingdom of 波兰-拉脱维亚，王国，107

political centralization 政治集权，87，94，115，116，435—436；和专制制度，216—217，244；和汲取性制度，149，430；和包容制度，216，243—244，430，460；和多元主义，87，186—187，196，221，460；抵制，217

political conflict 政治冲突，184—190

political institutions: constraints on policymaking 政治制度：对政策制定的政治约束，447；在环境下，447；社会所创造的，79，83—87；和经济制度，42，43—44，68—69，81—83，87，91，94；汲取性和包容性，79—83；治理激励的规则，79—80；和世界不平等，42，43，44，68—69，429—431

Portugal 葡萄牙：专制制度，210；殖民地，11，58—59；教育，215；来自……的探险家，53—54；国际贸易，115，245—246，251，272

positive feedback 正反馈，332—334，364

Potosi, city of 波托西市，16—18，115

Poverty 贫困：和疾病，51；和市场失灵，64；起源，436；政治学，44；热带气候，48—51；在2008年，46，47

Powhatan Confederacy 波瓦坦部落联盟，20—22

Prester John 祭司王约翰，234—235，236

printing press 印刷机，213—215

productivity 生产率：农业，52，136，339，415，426；和教育，78—79和汲取性制度，91—92；对……的激励，129—131；和包容性制度75，77—78；和工业革命，32；和新教伦理，57，60—61；和热带疾病，49

prosperity 繁荣：和创造性毁灭，84—86；和民主，444；和教育，77；的发动，446—450；和包容性制度，75，76—79，83—87，429；的模式，46，48，436；的政治学，44；和技术，77，301；在2008年，46，47

Prussia 普鲁士，292

Publius Cornelius Scipio Nasica 普布利乌斯·科尔内利乌斯·西庇阿·纳西卡，159

Pujo, Arsene 普约，阿塞纳，323，324

Q

Qaddafi, Muammar 卡扎菲，穆阿迈尔，373

Qing dynasty 清朝，231，233—234，300—301

Quechua language 盖丘亚语，18

Querandi people 克兰迪人，10

Quiroga, Facundo 基罗加，法昆多，386

R

religion 宗教，57，60—61

revolution：革命：在埃及，61，400；在英国（1688），见光荣革命；的失败，5；在法国，见法国大革命；在墨西哥，34，37；和政治转型，4—5，458—459；在俄国（1917），125，316，318，389，458

Rhodes 罗德斯，塞西尔，369，404—407，408，409

rice 稻米，分布，54，*56*

Ríos Montt 里奥斯·蒙特，弗拉因，38

Roanoke 罗阿诺克，英国殖民地，20，106

Robbins 罗宾斯，莱昂内尔，64

Roberts 罗伯茨，理查德，204

Robespierre 罗伯斯皮尔，马克西米连·德，288，363，459

Rockefeller 洛克菲勒，约翰·D.，319，320，324

Roman Empire 罗马帝国，157—176，*165*；和野蛮人，166—167，168，180；面包和饼干，168，172；内战，164，166，168，169；崩溃，95，98，148，152，157，164，167—172，173—174，175，179—180；经济增长，160，162，170；扩张，162，170，179—180；汲取性制度，158，168，169，170，184，329；对创造性毁灭的担心，171—172；土地改革，163，168；的遗产，157—158，180；生命预期，184；平民大会，159—160，162，164，168，185；执政官卫队，168；和船只失事，160—161，170；奴隶制，169—170，172，251；技术，170—171；财富差距，162—163

Roman Republic 罗马共和国，293

Roosevelt, Franklin D. 罗斯福，富兰克林·D.，325—330，332，343—344

Roosevelt, Theodore 罗斯福，西奥多，66，321—323，324，325

Rothschild, Amschel 罗斯柴尔德，阿姆谢尔，289—290

Rothschild, Nathan 罗斯柴尔德，内森，226

Rothschild, Salomon 罗斯柴尔德，所罗门，226

Royal African Company 皇家非洲公司，193—194

Russia 俄国：专制统治，86，216，217，222，227—231，243，300，314，333，347，402，445；1922年之后，见苏联；布尔什维克革命（1917），125，316，318，389，458；十二月党人，228；受到抵制的发展，347；汲取性制度，436，458；自然资源，445；铁路，229—231，337，408

Rwanda 卢旺达，344，435，441

Ryūkyū Islands 琉球群岛，295

Ryūma Sakamoto 坂本龙马，295

S

Saad, Farid 萨德，法里德，396

Sachs, Jeffrey 萨克斯，杰弗里，49

Sadat, Anwar 萨达特，安瓦尔，395

Sahagún, 伯纳迪诺 Bernardino de, 12

Saint-Just 圣-茹斯特，Louis-Antoine de, 288，363

Salinas 萨利纳斯，卡洛斯，39

Samuelson 萨缪尔森，保罗，128

Sankoh 桑科，福戴，373，374—375

Santa Ana 桑塔·安纳，Antonio López de，31—32，34—35，36

Saudi Arabia 沙特阿拉伯，石油，46，61，445

Sawiris family 萨维里斯家族，396，397

Saxton, John Thacker 赛克斯顿，约翰·萨克，207

Schumpeter 熊彼特，约瑟夫，84

Scipio Africanus 西庇阿·亚非利加，159

Scotland 苏格兰:《联盟法案》, 192, 274; 英格兰与苏格兰, 189

Sebele 塞贝尔, 昆纳的国王, 404—409

Second Serfdom 第二次农奴制, 100—101, 110, 223

sedentary groups 定居集团, 138—141

Selim Ⅰ 塞利姆一世, 苏丹王, 213

September 11 attacks 9.11 袭击, 450

Serfs 农奴, 98—101, 107—108, 109, 176, 223, 225, 227, 228, 283, 290, 293

Seva Mandir, 449—450

Seven Years' War 七年战争（1756—1763）, 286

Sheba, Queen of 示巴女王, 235

Sherman, William Tecumseh 谢尔曼, 威廉·T., 354

Shyaam, king of Kuba 夏艾姆, 库巴国王, 134—136, 140, 142, 146, 149, 376, 433

Sierra Leone 塞拉利昂: 钻石开采, 340, 342, 361, 375, 412; 汲取性制度, 398, 401—402, 410; 独立后, 336, 340, 342—343, 345, 366, 401, 410; 贫困, 1, 3, 42, 62, 373; RUF 入侵/内战, 373—375, 376, 377, 401, 402; 和奴隶制, 257—258, 341, 402; 政府失灵, 372, 373—374, 375—376, 377, 390, 398, 400, 401—402; 恶性循环, 335—344, 345, 347, 360—361, 363, 366, 374, 408, 448

Silk Road 丝绸之路, 96

Sinclair, Duncan 辛克莱, 杜肯, 274—275

Singapore 新加坡: 和文化假说, 57, 62; 和地理假说, 50; 繁荣, 42, 45, 49, 50, 62

slavery 奴隶制: 的废除, 255—258, 354, 357; 非洲贸易, 60, 88, 115—116, 178, 193—194, 236, 250—258, 252, 273, 301, 341, 402; 在加勒比, 92, 149, 251; 衰落, 158, 176, 180, 434; 在英国殖民地, 75; 在汲取性经济中, 81, 116, 149; 在罗马, 169—170, 172, 251; 在美国, 30—31, 250, 255, 351—354, 352, 365, 415

Slim 斯利姆, 卡洛斯, 38, 39—40, 44, 324, 396

small differences 微小差别, 105—110; 西班牙的专制主义, 218—222; 和关键时刻, 106—110, 113, 157—158, 175, 209, 222, 431, 432; 和制度漂移, 157, 431, 432

Smeaton 斯米顿, 约翰, 203, 205

Smith 斯密, 亚当, 130

Smith 斯密, 伊恩, 370, 372, 458

Smith 斯密, 约翰, 21—23, 65, 195

Solis 索里斯, Juan Díaz de, 9, 11

Solomon 所罗门, 埃塞俄比亚国王, 235, 359

Somalia 索马里, 177, 238—243; 英国殖民, 241; 混乱, 81, 376, 435; 部族, 80, 87, 238—241, 242, 244; 意大利殖民地, 237; 权力斗争, 344, 376

Song dynasty 宋朝, 231, 234

Songhai, slavery in 桑海, 奴隶制, 251

Sonjica, Stephen 宋吉卡, 斯蒂芬, 262

South Africa 南非: 南非白人（布尔人）, 260—261; 农业, 261—264; 种族隔离的社会, 117, 265—271, 341, 356, 415;《班图权力法》(1951), 267—268;《班图教育法》

(1994),269;布尔战争,261;二元经济,258—271,273;汲取性制度,270,341;和地理假说,50;黑人家园,265—268,269,270;土地所有权,262—263,268,408;矿业,60,261,264,267,268,270;《原住民土地法》(1913),265—266,*266*,268,369;索韦托起义(1976),270—271

South Carolina 南卡罗来纳,27,419

Southeast Asia 南亚:和荷兰东印度公司,247—250,271—272;和香料贸易,*246*,247

Southern Rhodesia 南罗德西亚,369—370,405,458

South Korea 韩国:经济增长,93,94,119;和地理假说,49,50;包容性制度,74—75,79,80;法律和秩序,74;市场经济,71—72,74;繁荣,42,45,58,71,73;技术,77—78;又见朝鲜

Soviet Union 苏联,1922年之前,见俄国;的崩溃,48,93,94,120,132,390,392;集体化,126,389;共产党,126,129,131,132,149,389—390;经济增长,48,126,127—128,132,150,439—440,441;经济轨迹,124—132;和埃及,400;的汲取性制度,93,94,131—132,149,170,402,439—440;饥荒,126,129;五年计划,92,126,128—129;政治清洗,129,131,389;国际计划委员会,126,128—130

space race 太空竞赛,94,128

Spain 西班牙:专制制度,188,210,218—222,243;的美洲殖民地,9—19,26,52,79,105,114—115,218—221,346,350,402,433;被……入侵的阿兹特克,11—13;波拿巴的入侵,28,29,221;波旁王朝,223;卡迪兹宪法,28,29,346;殖民独立,8,28,29—30,32,346;殖民战略,11,14—16,18—19,23;考姆奈罗大起义(1520),221;立宪君主制,28;议会,28,29,105,107,218,220—221;经济衰退,221;犹太人被驱逐,219;Junta Central of,28,29;人民主权,28;再征服,218;技术,52—53

Spanish Armada 西班牙舰队,19,111,*112*

Spice Islands 香料群岛,245—248,*246*

spinning jenny 珍妮纺纱机,85,204

spinning wheel 纺轮,204

Stalin 斯大林,约瑟夫,125—126,127,128—129,131,392—393

state 政府:集权,95;崩溃,95,376—377,398—403;界定,80—81;转型,402—403

Statute of Laborers《劳工法》(1351),98—99,100

Steffens, Lincoln 史蒂芬斯,林肯,125,127

Stephens, J. R. 史蒂芬斯,J. R.,311—312

Stephenson, George 史蒂芬森,乔治,206,226

Stevens, Siaka 史蒂文斯,西亚卡,336—337,338,340,342—343,344,360—361,373,374,401,448,454

Stone Age civilizations 石器时代文明,50

Strasser, Valentine 斯特拉泽,瓦伦丁,343

Strutt, Jedediah 斯特拉特,杰迪戴亚,204

sub-Saharan Africa 撒哈拉以南非洲:农业,262;汲取性制度,91,94,112—113,115,345,372,409;失败的国家,90;和地理假说,50,

53；政治集权，435—436；独立后，338，343，366，372，376，436；贫困，42，45，46，48，115，361

Sudan 苏丹，257，344，373，376

Suez Canal 苏伊士运河，400

Süleyman Ⅰ the Magnificent, Sultan，伟大的苏丹苏莱曼一世，120

Suluku (warrior king) 苏鲁库（军人国王），335，339

Sun God Inti 太阳神英蒂，15

Switzerland 瑞士，293，300

Syria, poverty in 叙利亚，贫困，46，61，142

T

Taft, William Howard 塔夫脱，威廉·H.，321，323

Taiwan, prosperity in 台湾，繁荣，42，45，119

T'ang Chen 陈堂，233

Tanzania 坦桑尼亚，116，435—436

Taqali, Kingdom of 塔克里王国，241—242

Tarbell, Ida 塔贝尔，艾达，324

Tarquin the Proud 骄傲者塔克文，159

Taylor, Charles 泰勒，查尔斯，373，376

Telford, Thomas 泰尔福，托马斯，205

Temple of the Sun, Cusco 太阳神庙，库斯科，16

Tenochtitlan, Spanish invasion of 特诺奇蒂特兰城，西班牙侵占，11—13

teosinte 墨西哥类蜀黍，137

Tewodros Ⅱ, emperor of Ethiopia 特沃德罗斯二世，埃塞俄比亚皇帝，236—237，359

Texas, 得克萨斯，吞并，32

Theodoric the Goth 狄奥多里克统治下的哥特人，167

Thompson, E. P. 汤普森，E. P.，307，312

Thurmond, Strom 瑟蒙德，史卓姆，417，418

Tiberius Gracchus 提比略·格拉古，158—159，162，163，168，171

Tokugawa family 德川家族，118—119

Toledo, Francisco de 托拉多，弗朗西斯克·德，16，18，20，37

Toshimichi, Ōkubo 大久保利通，294—297

Transkei 特兰斯凯，259—263，265，268

transportation: canals 运输：运河，197，205；投资，197—198；铁路，36，205，206，226，228—231，230，297，321，337，347，406，408；革命，197—198，205—206；公路，198，205；蒸汽动力，202—203；蒸汽船，36，103，203，297；技术创新，347

Transvaal 德兰士瓦，260—261，270，405

Trevithick, Richard 特里维西克，理查德，Richard，103，205—206

Tswana people 茨瓦纳民族，404—413；首领造访伦敦，404—409；和独立，411—413；又见博茨瓦纳；哥特拉政治制度，407—408，409，411，460

Tunisia 突尼斯，1，2，398

Turgot, Anne-Robert-Jacques 杜尔哥，安-罗伯特-雅克，286

Turkey 土耳其，55，120

Tyler, Wat 泰勒，瓦特，99

U

Ubico, Jorge 乌维科，豪尔赫，350

Uganda, power struggles in 乌干达，权力斗争，344，376

Ukit Took, Mayan king 乌斯特图克，玛雅国王，145

United Nations (UN) 联合国（UN），451，452

United States: balance of power in 美国：权力平衡，329；银行业，33—34，35—36；《布莱克法典》，355—356；墨西哥和美国的边境，8—9；集权的、有权力的政府，80；民权运动，357，414—419；内战，31，319，351，352，354，355，357，365，415；《克莱顿反托拉斯法》（1914），323，324；宪法，28，30—31，35，319，323，324，355，416；大陆议会，28；《独立宣言》，459；民主，7，9，26，28，33；经济机会，4—5，31，33—34，35；选举，35—36，416；授权，459；企业家，32，33—34，41，42，43，44，77；联邦储备委员会，323；联邦贸易委员会，323；边境土地，37；和地理假说，50；《赫本法案》（1906），323；《宅地法》（1862），319；和无知假说，65—66；包容性制度，43，74—75，80，282，299，309—310，319，323—325，328—329，344，416，419，459；独立，28，274，282；单个政府，30—31；工业革命，32—34，45，172，282，299；州际贸易委员会（1887），321，323；《种族隔离法》，355—357，414—418；3K党，356；土地所有权，319；制造业职业，353；市场经济，323—324；媒体，309，324，325，333—334，461；密苏里妥协，31；垄断，319—320，323，324；muckrakers in，324—325；《国家工业复兴法》（1933），325—326；《国家劳工关系法》，326，328；新政，325，328；政治制度，4—5，42，43，325，328；政治权力，28，42—43；政治权利，28，36；政治稳定，43，329；人口密度（1500），*24*，25；平民运动，320—321；进步运动，320—321，323，324；产权，43，75；繁荣，3，42，46，*47*，62，179；公共工程管理局，325—326；复兴，355；敛财大亨，319—325，334；法治，43，75；作为移民殖民地，114，299；《谢尔曼反托拉斯法》（1890），321，322，323，324；奴隶制，30—31，250，255，351—354，*352*，365，415；《社会安全法》，326，328，332；南部，351—357，362，365，414—419，426；最高法院，325—329，330，332，344，416—417；税收，323；3/5规则，30—31；打破托拉斯，319—325；良性循环，309，319，324，329；投票权，319，352，355，416，417，418—419

Uribe, Álvaro 乌韦，阿尔瓦罗，382—383

Uruguay 乌拉圭，46，*47*，62

U. S. Steel Company 美国钢铁公司，320

Uzbekistan 乌兹别克斯坦，390—395，398，399，402

V

Vandals 汪达尔人，167，175，177

Vanderbilt, Cornelius 范德比尔特，Cornelius，319

Vansina, Jan 范希纳，杨，133

Venetian Republic 威尼斯共和国，113，152—156，157，179—180，184，199，329

Venezuela 委内瑞拉，37，46，329，445，460

Versailles, treaty of 凡尔赛合约，124—125

Verwoerd, Hendrik 沃尔沃德，亨德里克，269

Vespasian, emperor of Rome 韦帕芗，罗马皇帝，171—172

vicious circles: in Argentina 恶性循环：在阿根廷，331；打破，402—403，435；在埃塞俄比亚，360，363，366；和汲取性制度，343，344，345，350—351，353，357，362—363，365—366，376，399，401—402，430，436；在危地马拉，345—351，362，365；和寡头铁律，360，366，436；和负反馈，364—367；在塞拉利昂，335—344，345，347，360—361，363，366，374，408，448；在美国南方，351—357，362，365

Victoria, queen of England 维多利亚，英国女王，405，406

Vietnam 越南，441，458

Vijayanagara, India 维查耶纳加尔，印度，50—51

Virginia Company, see Jamestown virtuous circles 弗吉尼亚公司，见詹姆斯敦良性循环，306，312，314，317；和包容制度，308—310，334，364—365，430—431；和正反馈，332—334，364；的语言，435

W

Wahunsonacock, Chief 瓦汗森纳卡克，酋长，20—22，23

Walpole, Sir Robert 罗伯特·沃波尔爵士，304—305，311，329，332，387

War of the Spanish Succession (1701—1714) 西班牙王位继承战争（1701—1714），304

Wars of the Roses 玫瑰战争，19，186，209

Washington, Bushrod 华盛顿，布绍尔，327

Washington, George 华盛顿，乔治，34

Washington consensus 华盛顿共识，441，446—447

Watt, James 瓦特，詹姆士，103，104，105，202，208

wealth gap, see world inequality 财富差距，见世界不平等

weaving 织造，85，204—205

Weber, Max 韦伯，马克斯，57，60，80

Webster, David 韦伯斯特，大卫，145

Wentworth, William 温特沃斯，威廉，280，281

Wilberforce, William 威尔伯福斯，威廉，255

William and Mary 威廉和玛丽，190，194—195

William of Orange 奥兰治的威廉，190，191—192，211，303

Williams, Ruth 威廉，鲁斯，117

Wilson, Woodrow 威尔逊，伍德罗，66，125，321，323，324

Wingfield, Edward Marie 温菲尔德，爱德华·玛丽，21

witch doctors 巫医，263

World Bank 世界银行，67，371

world inequality: 世界不平等：文化假说，56—63；和政治权力分配，42—43；贫富差距，46，47，48，428；和经济制度，42，43—44，429—431；地理假说，48—56；由……造成的委屈和愤恨，41；理论的历史根源，428—437；无

知假说，63—68；工业技术，52—53；和政策建议，436—437；和政治制度，42，43，44，68—69，429—431；和政治权力，43，68；理论的预言力，434—437；根源，454；理论，40—44，429，432，434—437

World War Ⅰ, end of 第一次世界大战，结束，124—125

X

Xhosa people 科萨人，260—261

Y

Yaqui 雅基族，37

Yax Ehb' Xook，玛雅王，146

Yax Pasaj, Mayan king 雅克斯潘，玛雅国王，145，147

Yir Yoront peoples 伊尔伊龙特人，141

Yongle, emperor of China 永乐，中国皇帝，232

Yoruba city-states 约鲁巴城市国家，257

Yoshinobu, Shogun 德川庆喜，296

Young, Arthur 杨，阿瑟，19

Younger Dryas 新仙女木事件，136

Z

Zaire, vicious circle in 扎伊尔，恶性循环，361

Zambia 赞比亚，343，371，405

Zayat, Ahmed 扎伊特，艾哈默德，396，397

Zheng He 郑和，232

Zimbabwe 津巴布韦，368—372，405；的经济崩溃，371—372，390，398，401，447—448；汲取性制度，402，410，458；土地所有权，266，*266*；独立后，370—372，399，401，410；贫困，1，3，373，401

注：本索引中的页码为原版书页码即本书的边码。斜体页码代表原版书中插图的页码。

图书在版编目（CIP）数据

国家为什么会失败 ／（美）阿西莫格鲁(Acemoglu,D.)，（美）罗宾逊(Robinson,J.)著；李增刚译. -- 长沙：湖南科学技术出版社，2015.5（2024.12重印）

书名原文：Why nations fail

ISBN 978-7-5357-8034-8

Ⅰ.①国… Ⅱ.①阿… ②罗… ③李… Ⅲ.①国家理论－研究 Ⅳ.①D03

中国版本图书馆CIP数据核字(2015)第061973号

Why Nations Fail:The Origins of Power,Prosperity and Poverty

Copyright © 2012 by Daron Acemoglu and James A.Robinson © All rights reserved.
湖南科学技术出版社通过 **Brockman Inc.** 获得本书中文简体版中国大陆出版发行权。

著作权合同登记号：18-2010-169

声明：应出版方的要求，本书中文简体版在中国大陆出版时有删节。

本书地图由湖南地图出版社重新编制，国界依据中国地图出版社1989年编制出版的1：400万《中华人民共和国地图》绘制。

国家为什么会失败

著　者：［美］德隆·阿西莫格鲁　［美］詹姆斯·A.罗宾逊
译　者：李增刚
校　者：徐　彬
出 版 人：潘晓山
责任编辑：吴　炜　孙桂均
出版发行：湖南科学技术出版社
社　　址：长沙市芙蓉中路一段416号泊富国际金融中心
网　　址：http://www.hnstp.com
湖南科学技术出版社天猫旗舰店网址：
　　　　　http://hnkjcbs.tmall.com
邮购联系：本社直销科　0731-84375808
印　　刷：长沙超峰印刷有限公司
　　　　　（印装质量问题请直接与本厂联系）
厂　　址：宁乡市金洲新区泉洲北路100号
邮　　编：410600
版　　次：2015年5月第1版
印　　次：2024年12月第22次印刷
开　　本：710mm×970mm　1/16
印　　张：27.75
字　　数：402千字
书　　号：ISBN 978-7-5357-8034-8
定　　价：75.00元

（版权所有·翻印必究）